KB233391

한국의 禮와 윤리

KSi 한국학술정보㈜

한국의 禮와 윤리

이희재 지음

머리말

한국은 예로부터 동방예의지국(東方禮儀之國)이라는 자랑스러운 전통이 있지만, 오늘날 우리나라를 예의의 나라라고 하기에는 부끄러운 일들이 너무 많아졌다. 그것은 한 개인의 탓도 아니고 국가의 탓도 아닌 시대의 흐름이라고도 핑계를 댈 수 있을 것이다. 이것이 시대의 흐름이라고는 하지만 그렇다고 해서 자포자기(自暴自棄)할 수만은 없는 일이다. 예의의 나라는 못되더라도 적어도 무례한 나라가 되지 않기 위해서는 아름다운 전통을 되살리는 노력도 필요하다고 본다.

이 책은 본래 『한국의 전통의례』라는 이름으로 출판되었던 것을 수정보완해서 다시 낸 것이다. 『한국의 전통의례』를 출판한 뒤, 4년 동안 계속해서 나는 이 예학이라는 주제를 가지고 시간을 보냈다.

먼저, 의례가 어떻게 변했는가에 대해서 관심을 가지고 살펴보았다. 17세기 병자호란 이후 예학이 발전하고 소위 예송논쟁이 벌어졌는데, 이것은 예송 자체보다는 전쟁 뒤의 불신에서 기인한 당파 간의 알력이 예송논쟁으로 확대된 것이다. 그 가운데 기존의 의례에 대해

다시 반성하는 지식인들이 생겼고 이로 인해 예에 대한 논쟁이 일어
났던 것이다.

그러나 이런 논쟁에도 불구하고 조선은 철저히 유교의 정신과 의
례를 보수적으로 견지하고 수호하려고 했다. 한말의 위정척사파(衛正
斥邪派)의 의례관은 그런 철저한 유교의 의례정신을 근간으로 한 의
례관이라고 할 수 있을 것이다.

일제강점기부터 한국의 의례는 점차 근대적인 양상으로 변모한다.
그런 전통의 변화를 살펴보고 무엇이 가장 강력한 한국의 예의 정신
인가를 보려고 했다. 그러나 이러한 예학의 연구는 의례를 원래의 모
습대로 복원하자는 뜻이 아니라, 그 의례 속에 들어 있는 진수가 무
엇인가를 알아보는 일이다. 그리고 그 장점을 계승하여 오늘 우리들
의 예의 바른 삶에 적용해 보자는 것이다.

유교의례 속에서의 예술과 생사(生死)의 문제 등을 보완하였다. 아
직도 천박한 학문에서 헤매고 있고 또한 본래 아둔한 자의 연구가

세상에 내놓기에 부끄러움이 있지만, 이를 무릅쓰고 감히 내놓은
것은 이 방면의 연구가 디딤돌이 되었으면 하는 마음에서이다.

2012년 정월
金石蘭室에서
이희재

:: 목 차

머리말 ▪ 5

I

禮와 사회

동아시아 사회에 있어서 예(禮)의 의미 ▪ 13
조선시대 문묘종사에서 본 이상적 선비 ▪ 30
조선 중종대 왕실의 불교의례 ▪ 63
초례(醮禮)의 종교적 의미 ▪ 77

II

家禮와 그 의의

전통 관례와 성인의 의미 ▪ 99
전통 혼례의 철학적 의미 ▪ 111
전통 상례의 윤리적 의미 ▪ 133
전통 제례에 있어서 재계(齋戒)의 의미 ▪ 159

III

禮의 변화

박세당(朴世堂)의 예학 ■ 179
화서(華西)의 예학(禮學) ■ 200
노사 기정진의 유교 의례관 ■ 226
면암 최익현의 예학 ■ 245
일제하 유교의례의 변화양상 ■ 261
유교가례의 변용과 창조적 계승 ■ 285

IV

禮와 윤리

예학의 본질로서의 효 ■ 311
유교제례에서의 악(樂)의 의미 ■ 327
유교의례에서의 술 ■ 347
잘 죽음(Well dying)에 대한 유교적 관점 ■ 363
유교의례와 생명윤리 ■ 374
유교의례에서 본 환경윤리 ■ 398

제1부

禮와 사회

동아시아 사회에 있어서 예(禮)의 의미

Ⅰ. 예와 사회

예란 사회적 동물이라고 하는 인간이 공동체를 이룸에 있어서 필수적인 것이어서, 동서고금을 막론하고 예가 없는 사회를 상정하기란 쉽지 않을 것이다. 한자문화권의 동아시아 사회에서도 그 질서의 틀을 유지한 예가 존재했으며 그것은 과거형이 아니라 현재진행형의 예라고 할 수 있을 것이다. 그러나 막상 예를 생각하면 중세적 봉건 질서와 권위주의를 연상하기 쉬우며, 또한 예에 대한 오해라고 할 수 있을 것이다.

이 글에서 다루고자 하는 예를 다루기 전에 먼저 동아시아 사회에 있어서 '예란 무엇인가?'를 먼저 묻고 있는 것은 한쪽으로 치우친 예의 개념을 균형 있게 파악하고자 하는 의도에서다. 사실 예의 개념은 인간관계의 예와 의례의 예가 혼용되어서 무엇이 진정한 예의 의미인지 불분명한 경우가 있다.

관혼상제를 위시한 전통적인 의례는 변화했으며 지금도 변화하고 있지만, 예의 의미를 잘 해석할 수 있는 주요한 자료로 의미를 가진다. 의례의 예는 사실 의례로 끝나는 것이 아니라 공동체 속에서의 인간관계를 상징적으로 표현하고 함축하고 있는 상징체계이기도 하다. 예컨대 제례는 단지 의례인 것이 아니라 조상과 나의 인간관계의 표현이 아니겠는가 하는 것이 나의 가정이다. 그러니까 그 의례 속에서는 동아시아인들이 추구했던 모종의 예의 핵심정신이 들어 있을 수 있다는 것이다.

동아시아는 서세동점(西勢東漸)의 세계질서 속에서 역동적으로 변화하고 있으며, 경제적 성취와 위신의 회복으로, 소위 '아시아적 가치'로서 재조명되고 있다.

문화와 철학은 언뜻 보면 단절되는 것 같지만, 여전히 공동체 속에서 숨 쉬고 있는 것이며, 또한 이질적인 문화와 자연히 교류한다. 한자문화권 또는 유교문화권으로의 동아시아인들의 사고방식 속에는 유교적 예라고 하는 보이지 않는 질서가 남아 있다. 그것은 바람직스럽게 작용하기도 하고 때로는 부작용을 주기도 한다.

그렇다면 그 예가 동아시아인들의 '개인과 가정' 간에 '개인과 국가' 간에 어떻게 작용하고 있는가? 서구적 개인주의 속에서 과연 개인의 입장만을 생각하지 않고 가정과 조직 혹은 국가적 공동체에서 개인을 뛰어넘어 조화하고 있는가? 또한 그로 인해 좋은 가정을 이루고 더 좋은 사회를 이룩하려고 하는 것이 과연 동아시아사회에 있어서 예의 의미라고 할 것인가? 이에 대해 연구하고 하는 것이 이 글을 쓴 목적이다.

Ⅱ. 예란 무엇인가?

예란 인간관계에 있어서의 예절이다. 나 혼자만 산다면 예란 무의미할 것이기 때문에 대체적으로 자기를 극복하여 남을 배려하는 인간관계를(克己復禮1)) 예라고 할 수 있다.

또한 예는 법은 아니지만 사회적 규범이다. 순자(荀子)는 인간의 본성을 악으로 보고 적극적인 노력을 통해 선으로 향할 수 있다고 보는데, 그런 인간의 본성을 극복하고 사회적 규범을 지향하는 방식을 규정한 바 있는데, 그것을 예치(禮治)2)라고 했다.

---

1) 『論語』, 「顔淵」, '子曰, 克己復禮, 爲仁. 一日克己復禮, 天下歸仁焉. 爲仁由己, 而由人乎哉… 子曰, 非禮勿視, 非禮勿聽, 非禮勿言, 非禮勿動.' 공자의 경우는 예(禮)의 정신을 예절로 본다. 거기에는 내면적인 마음과 외면적인 형식의 조화를 추구한다. 논어에 나오는 예(禮)에 관한 내용을 살펴보자.
『論語』, 「學而」, '子貢曰, 貧而無諂 富而無驕 何如. 子曰, 可也. 未若貧而樂 富而 好禮者也.'
또한 공자는 강제적인 법률과 예(禮)의 차이는 다음과 같이 설명한다.
『論語』, 「爲政」, '子曰, 道之以政 齊之以刑 民免而無恥. 道之以德 齊之以禮 有恥且格.'
이처럼 공자의 예(禮)는 외적이거나 강제적이거나 형식적 절차에 그치는 것이 아니라 내면화하는 데 그 초점이 있다. 그의 정치적 지향점은 법이나 형벌이 아니라 덕과 예임을 알 수 있는 대목이다.
『論語』, 「八佾」, '子曰, 居上不寬 爲禮不敬 臨喪不哀 吾何以觀之哉.'
그러므로 공자의 예(禮)는 나라를 다스리고 자신을 닦는 요체라고 할 수 있다.
『論語』, 「里仁」, '子曰, 能以禮讓爲國乎 何有 不能以禮讓爲國 如禮何.'
『論語』, 「雍也」, '子曰, 君子博學於文 約之以禮 亦可以弗畔矣夫.'
『論語』, 「子罕」, 博我以文 約我以禮.
『論語』, 「泰伯」, '子曰, 恭而無禮則勞 愼而無禮則葸 勇而無禮則亂 直而無禮則絞.'
등이 공자의 예의 정신을 잘 드러내고 있다.
이같이 공자의 정신이 흔히 인(仁)이라고 한다면, 그것의 구체적인 실천이 예(禮)를 회복하는 일로 요약할 수 있을 것이다.

2) 순자는 공자의 극기복례(克己復禮)에 기반하여 예(禮)의 외적인 규범을 강조한다.
"예(禮)의 기원은 어디에 있는가? 사람은 나면서부터 욕망을 가지고 있다. 욕망을 채우지 못할 때, 이것을 추구하게 되고, 이에 제한과 절도가 없으면 서로 다투게 된다. 옛날의 성왕(聖王)이 사회의 혼란을 미워한 까닭에 예의, 즉 사회의 규범을 세워서 분별이 있도록 하며, 사람의 욕망을 기르며 또 만족시키면서, 물욕에 빠지지 않고 물욕에 굴하지도 아니하여 둘이 서로 견제하면서 균형 있게 발전시키려고 한 것이 예(禮)의 발단이다.(『荀子』, 「禮論」, '禮起於何也 曰 人生而有欲, 欲而不得則不能無求, 求而無度量分界, 則不能不爭, 爭則亂, 亂則窮, 先王 惡其亂也, 故制禮義以分之 以養人之欲 給人之求 使欲必不窮乎物, 物必不屈於欲, 兩者 相待對而長是禮之所起也.')"
순자는 인간과 금수(禽獸)의 차이는 바로 예(禮)에 있으며, 그 요체는 분별과 명분이라고 했다. "금수(禽獸)는 부자(父子)는 있어도 부자(父子)의 친함은 없으며, 암수는 있되 남녀의 구별은 없다. 그러므로 사람의 도리는 분별이 있음에 있고, 분별은 명분보다 큰 것이 없으며, 명분은 예(禮)보다 큰 것이 없고 예(禮)는 성왕(聖王)의 법도보다 큰 것이 없다." 또한 예(禮)에 있어서 세 가지 근본은 천지자연과 조상 그리고 임금과 스이 예치란 맹자의 성선설(性善說)에 근거한 것이 '덕치(德治)'와 비교해 볼 때 대립적인 용어이며, 오히려 '법치(法治)'의 개념과 가깝다. 곧 예를 법과 같은 사회규범으로 보고 있는 것이다. 예를 통해 사회적 질서를 확립할 수 있다는 것이니 일종의 사회적 규범이 예라고 하겠으나, 순자는 공자의 극기복례적(克己復禮的) 예를 계승했음에도 불구하고, 공자의 내면적 예를 간과(看過)했다고 볼 수 있다.

한편 맹자3)의 예 정신은 순자와 같은 사회적 규범은 아니라고 하더라도, 내면의 양심에 호소하고 있음으로써 유가의 도통(道統)은 맹자로 계승된다고 할 것이다. 종합적으로 보자면 유가에 있어서의 예는 내적인 양심과 외적인 절차의 조화를 통해 구현되는 것이지 어느 한쪽만으로 치우쳐 설명할 수 없음을 알 수 있다.

송대(宋代)의 주자는 주로 가례(家禮)를 예의 중심 주제로 삼았다. 가례로 대표되는 중세의 예학은 송대 사대부 계층의 신유학이 남긴 유산이라고 할 수 있다. 물론 이것은 사대부만의 예에 한정된 것이 아니라 신분을 초월한 보편성을 가지고 있었다. 『주자가례』가 비록 주희의 저술이 아니라는 여러 의문이 제기되었으면서도 주희의 권위와 더불어 권위를 갖게 되었던 것이 동아시아의 사회에 있어서 역사적 사실이다.4)

승이므로, 단순한 개인적 수양의 차원이 아니라 사회기강을 위한 것이며, 이에 근거한 통치가 그의 예치(禮治)라고 할 수 있다.

3) 물론, 맹자의 경우 역시 공자의 정신을 계승한 까닭으로 근본정신은 변화가 없으나, 예를 인의예지(仁義禮智)라는 좀 더 구체적인 덕목들 가운데 하나로서 설명하고 있다. 여기에서 순자와 다른 내면의 예가 강조된다.
『孟子』, 「공손추」, '惻隱之心 仁之端. 羞惡之心 義之端. 辭讓之心 禮之端. 是非之心 智之端.'
『孟子』, 「공손추」, '不仁不智. 無禮無義, 人役也.'
『孟子』, 「이루」, '禮人不答. 反其敬. 行有不得者 皆反求諸己. 其身正而天下歸之.'
『孟子』, 「만장」, '夫義路也, 禮門也. 惟君子能由是路.'
맹자는 예(禮)는 인간의 내면에서 찾는 것이지, 어떤 외적인 형식이나 규범이 아니며, 개인의 반성을 통해 양심에서 찾아야 하는 성질이라고 하겠다.

그런데 흔히 예를 거론할 때, 절차에 치우친 가례만을 문제 삼아 예학 혹은 예송 등을 말함으로써 본래 공자나 맹자가 강조했던 내면적 양심을 중시했던 개념과는 다른 의례적 성격이 짙다.

물론, 가례를 중심으로 한 의례는 단순한 형식과 절차의 예라고 규정할 수는 없다. 가정을 중심으로 이루어지는 관혼상제의 예는 오늘날에도 여전히 중요시되는 인간의 통과의례이며, 그 속에는 그 사회적 가치관이 함유되어 있다. 이렇게 예는 단순한 것이 아니라, (에티켓), 사회적 규범, 혹은 의례를 모두 포함한 개념이다.

공자를 '성스러운 세속인'이라고 말한 핀가레트(Herbert Fingarette)는 유교의 예는 문화 속에 내재된 규범, 질서, 관습, 전통 등을 총괄한 개념으로 파악했다.5) 이것은 유교의 예가 공동체 속의 인간관계를 통해 추구되는 것임을 알게 하는 말이다.

예의 이치는 논리적 직선구조에 의해 만들어진 자연법보다도 포괄적 형태를 수용하는 것이며, 사회적 질서의 구조의 중심적 메커니즘으로 예는(의식의) 수행 혹은 전통적으로 음악과 무용 등을 수반한 (의식의) 수행하기도 한다.6) 이러한 예를 통해서 하나의 합리적인 사회적 행동의 프로그램보다는 사회적 삶을 창조하는 것을 도울 것이고, 그것에 의해 정서적인 만족과 심미적으로 매력이 있으나, 예는 또한 사회의 합리적 질서의 발전에 있어서는 심각한 장애라고 주장한 사람도 있는 것이 사실이다.7)

---

4) 『주자가례』, 주희 저, 임민혁 역, 예문서원, pp.11-24의 해제.

5) Herbert Fingarette, 『Confucius: the Secular as Sacred』 Harper & Row, 1972, pp.1-17.

6) Wm. Theodore de Bary, 'Confucian Education in Premodern East Asia', Tu Wei-minged., "Confucian Traditions in East Asian Modernity", Cambridge, Mass: Harvard University Press, 1966, pp.33-34.

7) Kim Uchang, 'Asian Value and Modernity: From Morality to Law', p.18. International Conference on Universal Ethics and Asian Values, 4-6 October, 1999.

이 글에서 다루고자 하는 예는 한자문화권, 다시 말해서 유교문화권인 동아시아의 포괄적인 예이다. 유교문화권에는 유교의 문화만이 있는 것은 아니다. 거기에는 도교의 문화와 불교의 문화, 무속의 문화, 혹은 기독교의 문화 등도 포함되어 있으나, 동아시아 사회를 유지해온 중심축이 유교의 문화였기 때문에 필자가 다루는 예의 의미 또한 주로 유교적인 뜻을 가진 것이다.

동아시아에 있어서 예는 내면적인 면과 외면적인 절차의 예를 종합한 의미이지만, 이 글에서는 주로 동아시아 사회에서 거행되는 전통적인 의례 속에서 그 내적 의미를 찾아보고자 하는 것이다.

Ⅲ. 가정의 가치를 중시하는 예

1. 부부 중심이 아닌 부자 중심의 예

동아시아인들의 인간관계는 가족에서부터 시작한다. 그 가족은 결혼이라고 하는 혼례를 통해 출발한다. 그런데 이 결혼은 자녀를 둠으로써 그 목적을 수행했다고 생각한다. 이것은 혼례가 부부 중심이 아니고 부자 중심인 것에 특색이 있다. 부부간의 바람직한 예를 표현하는 것은 '별(別)'이다. 별(別)이란 뜻은 부부간의 거리감을 느낄 수 있다. 그런데 부자간의 예는 친(親)이라고 표현한다. 오늘날 동아시아 사회의 많은 가정에서는 부부 자신들의 즐거움과 쾌락을 위해서 살기보다는 대체적으로 자녀들을 위해 희생적으로 사는 경우가 많다. 그것이 바로 가족 간의 인간관계에서 부모-자식 간의 친애를 중시하는 증거라고 할 것이다.

　서양사회로 이민 간 동아시아의 부모들은 힘든 이민생활에도 불구하고 열심히 일하고 그리고 미래를 기대하는 것은 그들의 자녀들이 좋은 교육을 통해 성장하는 데서 그 희생의 대가를 보상받는다고 생각한다. 자식을 위해 부부가 희생하는 것이 하나의 동아시아적 가족의 전형일 것이다.

　그러면 동아시아인들은 자신들이 세상을 떠나도 자녀들을 통해 자신의 생명이 영속한다고 믿는다. 이것은 부모-자식 간의 '친애(親愛)'는 바로 자신의 생명이 비록 무상하지만 자녀들을 통해 영속한다는 믿음을 배경으로 한다.

2. 의례 속에 보이는 조상과의 연대의식

　부모와 조상에 대한 효(孝) 역시 같은 논리다. 비록 지상의 삶을 다했다고 하더라도 자신의 몸과 생명의 근원인 부모와 조상은 대단히 중요한 존재이고, 보은(報恩)의 대상인 것이다. 동아시아인들은 전통적으로 성묘나 제례를 통해 조상을 숭배해 왔다.

　중국의 경우, 이러한 전통적 풍습은 약화되었지만, 여전히 조상숭배나 성묘의 의례가 행해진다고 한다. 중국정부에서 강력히 화장을 권장하지만 토장(土葬)에 대한 미련을 떨쳐내지는 못하며 최근에는 수장(樹葬)의 의례도 있다고 한다. 일본의 경우도, 현재는 90% 이상 화장(火葬)[8]을 하지만 사실은 1900년대 초만 해도 화장비율은 30%

---

8) 上田博明, 「일본인의 장례풍속」, 『제16차 학술논문발표 국제대회(논집)』, 동양예학회, 2002, p.111. 일본 전체에서 현재 화장률은 98%라고 한다. 1900년경은 30% 정도, 그 후 1950년에는 4%, 1960년대에는

정도였으며 또한 뼈를 버리는 것이 아니라 납골(納骨)을 하여 성묘하는 것을 본질적으로 유지하고 있다.

한국의 경우는 중국이나 일본에 비해 매장의 풍습이 강하게 남아 있고 동시에 성묘에 대해서도 '민족의 대이동'이라고 할 정도로 중시되고 있다. 거기다가 풍수지리설 등의 속설도 강한 영향력을 여전히 가지고 있다.

이것은 성묘 등의 의례는 조상에 대한 보은의 예절이며, 그러한 의례를 통해 가족의 구심점을 찾고 가정의 안정을 도모하는 것이다. 살아 있는 부모형제에 대한 인간관계에서 효도가 중시됨은 물론이려니와 돌아가신 조상에 이르기까지 제례를 통해 효를 표현하는 것이다.

이와 같이 한편으로는 후손이 자녀들을 위해 헌신하고 한편으로는 선대에 대해 보은의 예를 갖추는 것은 일종의 가정을 신성시 여기는 의례인 것이다. 가정에 있어서 예에 있어서 중시되는 것은 부부관계가 아니라 이처럼 조상－자신－후손으로 이어지는 부모－자식9) 중심의 인간관계를 중요시한다는 것이 동아시아 사회의 한 경향이다.

3. 조상숭배의 예

같은 아시아라고 하더라도 불교적 문화는 조상숭배사상이 약하다고 볼 수 있다. 예컨대 '출가'라는 말은 가정을 벗어남으로써 세속적

63.1%, 1970년에는 70.2%, 1980년에는 91.1%로 급격하게 상승해 1994년에는 98.3%가 된다.

9) 부모 가운데서도 아버지와 아들 중심이라는 이야기는 가부장적(家父長的) 가족이라는 의미다. 전통적인 상례(喪禮) 특히 상복제도의 경우 철저한 부계가족 위주로 5단계의 복식을 나누고 있다. 여기에서 외조부모는 방계재종의 상복 그리고 처부모는 방계삼종의 복식에 준함을 볼 때 부계 중심적 가족주의 의례를 반영하는 것이다.

애착으로부터 자유롭고, 해탈을 할 수 있다는 가르침이다. 그러나 조상숭배적·부모-자식중심의 인간관계의 예를 중시하는 유교문화로 수용될 때는 『부모은중경』과 같은 부모의 은혜를 소중히 하는 효가 강조된 경전이 나오는 것이다.

또한 불교는 윤회설을 바탕으로 하기 때문에 몸에 대해 집착하지 않는다. 그가 윤회하는 것은 몸이 아니라 그의 업(業)이기 때문이다. 비록 조상이었지만 새로운 몸을 받아 또 다른 인간관계로 맺어질 수 있기 때문에 몸이란 하나의 옷과 다름없는 것이며, 집착할 이유가 없다.

유교적 예는 신체를 살아 있는 신체이건 죽은 신체이건 소중히 한다.[10) 이것이 동아시아인들의 다른 점이며, 전통적으로 화장을 꺼려해 왔던 상례의 풍속이다. 왜 이와 같이 같은 아시아적 가치지만 서로 차이가 있을까? 그것은 다름 아닌 유교적 인간관계는 한번 맺어진 부모-자식의 관계는 영원토록 부모-자식이며 결코 다른 관계로 변하지 않는다는 사고에서 시작한다. 이런 점에서 인간의 죽음이란 슬픔으로 표현해야 하며 그러한 것이 상례 속에 잘 표현되어 있다. 인생이란 오직 한 번뿐이며, '죽음'이란 인생의 끝이기 때문에 조문은 그 슬픔을 표현하는 의례인 것이다.

사람이 비록 생물학적으로는 사망했다하더라도 혼백[11]은 그 자손과 감통(感通)할 수 있다고 본다. 그래서 동아시아사람들은 바로 부모

---

10) 유교적인 전통은 천당·지옥설을 부정하면서도 귀신과 그의 자손 간에는 기(氣)가 교류한다고 보았다. 귀신은 자신의 혈통에게 감응하지 다른 이와는 무관하기 때문에 유교에서는 조상과 그 자손을 자신의 생명 연장으로 본다는 것이다. 이것이 바로 '동기감응(同氣感應)'의 이론이며, 매장의 이론적 배경이 된다고 할 수 있다. 말하자면 '할아버지와 아버지와 아들과 손자는 기운이 같으니, 저쪽이 편안하면 이쪽도 편안하고 저쪽이 위태로우면 이쪽도 위태로운 것'이다. 조상에 대한 공경과 정성의 마음으로 영원히 죽은 자와의 유대를 기원하는 것이 이 매장제도에 표현되고 있다.

11) 『朱子語類』,「鬼神」, "사람이 태어난 까닭은 정기가 모이는 것이다. 사람에게는 허다한 기(氣)가 있어도 반드시 다하는 때가 있다. 다하면 혼기(魂氣)는 천(天)으로 돌아가고 형백(形魄)은 땅으로 돌아가는 것이다."

를 비롯한 조상들을 조상령(祖上靈)으로 받들면서 가정의 구심점으로 삼는다. 중국의 공산혁명은 대체적으로 유교적 예에 대해 부정적이었지만, 이러한 전통적인 조상제례나 성묘문화를 벗어나지 못하고 있으며, 오히려 최근에는 가정적 가치가 중시되면서 전통적 사고가 복원되어 가고 있는 추세다.

일본의 경우는 한국이나 대만처럼 머나먼 조상까지도 제사를 지내지는 않지만, 제사의례 그 자체는 존속하고 있으며, 무엇보다도 집안에 불단 등을 설치하고 거기에 조상령을 모시고 조석으로 공양하는 것이 일종의 가정종교의례라고 할 수 있을 것이다. 동아시아 사회는 어떤 방식이 되었건 조상이 사망했지만 그의 혼백이 있으며, 그 혼백과 후손이 감통하는 예에서 마음의 안식을 찾는 것이다.

Ⅳ. 공동체의 예

1. 가부장적 지도자

1) 중국과 한국

동아시아에서는 국가를 큰 가정으로 본다. '국가'라는 의미가 바로 그것이며, 부자간의 인간관계가 그대로 군신(君臣)간이나 장유(長幼)간으로 확대되어 사회질서를 유지하는 예로 발전한다. 오늘날에도 동아시아에는 가정의 가부장과 마찬가지로 국가의 가부장이 공동체의 중심에 있다.

군신 간의 예는 부자 사이의 예를 확대하여 '군(君)은 민(民)의 부모'라는 체계로 적용되어 정치사회의 질서화를 세우고, 사회 전체의 인간관계로 나아가는 것이다. 예컨대 중국의 경우에는, 북경의 천안문 광장에 모택동의 사진이 가부장으로서 중심축에 있음을 느끼게 한다. 대만의 대북(臺北)에는 장개석이 중정기념관에 살아 있을 때와 다름없이 부동자세의 위병들의 의례를 받는다.

유교를 봉건적이라는 구호 아래 척결대상으로 삼았던 중국의 모택동시대에 여전히 유교문화적 전통은 내재하고 있다. 이것은 공산혁명의 과정에서도 농민을 중시했던 점에서나 현대에서의 가족윤리의 존속과 원로정치와 같은 인치(人治)의 특성이 존재하고 있다는 점에서 유교문화의 전통이 지속되고 있음을 알 수 있다.12)

한국사회도 민주주의가 수입된 지 오래지만, 각 정당들은 여전히 가부장적 지도자들이 중심이 되어 이합집산(離合集散)한다. 민주주의와 인권을 내세운 김대중 정부도 그 구호와는 달리 권위주의적 문화를 탈피하지 못했다고 본다.13) 재벌기업을 위시해서 많은 조직들이 기본적으로 종법적 위계질서가 있으며 그것이 사회를 안정시키는 요소로서 과거의 가정에서의 효가 그대로 사회조직에 있어서도 충(忠)과 연결된다. 1960년대 이래 한국의 군사정권이 급속한 산업화의 수십 년 동안에 그들의 권위주의적 통치를 옹호하기 위해 충효의 유교사상을 사용해왔으며, 오늘날까지 이러한 사상은 공식적으로 더 이상

---

12) 전병곤, 「중국의 '동아시아 발전경험' 수용에 관한 연구」, 한국외국어대학 대학원 박사논문, 1997. p.37. 이 논문에서는 중국이 유교문화권에 속한 동아시아 국가의 발전경험을 수용할 수 있는 요인으로 보고 있다.

13) Kim Daejung, 'Is Culture Destiny? The Myth of Asia's Anti-Democratic Values', "Foreign Affairs". 김대중은 전 싱가포르의 수상 이광요의 '아시아적 가치'에 대해 아시아에 있어서 민주주의가 정립되는 데 주요한 장애는 문화적 유산이 아니라 권위주의적 통치자와 그들의 옹호자들의 저항이라고 했으며, 이런 정황에도 불구하고 권위주의적 지도자들은 민주주의의 '서구적 개념'과 인권을 동아시아에 적용할 수 없다는 등의 문화적 차이를 주장하는 것을 견지했다고 비판했다. 문제는 과연 김대중 대통령은 그가 비판한 '권위주의'와 무관했을까? 필자는 그렇게 보지 않는다.

강제되지는 않을지라도 사회의 보수적 힘으로 기여하고 있는 것이 사실이고,[14] 1960년대의 박정희 식 독재 또한 개인보다는 집단을 우선시 한 가부장적 요소를 안고 있었다.

북한에는 김일성이 여전히 가부장으로서 경배의 대상이 되고 있다. 한국이 역대 대통령도 대체적으로는 그와 유사한 가부장적 권위를 가지려고 노력하며, 국민들은 그런 존중할 만한 지도자가 나타나기를 내심 기원한다.

2) 일본

일본에는 천황이 상징적인 나라의 가부장으로서 그 역할을 수행하며, 일본이라고 하는 큰 가정을 안정시키는 데 공헌하고 있다. 일본의 가정은 크게 천황가(天皇家)와 일반백성의 가라는 두 가지 종류로 구성되어 있지만, 천황가와 백성가(百姓家)의 조상은 동일한 것으로 간주된다.[15] 정치적 통합의 근거로 조상숭배적 사고방식을 이어서 가정을 천황가(天皇家)의 분가 차원으로 존속시키며 사회를 통합하는 것임을 알 수 있다.

> "황실을 종가(宗家)로 섬기고 천황을 중심으로 받드는 군민일체(君民一體)의 대가족이다. 그러므로 국가의 번영에 힘쓰는 것은 천황의 영광에 봉사하는 것이고, 천황께 충을 다하여 봉사하는 것은 나라를 사랑하고 그 융성을 도모하는 것이다."[16]

---

14) Kim Uchang, 'Asian Values and Modernity: From Morality to Law', Ibid. p.4.

15) 松本三之介, 「國家主義とイデイオロギー」, 『講座家族 8. 家族觀の系譜』, 弘文堂, p.72.

16) 浜田 陽太郎, 『國體の 本意』, 1937, 『講座家族 8. 家族觀の系譜』, 弘文堂, p.104. 재인용. 이런 종류의 사고방식을 통해 일본제국주의의 황민화 작업이 우리나라에까지 미쳐서 신사참배를 강요했던 역사적 사실을 상기할 수 있다.

천황제 이전에 도쿠가와 시대의 인간관계 역시 유교적 '충'의 원리가 중시되었다. 일본적 '무사도(武士道)'의 예가 그 정수일 것이고, 여기에서 강조되었던 지조와 용기, 충성 등을 말하지 않고는 일본사회를 말하기 쉽지 않을 것이다.[17] 모리시마는 도쿠가와 시대의 유교는 이런 충을 중시하는 일본의 전통이 근대, 다시 말해 명치유신(明治維新) 이후에 국가적 이데올로기로 확대되면서 근대적 관료제와 결합되었으며, 그 결과 민족적·가부장적·집단주의적 자본주의가 탄생했다고 말한다.[18]

현대 일본의 시대 소설이나 시대극 등에는 집단이나 가문을 위해 할복한다든가 목숨을 버린다든가 하는 장면이 많고, 그 명분이 이른바 큰집 곧 대명가(大名家)를 위한 것이 배경이 된다.[19]

이처럼 동아시아의 가정에서의 효를 강조하여 가정을 안정시키는 그 방식대로 국가에서는 국민들의 충으로 공동체의 안정을 꾀하는 것이다. 공동체의 구성원으로 바람직한 자세는 한 가정의 효에만 머무는 것이 아니라 이웃과 국가에 있어서 인간관계로 확대된다.

2. 효와 충의 연계

가정에서의 효도와 공동체에서의 충이 분리된 것이 아니라, 연계되는 것은 관례에서 보이는 의례를 통해 살펴보자.

관례를 통해서 성인의 책임을 일깨우는 가장 중요한 것은 취업이

17) Michio Morishima, 『Why has Japan succeeded?: Western technology and the Japanese ethos』, Cambrige University Press, 1982, New York.

18) Morishima, Ibid, p.18.

19) 김양기, 『가면 속의 일본인』, 한나라, 1994, p.52.

나 진학이 아니라 도덕적 품성이 성인의 중요한 기준이 되었다. 그것
이 다름 아닌 효(孝), 제(悌), 충(忠), 순(順)[20]이다.

> "성인(成人)이라 한다면 그는 장차 성인의 예를 권고 받게 된다. 성
> 인례(成人禮)를 권하는 것은 사람의 자식으로서, 사람의 아우로서,
> 사람의 신하로서, 사람의 젊은이로 만드는 예를 행하기를 권하는
> 것이며, 장차 이 네 가지를 사람에게 행하기를 권하는 것이니, 그
> 예가 중요하지 않을 수가 있으랴. 그러므로 효, 제, 충, 순의 행실이
> 성립된 후라야 가히 사람이 되는 것이요, 가히 사람이 된 후라야
> 가히 사람을 다스릴 수 있는 것이다. 그러므로 성왕들은 예를 중요
> 시하였다. 그러므로 관(冠)이란 예의 시작이며 경사의 중요한 부분
> 이라고 말한다."[21]

성인의 기준을 효, 제, 충, 순으로 보는 것은 『소학』「가언」에도 다
음과 같이 말한다.

> "이른바 성인이란 것은 살과 가죽이 어렸을 때와 다름을 이르는 것
> 이 아니요, 장차 효, 제, 충, 순의 행실을 책임 지우려 하는 것이니,
> 어찌 중히 하지 않을 수 있겠는가."[22]

이러한 효, 제, 충, 순의 구조는 조직이나 기업에 있어서도 유사한
부모－자식 간의 인간관계에 대응하는 공동체의 유지를 위한 질서라
고 할 것이다.

---

20) 효제충순(孝悌忠順)이란, 첫째는 효, 사람의 자식 된 도리를 제대로 하는 것이다. 둘째는 제(悌), 아우로서
   의 도리를 제대로 하는 것이다. 셋째는 충, 임금에 대한 충성을 제대로 하는 도리다. 넷째는 순(順), 나이든
   분에 대한 대접을 제대로 하는 도리다.

21) 『주자가례』, p.335. '成人之者 將責成人禮焉也 責成人禮焉者 將責爲人子 爲人弟 爲人臣 爲人少者之禮
   行焉 將責四者之行於人 其禮可不重與 故孝弟忠順之行立 而后可以爲人 可以爲人 而后可以治人也 故
   聖王重禮 故曰冠者 禮之始也 嘉事之重者也.'

22) 所謂成人者 非謂膚革 異於童穉也 將責以孝悌忠順之行也 豈不重乎哉

3. 종법적 위계질서의 예

가정에서는 조상령에 대한 의례를 통해 안정된 가정을 기구하듯, 한 국가의 가부장에게도 또한 그 상위의 의례의 대상이 있다. 전통적으로 중국의 황제는 하늘에 제사를 지냈고, 한국의 왕실은 종묘사직에 제사를 지냈으며, 서민들은 조상에게 제사를 지냈고, 그 제사의 의례는 종자(宗子)가 수행하여, 일종의 사회의 기강을 확립했다.

공자는 대체적으로 문묘(文廟)에 있어서 제례의 대상이 되었고, 한국의 성균관과 향교에는 공자뿐만 아니라 한국의 존경받을 만한 선비들이 의례의 대상이 되었다.

중국공산당은 이러한 종법적 질서를 봉건주의의 잔재로 보고 소위 문화대혁명을 통해 그들의 전통적 의례를 철저히 파괴했으나, 최근에는 파괴된 전통문화재들이 복원되고 있으며 그러한 문화대혁명을 동란으로 규정하고 파괴에 대해 반성하고 있다. 중국은 여전히 강력한 지도자의 리더십에 의해 부국강병을 모색하며 권위주의적 지도자들이 이끄는 과거의 종법적 질서를 통해 사회를 안정시키는 방법의 연장선상에 있다.

일본의 경우는 말할 나위도 없이 집단주의적 예를 중시한다. 일본인들의 묘지는 단순한 가정의 묘가 아니라 회사의 묘가 있다. 가정보다도 오히려 회사가 삶의 구심점이 되는 면도 볼 수 있으며, 대대로 내려오는 가업을 소중히 함으로써 자본주의적 상인정신과 부합하기도 한다. 일본 제국주의로 상징되는 국가주의는 동아시아사회를 불행하게 한 역사의 한 장면으로 이어진 것도 개인과 가정보다는 더 큰 가정인 국가를 우선하는 예를 바탕으로 한 것은 유감이었다.

유교의 인정(仁政)을 행하는 자세는 사실 '백성을 자식처럼 사랑하는 곧, 애민여자(愛民如子)'로 동아시아의 권위주의의 정치는 바로 이러한 위계질서의 예에 기반을 두고 있다.23) 이처럼 국가를 큰 가정으로 보고, 개인보다도 우선시하는 전통에는 가부장적 가정의 예와 그 맥을 함께하는 것이다.

V. 동아시아 사회에 있어서 예의 현대적 의미

우리는 동아시아 사회의 예를 다룸에 있어서 무엇보다도 인간관계 가운데 가족을 소중히 하는 점을 살펴보았다. 서구에서는 부부 중심이며 또한 혼인도 애정을 바탕으로 하는데 비해 동아시아의 경우는 부모-자식 중심이며 반드시 애정을 바탕으로 가정을 유지하지 않으며, 가정 그 자체의 가치를 신성시한다. 오늘날 남녀들이 서로 사랑으로 만나 가정을 이루다가 그 사랑이 식으면, 서슴없이 이혼하는 풍토 속에서도 이러한 동아시아적 '가정 중시'의 인간관계는 일종의 가정 보호의 역할을 일정하게 하는 것이다.

상례나 제례의 의례에서 보듯, 동아시아인들은 조상을 숭배의 대상으로 하며, 그 유체(遺體)를 소중히 한다. 생명의 존엄을 유체에 까지도 적용하며, 그 혼백관에 기원하며 생명에 대한 중시의 표현이라고 본다.

그러나 동아시아 사회는 이러한 가정을 중시하는 것과 같은 맥락에서 개인과 사회를 연결했으며, 그러한 것은 국가에 대한 개인의 헌

---

23) 張踐, 「論儒家經濟倫理」, 『孔子研究』, 1989, 第2期, p.47. 이 논문에서 그는 유교적 가족윤리의 질서가 중소형 가족기업 형성과 인치적(人治的) 요소, 온정주의, 노사화합 등의 특징을 지적하고 있다.

신 등을 요구했다. 여기에는 가부장적 종법적 위계질서가 있었다. 오늘날 동아시아 사회의 여러 구조들도 대체적으로는 이러한 종법적 위계질서를 배경으로 하고 있음을 발견할 수 있다.

한국 축구를 월드컵 4강으로 올린 히딩크 감독은 이러한 한국적(혹은 동아시아적) 위계질서를 인정하지 않고 실력주의로 선수를 등용하여 성공했다. 선수 상호간의 위계질서는 어느 한편에서는 강력한 질서의 요인이며, 바람직한 예이지만, 어느 한편에서는 실력 있는 후배를 억누르는 바람직하지 인간관계의 예로 작용하는 것이다.

마찬가지로 동아시아 사회에서 볼 수 있는 가족중심의 예나 공동체의 예는 지도자나 연장자를 존중하고, 가족과 자녀를 소중히 하고, 가까운 인간관계에 대해 충실할 수 있지만, 역으로 지도자와 연장자의 권위주의로 인해, 가족에 대한 집착으로 인해, 또한 가까운 인간관계에 얽매임으로 인해 공정성을 잃을 있음은 물론이다.

사실 동아시아적 예란 상대적인 개념일 뿐이다. 서양사회나 다른 아시아사회에 비해 가족중심이고 더 가부장적인 집단중심일 뿐이지, 절대적으로 가족중심이고 집단중심은 아닌 것이다.

필자는 이상에서 예를 인간관계의 예와 의례의 예의 종합으로 파악한다. 의례의 예는 사실 인간관계를 상징적으로 표현하고 함축하고 있다. 예컨대 조상제사는 조상과 나의 인간관계의 표현인 것이다. 그 예의 핵심정신은 자신만을 생각하지 않고 남을 생각하는 태도다.

'개인과 가정' 간에 '개인과 국가' 간에, 개인의 입장만을 생각하지 않고 가정과 조직 혹은 국가적 공동체에서 개인을 뛰어넘어 조화하려는 정신, 그로 인해 좋은 가정을 이루고 더 좋은 사회를 이룩하려고 하는 것이 동아시아사회에 있어서 예의 깊은 의미라고 할 것이다.

조선시대 문묘종사에서 본 이상적 선비

Ⅰ. 한국인의 스승

조선시대에 개인과 국가에 있어서 이상적 인물은 유교적 성인이었다. 이 유교적 성인은 공자를 필두로 하는 중국의 성인이 언제나 스승으로 추앙되었음은 재론의 여지가 없다. 그러던 것이 유교를 국가이념으로 하는 조선조에 들어와 한국의 성인으로 18현이 문묘에 제사의 대상으로 확정되었다. 이는 성인이 중국에만 있는 것이 아니라 이미 한국에도 중국에 뒤지지 않는 선비가 있음을 보여줌으로써 유교의 토착화를 의미한다. 또한 문묘종사의 논쟁을 통해 한국인이 선호해 온 이상적 스승의 기준을 파악할 수 있다.

이러한 문묘종사는 하루아침에 이루어지는 것이 아니라, 길면 100년이 걸리는 오랜 검증의 결과로 이루어진 것으로, 전통사회에서의 한국인의 모델이며 사표라고 볼 수 있는 인물들이다.

이러한 문묘종사가 이루어지기까지 수많은 논쟁이 이루어진 과정을 살펴보면서 거기에는 과연 어떤 기준이 있었는가를 알아보고자 하는 것이 이 글의 목표이다. 우선은 문묘의 의의를 조사해 보고 문묘종사가 이루어지기까지의 과정을 조사하면서 조선시대의 이상적 선비상을 조명하고자 한다.

Ⅱ. 문묘종사의 본질과 의의

1. 국가의례로서의 문묘의 위상

국가의례의 전통적인 분류체제로 제사 대상을 크게 천(天), 지(地), 인(人)으로 분류할 수 있다. 최고의 존재는 천(天)으로 중국의 황제만이 천단(天壇)에서 하늘에 제사를 올릴 수 있었다. 물론 일반인도 하늘과 별을 비롯하여 하늘에서 일어난다고 생각한 바람, 구름, 비 등을 천신(天神)으로 하여 숭앙할 수 있지만, 종법적 질서 하에서는 황제만이 천(天)에 대한 공식적 의례를 거행할 수 있었다. 제후국의 국왕은 땅과 산천 등을 지지(地祇)로 하여 의례를 거행하고 일반인은 자신의 조상들인 인귀(人鬼)를 의례의 대상으로 했다.

오례는 천지산천과 종묘사직, 문선왕, 능묘 등에 대한 제사의례로 길례(吉禮)와, 왕실의 혼례, 각종 연회 등의 절차를 대한 가례(嘉禮)와 외교사신 및 문서에 대한 응대 법식과 절차의 빈례(賓禮), 열병 향사 등의 군례(軍禮) 그리고 국장 등을 다루는 흉례(凶禮)로 구성되었다.

조선시대 우리나라의 유교적 국가의례는 토지신과 곡식신을 모시는 제사직의(祭社稷儀), 선왕의 신위를 모시는 향종묘의(享宗廟儀)가 중심에 있었다. 이 종묘와 사직은 대사로서 국가를 상징하며 최고의 지위를 차지한다.

그밖에 풍운뢰우와 산천 및 성황을 모시는 사풍운뢰우(祀風雲雷雨), 성황의(城隍儀), 사영성의(祀靈星儀), 제악해독의(祭岳海瀆儀), 백성에게 농사짓는 일을 가르쳤다는 신농씨와 주나라 때 농사일을 맡은 후직의 신위를 모시는 향선농의(享先農儀), 잠신인 서릉(西陵)씨를 모시는 향선잠의(享先蠶儀) 등이 있었다.

조선시대의 유교의례로는 문선왕(文宣王) 공자를 모시는 석전의(釋奠儀)를 들 수 있는데 이것이 바로 문묘의례라고 할 수 있다. '문묘(文廟)'라고 하는 제사영역을 갖추고 있는 공간 앞을 행차할 경우에는 말에서 내려야 하며, 감사가 군, 현을 순방할 때 혹은 수령이 새로운 근무지에 도착했을 때 반드시 문묘참배를 했다. 뿐만 아니라 지방관은 석전제 때에 초헌관으로 참례했다. 향교에서는 춘추의 문묘의례(석전)와 삭망분향의 향사(享祀)를 통한 교화의 기능을 수행했으며, 유가적 규범을 보급했던 중요한 의례였다.

2. 향교의례로서의 문묘의례

유교의 성인들을 제사지내고 공식적인 학교교육의 중심이었던 향교는 이 두 가지 목적을 수행하기 위해 고려조부터 향교의 건물은 '묘학동궁(廟學同宮)'의 제도를 취하였다. 즉, 공자 이하 십철(十哲) 72현(賢)을 모신 대성전(공자묘)을 중심에 두고 그 앞의 동서로 무를 설치하여 제생(諸生)들이 거접(居接) 강독하게 하고 입구에 문을 설치하였다.

공자 이하 제현을 봉향하는 대성전은 애초에 화상을 봉안하였던 신라의 국자감을 이어받은 것으로 생각된다. 신라 진덕여왕 2년(648) 김춘추가 당의 국학에서 석전을 행하는 것을 보고 온 이후, 성덕왕 16

년(717) 태감(太監) 수충(守忠)이 당으로부터 문선왕(文宣王)과 십철(十哲) 72제자의 화상을 가져와서 태학에 비치하게 한 일이 있었다.

고려 숙종 6년(1101) 국자감의 문선왕전에 새로 61자(子) 22현(賢)의 화상을 봉안하고 석전에 곧 문묘에 종사하게 한 제도는, 각 지방에 그대로 통용되었다고 볼 수 없다. 여러 가지 기록에 의하면 오성(五聖) 십철(十哲)만 향교에 모신 것으로 나타나기 때문이다. 그 밖에 중앙의 성균관에서는 현종 11년(1011) 최치원을 문묘에 배향하였고, 13년(1103)에는 설총을 홍유후(弘儒候)로 추증하여 종사하였으며, 충숙왕 6년(1319)에는 안향을 종사하게 하였는데, 지방의 향교에서도 그렇게 하였는지는 분명하지 않다.

이 문묘는 왕조의 교체와 관계없이 고려조의 향교가 조선조의 향교로 이어지면서 적어도 『동국여지승람』이 완성된 성종 17년(1488)까지는 전국에 일읍일교(一邑一校)의 체제를 갖추게 되었다.

비록 조선후기의 향교가 피폐했다고는 하지만 그 고유의 기능인 춘추의 문묘의례(석전)와 삭망분향의 향사(享祀)를 통한 교화의 기능은 그대로 유지하고 있었다. 특히 석전은 유가적 규범의 온존 및 보급의 차원에서 중요시되었을 뿐만 아니라 그 행사에 회동한 사람들이 일향(一鄕)의 공론을 조성했다.

3. 문묘의례(석전)의 유래와 대상

문묘의례를 석전(釋奠)이라고 말한다. 원래 '釋'은 '놓다(舍)' 또는 '두다(置)'의 의미를 지닌 글자로 '베풀다' 또는 '차려놓다'는 뜻이다. 또한 '전(奠)'은 일종의 상형문자로 '酋(오래된 술 추)'와 '大'의 합성

자이다. 여기에서 '酋'는 술병에 술을 담아 놓고 덮개를 덮어놓은 형상으로, 빚은 지 오래된 술을 의미하며, '大'는 물건을 얹어두는 받침대의 모습을 상징한다. 따라서 이는 곧 정성스레 빚은 술을 받들어 올린다는 뜻이다.

이와 유사한 것으로는 석채(釋菜)가 있는데 이는 나물 종류 등만을 차려 올리는 단조로운 차림으로 음악이 연주되지 않는 조촐한 의식이며, 이에 비해 석전은 생폐(牲幣)와 합악(合樂)과 헌수(獻酬)가 있는 성대한 제전이다.

문묘의례(석전)는 '정제(丁祭)' 또는 '상정제(上丁祭)'라는 별칭으로도 불렸는데 이는 석전을 매년 봄과 가을에 걸쳐 2차례씩 음력 2월과 8월의 상정일(上丁日)을 택하여 봉행하여 온 데서 비롯된 것이다.

문묘종사의 대상이 되는 중국의 성인은 다음과 같다.

① 대성지성문선왕(大成至聖文宣王) 공자(孔子, 기원전 551~478)

당 현종 개원(開元, 739년) 27년 문선왕으로 추시(追諡)됨

원 무종 대덕(大德) 11년 대성지성문선왕(大成至聖文宣王)으로 가봉

② 사성위(四聖位)

복성공(復聖公) 안자(顔子, 기원전 521~490) 덕행으로 손꼽히는 제자, 안빈낙도(安貧樂道)의 전형

종성공(宗聖公) 증자(曾子, 기원전 505~436) 증삼(曾參), 효의 실천자로 유명, 『대학』과 『효경』 편찬

술성공(述聖公) 자사(子思, 기원전 483~402) 공급(孔伋), 공자의 손자이며 일찍이 증자에게 배웠고, 맹자의 스승, 『중용』 저술

아성공(亞聖公) 맹자(孟子 기원전 372-289)

③ 10대 제자[孔門十哲]

민손(閔損, 기원전 507~?)

염경(冉耕, 기원전 544~?)

염옹(冉雍, 기원전 522~?)

재여(宰予, 기원전 522~458)

단목사(端木賜, 기원전 507~420)

염구(冉求, 기원전 522~489)

중유(仲由, 기원전 542~480)

언언(言偃, 기원전 506~?)

복상(卜商, 기원전 507~400)

전손사(顓孫師, 기원전 503~?)

④ 송조 오현

도국공(道國公) 주돈이(周敦頤, 1017~1073)

예국공(豫國公) 정호(程顥, 1032~1085)

낙국공(洛國公) 정이(程頤, 1033~1077)

신안백(新安伯) 소옹(邵雍, 1011~1077)

미백(郿伯) 장재(張載, 1027~1077)

휘국공(徽國公) 주희(朱熹, 1130~1200)

4. 고려시대 문묘종사의 대상이 된 한국의 선비

① 문창후(文昌候) 최치원(崔致遠, 857~?)

호는 고운(孤雲)이고 경주최씨의 시조이다. 신라대의 인물이지만 고려 현종 11년(1020) 문창후로 봉해졌으며 문묘종사가 결정되었다. 그의 학문은 인간이 자기 존재를 구현하고자 하는 '위지지학(爲己之學)'에 있었음을 확인할 수 있다. 또한 고운이 지향한 정치적 이상은 인정(仁政)에 근거한 요순의 정치이며, 궁극적으로는 유교의 대동사회의 실현에 있었다.[1] 그는 현종 11년(1020) 경신(8월)에 내사령(內史令)에 추증되고 문묘에 배향되었으며[2] 현종 14년(1023) 계해 3월 문창후에 추봉되었다. 고려 국가의 제도 정비는 최치원의 유교적 정치 이념과 긴밀히 관련되었다.

② 홍유후(弘儒候) 설총(薛聰, 650~740)

신라의 인물로 고승 원효대사의 아들이다. 고려 현종 13년(1022) 홍유후의 시호를 받고 문묘에 종사되었다. 설총은 강수, 최치원과 함께 신라 삼문장의 한 사람으로 불렸고, 『삼국유사』에서는 '경(經)과 사(史)에 두루 통달했다(博通經史)'고 하여 신라 십현(十賢)의 한 명으로 칭했다. 중국의 경전을 우리 식으로 읽은 현토라는 것은 중국이나 일본에는 없는 것으로, 우리나라만이 독특하게 한문을 읽는 방법으로 해석의 방법이다. 즉 현토하여 읽는 것만으로도 기본적으로는 우리말

---

1) 오석원, 「최치원의 유교사상」, 『동양철학연구』 30집, p.6.

2) 김부식, 『삼국사기』, 「최치원열전」 "현종이 왕위에 계실 때 최치원이 조상의 왕업을 몰래 도왔으니 그 공을 잊을 수 없다고 하여 명을 내려 내사령을 추증하고 14년 태평 2년 임술 5월에 문창후(文昌侯)라는 시호를 추증하였다.

로 해석하는 것이 되기 때문이다.3)

③ 문성공(文成公) 안향(安珦, 1243~1306)

유일하게 고려시대에 문묘에 종사된 고려시대의 인물이다. 고려 충렬왕 32년(1306) 문성이라는 시호를 받았고, 충숙왕 6년(1319)에 문묘에 종사되었다. 47세(1289) 원나라가 고려에 설치한 고려유학 제거(提擧)에 임명되어 국가의 유학진흥과 교육부문의 명예수장이 된다. 이를 계기로 같은 해 충렬왕의 원나라 행차에 수행하여 원나라의 수도(북경)에서 주자의 글을 접하게 된다. 그는 주자의 저술을 처음으로 접하게 되고, 주자의 사상을 마음속 깊이 찬동하게 되어 주자를 유학의 정통학맥으로 인정한다. 그리하여 전체 수행기간이 5개월밖에 되지 않는 짧은 일정 속에서도 손수 주자의 책을 기록하고 공자와 주자의 초상화를 모사하여 이듬해(1290) 봄에 귀국하였다.4)

55세(1297)에 사저에 정사를 지어 공자와 주자의 초상을 봉안하고, 조석으로 참배하여 그들의 정신을 이어 받으려 했으며, 마침내 자신의 호마저 주자를 경모하는 의미에서 주자의 호인 '회암(晦庵)'의 한 글자를 본떠서 '회헌(晦軒)'이라고 하였다.5) 56세(1298) 집현전 태학사 수문전 태학사의 관직에 있었다. 원나라 수도에서 문묘를 배알하고 원나라 학관들과 성리설을 변론하는 과정에서 회헌의 변론이 주자설과 합치된다고 하여, 원나라 학관들이 회헌을 '동방의 주자'라고 경탄하여 그의 초상화를 그려갔다는 기록이 전해진다.6)

---

3) 조준하, 「설총과 구경(九經)에 관한 고찰」, p.105.
4) 윤원현, 「회헌 안향의 행적과 사상에 대한 비판적 검토」, 『동서철학연구』 35호, p.287.
5) 앞의 논문, p.288.

62세(1304)에 대성전이 준공되었고, 섬학전을 설치하여 국학을 일으킨 공로로 사후(1319)에 문묘에 배향된다. 성리학의 선각자이나 고려국학의 부흥자라고 할 수 있을 것이다.

Ⅲ. 조선시대에 문묘종사에서 본 이상적 인물

1. 정몽주(鄭夢周), 의리정신의 사표

정몽주(鄭夢周, 1337~1392)가 문묘종사의 인물로 추천된 것은 중종 때이다. 첫 번째 추천 이유는 성리학의 출발이 정몽주로부터 시작되었다는 것이다. 정몽주는 동방이학의 으뜸인 바, 그 이유는 상례를 정리하였다고 중시되었다. 그래서 최치원, 설총 안향과 더불어 충분히 문묘종사될 자격이 있다고 하여 최초로 종사를 청했다.[7]

그러나 가장 중요한 것은 그의 왕조에 대한 의리정신이다. 조선왕조를 반대했지만 오히려 조선왕조에서는 그에게 이미 조선 태종 원년 문충(文忠)이라는 시호를 수여했다. 그리고 사림파들이 정권의 중심에 자리하게 된 중종 12년(1517) 문묘종사에 종사되었다. 정몽주의 문묘종사 운동은 조광조를 비롯한 도학파들이 주도했으며, 사림들이 이에 동조하는 형태로 추진되었다.

---

6) 앞의 논문, p.288.

7) 『중종실록』 권12, 중종 5년 10월 신축일, 이여가 정몽주의 문묘종사를 청하다.

　　"고려 말에 유종(儒宗) 정몽주(鄭夢周)가 태어나 성리(性理)를 연구하여 학문이 깊고 넓어서, 오지(奧旨)를 혼자 알되 선유(先儒)와 절로 맞았으며, 충효(忠孝)의 대절(大節)이 당대를 용동(聳動)하였으며, 부모의 상(喪)을 입고 사당을 세우는 것을 한결같이 『가례(家禮)』대로 하였으며, 문물(文物)과 의장(儀章)은 다 그가 다시 정한 것이었으며, 학교를 세워서 유학(儒學)을 크게 일으켜 사도(斯道)를 밝혀서 후학(後學)에게 열어준 것은 우리나라에 이 한 사람이 있을 뿐이니, 학문을 주자(周子)와 정자(程子)에 비하면 참으로 차이가 있겠으나 공로를 주자와 정자에 비하면 거의 같습니다."8)

　　여러 세대를 거치면서 국왕과 조정의 주도로 계속되어 온 정몽주에 대한 추숭사업의 결과, 당시의 누구라도 정몽주에 대해 정면으로 비판하기는 어려운 상황이었다. 그러한 기반 위에 중종대의 사림은 그를 조선 도학의 선구자로 자리매김하였던 것이다.9)

　　여기서 주목할 만한 것은 학문보다는 그가 보여준 절의가 문묘종사의 중요한 기준이 되었다는 것을 알 수 있다. 그러나 함께 추천된 김굉필은 문묘종사에 추천되지 못하였는데 그 이유는 당시의 사림의 중심에 있던 조광조를 반대하는 입장에 있던 당파들의 반대가 있었기 때문이다. 그러나 조광조와 김굉필을 반대하는 사람들도 정몽주를 반대할 이유가 마땅하지 않았기 때문에 도학파들이 강하게 청하였던 김굉필은 수용되지 않고 노력의 결과가 최초론 문묘종사의 대상으로 정몽주가 선정되었던 것이다.

---

8) 『중종실록』 권29, 중종 12년 8월 경술일, 김굉필 등을 문묘에 종사하도록 성균 생원 권전 등이 상소.
9) 위의 논문, p.66.

2. 오현(五賢), 정학(正學)과 덕행(德行)의 사표

중종 때 정몽주만이 문묘종사가 확정된 후 다시 문묘종사로 거론
된 것은 선조 때 김굉필을 비롯해서 정여창, 이언적, 조광조 그리고
이황이었다. 이황은 앞선 4명의 선비들을 문묘종사로 추천하다가 사
후에 함께 포함되어 5현이 되었던 것이다.

이 오현에 대한 문묘종사의 이유에 대해서 당시의 상소문은 이렇
게 말하고 있다.

> "신들이 생각해보건대 하늘이 우리나라를 돌보아주시어 열성(列聖)
> 이 서로 이어받으심으로써 오랜 세월 동안 돈독하게 배양하셨으므
> 로 옛날보다 더 많은 인재가 쏟아져 나왔습니다. 당대의 인물을 보
> 건대, 문경공(文敬公) 신(臣) 김굉필(金宏弼), 문헌공(文獻公) 신 정여
> 창(鄭汝昌), 문정공(文正公) 신 조광조(趙光祖), 문원공(文元公) 신 이
> 언적(李彦迪), 문순공(文純公) 신 이황(李滉) 등이 모두 출중한 자질
> 을 지니고 울연(蔚然)히 서로 이어 태어났는데, 학문은 성인들의 정
> 미(精微)한 경지까지 이르렀고 행실은 군자의 순수(純粹)함을 구비
> 하였으니 참으로 세상에 드문 진유(眞儒)요 백세(百世)의 종사(宗師)
> 라 하겠습니다. 그런데도 아직 존숭하는 전례(典禮)가 없어 필분(苾
> 芬)의 제사를 받지 못하고 있으니, 어찌 성명(聖明)한 조정의 일대
> 흠이 아니겠습니까."10)

이 오현의 공은 중국 문헌의 진수를 터득하여 우리나라 선비들의
올바른 학문을 제창하였다. 항간(巷間)의 선비들이 그들의 풍모와 인
품을 사모하여, 모두들 선을 좋아하고 악을 미워하며 아들은 효도하
고 신하는 충성하며 유교를 숭상하고 이단(異端)을 배척할 줄 알게 되

었다. 특히 이런 선비를 존중하고 문묘(文廟)를 재건하여 친히 석전제(釋奠祭)를 거행하고, 사도(斯道)를 부식함으로써 중흥(中興)의 기틀을 만들어야 한다. 오현을 종사(從祀)하는 대열에 참여되지 못했고 보면 성조(聖朝)에 흠이 될 것이라고 건의했다.[11]

정몽주 이후로 의리정신의 구현은 학자를 가늠하는 중요한 잣대가 되었는데, 학자적 자세와 도덕적 실천이 중요한 기준이었음을 알 수 있다. 이런 상소에도 불구하고 선조 시 문묘종사는 이루어지지 않지만 적어도 진정한 선비이며 영원한 스승으로의 모범이 되는 인물로 오현이 제시되었다는 점에서 의의가 있다.

① 문경공(文敬公) 김굉필(金宏弼, 1454~1504)

호는 한훤당(寒暄堂)이며, 김종직의 제자이다. 『소학』을 중시하여 읽고 실천했다. 선조 7년 문경공 시호를 받고 광해 2년(1610)에 문묘종사되었다. 중종 때 정몽주와 함께 이미 추천되었던 바, 그의 자질에 대해 당시의 상소문에서는 다음과 같이 기록하고 있다.

> "김굉필의 사람됨은 기국(氣局)이 단정하고 성행(性行)이 닦이고 깨끗하며, 성학(聖學)에 뜻을 두텁게 하고 실천에 힘써서 보고 듣고 말하고 움직이는 것이 모두 공경스럽고, 높이 앉으면 엄연(儼然)하고 가까이 가면 온연(溫然)하며, 사람을 간절하게 가르쳐서 애연(藹然)히 지극한 정성을 보이며, 배우러 가는 자가 있으면 누구에게나 『소학(小學)』, 『대학(大學)』을 가르쳐서 규모가 이미 정해져 있고 절목(節目)에 질서가 있으며, 정치가 문란한 세상을 만나서 환난(患難)

---

11) 『선조실록』 권172, 선조 37년 3월 기사일, 성균관 생원들인 김굉필, 정여창, 조광조, 이언적, 이황의 문묘 배향 상소문.

을 당하였으나 태연히 처신하여 도탑고 공경스런 공부를 처음과
같이 하여 늦추지 않고 죽을 때까지 밤낮으로 계속하였습니다. 그
에게 배운 자는 사도(斯道)의 본지(本旨)를 얻어 듣고, 그를 만난 자
는 이 사람의 풍의(風儀)를 앙모(仰慕)하였으며, 금세의 학자가 그를
태산북두(泰山北斗)처럼 생각하여 덕행(德行)을 귀하게 여기고 문예
(文藝)를 천하게 여기며, 경술(經術)을 존중하고 이단(異端)을 억제
할 줄 알았으니, 전하께서 호오(好惡)를 밝히고 취사(取捨)를 살펴서
강기(綱紀)를 정돈하고 풍화(風化)를 선양(宣揚)하고자 하시는 것이
실로 김굉필의 힘에 말미암은 것입니다.”12)

그러나 이 상소에 대해서 부정적인 반응이 있었고 관철되지 못했
다. 이것은 조광조의 스승이라는 점에서 곧 당파의 이해와 관련이 있
었기 때문에 거부되었던 것이다.

여기서 반대하는 사람들의 논리는 김굉필을 종사하게 하고 그것을
빙자하여 당(黨)을 세우자는 데에 뜻이 있다고 하여 부정적으로 보고
문묘종사는 거부되었다. 그러나 김굉필에 대한 문묘종사는 선조 때도
계속되었고 다른 네 명의 선비와 함께 문묘종사에 추천되었다. 그 상
소문에서는 다음과 같이 말한다.

　　“김굉필은 어려서부터 큰 뜻을 품고 성현의 학문에 진력했는데『소
　　학(小學)』으로 자신을 단속하면서 학문의 경지에 깊이 몰입하였습
　　니다. 그리하여 언행이 충신(忠信)하고 독경(篤敬)하여 매사에 예의
　　를 준행(遵行)하면서 끊어진 학문을 일으켜 세워 세상의 유종(儒宗)
　　이 되었으니, 사문(斯文)에 공로가 크다고 하겠습니다.”13)

유교의 학문에 충실히 공부했고 특히 실천윤리라고 할 수 있는 소

학의 정신에 진력했으며 유교의 종장으로서 문묘종사의 대상으로 자격을 갖추었다는 것이었다. 소학정신 혹은 위지지학의 선비정신은 사림파에서 중시한 도통의 내용이라 할 수 있다.

② 문헌공(文獻公) 정여창(鄭汝昌, 1450~1504)

호는 일두(一蠹)이고, 광해 2년(1610) 다른 네 선비와 더불어 문묘종사되었다. 그에 대한 추천의 내용은 다음과 같다.

> "정여창은 일찍부터 분발하여 널리 경전(經傳)을 섭렵했는데 궁리(窮理)를 독서의 요체로 삼고 마음 갖기를 속이지 않는 것을 위주로 하였습니다. 체용(體用)의 학문을 통달(通達)하고 가정(家庭) 내의 행신을 도탑게 하였으며 김굉필과 학문의 벗이 되어 사도(斯道)를 강명(講明)했으니, 사문에 또한 공이 크다고 하겠습니다."[14]

조선조 성리학의 도통을 이은 김종직은 문묘종사가 이루어지지 않았지만 그 두 제자 김굉필과 정여창은 스승으로 공인되었다.

③ 문정공(文正公) 조광조(趙光祖, 1482~1519)

호는 정암(靜庵)이다. 선조 1년 문정공 시호를 받았으며, 광해 2년(1610) 다른 네 선비와 더불어 문묘종사되었다. 조광조에 대해서는 이미 선조 1년(1568) 4월에 사간원은 조광조의 복관을 청하면서 그의 문묘종사도 아울러 요구하였던 것이다. 사간원의 요구로 선조는 조광조를 복관시켰지만 문묘종사는 허락하지 않았다.[15] 오현의 문묘종사

---

14) 『선조실록』 권172, 선조 37년 3월 기사일, 성균관 생원들인 김굉필, 정여창, 조광조, 이언적, 이황의 문묘 배향 상소문.

15) 진상원, 「조선중기 도학의 정통계보 성립과 문묘종사」, 『한국사연구』 128호, p.171.

를 주장하던 이들은 조광조의 인품에 대해 다음과 같이 평하고 있다.

"조광조는 천품이 매우 특이하여 제배(儕輩)들보다 뛰어났었는데 험난한 시대에 유배생활을 하던 김굉필을 좇아 군자의 위기(爲己)하는 학문을 배웠습니다. 그 뒤 임금에게 신임을 받고 국정(國政)을 행하게 되어서는 평소에 쌓은 포부를 펼쳐 나갔는데, 『소학(小學)』의 가르침을 일으키고 향약(鄕約)의 제도를 시행하는 등 선왕(先王)의 법도를 차례로 거행하여 요순(堯舜)의 치적을 기대할 정도가 되었습니다. 그러나 중도에 참소를 당해 뜻을 이루지 못한 채 영영 떠나고 말았으니, 지금 생각해도 무의식중에 길이 탄식하고는 합니다. 그러나 그가 끼친 유풍(遺風)과 혜택은 지금도 없어지지 않았으니, 우리 국가의 정학(正學)의 일맥(一脈)이 그래도 실 가닥처럼 이어져 끊어지지 않은 것은 조광조의 공이 아니고 누구의 공이겠습니까."16)

위기지학으로서의 조광조의 학문은 정몽주로부터 시작한 의리지학의 충실한 계승자이라고 평하는 것이다. 그런데 율곡 이이는 조광조야말로 오현 가운데 가장 중요한 인물이며 진정한 선비라고 찬탄했다.17) 율곡은 주자학의 정통을 이은 것은 조광조이며 이런 점에도 실제적으로 조선조 도학의 진정한 시발을 조정암으로 삼는다.

④ 문원공(文元公) 이언적(李彦迪, 1491~1553)

호는 회재(晦齋)로 선조 38년 문원공의 시호를 받았다. 광해군 2년 (1610) 다른 네 명의 선비와 더불어 문묘종사되었다. 그때 상소문에서 다음과 같이 평했다.

---

16) 『선조실록』 권172, 선조 37년 3월 기사일, 성균관 생원들인 김굉필, 정여창, 조광조, 이언적, 이황의 문묘 배향 상소문.

17) 『율곡전서』 권4, 「疏箚」 '二代白參贊仁傑論時事疏.'

"이언적은 도기(道器)의 천품을 타고나 영오(穎悟)함이 누구보다도 뛰어났습니다. 수수(授受)한 곳이 없는데도 사학(斯學)에 스스로 분 발하여, 실행하는 공부에 마음을 두고 격치(格致)에 힘을 기울였습 니다. 오잠(五箴)과 삼성(三省)으로 자신을 더욱 엄하게 다스리고 팔 규(八規)와 십목(十目)으로 임금의 잘못을 더욱 간절하게 바로잡았 으며 모든 저술이 사도(斯道)를 우익(羽翼)한 것 아닌 것이 없었으 니, 중종(中宗)께서 '옛적의 진덕수(眞德秀)도 이보다 나을 수 없을 것이다'라고 칭찬하신 것도 이런 이유에서였습니다."18)

⑤ 문순공(文純公) 이황(李滉, 1501~1570)

호는 퇴계(退溪)이며 60세에 도산서당을 짓고 후진을 양성했다. 선 조 9년 문순공으로 시호를 받았으며, 광해군 2년(1610) 다른 네 선비 와 함께 문묘종사되었다. 당시 상소문에 그를 다음과 같이 평했다.

"이황의 경우는 더욱 훌륭한 점이 있습니다. 자품이 고매(高邁)한 데다 수양이 넓고도 깊었는데, 강구(講究)하는 데 온 정력을 기울여 미묘한 이치를 환히 밝혔습니다. 그리하여 격물(格物), 치지(致知), 성의(誠意), 정심(正心)의 학문에 대해 모두 발명(發明)하고 회오(會 悟)함이 있게 되었는데, 광명(光明)하고 위대한 그의 일생이야말로 순수한 정도(正道)의 경지에서 나온 것이라 하겠습니다. 입조(立朝) 해서는 염방(廉方)과 정직으로 마음을 삼고 임금을 섬김에 있어서 는 잘못을 바로잡아 도에 나아가게 하는 것을 급선무로 삼았습니 다. 십도(十圖)의 글과 육조(六條)의 상소가 모두 제유(諸儒)의 잘잘 못을 가리고 이단(異端)의 그릇된 점을 배척하지 않은 것이 없고 보 면, 4현을 집대성(集大成)하여 우리 동방(東方)의 고정(考亭)이 된 이 가 바로 이 사람이 아니겠습니까."19)

추천된 오현 가운데 이의가 제기되었던 선비는 이언적과 이황이었

18) 『선조실록』 권172, 선조 37년 3월 기사일, 성균관 생원들인 김굉필, 정여창, 조광조, 이언적, 이황의 문묘 배향 상소문.

19) 『선조실록』 권172, 선조 37년 3월 기사일, 성균관 생원들인 김굉필, 정여창, 조광조, 이언적, 이황의 문묘 배향 상소문.

는데, 이들을 반대한 인물은 정인홍으로 그의 스승인 조식에 대한 부정적 평가를 한 것에 대해 서운한 감정으로 반대했다.[20]

그러나 정인홍의 반대는 받아들이지 않았고, 후학을 개도하고 깊은 묘리를 발명하여 그가 사문에 기여한 공이 매우 컸기 때문에 학자들이 우리 동방의 주자라고 일컬었으니, 대체로 그 말이 이황의 실력과 덕행에 가까운 진실이라고 하여 호평하였다.[21] 이언적의 경우도 "그의 심사가 분명하므로 결코 의심할 것이 없다. 일시의 명인(名人)과 거유(鉅儒)들이 그의 학문을 추존하여 모두 스스로 미칠 수 없다고 여겼으며, 이황 역시 끊어진 학문을 전하였다는 것으로 그를 높였는데, 사람들에게 이러한 인정을 얻은 것은 반드시 그 까닭이 있는 것이다."라고 하였다.[22]

3. 이이(李珥)와 성혼(成渾), 정통과 이단논쟁 속에서 검증된 학통과 덕행

이이와 성혼의 문묘종사에 대한 건의는 인조 3년부터 시작되었다. 이러한 청에도 불구하고 인조 때 두 현인에 대한 문묘종사는 이루어지지 않았다. 효종 때도 문묘종사의 요청은 계속되었다. 그리고 두 선비가 정몽주에서부터 시작한 도통 그리고 오현의 올곧은 정신을 제대로 이어받은 인물이라고 추천되었다.

> "아조(我朝)의 선현(先賢) 중에 조광조(趙光祖)는 도학(道學)을 밝혔
> 고, 이황(李滉)은 이굴(理窟)에 침잠하였으니, 이 두 분이야말로 가

---

20) 『광해군일기』 권39, 3월 병인일, 정인홍이 이언적과 이황을 비방하고 문묘종사가 부당함을 극론하다.
21) 『광해군일기』 권39, 3월 병인일, 정인홍이 이언적과 이황을 비방하고 문묘종사가 부당함을 극론하다.
22) 『광해군일기』 권39, 3월 병인일, 정인홍이 이언적과 이황을 비방하고 문묘종사가 부당함을 극론하다.

장 뛰어나다고 하겠습니다만, 그 뒤로는 이이(李珥)와 성혼(成渾)만한 이가 있지 않습니다. 이것은 신의 말이 아니라 그동안 선배들의 말이 모두 그러합니다. 이이는 천품이 고매하고 충양(充養)이 순수하며 식견(識見)이 통투(通透)하고 행선(行善)이 민용(敏勇)하니, 이 점에서는 우리나라 역사 이래로 있지 않았던 일인 듯싶습니다. 그리고 성혼은 고명(高明)함이나 투철(透澈)한 면에서는 이이에게 못 미치는 듯하더라도 지조의 엄격함과 행실의 독실함은 실로 이이와 서로 비슷하니, 모두 세상에 드문 대현(大賢)입니다."[23]

흥미로운 것은 이이 단독으로 추천된 것이 아니라 성혼이 끝까지 함께 추천되었으며, 학문은 이이에 비해서 다소 못 미치지만 지조와 행실은 서로 비슷하다고 하였다. 그러나 두 선비가 문묘종사에 적절하지 않다는 반대의견도 나왔다. 그 내용을 요약해 보자면 도통의 계승은 신중해야 하는데 이이와 성혼은 공맹과 정주의 학통에 문제가 있다는 것이었다. 이이는 이황의 이기론과 차이가 있으며, 나정암(羅整庵)의 학문을 자득한 바 있는 것으로 칭찬했던 점도 미심쩍은 것이며 불교에 대해 경도되었던 점에서 적절하지 않으며 성혼은 거론할 필요도 없이 이이의 수준에도 미치지 못한다는 요지였다.[24]

① 문성공(文成公) 이이(李珥, 1536~1584)

호는 율곡(栗谷)이며, 인조 2년 문성공의 시호를 받았다. 숙종 8년(1682)에 문묘에 종사되었다. 이이에 대한 문묘종사는 인조 때부터 시작되었는데 그가 문묘종사의 대상이 될 만한 인물이라는 것에 대해 한 상소문을 검토해보면, 그의 도학은 지행(知行)을 겸비하여 온전하

---

23) 『효종실록』 권4, 인조 1년 7월 계유일, 우의정 조익이 조광조, 이황, 이이, 성혼의 덕을 정확히 알도록 아뢰다.

24) 『인조실록』 권31, 인조 13년 6월 갑신일, 이이 등의 문묘종사 문제로 의견이 대립하다.

고 정주(程朱)의 진정한 도맥을 체득했다. 동시에 후학들을 위해서『격몽요결(擊蒙要訣)』을 집필하고 왕을 위해『성학집람(聖學輯覽)』을 편찬해서 선유들이 확정하지 못한 논리를 정연하게 정리했다. 뿐만 아니라 정치에 참여하여서도 굉원한 계책이 치밀하여 선조를 도왔다는 요지였다.[25]

이러한 상소는 며칠 후에도 이어지는데 이이의 순수한 도학과 뛰어난 조예로 성리의 근원을 통찰하였으며, 세도를 만회하고 백성을 구제하는 일로 자신의 임무를 삼아 주자의 바른 계통을 이어받았으며, 이는 이황(李滉) 이후로 유일한 선비라고 했다.[26] 동시에 이이에 대해서는 주자학적 도통에 어긋나 이단의 일면이 있다고 하여 문묘종사에 적절하지 않다는 반대의견도 있었다.

첫째는 금강산에 입산하여 불교를 공부했다는 것이어서 사마시에 뽑혔을 때 문묘배알이 허락되지 않았다는 점을 들었다. "이이가 천륜(天倫)을 끊고서 공문(空門)에 도망하여 숨은 것은 참으로 명교(名教)에 죄를 얻은 것이니, 그 당시에도 사마시에 뽑혀서 성묘(聖廟)에 배알하는 것을 오히려 허락하지 않았습니다."[27] 이러한 반대의견은 일찍이 다른 선비에게 없었던 예리한 비판이었다. 이들은 특히 이황과 대립된 이기론에 대해서도 정통이 아니라고 공격했다.

이황과 이기론과는 달리 이보다는 기를 주장한 것에 대해 이의를 제기하였다. "이이의 학(學)은 오로지 기(氣)자만을 주장하여 기를 이

---

25)『인조실록』권31, 인조 13년 5월 경신일. 관학 유생 송시형 등 270여 명이 성혼과 이이의 문묘종사를 건의하다.

26)『인조실록』권31, 인조 13년 5월 임술일. 오윤겸과 조익이 문묘종사 건에 관계하여 내린 답을 듣고 글을 올리다.

27)『효종실록』권3, 효종 1년 2월 을사일. 경상도 진사 유직 등 9명이 이이와 성혼의 성묘에의 종사를 반대하는 상소를 올리다.

(理)로 알았습니다. 이 때문에 이와 기를 같은 것으로 여겨 다시 분별함이 없었으며, 심지어 마음이 바로 기이고 사단(四端)과 칠정(七情)이 모두 기에서 생긴 것이라고 하였습니다."28) 이러한 이이의 기에 경도된 생각은 정통성리학의 입장이 아니며 퇴계와도 배치되는 것으로 유학의 정통이 아니므로 문묘종사의 인물로 부적합하다는 것이었다.

이에 대해 이이가 불교에 빠졌던 것은 사실이지만 그것은 중국의 학자들의 경우에도 젊은 시절에 있었던 일로 큰 흠이 되지 않는다고 주장했다. "대저 유학이 정도이고 석씨가 사교라는 것은 세상에서 아무리 못난 자라도 알 수 있음에도 정주 두 선현이 잘못 빠져들음을 면치 못한 것은 어째서겠습니까. 석씨의 학설이 나름대로 십분 이치에 가까운 데가 있기 때문에, 재질이 고명한 자가 구도하는 마음은 아주 간절하고 마음 씀은 너무 예민한 나머지 쉽게 흘러드는 것은 형세가 진실로 그렇게 되어 있어서이니, 이이의 일도 역시 이러한 것입니다."29) 이어서 그의 학문도 하나도 이상이 없는 정통적 성리학임을 말한다.

② 문간공(文簡公) 성혼(成渾, 1535~1598)

호는 우계(牛溪)이고 인조 11년 문간공의 시호를 받았으며, 숙종 8년(1682)에 이이와 함께 문묘종사되었다. 인조 때 송시형 등 유생 270명이 성혼의 문묘종사를 청하면서 다음과 같이 평했다.

---

28) 『효종실록』 권3, 효종 1년 2월 을사일, 경상도 진사 유직 등 9명이 이이와 성혼의 성묘에의 종사를 반대하는 상소를 올리다.

29) 『인조실록』 권31, 인조 13년 5월 임술일, 문묘종사 건으로 송시형 등이 다섯 차례의 상소를 올리다.

"신(臣) 성혼은 천품이 돈후하고 장중하여 독실이 배우고 힘써 실
행하여 동정(動靜)과 어묵(語默)에 있어서 한결같이 『소학(小學)』과
『가례(家禮)』로 준칙을 삼았으며, 소신의 엄정함은 한 점의 부끄러
움도 없고 효제의 품행은 신명과도 통할 만하였으며, 덕기(德器)가
성취됨에 따라 표리가 한결같았습니다. 그러므로 신 이이가 그의
독실한 면은 미칠 수 없다고 매번 말하였습니다. 일찍이 이이와 사
귀며 절차탁마하였는데, 서로 뜻이 맞고 도가 통하였습니다. 그 뒤
이이는 벼슬에 진출하여 세도(世道)를 담당했고, 성혼은 시골에 묻
혀 살면서 비록 은지(恩旨)에 쫓겨서 이따금 연하(輦下)에 나아오기
는 하였으나, 그의 속마음은 늘 산야를 잊지 못하였습니다."30)

뿐만 아니라 성혼의 학문은 가정에서 전수받은 것으로, 엄정하고
돈독하며 장중하고 안온하며, 언어 동작이 하나같이 성현의 교훈을
준수하여 강명(講明)과 천리(踐履)에 모두 공부가 성숙되었고, 또 본원
을 조존(操存)하는 데에 더더욱 힘을 기울였다고 평했다. 그리고 이이
와는 도의로 사귀어 일찍이 사단(四端) 칠정(七情) 이기(理氣) 등의 학
설로 수없이 편지를 왕복하였는데, 선유들이 밝혀내지 못한 것을 밝
혀낸 것도 많이 있었다고 문묘종사될 만한 이유를 밝혔다.31)

그러나 성혼에 대한 의혹이 제기되었는데 그것은 임진왜란 때 임
금이 피난을 가는데 그 길목에 살았던 성혼이 모른 체했다는 것이었
다. "왜적이 서울을 핍박하여 대가가 파천하는데도 국난에 달려 나가
는 충성을 다하지 않았고, 의주(義州)로 몽진(蒙塵)을 갔을 적에는 상
황이 극도로 고립되어 있었는데도 달려와 문안하는 의리가 오랫동안
없었습니다. 이것이 바로 후인들이 성혼에게 의혹을 갖는 이유입니

---

30) 『인조실록』 권31, 인조 13년 5월 경신일, 관학 유생 송시형 등 270여 명이 성혼과 이이의 문묘종사를
건의하다.
31) 『인조실록』 권31, 인조 13년 5월 임술일, 오윤겸과 조익이, 문묘종사 건에 관계하여 내린 답을 듣고 글을
올리다.

다."32) 이런 주장으로 문묘종사에 합당하지 않음을 말했다.

이와 같이 이이와 성혼의 문묘종사는 과거 오현과는 달리 우여곡절 끝에 여러 검증을 거치면서 정통학문을 계승한 선비로 결론이 이루어지게 되었다.

4. 김장생(金長生), 예학과 덕행의 사표

문원공(文元公) 김장생(金長生, 1548~1631)의 호는 사계(沙溪)이며『가례(家禮)』를 부분적으로 고치고 보급했다. 효종 때 문원공의 시호를 받았으며, 숙종 43년(1717) 문묘종사되었다. 김장생의 경우는 기존의 오현이나 이이 성혼과는 달리 예학에 대한 탁월한 성과가 중국보다도 앞선 것으로 그 학문의 정통성과 의미에 대해 높이 평가되고 문묘종사의 이유로 제시되었다.

숙종 때 송시열은 김장생에 대해서 다음과 같이 평했다.

> "문원공(文元公) 김장생(金長生)이 정자(程子)와 주자의 학통(學統)을 문성공(文成公) 이이(李珥)에게서 얻어서, 이미 그 학설을 모두 물려받아 마음에 징험하고 몸에 체득한 연후에야 주자께서 한스러워하던 바를 개탄하고, 만년(晚年)에는 오로지 예서(禮書)에다 뜻을 두었는데, 그것은 대체로 황면재의 글에도 오히려 유감스러운 점이 있어 다시 상의하여야 할 점이 없지 않았기 때문이었습니다. 그가 편찬한『상례비요(喪禮備要)』,『가례집람(家禮集覽)』,『의례문해(疑禮問解)』,『예기기의(禮記記疑)』등의 책은 매우 세밀하게 분석하여 물을 담아도 새지 않을 정도이므로 국가의 전장(典章)과 사가(私家)의 경례(經禮)와 변례(變禮)에 모두 절충(折衷)하는 바가 있되, 한결같이 정자와 주자의 학설을 주장하였기에 비록 다른 길로 추향하는

---

32) 『인조실록』 권31, 인조 13년 6월 갑신일. 이이 등의 문묘종사 문제로 의견이 대립하다.

집안이라도 준용(遵用)하지 않는 이가 없었으니, 그 공로가 많다고
말할 만합니다."33)

이러한 상소에 대해 예조에서는 "선정신(先正臣) 김장생(金長生)은
도덕이 아름답고 연원(淵源)이 바른 것이 한 시대의 종주(宗主)가 되
며, 그 학문이 예서(禮書)에 더욱 깊어 그 훈석(訓釋)하고 저술(著述)한
것이 세교(世敎)에 보탠 것이 크니, 선유(先儒) 황간(黃榦)과 함께 종향
(從享)에 올리기를 청한 것이 어찌 경기(經紀)를 돕고 풍속을 고친 공
을 갚지 않을 수 없어서 그러는 것이 아니겠습니까?"34) 이와 같이 송
시열이 단지 자신의 학통에 근거한 것이 아니라 객관적이고 보편적
인 여론을 반영한 것이라고 적극적으로 김장생에 대해 보고했다. 그
러나 이러한 건의는 받아들여지지 않다고 40년이 지나 1717년에 문
묘에 배향되었다. 김장생은 동방의 대현(大賢)으로 혹은 유종(儒宗)으
로, 성혼(成渾)과 이이(李珥)를 이어서 집대성하고 정자(程子)와 주자를
이어서 도통을 전한 모범적 선비로 공인되었던 것이다.

5. 송시열(宋時烈) 송준길(宋浚吉), 혼돈 속에서 빛난 의리정신의 사표

두 선비에 대한 문묘종사는 숙종 때부터 건의되었다가 영조 때에
야 비로소 허용되었다. 그때 두 인물에 대한 상소문은 다음과 같다.

"이른바 '천지에 세워도 어긋남이 없고, 귀신에게 질정해도 의심이
없으며, 백세(百世)를 기다려도 의혹되지 않는다'는 것은 선정(先正)

---

33) 『숙종실록』 권12. 인조 12년 7월 계사일. 문묘종사에 관한 송시열의 소.
34) 『숙종실록』 권13. 숙종 8년 1월 무오일. 문묘에 종향한 위차의 승출에 관한 예조의 수의 결과 보고.

의 평소 학문이자 평소 뜻이 아니겠습니까? 오직 우리 열조(烈祖)
께서 종주(從周)했던 가전(家傳)과 심법(心法)은 두 선정에 힘입어
천명되었던 것입니다. 근래 세강속말(世降俗末)한 데에 이르러서도
사람들이 오히려 명의(名義)를 범할 수 없고 난역(亂逆)을 반드시
토벌해야 할 것을 알아, 옛날에 갑을(甲乙)을 논하던 자들이 선정의
도를 받들어야 함을 알지 못하는 자가 없어 한 사람도 이의(異議)가
없으니, 공렬(功烈)의 큼과 수립(樹立)의 탁월함이 실로 동유(東儒)
의 집대성(集大成)이라고 하겠습니다. 왕자(王者)가 일어나 안팎의
믿을 만한 사적을 채방(採訪)한다면 공자와 주자의『춘추(春秋)』의
통서(統緖)를 두 선정에게 돌리지 않을 수가 없을 것입니다. 그렇다
면 두 신하의 도는 다만 동방의 종사(宗師)가 될 뿐 아니라, 또한
장차 천하 만세의 종앙(宗仰)이 될 것입니다.”35)

여기에 대해 이의 없이 문묘종사는 허락되었지만 수십 년에 걸친
상소와 건의 그리고 반대가 잇달아 우여곡절 끝에 이루어진 일이었다.

① 문정공(文正公) 송시열(宋時烈, 1607~1689)

호는 우암(尤庵) 영조 때 송준길과 더불어 문묘종사되었다. 송시열
에 관한 문묘종사도 이이, 성혼과 마찬가지로 숙종 때부터 건의되었
다. 첫째의 이유는 송시열이야말로 공자와 맹자 그리고 주자로 이어지
는 유교의 정통을 계승하고 그 의리를 구현하는 선비라는 것이었다.

"아! 공맹(孔孟)의 도통(道統)을 전하고 군현(群賢)들의 학문을 집대
성(集大成)한 사람이 주자(朱子)인데, 선정(先正)께서 주자에 대해 성
심(誠心)으로 열복(悅服)한 것이 70제자가 공자(孔子)에게 열복한 정
도뿐만이 아니었습니다. 말 한마디 행동 하나도 모두 주자를 본받
았고 출처(出處)와 진퇴(進退)에 있어서도 어느 것 하나 주자의 법
문(法門)에서 얻어내어 공맹(孔孟)의 도(道)를 발명(發明)하지 않은
것이 없었습니다. 또 병자·정축의 호란(胡亂)을 당하여서는『춘추

(春秋)』의 대의(大義)를 강명(講明)하였고 효종대왕(孝宗大王)께서 큰
일을 하려는 뜻을 비밀히 도왔습니다.”36)

물론 송시열의 문묘종사는 숙종조에는 이루어지지 않았지만 그만
큼 중시되었던 것이다. 나라에 대한 충성심은 물론 무엇보다도 이단
에 대해 엄격하고 유학의 정통을 이으려는 그 점이 당파적 갈등 속에
서도 늘 송시열에 대한 스승으로 추앙되었다.

② 문정공(文正公) 송준길(宋浚吉, 1606~1672)

호는 동춘당(同春堂)이며 김장생, 김집에게 예학을 계승했다. 숙종
7년 문정공이라는 시호를 받았으며, 영조 32(1757)년에 문묘종사가
이루어졌다. 송준길도 송시열과 함께 문묘종사가 건의되었는데 이때
는 숙종 때였다. 그 상소문에서는 특히 송준길의 고매한 인품을 높이
평가하였고, 정통적인 그의 유학이 도통을 계승한 것이어서 문묘종사
에 합당하다는 주장이었다.

> “선정신(先正臣) 송준길(宋浚吉)은 천자(天姿)가 정금미옥(精金美玉)
> 처럼 순수하였고 흉금(胸襟)은 광풍제월(光風霽月)처럼 깨끗하였으
> 므로 그의 문하에 나아가 덕(德)을 직접 본 사람은 자신도 모르게
> 심취(心醉)되어 열복(悅服)하였습니다. 그의 높고 깊은 덕업(德業)과
> 넓고 원대한 수립(樹立)은 당세(當世)를 찬란하게 비추고 후세에 밝
> 게 전하기에 충분하였으니, 또 어찌 도통을 전하는 유종(儒宗)이 아
> 닐 수 있겠습니까?”37)

그러나 이러한 격찬과 반대로 송준길의 인품을 폄하하고 문묘종사

---

36) 『숙종실록』 권60, 숙종 43년 11월 기사일. 유생 정민하의 송시열과 송준길의 문묘종사에 관한 상소문.
37) 『숙종실록』 권60, 숙종 43년 11월 기사일, 유생 정민하의 송시열과 송준길의 문묘종사에 관한 상소문.

를 반대하는 상소도 있었다.[38]

송시열과 송준길, 두 선비들은 많은 사람들의 공격의 대상이 되었으면서도 또한 동시에 추앙의 대상이 되었다는 것이 17세기 혼란기의 한 양상이라고 할 수 있을 것이나, 그 기준이 정통적 유학인가가 선비를 가늠하는 잣대로서 작용하고 있던 점에서 철저한 주자학자였던 선비만이 문묘종사의 대상이 되었음을 알 수 있다.

6. 영·정조 시기에 비로소 빛난 학통과 덕행

① 문순공 박세채(朴世采, 1631~1695)

호는 남계(南溪)요, 숙종 24년 문순공의 시호를 받았으며, 영조 40년(1764년)에 문묘종사 되었다. 숙종 44년에 이미 송시열, 송준길과 함께 문묘종사에 추천되었지만 두 선비에 비해 8년이 늦었다. 영조 32년에 한 번, 영조 34년 세 번, 영조 39년에 두 번 상소가 있었다. 영조 40년에 세 번의 상소가 있었고, 드디어 문묘종사가 허락되었다. 노론과 소론으로 의견이 엇갈린 정세 속에서 소론의 박세채도 정통적 성리학자로서 문묘종사될 수 있었던 것은 적어도 주자학에 대한 충실성에 있어서는 같은 입장이었음을 알 수 있다.

일찍이 숙종도 박세채를 칭찬하여 '홍범(洪範)의 요체(要諦)를 얻어 황극(皇極)의 의리로 힘쓰는 데에 있어서는 내가 문순공(文純公) 박세채(朴世采)에게 세상에 드문 감명을 받은 바 있다. 문순(文純)이 나라를 위해

고심(苦心)한 것은 이문성(李文成)과 전후로 같다 하겠다'[39]고 평했다.

② 문정공(文正公) 김인후(金麟厚, 1510~1560)

호는 하서(河西), 현종 10년에 문정공의 시호를 받았으며, 이이와 성혼 그리고 김장생, 송시열, 송준길보다 앞선 세대이면서도 한참 늦은 1796(정조 20년)에 문묘종사되었다. 호남 출신으로는 유일하게 문묘종사된 인물이다. 김인후의 문묘종사는 정조 때 시작되었는데 주로 유생들이 정조 10년부터 청하기 시작했다.

정조 10년에 유생 박영원(朴盈源) 등이 상소했고,[40] 정헌(鄭櫶) 등이 상소[41]했다. 정조 13년에 심익현(沈翼賢) 등이 상소했고,[42] 신광례(申光禮) 등이 상소했다.[43] 정조 14년에 이악겸(李岳謙) 등이 본격적으로 상소하는데 그 이유는 다음과 같다.

> "선정신(先正臣) 문정공(文靖公) 김인후(金麟厚)는 그 도덕(道德)이 실로 문묘(文廟)에 함께 제향해야 할 사람입니다. 선정신 문정공(文正公) 송시열(宋時烈)이 말하기를 '우리나라의 인물 가운데 도덕과 절의와 문장을 모두 지니고 치우침이 없는 사람은 얼마 안 된다. 하늘이 우리나라를 도와 하서(河西) 김선생(金先生)을 태어나게 하였으니, 그는 거의 이에 가까운 분이다'고 하였으며, 선정신 문성공(文成公) 이이(李珥)도 말하기를 '맑은 물에 핀 연꽃 같고 비 갠 뒤 맑은 바람 속의 밝은 달과 같다. 출처(出處)가 올바르기로는 우리나라에서 그와 견줄 만한 사람이 없다'고 하였습니다. 문묘에 종향(從享)된 대현(大賢)으로서 이렇게까지 그를 존경하고 찬미하였으니,

---

39) 『영조실록』 권103, 영조 40년 5월 병인일. 박세채를 문묘에 종향하라고 하교하다.

40) 『정조실록』 권22, 정조 10년 8월 기사일. 김인후의 문묘 배향을 윤허하지 않다.

41) 『정조실록』 권22, 정조 10년 10월 을묘일. 김인후의 문묘 배향을 허락하지 않다.

42) 『정조실록』 권27, 정조 13년 4월 무자일. 김인후를 문묘종사하라고 팔도의 유생 심익현 등이 상소하다.

43) 『정조실록』 권27, 정조 13년 7월 신묘일. 팔도 유생 신광례 등이 김인후의 문묘종사를 청함.

그를 종향하는 의논에 대해 누가 감히 이러쿵저러쿵 하겠습니까.
삼가 선정신 문정공을 문묘에 종사(從祀)하는 전례(典禮)를 어서 거
행함으로써, 우리 유도(儒道)를 존중하고 세교(世敎)를 빛내소서."44)

이를 통해 영남이 아닌 기호지방의 선비들이 추천했음을 알 수 있다.
다시 6년이 지난 정조 20년 김무순(金懋淳) 등이 상소하여 문정공
(文靖公) 김인후(金麟厚)를 문묘에 종사하도록 요청하였다.

"대개 문정공의 성대한 덕과 아름다운 절의에 대하여는 전하께서
이미 더없이 감모하던 터였고, 신들도 남김없이 진술하여 더 남아
있는 말이 없습니다. 따라서 지금 다시 조목을 들어 열거할 일이
없기에, 종사하는 데에 절대로 합당한 이유를 요약하여 말씀드리겠
습니다. 그의 도덕과 의리는 비할 사람이 없다고 한 말은 선정신
이황이 문정공을 찬양한 것이고, 하늘이 우리 동방을 도와 하서(河
西)를 탄생시켰다고 한 말은 선정신 송시열의 말입니다. 하서(河西)
는 곧 문정공의 호(號)입니다. 선정들이 앞뒤로 창명(倡明)하고 서
로 도운 것이 이토록 성대하고 지극합니다. 또 더구나 '큰 근본이
중정(中正)을 얻었다'고 한 교지와 '한 손으로 삼강(三綱)을 부지하
였다'고 한 유시는 해와 별처럼 밝고 단청처럼 빛나고 있으며, 우
리 전하의 큰 성인의 자질과 지공무사한 지혜로 더없이 감모하고
미덕을 표창하기를 이토록 극진하게 하였으니, 만약 대단한 현자
(賢者)의 수준이 아니고서는 이러한 것을 얻을 수 없는 것이 분명합
니다. 이처럼 성대한 도덕에 아름다운 절의(節義)를 겸비한 자야말
로 고금에서 찾아보더라도 과연 몇 사람이나 되겠습니까."45)

이 상소에서는 이황과 같은 학자도 김인후를 칭송하였던 것을 예
로 들면서 간절하게 문묘종사를 청하고 있고 이에 대한 반대는 없었
고, 줄기찬 상소의 결과 정조 20년에 문묘종사가 허락된다. 김인후라

---

44) 『정조실록』 권29, 정조 14년 3월 임인일, 유학 이악경이 문정공 김인후의 문묘종사를 청하니 비답하다.
45) 『정조실록』 권44, 정조 20년 6월 기해일, 유학 김무순 등이 상소하여 김인후의 문묘종사를 요청하다.

는 인물의 훌륭한 점은 물론이려니와 호남에는 전무했던 가운데 정조시에 비로소 호남의 선비를 문묘에 종사했다는 점에 의의가 있다.

7. 조헌(趙憲)과 김집(金集), 고종 때 종사된 조선의 마지막 선비정신

① 문열공(文烈公) 조헌(趙憲, 1544~1592)

호는 중봉(重峯)으로 임진왜란 때 금산에서 장렬한 최후를 마쳤다. 그의 문묘종사는 일찍이 되었지만 종사가 이루어진 것은 김집과 함께 고종 20년(1883)이었다. 문묘종사에 대한 건의는 영조 34년부터 있었으나 받아들여지지 않았다. 정조 때도 건의가 계속되었는데 그에 대한 평은 다음과 같다.

> "선정신(先正臣) 이이(李珥)와 성혼(成渾)의 문하에 출입하면서 도체(道體)의 오묘함을 통찰하고 학문의 올바른 길을 확실하게 찾았습니다. 마음을 보존하고 성품을 수양하는 것은 반드시 공맹(孔孟)의 사상을 근본으로 하였고, 본체를 완전하게 갖고 큰 작용(作用)을 쓰는 데에는 주자(朱子)의 규범에서 벗어나지 않았으며, 좌우에서 근원을 탐색하여 시종(始終)의 맥락을 완성하였습니다. 그리고 중국을 높이고 오랑캐를 배척한 마음과 정도(正道)를 부지하고 사도(邪道)를 배척한 뜻은 또한 평소 가슴 속에 쌓아왔던 것이었습니다."46)

조헌은 이이와 성혼의 도통을 계승하여 유교적 교양을 쌓았고 더구나 임진왜란을 맞아 살신성인의 충절로 순절했다는 것도 문묘종사의 이유로 거론되었다.

---

46) 『정조실록』 권44, 정조 20년 6월 갑신일, 유생 박한흠 등이 상소하여 조헌과 김집의 문묘 종향을 청하다.

"임진난이 일어났을 때에도 맨 먼저 대의(大義)를 내세우고 1천여
명의 변변찮은 병력을 가지고 청주에서 수만 명의 왜적을 무찔렀
습니다. 결국 금산(錦山)의 전투에서 순절하였고, 7백 명의 의사들
도 같은 날 함께 죽었는데, 국가는 그들의 순국의 공을 힘입어 양
호(兩湖)를 보전할 수 있었고 나아가 중흥의 업을 이룰 기틀을 마련
할 수 있었습니다."47)

조헌은 정통적인 유학을 수학하고 거기에 목숨을 걸고 왜적과 싸
워 순절한 점에서 뒤늦은 고종 20년에 문묘종사가 이루어졌다. 국운
이 기울어가고 유교의 기강이 흔들리는 한말 임란시의 살신성인의
상징인 조헌이 사표로서 추앙된 것은 시대적 고난을 엿보게 한다.

② 문경공(文敬公) 김집(金集, 1574~1656)

호는 신독재(愼獨齋)이며 문경공이라는 시호를 받았다. 김장생의
아들로 문묘종사의 마지막 선비가 되었다. 조헌과 더불어 고종 20년
(1883)의 일이다. 조헌과 더불어 영조 34년부터 문묘종사에 대한 건의
가 이어졌다. 김집의 경우는 김장생의 아들로 그 예학을 바로 계승했
다는 점에서 선비의 모범으로 추앙되었다.

"예학(禮學)에 대하여 말하자면, 인간의 문화와 의례법칙의 표준이
고 국가가 백성을 교화함에 있어서 전범(典範)이 되는 것입니다. 김
집은 이 예학에 더욱 많은 공력을 쏟아, 밤낮으로 예경(禮經)에 침
잠하여 반복하여 비교 상고하고 구석구석까지 두루 통탈하였습니
다. 그리고 세상에 의심스러운 조문(條文)이나 가변적인 예절로서
고증할 곳이 없는 것에 대하여 모두 김집에게 가서 올바로 질정받
았으니, 이것이 그가 평생 동안 가장 긴요하게 전공한 공부였습니
다. 그리하여 인묘가 승하했을 때에 『상례이동의(喪禮異同議)』를 지

어 올려 전대의 오류를 남김없이 바로잡아 국조의 정례(定例)를 완
성하였습니다."48)

이뿐만 아니라 김장생(金長生)이 그의 문인들과 문답한 내용을 가
지고 분야별로 나누어 고증 수정하고『비요(備要)』를 참조하여『의례
문해(儀禮問解)』를 간행하고,『속문해(續問解)』란 책을 집필했다. 그의
학문하는 방법과 실천에서의 요체는 마음을 깨끗하게 갖고 묵묵히
앉아서 신명(神明)을 대하는 것이었으며, 또 자신이 거처하던 방을
'신독재(愼獨齋)'라 하였다. 송시열과 송준길도 문원공(文元公)을 섬기
던 뜻으로 그를 섬겨 흡사 정명도(程明道)의 문인이 정이천(程利川)한
테서 학업을 마친 것처럼 하였으니, 송시열과 송준길의 성취는 실상
김집의 힘이라 할 수 있다고 문묘종사의 이유를 밝혔다. 조선왕조의
국운이 기울어져 가고 유교적 도리가 힘을 상실해가던 시기에 유교
예학의 인물이 다시 사표로 문묘종사된 것은 역시 시대적 아픔 속에
서 제시된 마지막 선비의 전형이었다고 하겠다.

Ⅳ. 빼어난 한국의 선비상

한국의 문묘에 배향된 인물이 동방 18현으로 18명이다. 여기서 최
초의 문묘종사자는 신라의 인물인 최치원이고 그다음은 설총이다. 이
두 선비의 문묘종사의 근거는 탁월한 학문적 성과라고 볼 수 있을 것
이다. 아직은 절의의 개념이나 성리학적 가치를 거론하지 않고 유교

---

48)『정조실록』권44, 정조 20년 6월 갑신일, 유생 박한흠 등이 상소하여 조헌과 김집의 문묘 종향을 청하다.

를 한국에 뿌리내리게 한 데 대한 공헌이라고 볼 수 있다. 안향의 경우는 성리학을 수입하고 문묘를 본격적으로 건립하여 성인을 추모하도록 한 공로로 문묘종사의 선비로 추앙된다. 이 세 선비가 고려시대에 문묘종사된 한국의 유교선비이다.

조선시대에 문묘종사의 선비는 정몽주로 고려 말의 충신이다. 그의 선비다운 점은 성리학적 학문에 대한 기여와 더불어 그의 고려왕조에 대한 충절이 중요한 기준이 된 것으로, 이는 중종대의 절의정신의 가치와 일치하였다. 임진왜란이 끝나고 광해군대에 이르러서 나라의 기강을 바로잡고 선비의 모범이 될 만한 인물들이 쉼 없이 문묘종사의 대상으로 추천되었다. 그 가운데 네 분의 선비가 주요한 스승으로 거론되었는데 김굉필, 정여창, 이언적, 그리고 조광조이다. 이 가운데 가장 중심적인 인물은 조광조라고 할 수 있다. 최종적으로 광해군 시대에는 이황이 추가되어 소위 5현이 문묘에 종사되는 선비로 채택되었다. 이 오현의 선비다운 정신은 의리정신과 충절 그리고 인격의 고매함이라고 할 것이다.

숙종 때 추가로 문묘종사의 선비로 추천된 인물은 이이와 성혼이다. 특히 당시 정치와 학문의 중심에 있었던 송시열과 같은 학자의 적극적 노력에 힘입어, 여러 반대의견이 있었음에도 문묘종사가 확정되었다. 이이의 경우는 금강산에 입산하여 불교공부를 했던 것이 반대 의견이었고, 성혼의 경우는 피난 가는 왕의 문안을 하지 않았다는 것이 반대 이유였으나, 그러한 흠이 그들이 이룬 유학에 대한 공과 나라에 대한 공 등에서 충분히 상쇄되었고 이단의 학문을 경험했다 하더라도 평생 성리학적 학문에 충실하여 모범을 보였기 때문에 문묘종사가 이루어진다.

숙종 조에 김장생이 문묘종사가 되는데 그의 공로는 훌륭한 인품과 예학에 대한 공로이다. 그는 율곡의 학문을 계승하여 송시열 등에게 전하기도 했다.

영조 때에는 송시열과 송준길이 문묘종사가 되는데, 국제정치의 혼돈과 국내적으로는 주자학적 교조주의에 대한 비판이 제시될 때 주자학적 가치관을 절대시하고 철저하게 실행하였던 이들이 올곧은 선비로 문묘종사가 되었던 것이다. 그러나 노론, 소론에 치우치지 않고 소론의 박세채 역시 정통적 주자학자로서 문묘종사가 이루어진다.

정조 때에는 호남 출신으로는 유일하게 김인후가 뒤늦게 문묘종사의 반열에 오른다. 마지막으로 고종 때 문묘종사가 받아들여진 선비는 임진왜란 때 활약했던 조헌과 예학자인 김집이었다.

이렇게 해서 한국의 18현이 문묘종사가 마무리된다. 조선왕조가 해체되면서 문묘종사는 더 이상 확대할 수 없는 상황이 되어 오늘에 이르고 있다. 이러한 문묘종사의 대상에 대한 논쟁은 훌륭한 선비에 대한 기준을 잘 보여주고 있다. 그것은 하루 이틀의 노력이 아니라 최고로 100년이 걸리는 장기간의 검증을 필요로 하는 선택 과정이기 때문에 충분히 선비의 기준을 보여주는 지표가 되는 것이다.

그것을 간략이 정리하자면, ① 올바른 학문으로서의 주자학에 대한 충실, ② 개인적 삶과 사회생활에서 보인 주자학적 의리정신과 덕행이라고 할 수 있다. 요컨대 학문과 절의의 올바른 학통의 전승으로 요약할 수 있을 것이다. 고려시대에는 학문적 성과가 중요한 가치였고, 상대적으로 조선시대에는 이단과 분명한 거리를 두는 성리학적 정통성, 명리에 굴하지 않는 절의의 정신을 이상적 인물 이상적 스승으로 중시하였다.

조선 중종대 왕실의 불교의례
-기신재(忌晨齋)를 중심으로-

Ⅰ. 불교의례로 궁중과 민간에 행해져

조선 중종대는 조선의 유교적 의례가 점차 뿌리를 내려가면서, 소위 사림파의 조광조와 같은 인물이 개혁정치의 전면에 나서서 도학정치를 펼쳤으며 유교적 관혼상제의 의례가 점차 토착화되어 가는 시기라고 볼 수 있다. 상대적으로 오랜 전통의 불교는 공식적인 국가의례에서 밀려날 뿐만 아니라 불교와 승도(僧徒)의 사회적 위신을 땅에 떨어지는 억불의 절정기라고 해도 과언이 아닐 것이다.

그럼에도, 민간에서는 물론 궁중 내에서는 유교적 상례가 정착되지 못하고 여전히 사적으로는 불교의 의례가 행해졌다는 것은 유교의례가 그 당시의 왕실과 민간에 정착되지 못했음을 말해준다. 그것은 유교의 종교의례로서의 한계를 말해주는 것이고 동시에 정책적인 탄압에도 불구하고 불교가 가진 종교성의 생명력을 대변해줄 수 있는 사례이기도 할 것이다.

이 글은 조선왕조실록에 기록된 중종실록을 중심으로 당시의 궁중의 불교의례를 알아보았다. 당시의 기록은 유교적 교양을 바탕으로 한 관료들의 입장에서 쓰인 것이기 때문에 불교의례는 대단히 부정적으로 기록되었고, 불교의례를 수호하고 지키려는 편의 입장을 대변해주는 자료는 매우 열악하다. 그러나 부정적인 기록가운데도 왜 불교의례가 유지되어야 하는지 근거가 있으며, 그 실마리를 통해 억불의 절정기에 궁중 내에 불교의례가 생존하는 이유를 파악할 수 있을 것으로 본다.

더구나 중종비 문정왕후는 명종대에 승과를 부활시킴으로써 후일 조선불교의 부흥의 기틀을 마련한 지원자였다는 사실은 억불의 절정기이자 그리고 주자가례를 권장하고 유교적 의례를 토착화하려던 중종대에도 오히려 유교적 상례가 아닌 불교적 기신재 등이 민간은 물론 궁중 내에서는 불교의례로서 행해졌다는 것은 주지의 사실인 것이다.

이 글은 당시에 비교적 오래까지 유지되었던 기신재를 중심으로 그 내용과 종교적 의의 등을 살펴보고자 한다.

Ⅱ. 조선 중종대의 불교의 위치

1. 억불숭유(抑佛崇儒)

조선 초기부터 정책적으로 불교를 반대하는 것과 개인으로 불교를 신앙하는 것은 별개의 문제였다. 조선 성종 때까지도 국가에서 공식적으로 불교의 의례를 수용하고 있었다. 불교의 수륙재를 유교의 가묘제와 함께 공식 제의로 한 것은 성종조까지도 가묘제 보급이 논란이 되고 있는 것은 불교적 풍습이 사대부들에게 깊이 침투해 있었음을 보여준다.

성리학적 이념으로 단일화된 사유체계를 지니지 않았던 조선 초 사대부들은 공인으로서는 불폐(佛弊)에 대해서 배불론을 전개하였지만, 사인으로서는 종교로서의 불교신앙과 여말이래의 불교적 예제(禮制)를 그대로 수용할 수 있었던 것이다.[1]

중종은 연산군에 의해 자행된 파불(破佛)을 수용하는 입장이었지만, 즉위 원년에 기신재를 복구하고 능침사 위전(位田)의 환급 등을 통해 연산군시대에 비해 완화하는 듯했다. 그러나 그의 정권의 출발부터가 재야 사림파의 강력한 지원하에 이루어진 것이며 중종 스스로 유교적 이상정치의 구현의 의지를 가지고 있었기 때문에 불교에 대한 완화는 제한된 것이었다. 왜냐하면 신료들의 심한 반발과 폐지 주장은 강력한 것이었으며, 그에 굴하지 않고 이루어진 것임은 물론이다. 그리고 중종의 논리는 불교에 대한 신앙이나 우호에서가 아니라 '조종이 행해오던 일을 지금 폐지할 수 없다'는 것이었다.

중종대는 연산군대 심각한 파불을 계승했고, 유교적 이상 정치를 추구하는 중종의 소양과 유교의례의 입장에서 보자면 중종대는 아직도 유교적 의례가 뿌리를 내리지 못한 상황이었다. 『주자가례』는 교화의 강조에 의해 사대부뿐만 아니라 일반민에게까지 퍼져 나갔으나 아직도 한계가 있었다. 관혼상제의 의례 가운데 관례는 거의 행해지지 않았으며 혼례는 사대부 계층에서 친영(親迎)이 비로소 행해지기

---

1) 이영화, 「조선 초기 불교 의례의 성격」, 한국정신문화연구원, p.27.

시작하고 제례는 비교적 행해지고 있었으나 집에 따라 각양각색이었다. 상례도 어느 정도 행해졌던 것으로 보이나 기묘사화 직후에는 관혼상제가 제대로 거행되지 않았다는 사실로 보아 주자가례에 의해서 행해지던 것이 약간 해이해지지 않았나 생각되고 가묘(家廟)도 역시 세우지 않는 자가 존재하였다. 민간신앙적인 생활관습도 계속 지속되어 음사(淫祀)를 숭상하며 부모의 상장(喪葬)에 유밀과(油蜜果)를 많이 쌓아 놓고 손님들을 모아 노래를 부르며 시신(屍身)을 즐겁게 해주는 영철야(靈徹夜)라는 것이 행해졌으며 향도(香徒)도 강하게 존재하였다.2)

주자가례에 의한 유교적 질서를 확립해가기 위한 가장 강력한 시책으로 계속적 시행을 명한 가묘(家廟)를 짓는 일이 명종과 선조 때인 16세기 후반기까지도 아직 완전히 이루어지지 않았음이 확인된다.3) 유교적 가례가 귀족이나 서민이나 한결같이 아직 뿌리를 내리지 못하고 민간신앙적인 또는 불교적인 의례가 지속되고 있었음을 보여준다. 말하자면, 당위는 유교적 가례의 정착이었지만 현실은 불교적 의례가 그대로 지속되고 있었던 전환기임을 짐작할 수 있다.

2. 왕실과 사대부가의 사적인 신앙

불교는 공적으로는 공인되지도 못했고 언제나 억제되고 이단시되었으면서도, 개인적으로는 또한 신앙되는 미묘한 입장에 있었다. 봉선사와 봉은사가 중요한 불교사찰의 기능을 하고 있었고, 스님들은 궁중의 내수사(內需司)를 출입하면서 동궁(東宮)을 위해 불공을 드렸

---

2) 고영진, 『조선 중기 예설과 예서』, 중종대의 전례논쟁, pp.41-42.
3) 김탁, 「조선 전기의 전통신앙」, 『종교연구』6, 한국종교학회, p.54.

다. 동궁이 후원자였고 불교를 좋아하고 스님들을 존중했다.4)

경진(敬震)스님은 세자를 대신해서 사신(捨身)하는 사람이라고 자칭했다. 부처님에게 사시(捨施)함에 경진은 대사(代捨)의 명칭을 사용했다는 내용은 양무제의 불사를 떠오르게 한다. 보담(寶湛)스님 역시 스스로 권선(勸善)하고 왕실의 가족들의 귀의를 받았다. 이것이 궁중내의 사시와 불교 숭봉(崇奉)의 일단을 엿보게 하는 내용이다. 사신의 내용은 머리를 깎고 가사입고 손가락을 태우고 목을 지지는 등의 내용이 있었다. 중종은 이에 대한 고발에 대해 "내지(內旨)와 동궁의 대신이라고 사칭하며 어리석은 백성들을 속였으니, 참으로 경악할 일이다."라고 했지만,5) 두 스님들을 처벌하지는 않는다.

학조(學祖)스님6)은 당시에 불도들의 귀의를 받았으며, 승가에서 승왕(僧王)으로 신뢰받은 승려인데, 사대부가에서도 다투어 맞아들였음을 엿볼 수도 있다.7) 이때의 스님들은 일반인의 옷과 관(冠)을 빌어 입고 도성문을 출입했지만, 때로는 승복차림으로 출입하고, 반궁(泮宮) 곁에까지도 당당하게 출입하기도 했다. 왕실에서 재물을 보시하고 스님들에게 음식을 대접했는데, 내전(內殿)이나 동궁(東宮)에서 베풀고, 내수사(內需司)의 아전들이 불사에 참여하고 내척과 귀족들에게까지도 확대되어 융성한 수륙재(水陸齋)를 지냈는데, 이때 범패(梵唄)와 불전을 꾸미는 깃발들이 화려했다. 사대부가에서도 윤만천이라는

---

4) 『중종실록』 91권, 중종 34년 6월 4일(경자), 봉은사와 봉선사의 철거를 건의하였으나 도적에 기재되어 있음을 들어 허락지 않다. 성균관 생원 유예선(柳禮善) 등이 상소를 올렸다.

5) 『중종실록』 88권, 중종 33년 9월 19일(기축), 석강에 나아가다. 성균관 진사 박문수(朴文秀) 등이 상소를 올렸다.

6) 호는 등곡(燈谷), 황악산인(黃岳山人), 성종 19년 인수대비(仁粹大妃)의 명으로 해인사를 중수, 연산군 때는 신비(愼妃)의 명을 받고 대장경 3부를 간인(刊印)하고 발문(跋文)을 썼다. 『남명집(南明集)』을 언해하기도 했다. 한국불교대사전편찬위원회, 『한국불교대사전』 권7, p.24.

7) 『중종실록』 12권, 중종 5년 12월 19일(신축), 성균관의 생원 이경(李敬) 등이 편의(便宜)10조(條).

사람은 연등불사를 크게 벌였으며, 여염 사이에 부처님에게 공양하고 스님들을 공양하는 일이 빈번했으며, 여러 절에 식량을 공양하고 향불을 올리지 않는 일은 단절되지는 않았음도 알 수 있다.[8]

왕실과 사대부가에서 수륙회(水陸會)를 베풀어 복을 비는 일은 사적인 것임은 물론이다. 그러므로 수륙재(水陸齋)는 대비(大妃)를 비롯해서[9] 불교의 사원은 양반귀족들의 기복적 신앙의 원찰(願刹)로서의 역할을 나름대로 수행하고 있었음을 짐작할 수 있다.[10]

왕실의 불교적 상례라고 할 수 있는 기신재는 연산군대에도 승과를 둔 연유일 정도로 왕실에서는 중시했다.

중종대의 불교의 위상이란 당시의 집권자들이 논리적으로 혹은 정책적으로 폐불을 시행하면서 반대했고, 한결같이 "이단(異端)", "음사(淫祀)", "이교(異敎)", "좌도(左道)", "사도(邪道)" 등으로 몰아가는 일은 지속하면서도[11] 기신재와 같은 제례가 오랜 전통으로 유지되고 있었기 때문에 비록 스님들의 위상은 일을 하는 부역자로 한편에서는 현저히 저하되었을지라도 한편으로는 왕실이나 사대부가 혹은 민간에서 불교의 종교성은 유지되고 있었다.

---

8) 『중종실록』 83권, 중종 32년 2월 9일(무오), 헌부와 간원이 윤만천의 죄를 논한 내용.

9) 『중종실록』 22권, 중종 15년 4월 20일(정축), 대간에서 찰방 황위, 승지 김극성을 체임하도록 아뢰다. 대간이 황여헌(黃汝獻) 등의 일을 아뢰고, 또 아뢰는 글.

10) 高橋 亨, 『李朝佛敎』, p.294. 검토관(檢討官) 임형수(林亨秀)의 글을 재인용하면 다음과 같다. "臣少時讀書山寺 聞僧徒所言則曰 某寺某殿之願堂也 某刹某王子 公主翁主之願堂也 又公然書諺札曰 當送于某殿也 有珍異之物間之則某殿之所送也."

11) 김탁, 「조선 전기의 전통신앙」, 『종교연구』 6, 한국종교학회, p.45.

Ⅲ. 기신재(忌晨齋)의 내용

기신재는 '기신(忌晨, 기일 새벽)에 재 올리는 일'이 원래의 뜻이다. 고려왕조 때 흥왕사는 나라에서 역사를 감독한 관리까지도 모두 작(爵)과 상사(賞賜)를 더해주었는데, 바로 기신재(忌晨齋) 때문이었다. 부처님을 공양할 때에는 선왕과 선후의 신주를 먼저 욕실에 보내어 목욕을 시킨 후 뜰에 꿇어앉아 예불한다.[12] 하늘에 계신 조종(祖宗)의 신령으로 하여금 목욕하고 예불하도록 하는 뜻이다. 부처님과 스님들께 공양을 올린 다음 제사를 지내는 것이다.

이 의례는 부처님에게 먼저 예를 올려 결과적으로 왕이 부처님보다 하위로 이해되며, 그 구체적 양상은 왕의 영혼이 모셔진 것으로 믿어지는 신주가 깨끗한 상태로 되어서야 비로소 불상 앞에 신주가 놓일 수 있었던 것이다. 신주는 정문으로도 못 가고 옆문을 통해서야 불상 앞에 갈 수 있고, 먼저 부처님에 공양을 올리고 나서야 왕에 대한 제사를 지낸다.

그리고 왕의 이름을 부르는 일이 기신재 때 있다는 내용이 보인다. 여기서는 유학자들에 의해 왕조의 최고통치권자인 왕이 부처님과 스님보다 낮은 위계로 상정되는 일이 집중적으로 공격되는 것임을 알 수 있다.

기신재를 지내기 위해서는 기일이 되기 전날 저녁에 스님들을 불러 선왕과 선후의 영혼을 불러들이는 의식을 거행하고 신주를 모신다. 중종조의 제사 장소는 봉선전(奉先殿)이며, 저녁마다 스님들이 돌

---

12) 『중종실록』 21권, 중종 10년 1월 23일(신사), 왕에게 『고려사』를 강하다가 '왕이 흥왕사(興王寺)에 행행했다'는 대목에 이르러 시강관 유보(柳溥)가 한 말 가운데 그의 사견을 뺀 기신재의 내용임.

아가신 대왕과 왕후의 혼을 높은 소리로 부른다. 이때 조종(祖宗)의 위판(位板)을 뜰 아래에 놓고 예불한다. 소문(疏文)에는 '부처님을 받드는 제자 조선 국왕…'이라고 한다. 이미 선왕과 선후의 능침이 있어서 기신(忌晨)에는 문소전(文昭殿)과 연은전(延恩殿)에서 행한다.13) 기신재의 장소는 궁중 내의 문소전과 연은전이고 궁궐 밖에서는 봉선사이고 제사를 올리는 제주는 현재의 국왕이다.

이때 장소는 왕릉일 경우도 있다. 국가가 묘전(廟殿)과 능침(陵寢)을 세워 공경히 제사함에 있어서 기신(忌晨)에 향사(香使)를 보내 선왕의 영(靈)을 모시는 것이다.14)

신주는 판자로 만들어 백평상(白平床)이나 백의자(白椅子) 위에다 놓고 지전(紙錢)으로 사방을 모두 두르고 여러 스님들이 둘러서 징과 북을 두드리며 그 신주를 맞이한다. 불상은 상단의 법당에 있고 신주는 아래 방에 있다. 스님들이 재를 주재하며 비용은 왕실의 내수사(內需司)에서 장리해서 비용을 마련한다.15)

기신재의 대축(大祝)은 관료가 하는데, 전에 먼저 스님들에게 공양을 올리며, 재에는 상당(上堂), 중당(中堂), 하당(下堂)으로 구성하고, 그 공양이 끝난 다음에 어실(御室)에 제사하고 일정한 때가 없이 이르기도 하고 늦기도 하다.16) 이처럼 기신재는 주로 왕실에서 돌아가신 왕을 제사하는 불교적 의례이다. 돌아가신 왕과 왕후의 신령의 상징인 신주를 깨끗하게 하여 그 신령들이 예불하게 하고, 스님들이 부처

---

13) 『중종실록』 24권, 중종 11년 2월 26일(정축), 김응기 등이 기신재·내수사 장리의 혁파를 건의하면서 김응기의 글 중 그의 주관적인 평을 뺀 내용임.

14) 『중종실록』 6권, 중종 3년 5월 7일(갑진), 태학생 홍일덕이 대자사 사찰 중수에 관해 상소한 내용 중 기신재에 관한 내용을 요약함.

15) 『중종실록』 24권, 중종 11년 3월 9일(경인), 김응기의 상소문에서 그의 주관적인 평을 빼서 요약한 글.

16) 『중종실록』 25권, 중종 11년 5월 27일(정미), 특진관(特進官) 고형산(高荊山)의 상소.

님 대신 그 공양을 받고 그리고 나서 비로소 현재 왕의 제사를 흠향하는 형태다. 억불숭유의 시대에 이러한 불교의례가 존속되고 있었고 쉼 없이 성토의 대상이 되었음은 물론이다.

Ⅳ. 기신재의 종교적 의미

1. 효와 명복의 기원

연산군 때 없어진 기신재를 복원한 중종에 대해 관료들은 기신재 폐지를 주장하고 대비를 비롯한 내전에서는 이의 유지를 굽히지 않는다. 중종의 대비는 불교는 조선개국 초기부터 역대 왕들이 국가와 왕실을 위해 내려온 전통으로 함부로 폐지할 수 없다고 거부한다. 나라의 정책이 유교를 이념으로 하고 있지만, 적어도 궁중내의 왕실에서는 조상과 국가비보를 위한 신앙이 여전했음을 보여준다. 물론 대신들의 반대는 줄곧 음사로서 중지할 것을 상소하는 것이 지속된다.

> "내가 이단을 옳다 하는 것이 아니고 숭신을 하는 것도 아니다. 우리나라 산천이 험조(險阻)하기 때문에 조종 때 이것을 세워서 진정하였던 것이고 또 유교(遺敎)가 있으므로 지금 나는 예전대로 하려는 것뿐이다. 만일 조금이라도 폐되는 일이 있다면 내 어찌 감히 주상께 말하겠는가? 지금 들으니 조정이 다 안정되지 못하고 인심이 한결같이 평안하지 못하다고 하니, 이것이 어찌 내가 듣고 싶어 하는 일이겠는가? 내가 여자이기는 하지만, 어찌 義 아닌 줄을 몰라서 세우려는 것이겠는가? 다만 조종의 옛일을 가볍게 폐지할 수 없기 때문인 것이다."17)

여기서 대비는 불교를 굳이 이단이 아니라고 항변하지는 않고 있지만 국가와 백성을 위한다는 명분을 분명하게 제시하고 있으며 역대 왕실의 전통이라고 하여 사찰건립에 대한 반대를 일축한다.

기신재 등의 불교의례가 왜 지속되어야 하는가도 같은 맥락으로 주장한다.

> "양종(兩宗)은 개국 초기부터 있었고, 내불당(內佛堂), 원각사, 정업원(淨業院) 역시 세종 세조께서 세운 것으로 조종(祖宗)의 유교가 정녕하다. 또 정희(貞熹) 황후께서 세종, 세조의 유교를 성종대왕에게 부탁하여 후세 자손으로 하여금 이 뜻을 알아서 조종의 뜻을 상하지 않게 하시었는데, 이것은 우리나라 산천이 험조(險阻)하기 때문에 사사(寺社)를 세워 진압하기 위한 것이었으니, 도성을 중히 여겨서인 것이다. 자손으로 숭상하지 않더라도 영영 폐지함은 불가하다. 폐왕이 무도하여 인가를 철거하고, 사사(寺社)를 헐었지만, 지금 폐왕의 혁파한 것을 따르고 조종의 유교를 좇지 않는다면 역시 불효일 것이다. 하물로 주상이 숭상하기 위해서도 아니고 창설하는 것도 아니며, 다만 국가 도성을 위하여 예전대로 하자는 것일 뿐이다."18)

오랜 전통을 단절시킨다는 것은 국가에도 좋지 않고 또한 불효 불충한 일임을 주장하고 있다. 또한 이것이 조선왕실의 오래된 전통임을 들어 그 폐지를 수용하지 않았다.

> "…태종조에 기신재를 폐지하였는데도 이제 다시 세웠다면, 태종을 본받지 않는다고 말하더라도 되겠으나, 그 유래가 이미 오래되어 태종께서도 혁파하지 못하셨고, 세종께서도 '기신재는 선왕과 선후를 위한 것이니 차마 갑자기 혁파할 수 없다' 하셨는데 이 말씀이

---

17) 『중종실록』 2권, 중종 2년 1월 13일(정해), 좌의정 박원종 등이 사찰 건립 허가를 반대하자 대비전에 물은 것에 대한 대비의 전교 내용이다.

18) 『중종실록』 2권, 중종 2년 1월 10일.

『국조보감(國朝寶鑑)』에 분명히 실려 있고 성종조에 대간도 혁파하기를 청하였으나 윤허되지 못하였으니, 이 삼종(三宗)께서는 다 동방의 성주(聖主)이신데도 가벼이 고치기를 어려워하였는데, 어찌 나에게 이르러서 죄다 고칠 수 있으랴?"[19]

그러나 지속적이고 극렬한 반대로 인해 중종은 대신들의 지속적인 반대로 기신재를 폐지한다고 선언했지만,[20] 그로부터 2주일 후에 다음과 같이 기신재를 유지하는 명을 내린다는 사실에 주목할 필요가 있다.

"기신재의 설행은 선조를 모독하고 예에 어그러지므로 이미 명하여 혁파하였으나, 문소전과 연은전의 각위(各位) 외의 선왕과 선후의 기신에 거행하는 제사는 폐지할 수 없다. 중국의 제도를 상고하건대 기일에는 능침에서 거행하는데, 정과 예에 합당하니, 문소전과 연은전의 각 위 외의 선왕과 선후의 기신재는 중국의 예에 따라 각각 능침에서 설행하라."[21]

이것으로 보아 일단은 능침에서 행하는 기신재는 유지되었음을 알 수 있다. 그런데 왕실에서의 불교사찰은 왕릉 등의 근처에 존재하면서 재실(齋室)의 기능을 수행하고 있었음을 알 수 있다.

---

19) 『중종실록』 25권, 중종 11년 5월 18일(무술), 태학생 유엄 등이 상소하여 기신재를 폐지하기를 청한 데 대한 중종의 의견이다.

20) 『중종실록』 25권, 중종 11년 6월 2일(임자), 기신재를 영구히 혁파하라고 예조에 분부하다.
"기신재를 베푼 것은 전조(前朝)에서 시작되어 상하가 모두 재를 베풀어 복을 비는 것에 익숙해지고 드디어 습속이 된 것이다. 아조(我朝)에 이르러서는 이교(異敎)를 깊이 배척하여 풍속이 점점 바르게 돌아가나, 기신재의 일만은 지금까지 구습을 따라 폐지하지 않았으므로 말하는 자가 다들 '고쳐 바로잡을 때는 바로 지금이다' 하였다. 다만 선왕조(先王朝)의 옛일이라 하여 차마 문득 고치지 못하고 주저하여 왔는데, 대신에게 물으니 다들 고쳐야 한다 하고, 나도 '선조를 받드는 효도에는 본디 올바른 예도가 있는 것이요, 욕되게 하는 일에 구구해서는 안 된다'고 생각한다. 이 뒤로는 선왕과 선후의 기신재를 영구히 혁파하여 거행하지 말라."

21) 『중종실록』 25권, 중종 11년 6월 16일(병인), 문소전과 연은전의 각 위 외의 선왕과 선후의 기신재는 중국의 예에 따라 설행하라고 전교하였다.

"능실(陵室) 곁에 재사(齋社)가 있는 것은 옛날부터이다. 예컨대 건
원릉(健元陵)과 현릉(顯陵)에는 개경사(開慶寺)가 있고, 재릉(齋陵)에
는 연경사(衍慶寺), 후릉(厚陵)에는 흥교사(興敎寺), 광릉(光陵)에는
봉선사(奉先寺), 경릉(敬陵)과 창릉(昌陵)에는 정인사(正因寺)가 있으
며, 영릉(英陵)을 여주로 옮기고 신륵사를 재사(齋社)로 고쳤다. 사
대부들은 묘 곁에 재암(齋庵)을 지었다."(『慵齋叢話』 권2)

이를 보면 공식적으로 불교를 숭상함이 아니라고 하면서도 조상의
명복을 불보살에게 빌기 위한 것이 바로 기신재였음을 알 수 있다.
물론 절이 아닌 '재궁(齋宮)'이라고 하여 명복을 빌었지만 이는 사
실상 사찰이다. 양반과 호족들은 입이나 글로는 극력 불교를 배격하
였지만 자신의 부모가 돌아가시면 그 묘가 있는 산 아래 재궁(齋宮)을
만들고 재전(齋田)을 붙이고 불단을 만들어 승려를 불러 아침저녁으
로 독경하고 향을 올리며 망자에게 회향했던 것이 빈번했다.22) 이렇
게 보자면, 당시의 스님들은 겨우 호패를 받을 수밖에 없는 낮은 신
분도 있었고, 동시에 한양 부근의 사찰의 스님들은 이와 같은 의례
위주로 불교의 명맥을 유지했음을 알 수 있다.

2. 기타 기복(祈福)

인수왕후가 병이 들자 왕에게 도승(度僧) 공불(供佛) 중수사찰(重修
寺刹) 그리고 물쇄사사전민(勿刷寺社田民)을 청했다. 이에 대해 왕은
병 치료를 위해 이를 허락한다. 유교는 질병이나 죽음으로부터의 공
포를 달랠만한 종교적 내용이 빈약하다. 따라서 인간이 어떤 한계상

---

22) 高橋 亨, 『李朝佛敎』, p.280.

황에 있을 때, 종교적 구원을 요청하는데 바로 그러한 내용은 철학적인 것이 아니라 바로 기복적인 것임을 알 수 있다.

민간에서는 여전히 오랜 버릇에 젖어, 혹 10년 동안 부처를 받들면 풍년을 맞을 수 있다고도 하고, 정릉과 원각사를 회복하면 태평을 가져올 수 있다고 믿고 있었다. 스님들이 활동하여 사람들을 만나고 백성들이 절을 찾아가며 향, 떡, 차, 과일을 공양하며 번당(幡幢)의 그림들로 장엄하기도 했다. 보시를 하고 승려들에게 공양했다.23)

『중종실록』에 거론된 저명한 스님은(물론 요승으로 묘사됨) 학조(學祖)와 혜명(惠明)이 있었는데, 주로 연산군 초기에 극락과 지옥의 형상을 만들어 놓고 사족(士族)과 척리(戚里)의 부인들을 이끌어 화복(禍福)의 응보라는 말로 설법했다. 그리고 그들의 주로 포교대상은 궁궐이었는데 때로는 머리를 기르고 옷을 바꿔 입고서 궁금(宮禁)에 들었다고 한다.24) 이런 점에서 공적으로는 기신재를 수행하여 선왕과 선후의 명복을 빌고, 사적으로는 궁중 내의 개인들의 기복적 신앙으로 불교는 수용되었음을 알 수 있다.

V. 탄압 속에서 지속된 불교의 기신재

조선조 중종대는 연산군의 폭정 아래 행해졌던 불교에 대한 탄압이 더욱 극심해지고 불교의 의례를 대신해서 『주자가례』를 근간으로

---

23) 『중종실록』 83권, 중종 32년 2월 12일(신유년), 대사헌 대사간 등이 불교가 흥함을 염려하여 상차하다. 대사헌 유세린(柳世麟), 대사간 윤풍형(尹豊亨) 등이 상차한 내용.

24) 『중종실록』 6권, 중종 3년 5월 15일(임자), 태학생 채침 등이 상소.

한 유교적 의례가 정착되어 가던 때이다. 성리학적 의리사상이 지배층의 세계관과 가치관이 되고, 또한 일반 백성들도 그런 유교의 윤리적 의미뿐만 아니라 의례로서의 유교적 관혼상제를 받아들일 수 있는 시기였다.

불교는 승과의 폐지로 더욱 절망적인 상황으로 몰리고 불교도 및 불교적 가치체계는 이단시됨으로써 점차 공적인 역할은 위축된다. 그럼에도, 불교적 신앙은 왕실은 물론 민간에서 행해지는데 그것은 철학적인 내용이 아닌 기복적인 신앙이다. 말하자면 질병과 죽음의 존재인 인간실존에 대한 불안과 공포가 마지막 불교의 사회적 역할을 수행하는 내용이었다. 그러므로 왕실에서는 끝까지 능침의 기신재는 살아남았으며, 왕실과 사대부가에서도 사적으로는 종교적 의례를 멈춘 것은 아니었다.

그러므로 중종대에 유교적 가례가 완전히 정착되어 오직 유교적 의례만이 남고 불교의례는 단절되었다고 보는 것은 잘못된 것이다. 중종의 뒤를 이은 명종대에선 바로 승과가 부활되고 그 승과 출신에서 조선불교를 부흥시킨 고승대덕이 또 배출됨으로써 한국불교의 전등(傳燈)은 지속되었던 것이다.

이는 승과의 부활이 불교를 부흥시켰다는 것이 아니라 그만큼 불교의 종교적 구원의 사상이 유교가 채우지 못한 부분을 충족시켰던 것이다.

초례(醮禮)의 종교적 의미

Ⅰ. 초례의 대상과 종교적 뜻

한국의 관혼상제(冠婚喪祭)의 의례를 조사하는 과정에서 보면, 관례(冠禮)와 혼례(婚禮) 시에 초례(醮禮)를 하는 과정이 있다. 그런데 이러한 초례는 조선시대의 유교적인 의례와는 무관하게 오히려 도교적[1]인 의례인 것인데, 어떻게 해서 이러한 도교적인 의례가 조선조의 의례에서 유지되었는지 궁금했다. 말하자면 대단히 종교적인 의미를 가지고 있다는 것이다.

이러한 초례의 종교적 의미를 밝히기 위해 다음 사항을 연구하고자 한다.

먼저, 한국의 관혼상제에서의 초례는 어떤 형식을 가지고 있으며 그 형식에 깃든 의미는 무엇인가. 다음은 초례의 신앙대상은 무엇이며, 상호간의 관계가 무엇이며 종교적인 뜻이 무엇인지를 밝히고자 한다. 또한 이러한 초례가 일반 가정의례에만 있었던 것이 아니라 조

---

1) 도교는 기존의 민간신앙을 흡수했기 때문에 불교나 유교 쪽이 아닌 도교에 가깝다는 의미이지 도교라는 말은 아니다.

선시대의 국가적 의례로도 거행되었는데 유교를 국교로 한 사회에서 왜 초례가 줄곧 거행되었는지를 알아보려고 한다.

이러한 연구를 통해서 초례라고 하는 종교적 의미를 가진 의례가 비교적 기복적 종교적 성격이 약한 유교와 어떻게 조화하며 또한 대립하는지를 알 수 있고 여기에서부터 종교적 화해와 대립의 한 과정을 살필 수 있다고 생각한다.

Ⅱ. 한국의 관혼상제(冠婚喪祭)에서 초례의 의미

초례(冠禮)의 절차 가운데 삼가(三加)가 끝난 후 초례가 있다. 이때 초례란 술을 내려 천지신명에게 어른으로서의 서약을 하고 술 마시는 예절을 가르치는 의례이다. 여자의 관례라고 할 수 있는 계례(笄禮)의 경우도 남자와 마찬가지로 초례가 있다.

관례에서 초(醮)란 올리는 술을 말한다. 이를 내초(乃醮)의식이라고 하는데 그 의식은 관례자가 주례[賓]와 짐사자[贊]에게 절을 하고 술을 마시게 되는데, 먼저 주례가 관례자에게 읍(揖)하고 북을 향하여 축문을 읽는다. 이것이 초사(醮辭)이다.

초사(醮辭)의 내용은 다음과 같다.

> "맛있는 술이 이미 맑아졌으니 좋은 안주와 향기로운 술을 절하고 받아 제사지내어 너의 상서로움을 안정시키고 하늘의 경사를 이어 오래 살며 잊지 말라."2)

『의례(儀禮)』에서 보는 관례에서 세 번 옷을 갈아입는 의례가 있는데, 이는 성인(成人)으로서 세 번의 의례 그 자체를 초(醮)라고 한다. 일가(一加)는 옷을 입는 면에서, 일초(一醮)는 술을 올리는 의식인데 두 번째의 의례는 재초(再醮) 그리고 마지막의 의례는 삼초(三醮)라고 하고 있음을 볼 수 있다.3)

이러한 내용으로 보아 성년례(成年禮)인 관례 자체가 모두 초례로 이루어짐을 볼 수 있다. 세 번 옷을 갈아입을 때마다 술과 안주를 달리하여 축사를 하는데 이는 경건한 제사의 모습을 연상케 한다. 혼례에 있어서 초례는 전통혼례의 결혼식이 신부 집에서 행했던 친영(親迎)을 초례(醮禮) 혹은 대례(大禮)라고 했다. 초례청(醮禮廳)이나 초례상(醮禮床)이라고 하는 용어를 보면 결혼식 자체가 하나의 초례행사임을 알 수 있게 한다. 술을 주고받는 의미도 알고 보면 천지신명에게 그들의 행복을 비는 종교적 성격을 함축하고 있는 것이다.

관례와 마찬가지로 혼례도 초례가 중요한 의례임을 확인할 수 있다. 인생의 새 출발을 경건한 의례인 초례상 앞에서 술을 사용하는 것은 서로가 술을 교환하는 의미보다는 천지신명에게 인생의 첫출발

---

2) 『朱子家禮』, p.134. '醮禮旨酒旣淸 嘉薦令芳 拜受祭之 以定爾詳 承天之休 壽考不忘'

3) 『儀禮』 卷1, 「士冠禮」 p.48. 學民文化社 影印本
시가(始加)란 일가(一加)라고도 하고 일초(一醮)라고도 한다.([注]始加者 言一加一醮也) '加冠於東序醮之 於戶西同耳 始醮亦薦脯醢 賓降者 爵在庭 酒在堂 將自酌也 辭降如初 如將冠時 降盥辭降也 凡薦出自東房.'
p.49. 피변(皮弁,사슴가죽으로 만든 갓)을 쓰고 처음 의례와 같이 재초(再醮)한다.(加皮弁如初儀再醮)
작변(爵弁,면류관 비슷한 모자)을 쓰고 처음 의례와 같이 삼초(三醮)한다.(加爵弁如初儀三醮… 有乾肉折俎嚌之其他如初北面取脯見于母)
p.50. 시초(始醮)는 처음과 같다.(始醮如初… [注]亦薦脯醢 徹薦爵筵尊不徹矣)
재초(再醮)에는 두 그릇에는 해바라기 김치와 고둥과 육장 두 그릇에는 밤과 포를 놓는다.(再醮兩豆葵菹蠃醢兩籩栗脯)
삼초(三醮)에는 섭주(攝酒)함은 재초같이 하며 그릇 위에 설치한다.(三醮攝酒如再醮加俎嚌之 皆如初嚌肺)
p.54. 초사에 말하기를 아름다운 술이 이미 맑으니 좋은 안주를 올린다.(醮辭曰旨酒旣淸嘉薦亶時)
…재초(再醮)에 말하기를 아름다운 술이 이미 잘 걸러져서 좋은 포를 올린다.(再醮曰旨酒旣서嘉薦伊脯)
…삼초(三醮)에 말하기를 아름다운 술이 아름다운 그릇들에 늘어놓았다.(三醮曰旨酒令芳籩豆有楚)

을 축원하는 종교적 의례인 것이다.

그렇다면 도대체 초례상에서 올리는 초(醮)는 어떤 종교적 대상에 대해서 축원을 하는지 애매하게 천지신명(天地神明)이라고 얼버무린 채 명확하게 드러나 있지 않다. 전통관례와 혼례의 축사에 있어서도 그 신앙의 대상이 불분명하게 되어 있다.

왜 이런 불분명한 상태에서 종교적 의미를 가진 초례가 거행되었는지의 연구는 우선 본래의 초례의 의미를 아는 것이 중요하다고 본다.

Ⅲ. 초례의 대상

"도교의 경전에는 여러 가지 재앙을 없애고 액을 없애는 법이 있다. 음양오행의 술수에 의거하는데, 사람의 나이로 운명을 추리하는 것을 기록하니 장표(章表)와 하는 것과 같다. 의식과 함께 지폐(贄幣, 폐물)를 갖추고, 향을 사르고, 위의 하늘에 아뢰어, 재액을 없애기 위해 청한다. 이를 상장(上章)이라고 한다. 별 하늘[星辰] 아래에서 밤중에, 술과 포(脯)를 진설하고, 공물을 올려 천황(天皇)과 태일(太一)과 오성(五星)과 열수(列宿)에 차례로 제사하여, 상장(上章)의 의(儀)와 같이 글을 서서 아뢰는 것을 이름하여 초(醮)라 한다."[4]

여기에서 설명한 바와 같이 초례는 음식을 차리고 하늘에 기원하는 종교적 의미를 가지고 있다. 그리고 그 숭배와 경외의 대상은 천황(天皇)만이 인격적인 성격을 가지고 있고 나머지는 모두 별이다. 그러니까 초례는 별이 뜬 시각에 별 하늘을 향하여 무언가를 기원하는

---

4) 『隋書』, 「經籍志」, 道經又有諸消災度厄之法, 依陰陽五行數術, 推人年命書之, 如章表之儀, 并具贄幣, 燒香陳讀云, 奏上天曹, 請爲災厄, 謂之上章, 夜中於星辰之下, 陳設酒脯, 耕餌幣物, 歷祀天皇太一, 祀五星列宿, 爲書如上章之儀, 以奏之, 名之爲醮.

의식에서 출발했음을 알 수 있다.그렇다면 주로 초례의 대상이 되는 별들과 그 의미를 살펴보기로 하자.

1. 오성(五星)과 열수(列宿)에 대한 제사

초례 혹은 초제(醮祭)란 밤하늘의 오성과 열수(列宿)를 향해 재앙을 물리치고 복을 기원하는 뜻이다. 원시사회 가운데 있어서 천체에 대한 숭배는 동양뿐만 아니라 서양에서도 보편적으로 행해졌는데, 천체의 변화는 인간들의 생활에 대해서 큰 영향이 있었기 때문에 우선 눈에 드러나는 해와 달과 별들은 천체와 하늘 공간 가운데서 중요한 숭배의 대상이 되었을 것이다. 하늘에서 발생하는 구름, 안개, 번개, 바람, 비, 눈 등 자연현상은 인간들에게 따뜻함과 빛을 가져다주는 동시에 어두움과 차가움, 혹한과 공포를 가져다주기도 했다.

일식과 월식, 구름의 변화를 해석할 수 없었던 당시에는 당연히 이러한 기상의 이변에 대해 민감하고 하늘로부터 인간에게 내려진 모종의 경고라고 인식했다. 따라서 경외의 심리가 나오고, 숭배하고 제사하며 보우(保佑)를 기원했던 것이다.5)

초례는 기본적으로 원시사회의 이러한 하늘과 천체에 대한 경외심에서 출발했는데, 이러한 천체에 대한 숭배 가운데 가장 두드러진 것이 별들인데 오성과 열수(列宿)란 무엇을 의미하는 것일까? 상식적으로 하늘의 현상으로 가시적인 존재이기 때문이리라고 본다. 형이상학적인 존재보다는 눈에 보이는 경이로운 존재야말로 숭배와 경외의

---

5) 劉鋒, 『道敎的起源與形成』, 臺灣, 文津出版社, 1991, p.7.

감정을 불러일으키는 일차적인 대상이 될 수 있기 때문이다.

그리고 이러한 별을 오성으로 나눈 것은 오행사상과 관련이 있다. 『회남자(淮南子) 천문훈(天文訓)』에는 다음과 같이 정리한다.

첫째, 화성(火星)인 영혹(螢惑)으로 동방의 신인 태호(太昊)이며 상징하는 동물은 주작(朱雀)이다.

둘째, 토성(土星)인 진성(鎭星)이며 중앙의 황제(黃帝)이며 상징하는 동물은 황룡이다.

셋째, 금성인 태백성(太白星)으로 서방의 소호(少昊)가 주재하고 상징하는 동물은 백호다.

넷째, 수성인 진성(辰星)으로 북방의 전욱(顓頊)이 주재하고 상징하는 동물은 현무이다.6)

다섯째, 목성인 세성(歲星)인데 위에서는 누락되었다. 오행 가운데 목은 동방을 상징하는 것이고, 화는 남방인데 화를 동방으로 했다. 목성이 황룡대신 상징하는 동물은 청룡이 된다.

다음은 오성과 28수(宿)와의 관계는 아래와 같이 정리할 수 있다.

> 동방의 청룡(혹은 창용) 칠수(七宿): 각(角), 항(亢), 저(氐), 방(房), 심(心), 미(尾), 기(箕).
> 북방의 현무 칠수(七宿): 두(斗), 우(牛), 여(女), 허(虛), 위(危), 실(室), 벽(壁).
> 서방의 백호 칠수(七宿): 규(奎), 루(婁), 위(胃), 묘(昴), 필(畢), 자(觜), 삼(參).

---

6) 劉鋒, 『道敎的起源與形成』, 文津出版社, 1991, p.33. 『淮南子 天文訓』, 在沿用 『呂氏春秋』, 十二紀中的 五方神的同時, 就增加了五方星宿. 竝各有其動物代表, 謂東方之神是太昊: '其神螢惑(火星), 其獸朱鳥'. 中央黃帝主之, '其神爲鎭星(土星), 其獸黃龍'. 西方少昊主之, '其神太白(金星), 其獸白虎'. 北方顓頊主之, '其神爲辰星(水星), 其獸玄武'. 這靑龍, 白虎, 朱鳥(朱雀) 玄武就成爲漢代的四神.

남방의 주작 칠수(七宿): 정(井), 귀(鬼), 류(柳), 성(星), 장(張), 익(翼),
진(軫).

그러니까 사방에 모두 칠수(七宿)가 있는 것이며 하나의 형태를 이룬다. 동방은 용[靑龍]의 형태를 이루고, 서방은 호랑이[白虎]의 형태를 이루고, 모두 남쪽에 머리가 있고 북쪽에 꼬리가 있다. 남쪽은 새[朱雀]의 형태를 이루고 북쪽은 거북이[玄武]의 형태를 이룬다. 모두 서쪽에 머리가 있고 동쪽에 꼬리가 있다.[7] 이러한 별자리의 배치를 볼 때 풍수지리설에서 흔히 좌청룡, 우백호, 남주작, 북현무라는 사상적 배경이 별자리에서 유래했음을 인식할 수 있다.

성체(星體)의 존재와 운행을 대하면서 극대의 신비감에서 근원함으로써 초례(醮禮)의 대상이 되기도 했지만 실제적으로 인간사회에서는 성신(星辰)의 움직임에 근거하여 방위와 계절의 측정을 확정했다.

이러한 성신(星辰)에 대한 신앙은 민간신앙으로 후일에 도교적 의례에 흡수되었다. 노자나 장자가 스스로 신앙의 대상이 되기를 원치 않았으면서도 도교신앙의 대상이 되었듯 오성열수(五星列宿)에 대한 신앙도 의인화되고 신격화된 것이다.

물론 보이지는 않는 존재라고 할지라도 상제의 개념은 오성열수(五星列宿)의 의미 속에 있다. 왜냐하면 하늘에 거주하는 존재는 당연히 하늘의 별에서 산다는 상상력을 발휘할 수 있기 때문이다. 그 상제의 거처는 다름 아닌 하늘의 별 안에 존재하는 것인데, 이러한 장소를 자미궁(紫微宮)이라고 했다. 오늘날 북경의 고궁 이름이 자금성(紫禁城)이라는 명칭은 지상에 있어서의 상제인 임금의 거처를 뜻하

---

7) 『書傳』 "四方皆有七宿, 可成一形. 東方成龍形, 西方成虎形, 皆南首而北尾; 南方成鳥形, 北方成龜形, 皆西首而東尾."

는 것도 이와 관련된 것이다.8)

비교적 유명한 초례의 대상이 되는 성수(星宿)는 태을(太乙, 太一)과 노인성(老人星, 壽星)이다. 이러한 별들은 인성(仁星)으로 태평을 이룰 수 있는 별이라고 간주되었다. 우리나라의 역대 왕조에서도 이런 태을(太乙)에 빈번히 초례했다. 이에 대해 조선 초기에 초례를 권유한 기록을 인용해 보면 다음과 같다.

> "태을(太乙, 혹은 太一)은 하늘의 귀한 신이시니 중국 한(漢)나라 때
> 로부터 내려오며 역대로 받들어 그 돌보심에 따라 상서로운 일이
> 있었습니다. 그래서 전조(前朝)에서는 복원궁(福源宮) 소격전(昭格殿)
> 과 정사색(淨事色)을 두고, 따로 대청관(大淸館)을 건립하였으며 또
> 간방(艮方-和寧), 손방(巽方-충주), 곤방(坤方-부평), 건방(乾方-귀주)에
> 차례대로 궁을 두고 궁관(宮觀)을 세워 초례를 행하여 매양 액운을
> 당하거나 재변을 만나면 기도를 드리고 따로 대청관에서 초제를
> 지냈습니다. 만약에 군이 행군을 할 양이면 장수가 대청관에 나아
> 가 재계를 하고 묵으며 초례를 지낸 후에 행군을 하였으니, 대개
> 이는 태을이 어진 별로 그 별이 비치는 곳에는 싸움과 질병이 일어
> 나지 않고 나라가 태평하기 때문입니다."9)

여기에서 초례의 대상으로 태을이 중요함을 볼 수 있고, 다음으로 민간에서는 장수를 축원하는 의미로 노인성이 숭배의 대상이었다. 노인성을 보면 수(壽)가 길어진다 하여 노인성을 또한 수성(壽星)이라 부른다. 이 노인성은 남극성(南極星)인데, 한국에서는 과거에는 남의 부모를 위하여 환갑을 축하하는 시에 매양 노인성을 많이 인용하여 축수(祝壽)의 말로 사용하였었다.

---

8) 馬書田, 『中國道敎諸神』, 團結出版社, 1995, 據 『後漢書』 卷48, 記載: "天有紫微宮, 是上帝之所居也". 後人多以紫微垣比喩帝居, 故称禁中爲 "紫禁", 至今人們還称明淸北京皇宮爲 "紫禁城".

9) 『조선왕조실록』, 태종 4년 갑신 2월 신묘일, 김첨의 글.

2. 북두숭배(北斗崇拜)

북두숭배(北斗崇拜)는 옛사람들의 성신(星辰)숭배 가운데 특별한 지위를 차지한다. 그것은 사람의 생산생활과 밀접한 관계가 있다. 북두칠성은 북쪽 하늘에 배열하여 국자(혹은 杓)형의 일곱 개의 밝은 별의 합칭이다. 일곱 개의 별을 천추, 천선, 천기, 천권, 옥형, 개양, 요광이라고 부른다. 고대에는 이 모양을 술을 따르는 자루형[斗形] 혹은 국자형[勺形]으로 상상하여 민간에서는 '작성(勺星)'이라고도 했다.10)

북두칠성은 오늘날의 별자리로는 '큰곰자리'이다. 천선(天璇)과 천추(天樞), 두 별이 연결되어 직선을 이루며, 다섯 배의 연장거리에 북극성이 있다. 이 두 별을 '지극성(指極星)'이라고 하며 북방의 표지다. 북두가 이미 방향을 확정하는 것으로 이용된 까닭이다. 또한 계절을 확정할 수 있고, 그 운행규율로 역법을 제정하는 등의 많이 유용한 것이다.11)

옛사람들은 초저녁에 북두의 자루의 방향으로 계절을 확정했다. 자루가 동쪽에 있으면 세상은 봄이고, 자루가 남쪽에 있으면 세상은 여름이며, 자루가 서쪽에 있으면 세상은 가을이며, 자루가 북쪽에 있으면 세상은 겨울이다. 북두칠성은 지평선 아래로 사라지지 않으며 단지 북극성을 회전할 뿐이다. 옛사람들이 천신 가운데 가장 존귀한

---

10) 馬書田 『中國道敎諸神』, 團結出版社, 1995, p.82. "北斗崇拜在古人星辰崇拜中占有突出地位, 因它與人們的生産生活關係十分密切, 北斗七星是在北天排列成斗(或杓)形的七顆亮星的合稱. 這七顆星叫天樞, 天璇, 天璣, 天權, 玉衡, 開陽, 搖光. 古人把這七顆星聯系起來, 想象成古代舀酒的斗形或勺形, 所以北斗在民間又俗稱'勺星'"

11) 위의 책, pp.83-84. "北斗七星卽大熊座. 把天璇, 天樞兩星連成直線, 延長五培距離, 卽可以找到北極星, 故此二星又稱 '指極星', 它是北方的標志. 所以北斗旣可用來確定方向, 又可確定季節, 其運行規律對制定曆法也很有用處."

천제의 거소로 인식했다. 28수는 북두로서 중심을 삼는다. 그것은 사방에 감싼 것과 같아서 뭇별의 왕이 되는 것이다.

이러한 북두칠성에 대한 숭배는 신화(神化)하여, 북두진군(北斗眞君) 혹은 북두성군(北斗星君)이라고 불리게 되고 혹은 칠성님으로 신격화되기도 했다. 북두칠성은 산사람과 죽은 사람의 공(功)과 과(過) 그리고 선과 악을 조사하는 존재라고 생각했다. 북두는 중앙에 거주하여 사방을 순유(巡游)하고 세상의 생사와 축복(祝福)을 관장한다. 그래서 사람들은 백 가지 사악한 것을 없애고 흉한 기운을 없애는 염원으로 북두에 기원하고 예배했다. 그리고 그로부터 팔난을 극복하고 장생불노하기 위해 초례했던 것이다.

한국의 상례의 절차에는 초례가 없지만, 사람이 죽으면 송판에 일곱 구멍을 뚫어서 북두형상과 같이 만들고 혹은 종이에 북두형상을 그려서 시체를 놓는데 이것을 칠성판(七星板)이라 한다. 유교적 의례가 주간 된 조선조의 상례에서 왜 북두칠성에 대한 신앙의 형식이 유지되었던 것일까?

그것은 유교의 의례는 저세상에 대한 신앙이 결여되어 있다. 유교적 인생관은 윤회도 부활도 없다. 그러기 때문에 조선조가 유교적 이데올로기로 철저히 훈련된 사회라고 하지만 인간의 한계상황에서 그들이 기원하는 대상은 공자나 맹자가 아니라 밤하늘의 북두칠성과 같은 하늘의 존재였던 것이다.

3. 삼청(三淸)과 상제(上帝)

오성(五星)과 열수(列宿)는 어김없이 눈에 보이는 존재여서 민간에서도 쉽게 받아들여졌지만 이러한 신앙이 좀 더 의인화되고 좀 더 형이상학적 존재로 변화한 것이 삼청(三淸)이나 상제의 개념이다. 이제 삼청은 도교적인 것이 아니라 바로 도교의 신앙이며, 인격적 존재로 뭇 별들에 비해 보다 형이상학적인 신앙의 대상이 되었다.

삼청은 곧 옥청(玉淸) 원시천존(元始天尊), 상청(上淸) 영보천존(靈寶天尊), 태청(太淸) 도덕천존(道德天尊)이다. 태청(太淸) 도덕천존은 노자가 신격화된 존재다. 그리고 이런 종교적 숭배의 대상은 삼청전이나 삼청각 혹은 삼청궁에 봉안하여 종교적 의례의 대상으로 받들었다.

고려시대는 물론이려니와 조선시대에도 초례를 지냈던 관서가 소격전(昭格殿)과 삼청전이었다. 서울의 북쪽 삼청동에 삼청전이 있었고 그 안에는 또한 성제정(星祭井)과 소격서(昭格署)가 있었다.

『동문선(東文選)』에는 초례의 기원문이라고 할 수 있는 청사(靑詞)의 내용이 실려 있는데 아래와 같은 형식의 기원을 담고 있다.

> "빛나도다, 삼청이여. 능히 사람이 생존할 때나 죽음 후에라도 건져주십니다. 정성스러운 생각이 마땅히 하늘과 유통하와 문득 낮은 정성을 바쳐 감히 깊은 상제의 들으심을 구하나이다. …지존(至尊)께옵서는 가엾이 여기심을 드리우시고, 모든 성신(聖神)께서는 사랑을 일으키시어 나의 쌓은 정성을 양찰하시고… 항상 높은 궁(宮)에 계시게 하고, 선세(先世)의 잠긴 혼도 고루 고명하신 도움에 힘입어 모두 쾌락한 동산으로 올라가게 하고…."12)

---

12) 『東文選』卷115, 靑詞, 三淸靑詞, "皇矣三淸 能度人於存歿 誠哉一念… 伏願至尊垂憫 諸聖與慈 諒余積忱 …常居紫府 先世況魂 均被高明之佑 悉登快樂之鄕."
그 밖에도 "삼청이 위에 계셔 묵묵히 생성을 운행하시고 북두가 가운데 있으니, 실로 喉舌을 맡으셨나이

오성열수와 삼청 그리고 상제의 관계는 좀 복잡하지만, 봉건사회의 위계질서상 민간인이 바로 상제에게 기원하는 것은 자연스럽지 못했다. 우선 왕실이나 국가적 행사에서는 삼청이나 상제라는 용어를 사용하지만 민간에서는 그렇지 않았다.

『동문선(東文選)』에 등장하는 소위 국가에서나 왕실에서의 거행했던 초례에서의 청사에서는 임금이 고했던 제사의 대상으로서 상제가 5회, 제(帝)가 4회,[13] 도합 9회 등장하고 있는데 그 이유는 성수(星宿)

까."(卷115, 靑詞, 北斗靑詞, "三淸在上 嘿斡生成 北斗居中 實司喉舌.")
"삼청의 도는 신비하고 아득하므로 알기 어렵습니다."(卷115. 靑詞, 昭格殿 行祈雨兼星變祈讓… "三淸秘 冥査難知")

13) 『東文選』 청사(靑詞) 가운데 상제라는 말은 다음과 같다.
① 선대의 임금들의 규칙을 따라서 선을 하고, 상서를 내리게 하는 상제의 큰 명을 받들고자 비전(秘殿)을 맑게 하고 엄숙하게 참[眞]의 법식을 살피옵니다.(卷115,「乾德殿醮禮靑詞」, 崔惟淸, "亦允蹈先王之規 作善降祥 尙丕承上帝之命 式淸秘殿 恭按眞科.")
② 상제의 보호하고 도와주심을 맞이하는 것이 옳겠으므로, 엄숙히 법을 살펴 깨끗한 제사를 지내옵니다. 아득한 곳에서 들으시고, 나에게 은혜 주시는 사사로움을 더하시어 자복(넝쿨 같은 은복)이 금방 오도록 옹호하시되 오래도록 많이 누리게 하시고, 나도(蘿圖)를 오래도록 보호하시어 크게 성취하게 하여 주시기 우러러 비나이다.(卷115,「上元靑詞」, 李奎報, "上帝之保持 恭按眞科 式嚴淨醮 仰口冥然之聽 優加惠我之私 擁茨福之方將 永于多享 保蘿圖於可久 展也大成.")
③ 상제께서 거듭 명을 내리시고 아름다움을 주시기 바라옵니다.(卷115,「福源宮行誕日醮禮文」, 鄭誧, "伏願上帝垂仁 列眞委旣 有秩斯祐 奚獨享於一時.")
④ 상제에게 정성을 바치는 예식을 거행하온데(卷115,「小王本命醮靑詞」, "上帝享誠之擧.")
⑤ 그러나 또한 과연 上帝의 마음에 맞는지 알지 못하겠습니다… 상제(이 표현은 없음)의 높은 데서 들으심을 더럽히옵니다.(卷115,「祈雨昭格殿 行醮禮靑詞」, "然亦未知果合於上帝之心歟… 以瀆盖高之聽.")
제(帝)라는 말은 다음과 같다.
① 엎드려 생각하건대, 제(帝)의 마음의 간택하심을 받자와, 오랫동안 어려운 왕업을 유지하여 왔사온데, (卷115,「冬至太一靑詞」, 金克己, "伏念臣叨受帝心之簡 久持王業之難.")
② 하늘은 사사로움이 없어 덕 있는 사람을 도와주시는데, 항상 총명하게 굽어 살피시고 사람에 과실이 있어 요사는 이로 말미암아 일어나는 것이니… 선택하심은 제(帝)의 마음에 있사오니, 사람과 도전(道殿)으로 달려 보내 엄숙하게 기도의 의식을 펴오니, 진실한 정성이 밝고 밝은 살피심을 이르러 오게 하며, 요사스러운 분위기를 그 자리에서 풀고 단 이슬이 두루 적시고,(卷115,「祈雨太一醮禮靑詞」, 權近, "天無私而德是輔 常聰明而降監… 簡在帝心 宜爲民請 伻趨道殿 恭展醮儀 儻款款之誠 格明明之鑑 致令妖氣頓釋 甘露普霑.")
③ 제(帝)의 마음에 어긋남을 얻을까 두려워하고, 복을 부르고 재앙이 쉬게 함은 항상 그윽한 도우심에 바람이 있사옵니다. 이에 상쾌한 행차를 맞이하여 바로 새로운 제단을 모시오니, 하찮은 정성이 하늘에 올라가 들리시어 하찮은 이바지에 하강하여 보심을 바라옵니다.(卷115,「福源宮太一移排別醮禮靑詞」, "恐獲戾于帝心 招福弛灾 常有望於陰騭 寔邀冷馭 酒安新壇 儻升聞於査冥 庶降監於菲薄.")
④ 진실로 상제의 마음에서 선택받는 데 달렸을 뿐이 옵니다… 우러러 성근 별을 바라보오니 모두 붙들어 도와주시는 은혜를 드리우소서. 음양이 화하고 풍우가 제때에 오도록 하시고 우악하게 하시어 인민이 양육되고 전쟁이 쉬게 하여 앞으로 즐겁고 앞으로 편안하게 되어, 모든 복이 모두 이르러서 사방에 뉘우

에 비해 상제나 신명(神明), 상천(上天), 원청(圓淸) 등과 같은 용어는 추상적이고 서민들이 바로 부르기에게는 친근하지 않았기 때문이 아 닐까 추측한다.

이처럼 초례의 대상이 되었던 오성열수(五星列宿)와 특히 북쪽의 북두나 남쪽의 노인성 등은 하늘에 있는 별들에 대한 신앙이고, 삼청 은 도(道)와 노자를 신격화해 놓은 초월적 존재이며, 상제 역시 하늘 의 초월적 존재라고 할 수 있다. 결국 초례는 인간세계가 아닌 인간 세계를 초월한 거룩한 존재에 대한 신앙행위임을 알 수 있다.

Ⅳ. 초례의 종교적 의미

1. 양재초복(讓災招福)의 기원

초(醮)란 소재도액(消災度厄)의 법으로 인간이 하늘로부터 받은 수 명을 다할 수 있기 위하여 모든 앙화와 액을 제거해 주도록 지고신인 천(天)에게 탄원하는 내용이 그 핵심을 이룬다. 민간의 관례나 혼례 때의 초례의 기원은 수(壽), 복(福)의 기원이 대종을 이룬다. 그래서 그러한 기원문을 검토할 필요도 없이 개인적 기복이 그 의례 가운데 깔려 있음을 볼 수 있다.

현존하는 자료를 통해 초례에서 무엇을 기원하였는가를 살펴보면, 크게 국가적 기원과 개인적 기원으로 분리할 수 있다. 초례를 통해서

침이 없게 하여 주시기 바라나이다.(卷115,「昭格殿 行祈雨兼星變祈讓 醮禮三獻靑」, "實惟帝心之所簡 …瞻仰烈宿 咸垂扶佑之私 致令陰陽和而風雨時 旣渥 人民育而弓矢濊 將樂將安 諸福畢來 四方無侮.")

무엇을 기원했는가에 대한 자료는 민간의 경우에는 특별한 자료가 없고, 국가적 행사의 축원문인 초례청사(醮禮靑詞)를 통해 파악할 수 있다. 여기에서 청사(靑詞)란 초례 때 청등지(靑藤紙)라는 푸른 종이에 주자(朱字)로 그 제사를 통해 축원하는 내용을 써서 오성열수(五星列宿)나 삼청 혹은 상제에게 알린 후 태워 올렸기 때문이다.

2. 국가적 기복

기우(祈雨), 기설(祈雪), 기양(祈禳), 기곡(祈穀) 등 농업생산과 관련된 기원이다. 농경시대에 가장 두려운 기상이변을 없기를 기원하고, 재난이 없는 세상을 기원했다.

몇 가지 초례내용을 간단히 살펴보면 다음과 같은 것이 있다.

> "태일초례(太一醮禮)를 행하였으니, 때 아닌 천둥을 빌기 위함이었다."14)
> "좌정승 하륜에게 명하여 소격전에서 비 내리기를 빌게 하였다."15)
> "시령(時令)을 조화시킬 태일초례(太一醮禮)를 소격전에서 베풀었다."16)
> "이숙묘를 시켜 시령조화태일초(時令調和太一醮)를 소격전에서 거행하게 하였다."17)
> "소격전에 나아가 비를 비는 초례를 행하였다."18)
> "소격전에서 기우(祈雨)하는 초례를 행하였다."19)

---

14) 『조선왕조실록』, 태종 5년 12월 2일(갑자)

15) 『조선왕조실록』, 태종 6년 7월 29일(병진)

16) 『조선왕조실록』, 태종 10년 9월 11일(을해)

17) 『조선왕조실록』, 세종 원년 9월 28일(을해)

18) 『조선왕조실록』, 세종 21년 7월 25일(신미)

19) 『조선왕조실록』, 세종 22년 4월 23일(을미)
　　그 외에도 세종 22년 4월 25일(정유), "비를 비는 태일초례를 행하였다."

　　"장마비가 그치지 않으니, 명하여 날씨가 개기를 기원하는 초례를
　　했다."[20)

『동문선(東文選)』에 나타난 청사(靑詞)에도 마찬가지다.

　　"엎드려 바라건대, 음양이 순조로워 겨울에 잘못되어 하복(夏伏)의
　　재앙이 없게 하고,"[21)
　　"우러러 성근 별을 바라보오니 모두 붙들어 도와주시는 은혜를 드
　　리우소서. 음양이 화하고 풍우가 제때에 오도록 하시고 우악하게
　　하시여 인민이 양육되고 전쟁이 쉬게 하여 앞으로 즐겁고 앞으로
　　편안하게 되어, 모든 복이 모두 이르러서 사방에 뉘우침이 없게 하
　　여 주시기 바라나이다."[22)

이러한 정성스러운 마음이 하늘에 이르러 사계절이 조화하고, 전
쟁의 근심이 없고 농사는 풍년이 들게 하고 질병 없기를 기원하는 이
런 식의 내용이다.

3. 개인적 기복

민간에서의 초례는 국가적 차원보다는 개인적 차원의 기복인 것은
당연하다. 그러나 왕실에서도 민간인과 같이 양재초복(讓災招福)의 초
례는 지속되었다. 조선중기에 중종대에 이르러 성리학적 명분론에 입
각하여 재야사림으로부터 집권한 유생들의 반대에도 불구하고 왕실

세조 4년 5월 10일(무술), "태일 기우초례를 소격전에서 행하니 밤중에 비가 내렸다." 등의 기록이 있다.

20) 『조선왕조실록』, 세조 5년 6월 7일(정사)

21) 『東文選』卷115, 靑詞, 冬至太一靑詞, 李奎報 伏望陰陽常順 無冬愆夏伏之災.

22) 『東文選』卷115,「昭格殿 行祈雨兼星變祈讓 醮禮三獻靑」, "瞻仰烈宿 咸垂扶佑之私 致令陰陽和而風雨
　　時 旣渥 人民育而弓矢戢 將樂將安 諸福畢來 四方無侮.

은 선대로부터 내려온 전통을 폐지할 수 없다고 하여 왕실 내의 초례
는 행해졌었다. 왕실 내에서의 초례는 주로 무병장수를 비는 초례였
다.23) 그리고 복을 비는 초례는 개복신초례(開福神醮禮)라고 하여 왕
자 탄생 등에 행했다.

『동문선(東文選)』의 청사 내용을 살펴보면 개인적인 기원 가운데는
장수가 으뜸이다.

> "수명은 대춘(大椿)과 같이 오래 살게 하시고, 본손(本孫)과 지손(支
> 孫)이 덩굴 같이 얽혀 뻗어 나가게 하시고,"24)
> "수명을 길이 연장함을 누리게 하여 주시기 바라나이다."25)
> "높으시고 참되신 분께서는 낮고 간소한 제사를 굽어 흠향(歆饗)하
> 시고, 년(年)을 내리심을 길게 하시어 옥적(玉籍)에 올림으로써 장
> 생하게 하시고, 무궁토록 넉넉함을 베풀어 나도(蘿圖)를 튼튼히 보
> 전하게 하여 주시기를 바랄 뿐이옵니다."26)
> "하늘별이 창생을 건지시는데 곡진하나 남몰래 도움을 드리우시고,
> 신자(臣子)가 장수를 빎은 오직 지성으로써 함이오니, 빌기를 진실
> 로 부지런히 하오면 느껴 통함이 가까운 데 있습니다."27)

여기에서 볼 수 있는 것은 장수가 으뜸의 기원이다. 건강하고 오래
살고 싶어 하는 소원이 전통적인 기복의 내용임을 알 수 있다. 이처럼
초례의 기원내용은 국가적 차원이건 개인적 차원이건 민간에서의 복

---

23) 조선초기의 長壽를 비는 초례는 다음과 『조선왕조실록』에서 보면 다음과 같다.
　　태조 7년 8월 21일(갑자), "좌정승 조준이 임금을 위해 壽를 비는 초례를 소격전에서 베풀었다."
　　태조 7년 8월 23일, "임금을 위해 초례를 베풀어 壽를 빌고자 하여 소격전에서 재계하였다."
　　태종 12년 11월 4일(을유), "궁중에서 초례를 베풀었다. 이날은 바로 임금의 어린 아들 종의 初度이므로
　　星宿醮를 베풀어 壽를 빌었다."

24) 『東文選』 卷115, 靑詞, 乾德殿醮禮靑詞, 金克己年壽等槻椿之久 本支同葛藟之綿.

25) 『東文選』 卷115, 靑詞, 乾興節太一靑詞, 金克己享壽籙之延洪.

26) 『東文選』 卷115, 靑詞, 北斗請詞.

27) 『東文選』 卷115, 靑詞, 卞季良. 親試文武科 合行本命醮 年例通行靑詞, 天星濟生 曲垂陰騭 臣子祝壽 惟
　　以至誠 祈叩苟勤 感通卽邇.

이란 부(富), 수(壽), 강(康), 령(寧) 등이고, 그러한 것을 누리기 위해서는 전쟁과 죽음과 질병으로 고통 받는 일이 없기를 하늘에 기원했던 것이다. 요컨대, 초례의 기원 내용은 양재초복으로 압축할 수 있다.

4. 유교적 종법 질서 안의 초월자에 대한 종교적 신앙

밖에서 기복하기보다는 내면의 심성수양을 강조했던 성리학자들은 관혼상제 등의 초례에 대해서는 관대했지만, 국가적인 초례 행사에 대해 부정적인 태도를 취한다. 유학자들이 점차 영향력을 확대해 가면서 국가적 규모의 초례는 조선 중기로 접어들수록 미신으로 취급받게 되고 잦은 반대의견에 직면하게 된다. 조선 중종 때 정암(靜庵) 조광조와 같은 사림의 지도자는 초례를 주관하는 소격서의 철폐를 강력히 주장한 것이 계기가 되어 소위 기묘사화의 실마리가 되기도 했던 것이다.

중종 당시의 국가적 초례를 반대하는 상소문을 인용하면 다음과 같은 것이다.

> "우리나라는 삼청에 초제(醮祭)하고 노자를 으뜸으로 하여 이를 관장하는 부서를 두어 그 옳지 않음이 크나, 이를 깨닫지 못합니다. 또한 매우 막연하게 복을 구하여도 받지 못하고 도리어 참람하게 대례(大禮)라 하여 경비를 낭비하며 나라의 근본을 깎습니다."28)

경비가 많이 들고 복을 받지 못하다는 논리다. 그러나 보다 중요한 원인은 중국을 중심으로 하는 종법제가 강화되면서 중국에 대한 사

---

28) 『조선왕조실록』, 중종 25년, 경진년 여름 4월 을축, 사간원 대사간 박광영의 상소.

대(事大)가 대의명분을 세우기 때문이다. 중국의 황제만이 하늘에 제
사할 수 있고, 제후국은 종묘사직에만 제사해야 하고, 서민들은 종자
(宗子)가 조상에게 제사하는 이데올로기가 강화되면서 초례는 유교적
위계질서를 어기는 것으로 취급받게 된다.

그러나 유교의 중심인물인 공자는 성인이기는 하지만 종교적 신앙
의 대상으로 신격화되지는 않았다. 중국의 황제나 조선의 국왕이 성인
으로 성균관에서 알성(謁聖)을 하는 존재이기는 하지만 관혼상제의 의
례에서 양재초복(禳災招福)을 기원하는 신앙의 대상이 되지는 않았다.

바로 이 점에서 유교가 중심사상이면서도 불교와 도교가 공존할
수 있었던 여력이 있었던 것이다. 성년례인 관례가 『주자가례(朱子家
禮)』에 근거한 유교적 의례이면서도 초례가 중요한 의식의 한편을 차
지하고 있었던 것은 종교적 경건성을 종래의 민간신앙을 통해 보완
하지 않으면 안 되었던 민중의 종교적 심성을 반영한 것이다.

혼례의 경우는 아예 그 명칭자체를 초례라고 할 정도로 결혼식 자
체가 초월적 존재에 대해 의례를 올리는 형식을 취했다. 결혼 당사자
인 신랑과 신부가 서로 주고받는 것이 아니라 사실은 하늘에 술잔을
올리는 의식이라는 것이다.

상례는 가장 유교적인 의식이라고 오해할 수 있지만, 사실은 가장
불교적이고 도교적인 의식이 많이 남아 있는 의례의 하나다. 일단은
저승의 개념이 약한 유교이기에 상여소리자체가 '관음보살'을 부르
는 불교적인 만가(輓歌)가 그대로 민간에서 남아 있었다. 또한 망자를
일곱을 단위로 염습한다든가 칠성판에 올린다는 것도 칠성신앙의 일
면을 엿보게 한다.

제례의 경우가 가장 유교적인 면이 강하다. 제례란 조상과의 관계

에서 이루어진 것이므로 특별히 초월적 존재를 상정할 필요는 없는 것이기 때문에 그렇다고 볼 수 있다.

그래서 초례라고 하는 일종의 신앙행위는 유교적 사회라고 일컫고 있는 조선조에서도 민간에 그대로 남아 있었으며, 여기에는 구체적인 교주도 교리도 교단도 그리고 특별한 윤리적 계율도 없었다. 다만 정성과 공경의 마음으로 복된 삶을 술과 안주를 차리고 하늘의 별들과 초자연적 존재를 향해 여전히 복을 기원했던 것이다.

V. 초례는 한국인의 종교적 심성 표현

조선시대에 초례가 국가적 행사로 점차 퇴락하고 단지 민간의 의례 속에서만 남아 있었던 것도 봉건사회의 위계질서에 기인한 것이다. 오직 중국의 황제만이 천제에게 제사를 지낼 수 있고 제후국은 종묘사직에 제사 지내고 서민은 조상에게 지낸다는 방식이 당시에는 지켜야 할 예법이었기 때문이다.

이런 원칙에 벗어날 때 그것은 음사(淫祀)라고 규정되어 잘못된 것으로 간주하였다. 초례는 밤하늘의 성수(星宿)에 대한 숭배이지만, 역시 하늘에 대한 경외에서 출발하기 때문에 음사(淫祀)로 규정되고 더구나 국가에서나 왕실에서의 초례도 천제에 대한 숭배로 간주되어 중국을 중심으로 하는 종법적 질서를 어긴 것으로 간주하여 초례를 관장하는 소격서의 철폐를 주장했다.

임진왜란 이후 궁중 내의 소격서는 관서로서 폐지되었지만, 민간에서는 관혼상제의 의례 속에 초례가 사라지지 않았다. 그런데 아직

도 많은 사람들은 과거의 초례의 의미를 술과 안주를 올리는 의례로
만 인식하지 거기에 들어 있는 종교적 의미를 간과하기 쉽다.

그 종교적 의미는 경건한 재계를 통해 하늘에 양재초복을 기원하
는 것이다. 밤하늘을 향해서 경건히 기도하는 것이야말로 원초적으로
인간이 갖는 종교적 '거룩함'인 것이며 초례에서는 그러한 거룩함을
재계를 통해서 성취하고자 했던 것이다. 초례는 흔히 도교의 의례로
알고 있지만 이는 정확한 분류라고 볼 수 없다. 노자가 도교에서 신
격화되었다고 해서 노자의 철학의 도교는 아니다. 마찬가지로 성수
(星宿)에 대한 민간신앙도 도교에 의해 수용되지만 그것은 도교신앙
이전에 존재했던 것이다.

한국의 불교에서도 성수(星宿)신앙이 잔존하고 있다. 불교의 경우
칠성을 봉안하는 칠성신앙이 바로 그것이다. 오늘날 현대 한국인들이
사용하는 문학과 예술 그리고 기업의 이름까지 별에 관련된 이름은
수다하다. 그러한 초례의 경건한 의례는 국가적으로든 개인적으로든
재앙을 막고 축복을 구했던 한국인의 종교적 심성을 표현한 것이었다.

제2부

家禮와 그 의의

전통 관례와 성인의 의미

Ⅰ. 성인으로서의 자질 함양 제기

한국의 전통사회에서는 통과의례로서 관례를 해왔다. 오늘날은 20세 이상을 성년으로 규정하지만 과거에는 남자 20세, 여자 15세에 관례를 거행하여 미혼이라도 성인으로 대접해주고 어른으로서의 행동을 기대했다.

바꿔 말하면 관례를 하지 않으면 성인의 대접을 받지 못했던 것이다. 이러한 의례를 통해서 어린이로서의 태도를 바꾸어 새로 태어난 책임 있는 성인으로서의 자질을 함양하는 계기로 삼은 것이다.

이러한 관례는 일제강점시대가 되면서 단발령에 의해 한국인의 전통적 상투를 없애면서 점차 사라지게 되었다. 관례란 오늘의 의미로는 성년례라고 할 수 있는데 과거에 거행했던 관례의 형식을 살펴보면서 우리의 선인(先人)들이 생각했던 성인의 의미가 무엇인지 밝혀보고자 한다.

Ⅱ. 관례의 형식과 의미

관례의 절차1)는 어린 시절의 상징인 머리모양을 바꾸고 어른스러운 의관으로 입히는 의례를 의미한다. 물론 여자의 경우는 비녀를 꽂아주는 의식이지만 동일하게 성년(成年)의 의례를 말하는 것이다.

관례와 예를 통해 달라지는 것은 전에는 '해라'의 낮춤말을 쓰던 것을 '하게'로 높여서 말한다. 이름도 자(字)나 당호(堂號)로 부르게 된다. 또 절을 하면 답례를 해주어 어린이와 달리 취급하였다.

이러한 관례의 절차는 조선시대 사대부 집안에서는 예서(禮書)에 따라 행하였지만, 대부분의 경우 예서보다 간소하게 행하였다. 그리고 근래에 들어와서는 1894년 갑오경장 이후 머리를 깎았기 때문에 전통적 의미의 관례는 사라지게 되었다. 그래서 관례는 혼례의 과정에 흡수되어 그 사회적 의의가 약화되었기 때문에 쉽게 흔적을 감추었던 것이다.

현재 동양인들은 전통적 복식을 입지 않고 거의 양복으로 바꾸어

---

1) 관례의 절차는 다음과 같다.
 시기: 15세부터 20세 사이에 정월달 중에서 날을 정해 행한다.
 계빈(戒賓): 본받을 만한 어른을 큰 손님(賓, 주례)으로 모신다.
 고우사당(告于祠堂): 3일 전에 조상의 위패를 모신 사당에 아뢴다.
 진설(陳設): 관례를 행할 장소를 정하고 기구를 배치한다.
 가례(加禮): 시가(始加), 머리를 올려 상투를 틀고, 어른의 평상복을 입힌 다음 머리에 관을 씌우고, 어린 마음을 버리고 어른스러워질 것을 당부하는 축사를 한다.
 재가(再加), 어른의 출입복을 입히고 머리에 초립을 씌운 다음 언동을 어른답게 할 것을 당부하는 축사를 한다.
 삼가(三加), 어른의 예복을 입히고 머리에 유건을 씌운 다음 어른으로서의 책무를 다할 것을 당부하는 축사를 한다.
 초례(醮禮): 술을 내려 천지신명에게 어른으로서 서약하게 하고 술 올리고 마시는 예절을 가르친다.
 관자(冠字): 어른을 존중하는 의미에서 항시 부를 수 있는 별명을 지어준다.
 현우존장(見于尊長): 어른들을 뵙는다. 여성의 관례는 주례를 여자로 하고, 계례로 어른의 옷을 입히고 비녀를 꽂고 축사를 한다. 관자라고 하지 않고 계자라고 하는 것만 다르다.

진 관계로 복장이나 머리 모양의 변화를 통해 성년의 대우를 했던 관례의 의례는 사라지게 되었다. 그렇지만 이 관례의 의미가 외모만을 바꾸어주는 것은 아니다. 거기에는 내면의 정신을 변화시키려는 뜻이 더욱 강하다고 할 수 있다. 그래서 필자가 관심을 갖는 것은 전통관례의 외적인 형식보다 는 거기에 나타난 성인의 의미라고 할 수 있다.

1. 관례와 머리모양(탈총각, 댕기풀이)

요즘도 결혼식을 앞두고 댕기풀이라는 의식이 있다. 과거에는 기혼자와 미혼자의 구별을 머리모양으로 했기 때문에 미혼의 상징인 댕기를 푸는 의례가 바로 성인으로 통과의례의 하나인 댕기풀이라고 할 수 있다.

한국에서 흔히 쓰는 총각(總角)이라는 말도 중국의 아동의 머리모양을 뜻한다.

전통사회에서의 남자들의 성인의식, 상투를 들어 갓[冠巾]을 씌우는 의식인 관례는 15세가 넘으면 행할 수 있었는데 여자는 쪽을 찌고 비녀를 꽂아주는 의식으로 계례(笄禮)라는 말을 사용했다. 중요한 것은 머리모양인데, 남자의 경우 성인의 풍모를 갖춘 의관을 비로소 입는 절차인 셈이다. 의관이란 단순한 겉모양에 그치지 않고 내면의 품위를 높일 수 있는 동기를 준다. 단정한 의관을 갖추어서 단정한 마음을 유지하려 했기 때문에 성인의 의례로 의관을 착용한다.

> "관(冠)이 있은 뒤에 복(服)이 갖추어지며, 복(服)이 갖추어진 뒤에
> 몸가짐이 바르게 되고 안색은 평정하게 되며 응대하는 말이 순하

게 되는 것이다. 따라서 관(冠)이란 것은 예의 출발이라고 말한다. 이런 까닭으로 옛날의 성왕들은 관(冠)을 중시하였던 것이다."2)

2. 관례와 복식[三加]

관례를 흔히 삼가례(三加禮)라고도 하는데 그 이유는 의관을 세 번 입히기 때문이다. 첫 번째 행하는 의식을 초가례(初加禮)라고 한다. 초가례란 관의(冠儀)를 치르는 사람[冠禮者]의 땋아 내린 머리를 올려서 상투를 올려주는 의식이다. 내빈들과 관례자가 좌석을 정하고 앉으면, 찬(贊, 집사자)이 치관(緇冠)을 소반에 받쳐 들고 오면 예를 추대하는 사람[賓]이 그를 받아 관례자 앞으로 나아가 "좋은 때를 가려 기본 복장을 갖추나니 너의 어릴 적 생각을 버리고, 어른으로서의 덕을 이루고 오래 수(壽)를 누리며 크게 복을 받을 지어다." 하고 축사를 한다. 그러면 관례자는 "삼가 받들겠습니다." 하고 답배를 하면 치관과 건(巾)을 씌어준다. 그리고 관례자는 방에 들어가 어릴 적 입은 옷을 벗고 심의(深衣)를 입고 큰 때[大帶]를 두르고 신을 신고 나와서 바른 자세로 남향을 하고 한동안 서 있는다.

이 초가례(初加禮)에서 어린이의 복식을 벗고 공식적 정장인 심의(深衣)를 입는 의식을 했던 것이다. 대개는 초가례(初加禮)로서 의례를 생략하지만 정식적으로는 두 번을 더 입는다. 그래서 두 번째의 의례를 재가례(再加禮)라고 한다. 첫 번째 의식과 마찬가지로 좌정한 후에 찬(贊, 집사자)이 초립을 소반에 받쳐 들고 오면 빈이 받아 관례자 앞으로 나아가 "좋은 때를 가려 거듭 너의 복식을 갖추나니 너의 몸가

---

2) 『禮記』, 「冠義」

짐을 가다듬고 너의 덕을 온전히 하여 오래도록 건강하게 수(壽)를 누리고 큰 복을 받을지어다." 하고 축사를 한다.

이때 관례자는 "삼가 마음속에 새기겠습니다." 하고 답배를 한다. 그리고 집사자가 건을 벗기면 빈이 초립을 씌워준다. 그러면 관례자는 방에 들어가 심의를 벗고 조삼(皁杉)을 입고 혁대 가죽 띠를 두르고 혜(鞋)를 신고 홀(笏)을 잡고 나온다.

세 번째에는 집사자가 초립을 벗기면 빈이 복두(伏頭)를 씌워준다. 조삼을 벗고 난삼(欄衫)을 입었으며 혜(鞋)를 벗고 가죽신(靴)를 신었다.

초가례로 끝날 경우는 관으로는 망건, 복건, 초립을 쓰고 옷은 관복이나 도포, 두루마기로 대신 입는다. 여자의 경우는 관을 쓰는 대신에 쪽진 머리에 비녀를 꽂고 옷도 배자(褙子, 조끼모양으로 저고리 위에 덧입는 옷)를 입는다.

3. 관례와 술

삼가의 의식이 있은 후에 내초(乃醮)라고 하여 성인이 되었기에 술을 배우는 절차가 있다. 여기서 초(醮)란 올리는 술을 말한다. 내초 의식은 관례자가 빈과 집사자에게 절을 하고 술을 마시게 되는데, 먼저 빈이 관례자에게 읍하고 북향하며 축문을 읽는다.

> "맛있는 술이 이미 맑아졌으니 좋은 안주와 향기로운 술을 절하고 받아 제사지내어 너의 상서로움을 안정시키고 하늘의 경사를 이어 오래 살며 잊지 말라."3)

---

3) 『주자가례』, '醮禮旨酒旣淸 嘉薦令芳 拜受祭之 以定爾詳 承天之休 壽考不忘.'

이어 관례자가 두 번 절하고 빈이 이에 답배하고, 관례자가 술을 받아 꿇어 앉아 술을 마신 후, 다시 빈에게 두 번 절하고 빈이 이에 답배하고 또 관례자가 집사자에게 절하면 집사자는 이에 답하는 것으로 마친다.

4. 관례와 자(字)

내초가 끝난 후, 빈과 주인과 관례자가 자리를 정한 후, 빈이 관례자의 자(字)를 지어준다. 이때 빈이 다음과 같이 말한다.

> "예의를 다 갖췄으니 좋은 달 좋은 날에 너의 자를 알려주노니 이 자는 크게 아름다워 훌륭한 선비에게 마땅한 바, 큰 복을 받을지니 길이 지니도록 하여라."[4]

관례자는 "제가 비록 불민하나 평생토록 받들겠습니다."라고 대답한다. 이 절차가 끝나면 주인이 관례자를 사당에 데리고 다시 뵙게 하고 어른들에게 인사를 드린다.

관례 때 지어주는 이 자를 성인의 이름으로 쓰지만 그렇다고 해서 명(名)이 비천하다는 의미는 아니다. 오히려 이름을 공경해서 자를 지어준다고 한다. 그리고 임금과 아버지는 이름을 부르지만 타인은 자를 부르니 이는 그 이름을 공경하는 것이라고 할 수 있다.

이상의 크게 세 가지 절차, 의관을 차려입고, 초례하고 그리고 자를 받는 과정에서, 의관은 눈에 당장 나타나는 성인의 상징이라면, 내

---

4)『주자가례』, '賓字之日 禮儀旣備 令月吉日 昭告爾字 爰字孔嘉 髦士攸宜 宜之於嘏 永受保之.'

초는 천지신명에게 맹세하는 상징이고, 자는 새로 받은 어른으로의 이름임을 알 수 있다. 말하자면 관례의 절차를 통해 머리모양과 이름이 변화한다.

Ⅲ. 성인의 의미

언제부터 인간은 성인기에 들어가는 것인지, 사람마다 차이가 있는 것이 사실이지만, 관례의 절차로 볼 때는 15세 이상이다. 오늘날의 나이로 보자면 중학생의 나이이지만 과거에는 지금에 비해 수명이 짧았기 때문에 15세 이상이면 관례나 혼례가 가능했다. 그러나 동서고금을 통해 15세 이상이면 이미 아동기를 벗어난 것으로 보았다.

오늘날 한국사회에서 성인의 개념은 미성년과 대조적인 개념으로 특히 성과 관련되어 있는 것이 안타깝다. 전통사회에서의 성인은 도덕적인 품격과 관련되어 있다.

1. 성년의 나이

나이만 많이 먹었다고 해서 성인이 아니라 성인의 책임을 다해야 비로소 대접받는데 그런 나이를 과거에는 15세 이상으로 보았다. 이제 육체적으로는 혈기가 왕성하지만 정신적으로는 선악을 판별하기에 미숙한 이들이 20세가 되면 어른으로서의 사고와 행동을 하도록 한다는 뜻에서 성인의 예를 통해 책임을 지우는 것이라고 할 것이다.

> "남자는 양수(陽數)이며 20은 음수(陰數)이다. 20세에 관례하는 것은
> 음으로 양을 이루는 것이다. 반대로 여자는 음수이고 15세는 양수
> 이다. 15세에 관례하는 것은 양으로 음을 이루는 것이다. 따라서
> 음양이 서로 이루어지고 성명(性命)이 서로 통하게 된다."5)

관자(冠字)가『효경』,『논어』에 능통하고 예의를 대강 알게 된 후에
행하는 것이 보통이다. 옛날 사람들은 이 관례를 혼례보다 더 중요하
게 생각하였으며, 미혼이더라도 관례를 마치면 성인으로서의 대우를
받았다. 그러니까 무엇인가 어린 시절과 다른 행동을 기대할 즈음이
관례가 행해지는 적정한 시기였다.

> "근래 이래로 인정이 경박해져서 10세가 지났는데도 총각인 자가
> 적다. 저들이 네 가지의 행동을 책임지는 것을 어찌 알겠는가? 왕
> 왕 어려서부터 장성하기까지 어리석음이 한결같으니 성인의 도리
> 를 알지 못하기 때문이다. 지금 갑자기 고칠 수는 없다고 하더라도
> 15세 이상부터는『효경』과『논어』를 통달하여 조금이라도 예의를
> 알게 되기를 기다린 후에 관례하는 것이 옳다."6)

위의 글에서 주자는 너무 이른 나이에 관례하는 것은 바람직하지
않음을 지적한다. 나이도 중요하지만 더욱 중요한 것은 성인의 도리
인 도덕적 책임을 인식하는 것이라고 한다. 관례를 하지 않은 소년은
설령 나이가 들었어도 성인으로 대접받지 못한 점을 미루어 다른 이
의 하대를 면하기 위해 이른 나에게 관례를 했음을 알 수 있다.

현대인의 관점에서 보자면, 남자 나이 20세는 체력에서 최고의 정
점을 이른 시기이며 지능 등도 최고의 수준에 이르는 때이기 때문에

---

5)『家禮增解』, '二十而冠子陽之數也 而二十則陰之數矣 二十而冠者 以陰而成乎陽 女陰之數也 而十五則陽
之數矣 十有五年而笄者 以陽而成乎陰 陰陽之相成 性命之相通也.'

6)『주자가례』, '近世以來 人情輕薄….'

20대를 약관(弱冠)의 나이로 보는 것은 적합한 것이다. 여자의 경우는 15세부터 약관의 나이인데 이는 동서고금으로 보편적이다.

2. 효제충순(孝悌忠順)의 실천

관례를 통해서 성인의 책임을 일깨우는 가장 중요한 것은 취업이나 진학이 아니라 도덕적 품성이 중요한 기준이 된다. 그것이 다름 아닌 효제충순(孝悌忠順)이다.

첫째 효(孝), 사람의 자식 된 도리를 제대로 하는 것이다.

둘째 제(悌), 아우로서의 도리를 제대로 하는 것이다.

셋째 충(忠), 임금에 대한 충성을 제대로 하는 도리이다.

넷째 순(順), 나이든 분에 대한 대접을 제대로 하는 도리이다.

"성인이라 한다면 그는 장차 성인의 예를 권고 받게 된다. 성인례를 권하는 것은 사람의 자식으로, 사람의 아우로서, 사람의 신하로서, 사람의 젊은이로 만드는 예를 행하기를 권하는 것이며, 장차 이 네 가지를 사람에게 행하기를 권하는 것이니, 그 예가 중요하지 않을 수가 있으랴. 그러므로 효(孝), 제(悌), 충(忠), 순(順)의 행실이 성립된 후에야 사람이 될 수 있는 것이며, 사람이 된 후에야 사람을 다스릴 수 있는 것이다. 그러므로 성왕들은 예를 중요시하였다. 그러므로 관이란 예를 시작이며 좋은 경사의 중요한 부분이다."7)

『소학』의 「가언(嘉言)」에도 다음과 같이 말한다.

"이른바 성인이란 것은 살과 가죽이 어렸을 때와 다름을 말하는 것이 아니다. 장차 효제충순(孝悌忠順)의 행실을 책임 지우려 하는 것

____

7) 『주자가례』, '成人之者 將責成人禮焉也…'

이니, 어찌 중요하지 않을 수 있겠는가.”

이러한 도덕적 책임을 다하는 성인의 도리를 일깨우는 의례가 있어야 한다는 것이 소학의 중요한 주장의 하나이다. 성인의 의미는 유교적 가치를 실천할 수 있는 능력인인 것이다. 비록 완전한 성인이 아닌 ‘아들’이나 ‘아이’의 티를 벗어나지 못할지라도 도덕적 실천을 할 수 있다면, 그는 성인으로 사회에서 대접받는다는 의미다. 이는 바꿔 말하자면 나이가 들었어도 이런 도덕적 품성을 갖추지 못하면 성인으로 결격(缺格)을 의미하는 것이라고 볼 수 있을 것이다.

3. 존선조(尊先祖)

옛날에는 관례를 중요시하였으므로 사당에서 이를 행하였던 것이다. 사당에서 이를 행한 것은 그 일을 존중한 까닭이며, 그 일을 존중함으로써 감히 중대사를 함부로 행하지 못하였고, 중대사를 함부로 행하지 못한 것은 스스로를 낮추고 이렇게 하여 선조를 높였기 때문이다. 그래서 관례나 혼례 시에는 조상에게 엄숙히 이런 뜻을 고하여 사회적 책임을 다하는 어엿한 성인으로 활약하기를 기대했던 것이다.

> “고례에는 근엄한 일은 모두 사당에서 거행했다. 지금 사람들은 이미 가묘(家廟)가 적고 그 영당 또한 협소하여 예를 거행하기 어렵다. 다만 관례는 외청에서 하고 예는 중당에서 하는 것이 옳다.”[8]

이처럼 행사는 외부에서 하더라도 의례의 중심이 조상을 모신 사

---

8) 『주자가례』, ‘古禮謹嚴之事 皆行之於廟….’

당이라는 점은 효의 가치와 숭조(崇祖)의 전통을 존중하고 그것이 성인의 역할임을 말하는 것이다.

그러나 관례를 거행했어도 여전히 배움의 길을 가야 하기 때문에 젊은 시절에는 배우기를 널리 하고 남을 가르치지 않으며, 안에 아름다움을 쌓아두고 표현하지 말아야 한다고 했다. 다시 말하자면, 관례를 행하였다고 해서 완전한 성인이 되는 것은 아니다. 그는 아직은 더 훈련받아야 하고 더 성숙해야 된다. 그러나 관례를 통해서 아동의 행동을 단절하고 성인의 의식을 갖도록 의미를 부여한 것이라고 할 수 있다.

Ⅳ. 성년례로 바꾸는 것 바람직

한국의 전통적인 관례는 근본적으로 『주자가례』에 의거한 것이며 사례(四禮) 가운데 첫 번째 의례이다. 이것은 의관을 변화시킴으로써 성인기에 들어섰음을 알린다. 현대적으로 이러한 의관은 무의미하다. 왜냐하면 이미 양복을 일상에서 착용하고 머리를 서양식으로 이발하기 때문이다. 중요한 것은 의관을 새로이 하는 절차라기보다는 거기에 스며있는 정신적 의미라고 생각한다. 다시 말해서 오늘날 소위 핵가족 속의 과보호 속에서 성장하고 있는 청소년들의 상황을 볼 때, 이미 육체적, 정신적으로 성인기에 진입했으면서도 여전히 '아이'로만 남으려는 경향이 있다. 또한 반대로 성인의 의미를 성적 향락을 누릴 수 있는 개념으로만 파악하여 성인의 의미가 왜곡되고 있는 현상을 볼 수 있다.

한국의 전통 관례에서 볼 수 있는 성인의 의미는 이와는 달리 도덕적 개념에 지표를 삼고 있다. 효제충순(孝悌忠順)으로 상징되는 원만한 인간관계의 능력 그리고 숭조(崇祖)와 같은 도덕적 실천능력이 관례에서 보이는 성인의 의미이다.

오늘날은 관례의 이름은 성년례로 바꾸어 사용하는 것이 더 적절할 것 같다. 반드시 20세에 국한할 필요 없이 고등학교 졸업을 하고 나서 성인의 책임을 다할 수 있도록 새로운 자(字)를 지어주고 한복이든 양복이든 정장을 착용하는 성년례의 전형을 모색해야 할 것이다.

전통 혼례의 철학적 의미

Ⅰ. 전통혼례는 가정윤리의 출발

예는 최초에는 제신적(祭神的) 의식에서 출발하였다. '예(禮)' 자의 뜻은 示와 豊이 합쳐졌다. 귀신에게 풍성한 음식을 담아(豊이란 쟁반 위에 올려진 음식을 상징한다) 섬기는 뜻을 표하고 복을 원하는 의식이라 하겠다.[1]

그러나 예가 이런 형식적인 제사의식에만 국한된 것은 아니고 내면적인 양심과 관계있게 해석된 것은 공자 이후의 일이다. 예의 두 의미는 천리를 함축한 이성과 인간의 마땅히 지켜야 할 어떤 형식적 규범으로 해석되었다.[2]

---

1) 殷玉裁, 『說文』, "禮, 履也. 所以事神致福也. 從示, 從豊; 示, 天垂象見吉凶, 所以示人也. 從二, 三垂; 日月星也. 觀乎天文, 以察時變. 示神事也."

2) 『禮記』 禮는 '天理之節文 人事之儀則.'
'예는 천리(天理)의 절문(節文), 인사(人事)의 의칙(儀則)이며 천명의 성(性)에서 나오므로, 보통사람은 알지 못하고 오직 성인(聖人)만이 알아 예법을 만들어 일세를 가르치는 것입니다. 가르치는 것이 방책에 퍼져 있으므로 필부가 예를 위반하면 사생(死生)과 영욕이 있지만, 남을 다스리는 높은 자리에 있는 사람이 예를 지키지 않으면 백성을 다스릴 수 없습니다. 한 번 예에 어긋나면 모든 일이 잘못되므로 옛 성인은 예를 중히 하였습니다. 그러나 후세에 예에 밝지 못해 정에 이끌려 행하여 일들이 많이 구차해졌으니 반드시 예에 있어서 삼가면 가히 대대로 나라를 이어 나갈 수 있을 것입니다.(선조실록 권1, 즉위년 11월 을묘(21-179), 이퇴계의 말)

공자에 의해 해석된 예의 의무는 인간생활의 근본원리이다. 그것은 인간 상호 간의 신뢰와 사회적 협력을 권유하고, 우호의 사회적 연결을 강화하는 데 이바지한다. 그것은 신령에게 제사를 지내고, 살아 있는 자를 부양하고 죽은 자를 보내기 위한 근본원리이다. 예는 우리가 하늘의 법칙에 따르고, 인정을 정당하게 표현하기 위한 큰길이다. 그러므로 성인은 예가 절대로 필요하다는 것을 알고 있다. 그러므로 나라를 파괴하고 가정을 멸망시키고 사람을 거꾸러뜨리기 위해서는 이 예의 관념을 제거하기만 하면 될 것이다.[3]

예는 최초에는 제식에서 생긴 관념이지만, 이것이 사회질서를 유지하기 위한 규범으로의 의미를 갖게 된 것이다. 예를 사회적인 질서규범으로 강조한 것은 순자의 경우다. 그는 왜 예가 필요한가에 대해 다음과 같이 말한다.

> "예는 어디에서 나왔을까? 사람은 나면서부터 욕망을 가지고 있다. 욕망을 채우지 못할 때, 이것을 추구하게 되고, 이에 대해 제한과 절도가 없으면 서로 다투게 된다. 옛날의 성왕이 이러한 다툼과 혼란을 미워한 까닭에 예의 즉 사회적 규범을 세워서 인간의 욕망을 기르고 인간이 갈구하는 것을 제공하였다."[4]

인간의 본성을 악이라 본 그의 심성설의 근거는 다름 아닌 본성 그대로의 욕망을 추구하게 될 때 사회혼란을 방지하는 일이 다름 아닌 교육의 목적임을 말해준다. 그러므로 사람과 짐승의 차이는 사람은 욕망을 절제할 수 있는 제도를 가졌음에 비해 짐승은 본능대로만 사

---

3) 임어당, 『공자의 생애와 사상』, 현암사, p.318.
4) 『순자』, 「禮論」

는 존재임을 말하고, 특히 사람의 우월성은 짐승들이 갖지 못한 사회
적 질서를 가졌다는 데에 있다고 한다.5)

필자는 가정윤리의 출발이라고 할 수 있는 전통혼례도 또한 사회
질서를 유지하기 위한 예의 구현이라고 보며, 혼례의 철학적 의미를
찾아보기 위해 우선 전통혼례의 절차 속에 나타난 정신을 살펴보고
거기에 따른 철학적 의미를 분석해 보려고 한다.

Ⅱ. 전통혼례에 나타난 결혼의 의미

1. 중매결혼

한국의 전통적인 결혼은 자유연애에 의한 것이 아닌 중매결혼이었
다. 혼기를 맞이한 신랑 신부감을 둔 집안에서는 먼저 중매인을 보내
상대에 관한 여러 정보를 입수하였다. 이렇게 해서 혼담이 오가는 것
을 '의혼(議婚)'이라고 한다. 이때 상대를 선택하는 주도권은 신랑 측
이라는 것이 특색이다. 결혼당사자의 의사보다는 주로 부모의 의사가
중요하였고, 반드시 중매인이 있는 것이 예였다.6)

전통적인 중매결혼에서 혼사를 최종으로 결정하는 것은 혼인당사
자의 아버지였다. 자녀의 일생을 좌우할 혼사에 아버지는 모든 의사

---

5) 『순자』, 「非相」, '夫禽獸有父子 而無父子之親 有牝牡而無男女之別 故. 人道莫不有辨 辨莫大於分 分莫大
   於禮 禮莫大於聖王.'

6) "丈夫生而願爲之有室 女子生而願之有家 父母之心 人皆有之 不待父母之命 媒妁之言 鑽穴隙相窺踰牆相
   從 則父母國人 皆賤之.", 『孟子集註』, 「滕文公章句」, 여기에서 "구멍을 뚫고 서로 엿보며 담을 넘어 서로
   따라다님"은 자유연애일 것이다. 이를 천하게 생각한다는 것이다.

를 종합하여 결정을 내렸다. 특히 종가의 종손의 혼인에서는 가장만
이 아니라 문중에서 회의를 열어 혼사를 결정하기도 하였다.

　양반의 경우 혼인당사자의 사람됨 못지않게 상대방의 사회적 지위,
경제적 조건 그리고 조상의 관계 등 당사자 이외의 여러 사항을 참조
하고 이것이 결정요인이 된다. 따라서 전통사회의 혼인은 개인의 결
합이 아니라 집과 집의 결합 또는 종족 대 종족의 결합이라 할 수 있
을 것이다.[7]

　중매결혼이란 신랑 신부 당사자가 결합을 하여 하나의 독립된 생
활단위로서의 가족을 형성하는 것이 아니라 이미 존재하는 부계집단
에 여자가 혼입자(混入者)로 첨가되는 것이었다. 곧 건강하고 착한 며
느리를 맞이하여 가족의 번창을 도모하는 것을 의미하였다.[8] 과거에
는 맞선도 생략된 채 부모들에 의해 결정되었지만, 오늘날의 중매결
혼은 신랑 신부의 의사를 존중하여 과거와 같은 운명적 만남은 없지
만, 중매결혼이란 부부 중심의 결혼문화라기보다는 부계가족 중심의
가부장적 문화를 반영하는 것이라 하겠다.

2. 백년해로(百年偕老)

　한국의 전통적 결혼은 백년가약이라 하여 일생동안 생사고락을 같
이할 것을 공약한 관계이다. 한번 맺어지면 좀처럼 이를 변경하거나
취소할 수 없었다. 중매가 성사되어 혼례식이 시작될 때 최초의 식은
전안례(奠雁禮)[9]로 신랑이 기러기[10]를 안고 신부 측 혼주에게 전하는

---

7) 『한국의 가족과 종족』, 김광규, 대우학술총서, 인문사회과학 40, 민음사, p.52.
8) 위의 책, p.78.

의식이다. 원래는 산 기러기를 사용하였지만 나중에는 나무로 만든 기러기를 사용하였다. 그 뜻은 기러기는 한번 암수가 짝하면 한쪽이 죽는 경우라도 다시는 새로 짝지지 않는 데서 그 뜻을 취했다고 한다. 즉 신랑이 신부에게 평생을 함께하겠다고 맹세하는 상징이다.

남성의 경우는 재혼이 허용되었지만, 여성의 경우는 재혼은 백년가약을 깨뜨리는 행위로 부도덕한 행위로 여겨졌다. 심지어는 개가(改嫁)한 여성의 자손들은 벼슬길이 막히는 실제적 불이익이 되어 불명예스럽게 여겨졌다. 이에 대한 조정에서의 논의도 있었지만 재가에 대한 관대함은 설득력이 빈약했고 그것을 금지하는 주장이 드셌다.

> "우리나라는 절의를 바로 잡고, 예를 가르침을 으뜸으로 하오니, 재가하는 일은 전 왕조의 폐습인데도 사족가(士族家)에서 오직 재가뿐만 아니라 삼가(三稼)까지 하는 일마저 있어, 성종께서 풍속을 바로 잡고자 그 자손에게 동·서반에 다 서하지 못하게 금하셨으니 그 절의를 무겁게 받들어 풍속을 정돈하심이 지극하셨나이다. 선왕께서 지으신 아름다운 법을 바꾸자는 부박한 논에 따를 수 없나이다."11)

---

9) 전안례(奠雁禮)의 홀기(笏記, 의식순서)는 다음과 같다.
　① 주혼영서우문외(主婚迎壻于門外): 주인은 문 밖으로 나가 신랑을 맞아들인다.
　② 신랑읍양이입(新郎揖讓而入): 신랑은 읍하고 안으로 들어간다.
　③ 시자집안이종(侍者執雁而從): 시자는 기러기를 가지고 신랑을 자리로 안내한다.
　④ 신랑취전현소(新郎就奠覘所): 신랑이 전안상(奠雁床) 앞으로 간다.
　⑤ 신랑북향궤(新郎北向詭): 신랑은 북쪽을 향하여 무릎을 꿇고 앉는다.
　⑥ 신랑포안우좌기수(新郎抱雁于左基首): 신랑은 기러기를 받아 머리가 왼쪽으로 가게 안는다.
　⑦ 치안우지(置雁于地): 신랑이 기러기를 상 위에 놓는다.
　⑧ 신랑흥(新郎興): 신랑은 머리를 숙였다가 일어선다.
　⑨ 신랑소퇴재배(新郎小退再拜): 신랑은 약간 뒤로 물러서서 두 번 절한다.
　⑩ 주혼시자수지(主婚侍者受之): 신부집 식구가 기러기를 들어 안으로 가져간다.

10) 나무 기러기[木雁]를 비단보에 싸서 가지고 가 신부에게 드리는 전안례(奠雁禮)가 있다. 왜 신랑은 신부에게 기러기를 줄까. 그 이유는 첫째, 기러기는 정절을 지켜 두 번 짝짓지 않기 때문이다.(不再偶) 둘째, 기러기는 더울 때 추울 때 나아가고 물러 자기 몸을 보전할 줄 알기 때문이다.(知保身) 셋째, 기러기는 날아갈 때 열을 흐트러뜨리지 않고 차례를 잃지 않기 때문이다.(不失其序) 넷째, 기러기는 조화를 지향한다.(以就和氣) 이러한 모든 이유가 믿음을 상징하기 때문이라고 일러 온다.

11) 이능화 『조선여속고』 이계남의 상소문 재인용.

백년가약이라는 본인의 절절한 애정에 앞서 한 번 결혼한 사람이 다시 결혼한다는 것은 정절을 잃는 부도덕한 행위로 보았고, 불명예스럽게 보았음을 짐작하고도 남는다. 남편을 잃은 아내를 미망인(未亡人)이라고 한다. 글자 그대로 죽지 못한 사람이다. 남편과 운명을 함께했어야 할 것인데 남아 있다는 뜻이다.

3. 가장의 권위를 인정하는 결혼

백년가약의 결혼이 남성보다는 여성의 정절에 초점이 맞추어져 있음과 동시에 아버지와 아들 간의 수직적 관계가 가족관계나 사회관계 일반의 초석이 되는 전통 한국사회에서는 수평적 부부관계는 부자간 기본관계에 역행적(逆行的)인 위험요소로 간주되기까지 한다.

전안례를 통해서 백년가약을 맹세하고 나서 신랑과 신부가 맞절을 하는데 전통혼례의 교배례12)는 부부관계가 평등한 것이 아니라 부창

---

12) 교배례의 순서는 다음과 같다.
　① 신랑취초례청(新郞就醮禮聽): 신랑은 초례청 자리로 동쪽을 향하여 간다.
　② 신랑동향립(新郞東向立): 신랑이 동북쪽으로 약간 돌아서 외면하고 선다.
　③ 모도부출포백포이행(姆導婦出布白布履行): 신부와 수모는 백포 위로 걸어 나와 초례상 서쪽 앞으로 나와 선다.
　④ 신랑정면(新郞正面): 신랑이 신부를 향하여 바로 선다.
　⑤ 신랑신부궤(新郞新婦詭): 신랑과 신부가 무릎을 꿇고 앉는다.
　⑥ 진관진세, 신랑관우남, 신부관우복(進盥進洗, 新郞盥于南, 新婦盥于北): 신랑은 남쪽에 있는 세수 대야 앞으로, 신부는 북쪽에 있는 세수 대야 앞으로 간다.
　⑦ 관세집건(盥洗執巾): 신랑신부가 각각 손을 씻고 수건에 닦는다.
　⑧ 신랑신부흥(新郞新婦興): 신랑과 신부가 일어선다.
　⑨ 신랑읍취석(新郞揖就席): 신랑이 신부에게 읍을 하고 초례상 가까이 선다.
　⑩ 신부선재배(新婦先再拜): 신부가 신랑에게 먼저 두 번 절한다.
　⑪ 신랑답일배(新郞答一拜): 신랑은 한 번 답례한다.
　⑫ 신부우재배(新婦于再拜): 신부가 다시 두 번 절한다.
　⑬ 신랑우답일배(新郞于答一拜): 신랑이 다시 한 번 절한다.
　⑭ 신랑읍신부각궤좌(新郞揖新婦詭各詭座): 신랑이 신부에게 읍하고 각각 앉는다.
　⑮ 시자진찬(侍者進饌): 시자(수모)가 술잔을 신랑에게 준다.
　⑯ 시자각침주(侍者各斟酒): 시자가 잔에 술을 부어준다.

부수(夫唱婦隨)의 체계로 남성의 권위를 강조하는 데 특징이 있다.

결혼식의 자리도 신랑의 위치는 동쪽이고 신부의 위치는 서쪽이 되도록 했던 것은 음양의 원리에 의한 것이고, 신부 집에서 치르는 혼례의 대례(大禮)는 양이 가고 음이 오는(陽往陰來) 것, 우주의 질서에 합당하다는 의미이다.

가정의 대표는 남성인 가장을 상대하기로 되어 있었다. 집안에서는 선조제례의 주재, 가정의 관리, 가족의 부양, 분가 또는 입양, 자녀의 결혼, 교육, 징계, 매매 등의 통제권이 가장에게 인정되고 있어서 가장은 호주권, 존장권, 친권, 종자권(宗子權), 가산권을 겸비하고 있었다.13)

이러한 가장의 권위를 인정했다는 것은 신부가 먼저 절을 하고 나서 신랑이 답례하는 형식을 취한다는 구체적인 형식이다. 이는 부부가 평등한 관계라기보다는 남존여비적 '남녀유별(男女有別)'의 틀에 입각하고 있음을 알 수 있다. 남녀유별(男女有別)의 질서가 부부유의(夫婦有義)하고, 이를 바탕으로 부자유친(父子有親)하며, 부자유친(父子有親)을 바탕으로 군신유정(君臣有正)을 할 수 있다. 그러므로 교배례에 나타난 혼례의식은 가장의 권위에서 출발하지만 그것이 국가적 가장(왕)에까지 미치는 예의 체계임을 알 수 있다.

⑰ 신랑읍신부제주거효(新郎揖新婦祭酒擧肴): 신랑은 읍하고 술을 땅에 조금 붓고 안주를 젓가락으로 집어 상 위에 놓는다.
⑱ 우짐주(右斟酒): 시자가 신랑과 신부 술잔에 다시 술을 부어 준다.
⑲ 신랑읍신부거음부제무효(新郎揖新婦擧飮不祭無肴): 신랑은 읍하고 술을 마시고 안주를 젓가락으로 집어 먹는다.

13) 김두헌, 『한국가족제도연구』, 서울대출판부, pp.329-330.

4. 대(代)를 잇기 위한 결혼

전통 혼례의 목적은 '두 성(性)이 서로 좋아져서 합해진 것이니, 위로는 종묘(宗廟)를 섬기고, 아래로는 후세를 잇는 것'14)이라고 규정하였다. 결혼의 목적은 가계를 잇는 것이 가장 큰 목적이었다. 그것은 선대의 생명을 단절함이 없이 계속 이어간다는 뜻을 가지므로 결혼을 하지 않는다는 것은 불효15) 가운데서도 큰 불효에 속했다.

장가를 가는 아들에게 아버지는 이렇게 말했다.

가계의 연면한 존속이야말로 가장 중요한 목표였고, 단순한 존속만이 아니라 번영되고 번성한 존속을 위하는 것이 그 기본가치였다. 그러고 보니 가장의 위치를 계승할 장남이 가장 다음으로 중요하였고, 또 이 같은 계승을 안전하게 해주는 아들이 많을수록 좋았던 것이다. 그러므로 아들을 가진다고 하는 것이 조상들에 대한 의무요, 조상들에게 제례를 끊이지 않고 지낸다는 것이 이 같은 연면성을 상징하는 구체적 행위였다. 이처럼 중요한 가문의 계승을 잘 할 수 있도록 많은 아들을 낳는 것이 결혼의 중요한 목표였다.17)

여성이 이혼을 당하는 일이 흔하지는 않았지만 이혼을 당할 수 있었

---

14) 『家禮』, 「婚禮」, '婚姻者 所以合二性之好土以子宗廟 下以繼後世也.'

15) "불효에 세 가지가 있으니 그중에서도 後嗣가 없는 것이 제일 크다." 『孟子』, 「이루」上, '不孝有三 無後爲大 舜不告而娶 爲無後也.'

16) 도암 이재 선생, 『사례편람』, p.55.

17) 최신덕, 『결혼과 가족』, 이화여자대학교 출판부, p.8.

던 근거는 아들을 낳지 못할 경우가 들어 있다. 백년가약(百年佳約)을 맺었음에도 첩을 둘 수 있었던 근거도 아들을 보기 위한 명분이었다.

가계의 계승에 최고의 가치를 부여하는 이러한 전통에서는 출산이야말로 부부에게 부과된 가장 핵심적 기능으로 여겨져 왔다. 따라서 출산이 전제되지 않은 성관계, 다시 말해 쾌락을 목적으로 한 성교는 정실부부 사이라면 외면해야 할 기피적 행위로 분류될 정도였다.

대례의 마지막 순서라고 할 수 있는 합근례(合巹禮 巹拜禮)[18]는 두 개로 나뉜 표주박에 청실홍실을 달아 부부의 금슬을 기원하는 의식이다. 세 잔을 들면서 그들이 바라는 것은 부귀 장수와 다남이었다.

첫날밤을 신부 집에서 지내고 신랑의 집에서 폐백을 하는데 그 가운데 중요한 음식이 대추와 포이다. 시아버지가 대추를 던져주는 것은 아들 낳기를 바라는 뜻이 있고 시어머니가 포를 어루만지는 것은 신부의 허물을 덮어달라는 뜻이 있다. 전통적으로 한국인들은 딸을 이어 낳지 않고 아들만 이어 낳고자 한다. 아들을 통해 대를 잇는다는 생각에서였다.

---

18) 신랑과 신부가 서로 술잔을 나누는 의식을 말한다. 백년가약을 맺는 서약의 뜻과 기쁨을 같이하는 합환(合歡)의 뜻이 있다. 원래 표주박 잔을 썼고 청실과 홍실을 묶었다. 표주박이 없으면 술잔을 사용하기도 한다.
　① 우취근서부지전(又取巹壻婦之前): 표주박을 신랑과 신부에게 준다.
　② 시자각짐주(侍者各斟酒): 시자가 표주박에 술을 각각 붓는다.
　③ 교배상호서상부하(交盃相互壻上婦下): 신랑의 표주박은 상 위로, 신부의 표주박은 상 밑으로 넘겨준다.
　④ 각거음부제무효(各擧飮不祭無肴): 신랑과 신부는 서로 바꾼 잔으로 술을 마시되, 땅에 기울여 쏟지 않고(不祭), 안주도 들지 않는다(無肴).
　⑤ 예필철상(禮畢撤床): 예를 끝내고 상을 치운다.
　⑥ 각종기소(各從其所): 신랑 신부가 각각 처소로 돌아간다.

Ⅲ. 철학적 의미

1. 운명론적 세계관

한국의 전통혼례에서 볼 수 있는 철학적 의미는 우선 운명론이다. 사람과 사람의 만남을 운명으로 보며 결혼의 경우도 하늘이 맺어준 운명으로 보고 그에 순응해야 한다는 철학을 담고 있다. 한 번 결혼하게 되면 다시 결혼하기 어려운 결혼이란 인생을 자신의 뜻대로 선택하기보다는 주어진 운명에 순응하는 운명론적 사고다. 자신의 인생을 자신이 선택할 권한이 제한된 것이다. 물론 이것은 자신이 선택한 철학적 삶의 태도로 순천명(順天命)의 철학이라기보다는 그 사회에 깔린 세계관이라고 해야 할 것이다.

'아사(餓死)는 극소하고 실절(失節)은 극대하다'는 도덕적 명분론이 이 운명론에는 깔려 있다. 한 번 결혼한 사람이 다시 결혼하는 것을 도덕적 명분을 잃는 일로 여기고, 도덕적 명분은 목숨보다도 더 소중하다는 것이다. 이슬람 문명권에서 가난하고 의탁할 곳 없는 미망인들을 위해서 일부다처(一夫多妻)를 허용하는 것과는 달리 유교문화권에서는 특히 여성의 재혼에 대해서 부정적이다.

> "군자는 남편이다. 해로(偕老)는 함께 살고 함께 죽음을 말한다. 여자의 삶은 몸으로써 남을 섬기니 그렇다면 마땅히 남편과 더불어 살고 함께 죽어야 한다. 그러므로 남편이 죽으면 미망인(未亡人)이라고 칭하니, 이 또한 죽음을 기다릴 뿐이요, 다시 다른 데로 시집가려는 뜻을 두어서는 안 됨을 말한다."19)

---

19) 『詩經集傳』, 「鄘風」, 君子偕老 '君子夫也 偕老言偕生而偕死也 女子之生 以身事人 則當與之同生 與之

어떤 사람이 이천선생에게 물었다.

"과부를 아내로 삼는 것은 도리에 어긋난 일인 듯합니다. 어떻습니까?"

"그렇다. 아내로 맞이한다는 것은 자신의 짝을 찾는 것이다. 만약 절개를 잃은 사람을 아내로 맞이해 자신의 짝을 삼는다면 자기도 절개를 잃는 것이 된다."

그가 또 물었다.

"가난하고 의탁할 곳 없는 외로운 과부는 재혼해도 됩니까?"

"이것은 단지 후세 사람들이 추위와 굶주림으로 죽을까봐 두려워 이런 말을 한 것이다. 추위와 굶주림으로 죽는 것은 매우 작은 일 이지만 절개를 잃는 일은 매우 큰일이다."[20]

배우자를 선택하는 데도 전에는 당사자의 의사와는 상관없이 두 집안의 문벌만 보고 혼사를 정하는 경우가 많았다. 결혼이란 마치 부모를 선택해서 태어날 수 없었던 것과 마찬가지로 이미 정해진 운명으로 받아들였음을 알 수 있다.

2. 정명론적(正名論的) 명분관

"가인(家人)의 도는 이로움이 여자의 바름에 있으니, 여자가 바르면 가도(家道)가 바르게 된다. 남편은 남편답고 부인은 부인다움에 가도가 바로 잡아지는데, 홀로 여정(女貞)이 이롭다고만 말한 것은 남편이 바름은 자기 몸이 바른 것이요, 여자가 바름은 집안이 바른 것이니, 여자가 바르면 남자가 바름을 알 수 있다. 아버지는 아버지답고 자식은 자식답고 형은 형답고 아우는 아우답고 남편은 남편답고 부인은 부인다움에 가도(家道)가 바르게 되리니, 집안을 바르게 하면 천하가 정해지리라."[21]

同死 故夫死 稱未亡人 言亦待死而已 不當復有他適之志也.'

20) 『小學』, 「嘉言」, '或問 婦嫁於理 似不可取 如何 伊川先生曰 然 凡取以配身也 若取失節者 以配身 是已失節也 又問 或有孤孀 貧窮無託者 可再嫁否 曰只是後世 怕寒餓死 故有是說 然餓死極小 失節事極大.'

21) 『周易本義』, 「家人」, [傳]'家人之道 利在女正 女正則家道正矣 夫夫婦婦而家道正 獨云利女貞者 夫正者 身正也 女正者 家正也 女正則男正 可知矣… 父父子子兄兄弟弟夫夫婦婦而家道正 正家而天下定矣.'

위 인용문에서 말하는 남편이 남편답고 아내가 아내다울 때 천하가 안정된다는 것이라면 무엇이 남편다운 것이고 무엇이 아내다운 것인가. 이러한 정명론(正名論)이야말로 남녀 간의 직분에 대한 유교의 응답이라고 할 수 있을 것이다.

문제는 이른바 '남존여비'에 대한 것이다. 음양의 이론을 남녀관계에 적용하자면 남자는 양(陽)이고 여자는 음(陰)이기 때문에 서로 천지가 조화되듯 남녀관계는 서로의 직분을 다해야 조화를 이루는 것으로 설명한다. 그런데 서로의 직분이 뒤바뀌면 상처를 줄 수 있다고 본다.22) 그리고 여성의 직분이란 임금에 대한 신하의 위치처럼 혹은 하늘에 대한 땅의 위치처럼 남편에 대한 아내의 위치는 집안의 일과 내조(內助)에 충실하는 것이라고 한다.23)

> "남자가 높고 여자가 낮음은 부부가 집에 거처하는 상도(常道)이다. 남자가 여자 위에 있어서 남자는 밖에 동(動)하고 여자는 안에 순(順)함은 인리(人理)의 떳떳함이다."24)

이런 이론에 의하면 한국어의 아내라는 말은 안에 있는 사람 '집사람', '안사람'을 표현하는 말임을 쉽게 알 수 있으며 그것이 바로 아내다움이라고 함도 알 수 있다. 또한 이런 정명론(正名論)에서 보자면

---

22) 『周易傳義』, 「坤」[傳]'陰從陽者也 然盛極則抗而爭… 旣敵矣 必皆傷.'
『周易 王弼註』, 王弼, 임채우 역, 도서출판 길, 1999, p.103.
「小畜」, '上九 旣雨旣處 尙德載 婦貞礪, 月幾望 君子征凶.'(註)
'지어미가 지아비를 억제하고 신하가 임금을 제어함은, 비록 바른 일이더라도 위태함에 가까우므로 '婦貞厲'라고 하였다. …음이 양에 비기면 반드시 정벌을 당하게 되나니 비록 군자라 하더라도 이렇게 행동하면 반드시 흉하게 되므로 '君子征凶'이라 하였다'(婦制其夫, 臣制其君, 雖貞近危, 故曰'婦貞厲'也… 陰疑於陽 必見戰伐 雖復君子 以征必凶 故曰'君子征凶')고 해석하는 것도 소위 '남존여비(男尊女卑)'적 사고의 일단으로 볼 수 있다.

23) 『周易傳義』, 「坤」'陰雖有美 含之 以從王事 弗敢成也 地道也 妻道也 臣道也 地道 无成而代有終也.'

24) 『周易本義』, 「恒」[傳]'男尊女卑 夫婦居室之常道也 男在女上 男動于外 女順于內 人理之常.'

남편은 아내보다 우위에 있다. 이를테면 삼강(三綱)의 질서로 군(君)은 신(臣)에 대하여, 부(父)는 자(子)에 대하여, 부(夫)는 부(婦)에 대하여 절대지배의 권한을 가지며, 신은 군에 대하여, 자는 부에 대해여 부는 부(夫)에 대하여 복종 순명(順命)함을 당연한 도리로 알았으며, 부부가 평등하기보다는 남편 쪽이 아내보다 권위가 있는 것을 자연스럽게 여겼다. 이것은 아내는 어떤 점에서 남편보다 우위에 서 있어서는 안 된다는 점이 암시되고 있다.

> "며느리라는 것은 한 집안의 성쇠(盛衰)가 그에게 연유하는 것이니, 구차스럽게 한때의 부귀를 흠모하여 며느리를 맞는다면 그는 그의 부귀한 것으로 교만하게 여겨 자기의 남편을 가볍게 여기고 자기의 시부모에게 오만하게 굴지 않는 자가 드물어서 교만하고 질투하는 성질이 길러지게 되나니, 후일에 걱정거리가 됨이 어찌 끝이 있겠는가? 가령 아내의 재산으로 부자가 되며, 아내의 권세에 의지함으로써 지위를 얻을지라도 적어도 대장부다운 지조(志操)와 기개가 있는 자라면 부끄럽지 않을 수 있겠는가?"25)

대가족의 화합을 위해서 가장 우선되는 것이 아내의 순종[婦順]이라면 남편보다 우월한 아내는 바람직하지 않았던 것이다. "부순(婦順)이 갖추어진 뒤에라야 안으로 화목하게 다스려 지고, 안으로 화목하게 다스려진 뒤에라야 집안이 장구하게 유지되는 것이다."26) 여성의 위치란 안이고 남성의 위치는 밖이란 관념이 일종의 우주의 질서로 받아들여졌던 것이다.

---

25) 『小學集註』, 「嘉言」, '婦者 家之所由盛衰也 苟慕一時之富貴而娶之 彼挾其富貴 鮮有不輕其夫而傲其舅姑 養成驕妬之性 異日爲患 庸有極乎 借使因婦財以致富 依婦勢以取貴 苟有丈夫之志氣者能無愧乎.'
26) 『禮記』, 「昏義」, '婦順備而后內和理 內和理而后家可長久也.'

3. 대가족주의

부부 중심적 가정이 된 오늘날과는 달리 전통사회에서는 부자 중심적 가정이었으며 그것은 아내보다도 부모에 가치를 더 두는 가족주의였다.

> "아들은 자기 아내를 매우 사랑하더라도 부모가 좋아하지 않으면 내보내야 하고 자기 아내를 좋아하지 않더라도 부모가 '이 사람은 나를 잘 섬기는구나'라고 말하면 아들은 부부의 도리를 행하며 죽을 때까지 변치 말아야 한다."[27]

애정의 표현도 심하게 절제되도록 구조화되어 있었다. 결혼생활에 있어서 부부간의 유대를 위한 성생활에 있어서도 오랜 세월 성적 욕구를 억압당해왔기 때문에 여성은 성적 욕구가 없는 것처럼 보였다. 남성의 성적 배출구 또는 가문을 잇기 위한 자손 출산이 '성'의 유일한 목표요, 임무로 두었기 때문에 관대했던 반면, 여성은 '성'을 즐겨서는 안 되며 오히려 정조를 요구받았던 것이다. 그래서 결혼한 여성에게도 '성적 욕구'란 없어 보이는 것이다.[28]

서로의 애정을 표출하지 못한 채 더욱이 여성은 사회적 통념으로도 성적 욕구가 억압되어왔기 때문에 남성보다도 성적 욕구를 있는 그대로 느끼지 못하는 경우가 많았다. 그러므로 결혼에 있어서 성(性)이란 즐기는 것이 아니라, 아이를 낳는 생식(生息)에 중점이 있었고 의미를 두었다.

---

27) 『小學』, 「人倫」, '子甚宜其妻 父母不說出 子不宜其妻 父母曰是善事我 子行夫婦之禮焉 沒身不衰.'
28) 박수선, 『결혼에세이』, 민맥, p.154.

"천지가 사귀지 않으면 만물이 어디로부터 생기겠는가. 여자가 남자에게 시집감은 바로 낳고 낳아 서로 잇는 도(道)이다. 남녀가 사권 뒤에 생식(生息)이 있고 생식(生息)이 있은 뒤에 그 끝이 무궁한 것이다. 앞에 있는 자가 끝남에 뒤에 있는 자가 시작하여 서로 이어서 다하지 않음은 이는 사람의 종(終)과 시(始)이다."29)

생식(生息)으로의 성(性)은 천지와 음양의 조화처럼 아름다운 것이지만 이것이 지나쳐서 음탕함으로 흐를 때는 부적절하다고 경계했다.

"남녀는 존비(尊卑)의 차례가 있고 부부는 창수(唱隨)의 예가 있으니, 이것이 떳떳한 도리이니, 항괘(恒卦)와 같음이 이것이다. 만일 떳떳하고 바른 도를 따르지 않고서 정을 따르고 욕심에 방자하여 오직 기뻐함에 동한다면 부부간이 문란해져서 남자는 욕심에 끌려 강(剛)함을 잃고 여자는 기쁨에 빠져 순함을 잊을 것이니, 귀매(歸妹)가 강(剛)을 탄 것과 같음이 이것이다. …음양의 배합과 남녀의 교구(交媾)는 떳떳한 이치이나 욕심을 따라 방탕한 데로 흘러서 의리를 따르지 않으면 음사(淫邪)가 이르지 않음이 없어 몸을 상하고 덕을 해치리니, 어찌 사람의 도리겠는가."30)

성을 즐기는 것은 사회적으로 금기시 되어왔기 때문에 전통적 결혼에서는 서로 간의 애정이란 그다지 중요시되지 않았다. 오히려 두터운 애정은 대가족의 화합을 해칠 가능성마저 있어서 통제되었다고 해도 과언이 아닐 것이다. 형제간의 우애가 깨지는 원인도 부인들의 의견에 휘말려서 일어나는 일이라고 경계하였다.

---

29) 박수선, 『周易本義』,「歸妹」, [傳]'天地不交 則萬物何從而生 女之歸男 乃生生相續之道 男女交而後 有生息 有生息而後 其終不窮 前者有終而後者有始 相續不窮 是人之終始也.'

30) 『周易本義』,「歸妹」, [傳]'男女有尊卑之序 夫婦有唱隨之禮 此常理也 如恒 是也 苟不由常正之道 徇情肆欲 唯說是動 則夫婦瀆亂 男牽欲而失其剛 婦狃說而忘其順 如歸妹之乘剛… 夫陰陽配合 男女之交媾 理之常也 然從欲而流放 不由義理 則淫邪無所不至 傷身敗德 豈人理哉.'

"사람의 집의 형제들은 본래는 의롭지 않은 자가 없건만, 다 장가
들어 아내가 집안에 들어오게 됨으로 인하여 타성(他姓)들이 서로
모여서 장단(長短)을 경쟁하여 부인의 참언이 점점 물이 젖어들 듯
날마다 귀에 들려지며, 자기의 처자만 사랑하고 재물을 사사로이
축적하여 이로써 형제의 도리에 어그러지게 하여 분가하여 별거하
고, 재산을 갈라 소유를 달리하여, 서로 미워하기를 도둑과 원수같
이 한다. 이런 일은 다 너희들 부인이 만드는 것이다."[31]

애정과 같은 감정적 표현은 무시되어 있었으며 또 표현할 수도 없
는 것으로 되어 있었다.

그러나 남자들은 축첩을 하는 등으로 애정을 해소할 길이 있었으
나 부인들은 과도한 일을 함으로써 승화시키거나 자식들에게 익애(溺
愛)하는 현상으로 나타났던 것 같다.[32]

한편 부부간의 금슬(琴瑟)[33]은 긍정적인 미덕이었지만 이는 온 가
족의 화락(和樂)이 함께하는 화합적 의미의 금슬이다. 결국은 부모님
의 편안하고 기쁘게 해드리는 것이 전제되는 것이지 부부간만 누리
는 금슬은 아닌 것이다.

4. 평천하(平天下)의 원천으로 수신제가(修身齊家)

유교는 예치주의를 정치이념과 사회질서의 근본으로 하였으며 특
히 가족을 교화의 단위로 여겨왔다. 가족원을 보호하는 가장에게 비
록 로마법보다는 약하지만 가족원을 지휘 감독할 가장권을 부여하여

---

31) 『小學集註』, 「嘉言」, '人家兄弟 無不義者 盡因娶婦入門 異姓 相娶 爭長競短 漸漬日聞 偏愛私藏 以致
   背戾 分門割戶 患若賊讐.'

32) 최신덕, 『결혼과 가족』, 이화여자대학교 출판부, p.13.

33) 『中庸章句』 15장, '詩曰妻子好合 如鼓瑟琴 兄弟旣翕 和樂且耽 宜爾室家 樂爾妻帑.'

통솔케 함으로써 모든 가족이 가지런할 때 사회는 안정된다고 생각
하였다.

　사회의 기본단위이며 경제집단인 가족은 조상숭배를 행하는 종교
집단이기도 하였다. 조상숭배를 통하여 가족은 정신적 단결을 도모하
고 심리적 안정을 추구하였던 것이다. 이러한 가족적 요구와 가족을
교화의 단위로 하는 사회적 요구가 가례(家禮)를 중시하게 하였다. 관
혼상제를 포함하는 가례는 유교의 실천논리였다.

　한국의 전통사회에서는 결혼을 하여야 비로소 성인으로 인정을 받
았다. 만약 그렇지 않다면 성인이 되는 통과의례를 치루지 않음으로
써 영원히 미성숙한 인간으로 취급을 받았던 것이다.34)

　전통사회에서는 생계책임보다는 대외적으로 가족의 대표권, 가족
내부의 통솔권, 지휘권이 가장역할의 핵심이었다. 그러나 현대의 가
장은 우선 생계책임자의 역할을 갖추고 그 다음 가정 내의 지도권과
지휘권을 가질 때 명실상부한 가장으로 된다.

　남성이란 적어도 자기 처, 자식은 책임져야 한다는 것이 불문율이
되고 또 자기 가족을 풍족하게 해 주는 남편이 자기 책임을 다한 바
람직한 남성으로 간주되는 문화라고 할 수 있는 것이다.

　그러나 가장이 진정하게 도덕적 권위와 사회적 권위를 갖추면서
가족구성원으로 부터 존중받을 수 있다는 것은 바람직한 현상이라고
생각한다. 이런 점에서 여성의 도덕성인 정절의 가치도 이데올로기적
비판의 대상이라기보다는 가정을 안정시키는 미덕이라고 생각한다.

　현모양처에 대해서도 권위주의적인 이데올로기로 남편에 예속된

---

34) 문소정, 「가족이데올로기의 변화」, p.337, 여성한국사회연구회 편, 『한국가족문화의 오늘과 내일』 사회문
　화연구소.

여성상이라고 비판하더라도, 그것은 일부의 부정적인 생각일 뿐 많은 한국인들은 아직도 아버지의 권위와 어진 어머니를 원한다. 물론 여성의 사회참여가 활발한 요즘 현모양처는 또한 선택될 가치로 절하되었는지 모르나, 전통사회의 미덕이라고 본다. 가정의 화합은 귀중한 가치였으며, 실천적 윤리의 출발이 부부간에서부터 시작하는 수신제가(修身齊家)에 있었던 것이다.

『시경(詩經)』에서는 모든 도덕의 원천이 부부관계와 혼례에 근원하고 있음을 다음과 같이 말한다. 그것은 도덕적인 인격과 그것을 바탕으로 한 건전한 가정이야말로 국가안정과 세계평화의 원천이라는 것이다.

> "배필을 맞이함은 생민(生民)의 시초요, 만복의 근원이니, 혼인의 예(禮)가 바로잡아진 뒤에야 만물이 이루어져 천명이 온전해진다. 공자께서 시를 논할 적에 『관저(關雎)』를 시초로 삼으셨으니, 군주는 백성의 부모이므로, 후부인(后夫人)의 행실이 천지에 비견할 만하지 못하면 신령의 전통을 받들어 만물의 마땅함을 다스릴 수가 없음을 말씀한 것이다. 상고시대 이래로 삼대가 흥하고 폐함이 이에 말미암지 않은 적이 없다."[35]

> "천하의 다스림은 집안을 바로 잡은 것이 최우선이니, 천하의 집안이 바로잡아지면 천하가 다스려질 것이다."[36]

『주역』에서도 마찬가지로 모든 윤리의 원천이 혼례와 건강한 가정에서 출발함을 말하고 있다.

---

35) 『詩經集傳』, 「周南 關雎」, '妃(配)匹之際 生民之始 萬福之原 婚姻之禮正然後 品物遂而天命全 孔子論詩 以關雎爲始 言太上者 民之父母 后夫人之行 不侔乎天地 則無以奉神靈之統 而理萬物之宜 自上世以來 三代興廢 未有不由此者也.'

36) 『詩經集傳』, 「召南 騶虞」, '程子曰 天下之治 正家爲先 天下之家正 則天下治矣 二南 正家之道也 陳后妃夫人大夫妻之德 推之士庶人之家 一也 故使邦國至於鄕黨 皆用之 自朝廷至於委巷 莫不謳吟諷誦 所以風化天下.'

　"'천지가 있은 연후에 만물이 있고 만물이 있은 연후에 남녀가 있
　고 남녀가 있은 연후에 부부가 있고 부부가 있은 연후에 상하가 있
　고 상하가 있은 연후에 예의를 둘 곳이 있다' 하였다. 천지는 만물
　의 근본이요 부부는 인륜의 시작이다. 37)

그밖에 『예기』에서는 '천지가 화합하지 않으면 만물이 나오지 않
는다. 혼사는 만세의 이어짐이다.'38)라고 하고 또한 '혼례란 이성의
화합이다. 위로는 나라의 종묘를 섬기고 아래로는 후세를 이어준다.
그러므로 군자가 중시한다.'39)라고 한다. 『맹자』에서는 '남녀의 결혼
은 인간의 큰 윤리다.'40)라고 한다. 모두 혼례를 통해 부부간의 예절
을 확보하고 안정된 가정을 이루는 것이 국가의 질서는 물론 세계의
평화를 위한 원천임을 지적하는 의미를 뜻하고 있다.

Ⅳ. 전통혼례, 부부화합과 수신제가

예란 내면적인 면과 형식적인 면이 있다. 이 두 가지의 조화가 진정
한 예라고 할 것이다. 일상생활 속에서의 중시되는 의례를 흔히 관혼
상제라고 하는데, 그 가운데서도 혼례는 인륜의 시발로 중시되었다.
한국의 전통적인 혼례는 적령기에 이른 남녀를 반드시 중매자를
통해 소개하고, 각각의 부모가 결정하는 것이 특징이었다. 본격적인

---

37) 『周易本義』, 「咸」[傳]'咸 序卦 有天地然後有萬物 有萬物然後有男女 有男女然後有夫婦 有夫婦然後有父
　　子 有父子然後有君臣 有君臣然後有上下 有上下然後禮義有所錯 天地 萬物之本 夫婦人倫之始.'
38) 『禮記』, 「哀公門」, '天地不合 萬物不生. 大昏萬世之嗣也.'
39) 『禮記』, 「昏義」, '婚禮者 將合二性之好 上以事宗廟 下以繼後世 故君子重之.'
40) 『孟子』, 「萬章下」, '男女居室 人之大倫.'

결혼식을 의미하는 친영(親迎)은 전안례와 교배례 합근례로 나누어진
다. 신랑이 신부집을 들어서면서 전안례를 하는데, 그 의미는 기러기
와 같은 정절을 통해 백년해로를 하겠다는 뜻이다. 그다음의 교배례
는 상호간의 상견례이지만, 신부가 먼저 절하고 나서 신랑이 하는 형
식을 취한다. 이는 가장(家長)의 권위를 혼례에도 표현하고 있는 일면
이다. 그리고 합근례는 표주박을 반으로 나눈 것을 색실로 연결하여
술을 서로 나누어 마신 절차인데 부부간의 금슬은 물론 부귀장수와
다남을 축원한 뜻이었다.

이러한 혼례의 과정 중에서 철학적 의미를 고찰해 볼 때 다음과 같
은 특성이 있다.
① 운명론적 세계관: 결혼은 자신들의 선택이라기보다는 집안어른
  들의 선택에 의해서 결정되었으며, 기존의 질서와 가치에 대해
  순종하는 것을 높이 평가하였다. 이는 비단 결혼뿐만 아니라 천
  명을 거부하지 않고 그것에 순명(順命)하는 동양적 가치를 반영
  하는 것이다.
② 정명론적(正名論的) 명분관: 소위 남존여비 혹은 부창부수(夫唱婦
  隨)에 바탕을 두고 있다. 이는 군신관계를 비롯한 전통적 질서
  가 남녀관계에도 그대로 적용되어 남편은 가장의 책임과 권위
  를 유지하였고 부인은 남편의 권위에 순종하는 것을 원리로 하
  고 있다. 이의 근원은 세계를 천지와 음양의 조화로 보는 가치
  관을 배경으로 한다.
③ 대가족주의: 애정보다는 효도를 중요시하였다. 부부간의 애정은
  대가족적 조화를 깨뜨릴 가능성이 있어서인지 조상에 대한 숭

모의 의식과 시부모에 대한 공양이 부부간의 애정보다도 우선적 가치를 가진다. 결혼의 목적이 성생활을 즐기는 것보다도 대를 잇는 것에 중점을 두었고 애정의 표현은 오히려 경계함으로써 대가족의 화합을 도모했다.

④ 평천하(平天下)의 원천으로의 수신제가(修身齊家): 세상의 질서의 원천은 책임 있는 가장과 정숙한 현모양처에 의해 이루어진다고 보았다. 그리고 이런 가족의 질서를 바탕으로 한 가도(家道)의 확립은 국가기강과 밀접히 관련된 이데올로기이기도 했다.

현대사회는 이런 전통사회와는 달리 부부 중심의 핵가족사회로 변화했다. 여기에서 과거처럼 효도의 가치가 강요되기는커녕 노인의 소외문제가 일어나고 있는 실정이다. 부부관계도 남존여비적 차별관이 무너지고 여성의 사회참여가 활발해지면서 차츰 평등하게 변화해가고 있다. 하지만 뿌리 깊은 가부장적 문화가 여전히 잔존하고 있다.

우리는 서양 중심의 교육과정을 통해 유교적 가치를 바탕으로 한 혼례를 남녀불평등과 봉건주의적 가치관이라고 낮게 평가해왔다. 그러나 오늘날 발생하는 여러 가지 사회적 문제 이를테면 청소년 문제, 노인문제, 여성문제, 이혼문제 등은 전통적 가치관 때문에 일어난 것이 아니라 오히려 전통적 가치관이 제 기능을 상실하면서 일어난 것이라고도 볼 수 있다. 따라서 '혼례의 철학적 의미'가 새롭게 재조명되는 이유는 하나의 건전한 가정을 위한 문제 해결책의 대안으로 이다. 부모를 존중하고 부부가 화합한 가정에서는 심각한 가정문제는 일어나지 않을 것이다. 이런 점에서 '혼례의 철학적 의미'에서 나타난 음양사상에 바탕을 둔 남존여비적 질서는 현대인에게는 비민주적 봉건윤리로 거부감을 주는 용어란 것을 모르는 바는 아니지만, 이는 신분상의 차별이 아닌 직분의 문제로 본다면 음양의 조화가 우주적 질서이듯 부부화합의 질서로 해석할 수도 있을 것이다.

여성의 인권과 억압을 의미하는 사회적 차별의식 등 부정적인 면을 상징하는 것으로만 해석할 필요가 없다고 본다. 왜냐하면 구미사회의 오로지 애정에 바탕을 둔 가정의 취약성을 반성할 필요도 있다. 오직 애정에만 의존함으로써 파탄하는 50%에 육박하는 이혼가정은 참으로 심각한 것이 아닐 수 없다.

따라서 현대 한국인들은 구미의 합리적인 인권과 평등에 바탕을 둔 가치관을 존중하고 수용하되, 전통적인 가치관의 강점, 곧 가정 그 자체를 소중히 하는 점과 수신제가(修身齊家)의 도덕성 그리고 혼인의 존엄성을 회복해야 한다고 생각한다.

전통 상례의 윤리적 의미

Ⅰ. 영원히 예우 받는 죽음으로

한국의 전통상례에서는 유교적인 생사관뿐만 아니라 무속과 불교적인 요소가 혼재되어 있다. 유가의 생명관은 내세를 향한 기독교적 영생이나 불교적 왕생의 개념은 없다. 유교는 인간이 '죽음에의 존재'임을 사실 그대로 받아들이지만, 오히려 죽은 뒤에 죽은 자와의 유대를 단절하지 않는다. 다시 말해서 상례는 반드시 제례와 연결된다.

한국의 상례는 사례가운데서 마지막 통과의례로 매우 중요시되어 왔으며 거기에는 한국인의 인생관과 세계관이 깔려 있다. 오늘날도 한국은 고유한 장법으로 매장의 풍습이 유지되어 오며 거기에는 풍수지리설을 포함한 산악신앙, 조상숭배 등의 원시적 종교적 요소가 내재되어 있다.

사체를 화장하지 않고 매장을 통해 유지하려는 것에는 조상에게서 받은 몸을 죽는 그 순간까지 깨끗하게 유지하는 것이 진정한 효라고 하는 사상이 깔려 있다. 비록 죽음을 통해 종신(終身)을 하는 것이지만 그의 뼈와 무덤은 두고두고 자손의 종교적 조상숭배의 대상이 되

었던 것이다. 뿐만 아니라 후손들이 제례를 통해 추념함으로써 죽은
자는 일종의 영생을 향유할 수 있다고 보는 것이다.

이와 같이 한국인은 죽음에 의해 버려지는 것이 아니라 영원히 예
우받음으로써 가족과 가문이 영구히 유지될 수 있다고 보았다. 이것
이야말로 한국의 전통상례의 절차에 있어서 중요한 본질이라고 할
수 있다.

본고에서는 이러한 기존의 전통상례의 절차 속에서 어떤 윤리적
의미가 있는지를 조명하고자 한다.

Ⅱ. 통과의례로서 죽음

1. 만가(輓歌)에 나타난 죽음의 의미

한국의 전통상례의 절차가운데 상여를 메고 가면서 부르는 만가
(輓歌)에는 한국인의 죽음에 대한 이해를 엿볼 수 있다.여기에서 죽음
을 설명하는 가장 큰 특징은 무상이라는 것을 알 수 있다. 죽음이란
인간의 운명이지만 바로 무상하고 슬픈 것임을 잘 표현한다.[1]

---

1) 『韓國輓歌集』, 호남제주편, 喬老乙, 청림출판.
　 "우리 인생은 한번 가면 다시는 못 오느니라."
　 "만승천자 진시황도 불사약을 못 구했네."
　 "불쌍허다, 초로인생."
　 "녹음방초는 연년이 푸르건만 우리네 인생은 올 줄 모르네."
　 "꽃은 봄이 오면 다시 피나, 인생 한번 가는 날엔 다시 오지 못하느니 어이 아니 처량한가."
　 "세월아 네월아 오고가지를 말어라. 아까운 청춘이 다 늙어간다."
　 "우리 인생은 한번 가면 다시는 못 오느니라."
　 "인생 일장춘몽이로구나."
　 "초로인생 우리들은… 한백년을 못 산다네."
　 "세상사를 굽어보니 만사가 도시 몽중이라."

이처럼 만가에는 인생의 무상을 노래하는 가사가 많다. 그리고 이러한 무상은 슬프고 아쉬운 일임을 표현한다. 한국의 만가에서는 이렇게 죽음은 생사를 초월한 열반이나 해탈이 아니라 너무나 아쉽고 슬픈 이별로 묘사된다.[2]

이처럼 상여소리인 만가는 대체적으로 인생무상과 슬픔을 표현하는 대목이 많다. 이것은 죽음이 고인과의 아쉬운 이별이기 때문에 또한 슬픔을 표현하는 것이 예의임을 표현한다.

그렇지만 또한 만가에서는 망자에 대한 위로도 표현하고 있다. 슬픈 일이기는 하지만 거기에서 절망하는 것만은 아니다. 거기에는 또한 체념과 달관의 철학이 있다.

> "너도 죽으면 이 길이요, 나도 죽으면 어와널."
> "만승천자 진시황도 불사약을 못 구했네."
> "인생이 태어날 때 맨손으로 왔다가 맨손 쥐고 가는 것을,"

---

2) 『韓國輓歌集』, 호남제주편, 喬老乙, 청림출판.
　"원통허네…."
　"세월아 네월아 가지를 말어라. 아까운 청춘이 다 늙어간다."
　"일가친척 많다 해도 어느 누가 대신 가며 친구 벗이 많다 한들 어느 누가 같이 갈쏘냐. 원통하고 절통허네."
　"인제 가시면 언제나 오실라요. 오시는 날짜가 일어나주오…."
　"…하직을 헙니다. 하직을 헙니다. 이 집 문전을 하직을 헙니다."
　"무정한 것이 세월이라 어느새 백발이 되어 요지경이 되었는가."
　"죽자 사자 하던 친구 유수같이 흩어지네. 관암보살 …에—— 나는 가네. 나는 가네. 정든 고향 두고서 나는 떠나가네."
　"인생이 태어날 때 맨손으로 왔다가 맨손 쥐고 가는 것을 관암보살."
　"황천에 무일점허나 오늘밤은 어디서 샐까. 인생사 뜬구름이네."
　"…이팔청춘 소년들아, 백발을 보고 웃지 마라."
　"아적나절 성턴 몸이 저녁나절 병이 드니 몹쓸 병의 병이로다."
　"처자식도 다 버리고 일가친척 하직허고 영결종천 떠나가네."
　"친구 벗이 많다 한들 어느 누가 동행할까."
　"…삼천갑자 동박삭은 삼천갑자를 살았는디. 요내 나는 무삼 죄로 한백년을 못 다 살꼬."
　"술집에 갈 때는 친구가 있지마는 북망산천에는 나만 홀로 가네."
　"…우리 인생 늙어진 게 조석 상봉하던 친구 벗도 아니 찾아오네."
　"어떤 동갑은 백 년도 산다."
　"차마 서러워 못 가겠네."

> "공자도 죽고 맹자도 죽고 누구나 한 번씩은 죽고 마는 세상,"
> "여보시오 상두꾼들 너도 죽으면 이 길 가고 나도 죽으면 이 길을
> 간다."[3]

인생은 누구나 공정하게 죽음이라는 통과의례를 가지 않으면 안 되는 그런 운명으로 본 것이다. 그것은 최고 권력을 누린 진시황도 예외일 수 없고, 공자와 맹자와 같은 성인도 예외일 수 없으면 상여를 매고 가는 상두꾼도 예외 없이 가지 않으면 안 되는 길로 묘사한다.

그렇지만 그 가는 저승의 세계는 허무한 세계가 아니라 극락세계로서 승화된 세계임을 나타낸다. 조선조는 유교가 지배하는 시대였으면서도 대중들에게는 불교나 민간신앙의 위안이 필요했다. 만가에는 그런 것이 잘 나타나 있다.

> "…청사초롱 불밝혀 들고 극락세계로 찾아가네.
> 항하수에 목욕하고 보리수하로 나아가세.
> 반야용선 띄어보니 팔보살이 호위허네.
> 망상 번뇌 얼킨 신세 노사고를 못 면하네.
> 가네, 가네, 나는 가네. 극락세계로 나는 가네.
> 나무아미타불 백제야, 뚤뚤 산천에다 모셔놓고 영혼만 본가로 모셔
> 라 허네. 나무아미타불.
> 삼강오륜 잊지 말고 정조 한식 단오 추석을 부디부디 잊지 마라.
> 생사윤회 영단하고 불생불멸 영생하소서.
> 보리수에 봄이 드니 우담바라 꽃 피었네.
> …몸뚱이는 송장이요 망상번뇌 본공이라,
> …지옥 천당 본공하고 생사윤회 본래 없다."[4]

이 만가 속에는 불교적 세계관이 깔려 있다. 그리고 관세음보살이

---

3) 『韓國輓歌集』, 호남제주편, 츩老乙, 청림출판.

4) 『韓國輓歌集』, 호남제주편, 츩老乙, 청림출판.

나 아미타불의 구원을 희망하면서 극락왕생을 비는 것이다. 생로병사의 고통으로부터 해탈을 꿈꾸는 이런 만가에는 불교적 이상세계가 묘사되어 있음을 알 수 있다.

이처럼 만가를 통해서 살펴본 한국인의 죽음은 무상하고 슬픈 일이지만, 어쩔 수 없는 운명이라는 체념이 들어 있고 좋은 세상으로 갈 것을 염원하는 종교적인 희망이 섞여 있다.

그리고 이 전통적인 만가 속에는 유교적인 세계관 보다는 불교와 민간신앙적인 요소가 보다 많음을 알 수 있다.

2. 흉례(凶禮)로서의 금기

유교의 경우는 귀신이나 죽음의 문제를 정면으로 다루지 않고 회피하는 경향을 가지고 있다. 예컨대 공자는 귀신과 죽음에 대한 질문에 대해 적극적인 대답을 피했다. 거기에는 뜻이 아득한 귀신보다는 현재 살아 있는 사람에게 주의하고 있음을 읽을 수 있다. 미래의 죽음의 도를 아는 것을 요하지 않는다. 단지 목전의 인생의 이치를 알기를 요할 뿐이다.[5]

> "능히 사람을 섬기지 못하는데 어찌 능히 귀신을 섬기리요? 삶을 알지 못하는데 어찌 죽음을 알리요?"[6]

그런데 상례는 바로 귀신과 죽음에 관한 의례이다. 이에 대해 유교

---

5) 「書朱子儀禮經傳通研究」, p.303. "意渺茫的鬼神, 只要注意現下的生人. 不要懸知未來的死之道, 只要了知目前生之理."

6) 『論語』「先進」, "未能事人, 焉能事鬼", "未知生, 焉知死."

사회였던 한국의 전통사회에서는 어떻게 임했을까?

먼저 이것을 슬픔이며 큰 재화로 여기고 있다.

상(喪)을 당한 일은 즐거운 것이 아니라 흉한 일이기 때문에 일단은 재화(災禍)로 취급한다. 병들어 누워 임종의 시간에는 일상 상태에서 금기상태로 전환한다. 즐거움을 표현하는 악기류를 치우고, 청소를 하고 화려한 옷을 갈아입어서 재난에 대비하는 것이다.

> "사망의 사건이 사람에게 다가옴은 막대한 재화(災禍)이며 가장 쉽게 공포를 일으키는 것이다. 그 일은 흉함에 속한다는 것을 알 수 있다. 그러나 인류는 이미 능히 사망을 피하고 면할 수 없으니, 죽은 자의 집에 속하는 사람들은 부득불 여러 가지의 응변적 조치로 죽은 자를 대한다. 여기에서 상장(喪葬)의 예속이 관념상 일종의 재화(災禍)의 처리하는 행위이며 흉례에 속한다."[7]

장수를 누리다 세상을 뜨는 노인의 죽음을 호상(好喪)이라 하고 젊은이의 죽음을 흉상(凶喪)이라고 하지만 사실은 모든 죽음은 흉례(凶禮)로 처리되는 것이다. 상례는 온전히 죽은 형체를 상대하여, 재화(災禍)를 방지하며 상서롭지 않은 금기상태를 유지해야 했다.

이러한 주의 깊은 금기는 고인에 대한 존경과 동시에 한편으로는 악령으로 활동을 막는 액막이의 뜻도 내포하는 것이다.[8]

---

7) 章景明, 「祭, 喪之禮吉凶觀念之分別」, 『三禮研究論集』, p.73. "至於死亡一事, 於人來說, 則是莫大的災禍, 最易引起恐論, 其事屬凶可知. 然而, 人類旣不能避免死亡, 死者的家屬族人也不得不以種種應變的措施對待死者, 於是喪葬的禮俗在觀念上便視爲一種處理災禍的行爲, 而屬於凶禮了."

8) Piers Vitebsky, 『The Shaman』 London, Macmillan, 1995, p.95. 몽고의 샤만의 무덤에는 49일 동안 가는 것이 금지된다. 3년이 지난 후에 죽은 샤만은 위험한 신령에서 도움을 주는 신령으로 바뀔 수 있다고 말한다. 이 말은 49일 동안, 혹은 3년 정도는 금기상태를 유지해야 한다는 의미이고 여기에는 흉하다는 뜻을 읽을 수 있다.

3. 길례(吉禮)로의 전환

조상의 혼령은 후손에게 처음부터 이익을 베푸는 존재가 되는 것
은 아니다. 우제를 마치고 길례(吉禮)로 전환되는 것이다. 그렇지만
사실은 49일(49재)이나 혹은 만 2년 이상(3년상)이 지나야 비로소 도
움을 주는 존재로 전환된다고 볼 수 있을 것이다.

그 길흉의 관념의 경계가 바로 우제와 졸곡(卒哭)의 절차이다.

> "그 이전은 혹은 형체가 매장이 되지 않았기 때문에 살아 있는 사
> 람의 예로 모신다. 형체가 이미 매장되고 귀신이 오히려 편안하지
> 않으니 모두가 흉(凶)에 머문다. 졸곡 이후에 죽은 자의 영혼이 이
> 미 사당에서 안식을 얻음으로써 귀신이 되고, 귀신의 예로써 모시
> 며, 흉례를 길례로 바꾼다."9)

졸곡(卒哭)의 후에 죽은 자는 이미 귀신이 되기 때문에 살아 있는
사람의 원시 관념 가운데 선조의 신령은 자손에게 화복을 주는 능력
이 있다고 한다. 그래서 복을 구할 수 있는 것이다. 이에 우제 이후의
졸곡(卒哭)과 부제는 길제(吉祭)의 조건과 성질을 구비하는 것이다.10)

그러니까 죽음이란 허무하고 슬픈 것임과 동시에 하나의 재앙이지
만, 이 인간에게 닥친 재앙을 슬픔과 공경으로 수용하고 금기를 지키
면서 망자의 슬픔을 위로해야 한다. 길례 때까지 필요한 것은 몸과

---

9) 章景明, 위의 책, p.180. "喪禮專以對待死的形體, 並以生人之禮事之, 其主要觀念是希求死者的復生, 與表
現應付或防範災禍不祥的禁忌狀態. 祭禮則專以事奉鬼神, 其主要的觀念是在於藉此祈福求吉. 至於人死之
後,由凶禮而轉變爲吉禮, 其吉凶觀念的分野乃在於卒哭之祭, 卒哭以前, 或因形體未藏而事以生人之禮, 或
形體已藏而神有猶未安, 皆主於凶. 自卒哭以後, 則因死者靈魂已安息於廟,成爲鬼神,並以鬼神之禮事之, 而
轉變爲吉了."

10) 章景明, 위의 책, p.179. "由於卒哭之後, 死者已成爲鬼神, 在生人的原始觀念中, 祖先的神靈具有禍福子
孫的能力, 對之祭祀崇奉, 可以祈福求吉. 於是虞後的卒哭與祔祭, 便具備吉祭的條件與性質了."

마음을 정화한 상태를 유지해야 하는 것이다.

Ⅲ. 상례(喪禮)의 형식과 윤리적 의미

1. 혼백의 불멸성에 기초한 절차

1) 임종(臨終)과 초혼(招魂)

죽음이라는 용어는 상례(喪禮)라는 용어가 '사례(死禮)'라는 말을 피하듯 사용하지 않는다. 그래서 종(終)이라고 하는 것이다. 다시 말해서 임종(臨終)[11]이 상례의 시작이다.

이때 자식들은 환자의 손발을 잡고 숨이 넘어가는 것을 지켜보는데 이를 종신(終身)이라고도 한다. 만일 자식이 부모의 임종을 지켜보지 못하면 가장 큰 불효로 알고 평생 죄스럽게 생각하였다. 이때 남자는 부인의 손에 절명하지 않고 부인은 남자의 손에 절명하지 않는다.[12]

전통상례에서는 임종 후 지붕 위에 올라가 초혼을 했다. 고인의 혼을 불러보는 것이다. 이것은 다시 살아나기를 기원하는 의식이다. 그리고 반응이 없으면 비로소 다음 절차를 밟는 것이다.

그런데 혼이란 무엇일까? 사람이 죽어서 그 혼은 하늘로 오르고 백(魄, 넋)은 땅속에 든다 한다. 죽음이란 혼과 백의 분리라 할 수 있다.

---

11) 천자가 죽은 것을 붕(崩)이라 하고, 제후는 훙(薨)이라 하고, 대부는 졸(卒)이라 하고, 사(士)는 불록(不祿)이라 하고, 서인(庶人)은 사(死)라고 한다(『禮記』, 「曲禮」下, "天子死曰崩 諸侯曰薨 大夫曰卒 士曰不祿 庶人曰死").
군자가 죽는 것을 종(終)이라 하고, 소인(小人)에게는 사(死)라고 한다(『禮記』, 「曲禮」, "下君子曰終 小人曰死").

12) 『儀禮 Ⅳ』, p.13, "男子不絶于婦人之手, 婦人不絶于男子之手. 乃行禱于五祀."

하늘로 오르는 영혼 외에 땅에 든 몸에도 백이 있다고 믿었다.

유가에서는 인간이 죽음을 통하여 완전히 사라지는 것이 아니며, 비록 생물학적인 신체는 없어지더라도 그 얼인 혼신은 하늘로 오르고 체백(體魄, 몸뚱이와 넋)은 땅속에 든다는 생각했다.

> "사람이 태어난 까닭은 정기가 모이는 것이다. 사람에게는 허다한 기(氣)가 있어도 반드시 다하는 때가 있다. 다하면 혼기(魂氣)는 하늘로 돌아가고 형백(形魄)은 땅으로 돌아가는 것이다."13)

임종이 표현하는 종(終)의 의미는 사(死)의 상징성과는 좀 다르다. 여기에는 인생의 통과의례를 순조로이 마치고 이제 쉬는 휴식의 의미가 있다. 그리고 초혼(招魂)의 의식은 그가 비록 세상을 떠났지만 그의 영혼과 혼백이 사라지지 않았음을 암시하는 것이다.

2) 염습(殮襲)과 수의(壽衣)

임종 후 전통상례에서는 사흘이 지나 염(殮)을 했다. 이것은 살아나는 것을 기다리는 것이요, 사흘이 되어도 살아나지 않으면 역시 살아나지 못하는 것으로 보았다.

망자의 염습은 몸을 씻고 수의를 입히는 절차다. 수의는 바지저고리와 두루마기를 비롯하여 20여 가지나 된다. 노인이 계신 집에는 미리 지어 두었다. 명주나 삼베로 짓는데 윤달에 수의를 지으면 탈이 없다고 하여 이때 수의들을 많이 준비한다. 관도 미리 준비하여 사람의 출입이 한적한 후원의 벽에 걸어두었다.14) 이렇게 준비해 두어야

---

13) 『朱子語類』 鬼神.

14) 필자의 고향에서 1960년대까지 있었던 현상이었다.

장수한다는 속신에서 원래 수의(襚衣)이던 용어를 수의(壽衣)로 바꾸어 표기하게 되었으며 이러한 수의와 관을 세월을 두고 미리 갖추어 두는 것이라 하여 세제지구(歲製之具)라고도 했다.

그런데 이런 염습과정에는 칠성신앙이 엿보인다. 주검을 얹는 판을 칠성판이라 하고 실제로 칠성을 그리기도 한다. 그리고 주검을 싸매는 배도 칠성칠포라고 하는 것을 발견할 수 있다. 소렴을 할 때 온몸을 발끝에서 머리까지 일곱 부분으로 묶는 것도 역시 칠성과 관련된 것이라고 추측할 수 있다.

이러한 염습의 과정에서 역시 체백(體魄) 존중의 사상이 깔려 있지만 동시에 악령으로 활동을 방지하는 의미를 읽을 수 있다.

> "주검을 다루는 가장 일차적인 작업이 손발을 묶는 일이다. 다음 단계에서도 마찬가지이다. 소렴을 할 때 온몸을 발끝에서 머리까지 일곱 부분이나 묶고, 대렴을 할 때 다시 완전히 감싸 묶는다. 그리고는 입관하여 관 뚜껑을 못으로 친다. 다시 묘지에 가서 하관을 하고 덜구 찧는 일을 세 차례 이상이나 한다. 무덤을 밟아 꼭꼭 다져 두는 것이다. 주검을 이처럼 꼼짝 못하게 결박하고 애써 다져 묻는 경우는 다른 민족의 문화에서는 찾아보기 어렵다."15)

한국의 전통상례 속의 임종과 초혼, 그리고 염습의 절차에는 이처럼 혼백의 불멸성에 대한 기대가 있음과 동시에 한편으로는 종(終)이 의미하는 바처럼 죽음을 안식으로 승화시키려는 의미를 담고 있다.

---

15) 임재해, 『전통상례』, 대원사, p.114.

2. 부계 중심적 조상숭배의식

1) 성복(成服)

염습이 끝나고 상을 당한 사람들은 평상의 옷을 벗고 상복을 입는다. 이것 역시 몸을 삼가고 부정을 피하는 양재(禳災)의 의미를 가진다. 성복 전에는 손님이 와도 빈소 밖에서 입곡(立哭)하고, 성복 후에야 비로소 상인과 정식으로 조문한다.

상복의 특색은 화려한 장식을 제거한다. 화려한 장식이란 수놓은 것, 붉은색, 금, 은, 옥, 구슬, 비취 등을 말한다.16) 전통 상복은 또한 단추가 없다.

전통적인 상복에는 다섯 가지 종류가 있었는데, 이러한 기준은 상복을 만드는 삼베의 굵고 가는 가닥의 생김새를 표준하여 정해진 이름이다. 참최의 상복은 아들이 아버지를 위해 입는 복으로 참이라 함은 최(衰)와 같이 심히 애통하다는 뜻과 지극히 거친 삼베라는 뜻이다. 극추생포(極麤生布)라 삶지 않은 석새베[三升布]로 만들었다. 이처럼 거친 삼베로 만든 이유는 죄인의 옷이라 생각했기 때문이다. 또한 참최란 몸을 베는 듯이 애통하다는 뜻과 애통해서 쇠약하다는 뜻의 최(衰)가 어우러진 말이다. 이러한 참최복은 아버지를 위해서만 입었다.17) 같은 부모이지만 아버지를 중시한 것은 유교의 가부장적 성격을 뜻하는 것이다.

---

16) 『朱子家禮』(『유교사전』 박영사.) p.2088.
17) 임준, 『북망산천』 삼포 p.142.

"아버지를 섬기는 도리를 가지고 어머니를 섬겨서 사랑함이 같다. 하늘에 두 해가 없고, 땅에 두 왕(王)이 없고, 나라에 두 임금이 없고, 집에 두 높은 이가 없으니, 하나를 가지고 다스리는 것이다. 그러므로 아버지가 사랑 계시면 어머니를 위하여 자최(齊衰)의 복을 입는 것은 두 높은 이가 없음을 보여주는 것이다."18)

이러한 상복제도는 한국의 고유의 것이 아니라 중국의 제도를 그대로 수용한 것이다. 특히 성리학적 명분관에 입각해서 가깝고 먼 관계를 이 상복은 명백히 구분함으로써 유교적 세계관을 드러내는 제도라고 할 수 있다.

가령 아버지와 어머니에 대한 차이도 아버지 쪽을 중시하는 제도이고. 지팡이의 경우에도 성인 남자는 지팡이를 소지하게 했지만 여성의 지팡이 사용은 금하고 있다. 복식을 입는 기간과 복식 착용의 논란은 한국사회에서는 예송의 주요한 주제였음을 널리 알려진 사실이다.

2) 상복의 종류

등급	기간	상복	대상	기타
참최 3년	3년(실제 27개월)	지팡이, 거친 삼베, 단을 꿰매지 않음	아버지	
참최 3년	3년(실제 27개월)	지팡이, 약간 거친 삼베	어머니	아버지가 작고한 경우
참최 장기	1년	지팡이, 얼마간 가는 단을 꿰맴. 거친 삼베	어머니	아버지가 생존한 경우
자최 기년	1년	지팡이 없음, 약간 가는 단을 꿰맨 거친 삼베	형제, 미혼의 자매, 조부	
자최 소공	5개월	상동	증조부모	

---

18) 『禮記』,「喪服四制」, "資於事父母以事母而愛同 天無二日 土無二王 國無二君 家無二尊 以一治之也 故父在爲母齊衰期者 見無二尊也."

자최 시마	3개월	상동	고조부모	
대공	9개월 (실제 만 8개월)	거친 옷	방계사촌	
소공	5개월 (실제 만 4개월)	가는 옷	방계재종, 외조부모	
시마	3개월 (실제 만 2개월)	가는 삼베	방계삼종, 처부모	
심상				스승, 실제 상복은 없음. 마음의 상

자료: 『주자가례』

상복은 유교적 차별애(差別愛)를 잘 표현하고 있다. 부모 가운데서도 아버지를 중시하고, 상의 경중도 부계 중심이라고 할 수 있다. 한국의 전통상례의 상복은 유교적 부계 중심적 조상숭배 사상을 배경으로 하고 있다고 볼 수 있다.

3. 가족주의적 집단의식

1) 조상(弔喪) - 문상(問喪)

조상과 문상은 두 단어를 합쳐서 조문(弔問)으로 표기할 수 있다. 이러한 조문의 예의는 기본적으로 슬픔을 표현하는 것이다.

"초상에 가서는 웃지 않는다. 남에게 읍(揖)할 때는 반드시 그 위치에서 비켜서 한다. 영구(靈柩)를 쳐다보고서는 노래하지 않는다. 영구(靈柩)가 있는 곳에 들어갈 때는 나는 듯이 걷지 않는다. 음식을 대해서는 탄식하지 않는다. 이웃집에 초상이 있으면 방아 찧으며 노래하지 않는다. 마을에 빈소(殯所)가 있으면 거리에서 노래하지 않는다. 묘에 가서도 노래하지 않는다. 뭇한 날에는 노래하지 않는다. 상(喪)을 보내는 데는 지름길로 가지 않는다. 장사를 보내는 데는 진흙길도 피하지 않는다. 초상에 가면 반드시 슬퍼하는 빛이 있

어야 한다. 상여줄을 잡고서는 웃지 않는다. 음악을 대해서는 탄식
하지 않는다. 갑옷과 투구 차림을 했을 때에는 범할 수 없는 기색
을 가져야 한다. 그런 때문에 군자는 경계하고 삼가 얼굴빛을 남에
게 잃지 않는다."19)

한국의 전통사회에서 사람이 죽었는데 와서 조상을 안 하면 그 상
대는 절교의 대상이 될 수 있다.20) 오늘날 속례(俗禮)에서는 상가에서
술과 음식을 잘 차려 빈객을 접대하기 일쑤이고 이 때문에 접대비가
장수(葬需)보다 더 드는 수가 있다. 그래서 혹은 술에 취해 떠들며 웃
고 잡담하는가 하면 서로 싸워 소란을 피우니 조금도 슬픈 빛이 없음
은 전통상례에서 보자면 무례한 행동인 것이다.

이러한 조문의 목적은 고인에 대한 슬픔의 표현이기도 하면서 가
족은 물론 그 집단의 살아 있는 구성원들을 서로 결합시키는 장이다.
때로는 죽은 자와 재결합시키는 것이며, 마찬가지 방법으로 그 유대
속의 하나를 잃음으로 인해서 깨진 고리가 재결합되는 의례라고도
볼 수 있다.21)

4. 생명존중으로의 뼈와 신체의 존중

1) 치장(治葬) - 천구(遷柩)

묘 자리를 잡은 것을 치장(治葬)이라고 한다. 묘지는 후일 도로, 성
곽, 연못, 권세인에게 빼앗길 곳, 농경지가 될 곳에는 택하지 말라고

---

19) 『禮記』, 「曲禮」上, "適墓不登壟 助葬必執紼 臨喪不笑 揖人必違其位 望柩不歌 入臨不翔 當食不歎 鄰有
　　喪 春不相 里有殯不巷歌 適墓不歌 哭日不歌 送喪不辟塗潦 臨喪則必有哀色 執紼不笑 介冑則有不可犯
　　之色 故君子戒愼 不失色於人."

20) 위의 책. p.358.

21) 『Les rites de passage』, 『통과의례』 A. 반 겐넵. 전경수 역. 을유문화사. 1994. p.234..

경계했다.22) 천광을 하기 전에 산신제를 지내는데 모두 산을 신성시 여긴 나머지 산을 훼손해서는 안 된다는 믿음에 근거하고 있다. 산신에게 부탁하는 것이기 때문에 다른 사람이 축문을 읽는다.23)

전통상례에서는 화장24)은 없고 거의가 매장이기 때문에 무덤을 중요시한다. 그리고 이러한 무덤은 묘지를 고르는 풍수의 자문을 받는다. 또한 땅과 산에 대한 경외를 표하기 위해 축문을 지어 산신에게 일정한 제사를 하는 이유는 고인을 보호해 달라는 기원이다.

매장의 풍속은 신체를 중요시한다는 의미다. 특히 뼈의 보존과 관련이 있다. 살은 썩어 물이 되고 뼈만 남아 흙 속에 묻힌다고 볼 수 있기 때문이다. 만약 뼈가 황금색으로 보이면, 이것은 무덤의 풍수가 좋은 것임을 보여준다. 그러나 만약 뼈가 검게 발견되면 이것은 풍수가 나쁘다는 것을 보여준다. 자리를 옮겨서 다른 장소에 매장해야 한다.25) 조상의 뼈를 포함한 주검의 정성스런 숭배와 풍수는 후손의 길흉과 관련된다고 생각하는 것이 속신이다. 좋은 풍수에 위치한 조상의 뼈들은 땅의 고동치는 풍수와 기의 충만한 힘을 받는다. 만약 풍수가 좋으면, 조상의 뼈는 밝은 노란빛으로 변하고, 매우 효력 있는 것으로 간주된다. 뼈가 노란색은 그것에 불어넣어진 기의 결과이며, 이 같은 기는 행운의 사람의 영혼에서 밝아진다.26)

---

22) 『四禮便覽』 권5, p.124. "不爲道路,城郭,溝池,貴勢所奪 耕犁所及也."

23) 土地之神에 대한 祝文은 다음과 같다. 이를 '土地神祝, 山神祝, 斬破土祝, 開土祝'이라고도 한다.
"維歲次 干支 幾月 干支朔 某日 干支 學生 姓名 敢昭告于 土地之神 今爲 某官 (學生)姓名 營建宅兆 神 其保佑 卑無後艱 謹以 淸酌脯醢 祗薦于神 尙響."

24) 티벳의 경우 시신에는 악령이 깃든다고 보기 때문에 화장하거나 조장한다. 그러나 달라이 라마와 같은 고승은 시신을 등신불로 만들어 보존한다. 『티벳 사자의 서』 파드마삼바바 · 라마타지다와삼둡 역, 류시화 역, 정신세계사, p.82.

25) Paper/Thompson 『The Chinese Way in Religion』 p.19.

26) Paper/Thompson, Ibid. p.23.

"세상 사람이 벼슬을 살다가 먼 지방에서 죽으면 자손들이 그 관을
화장하고 재를 거두어 돌아와서 장사 지내는 자가 있다. 효자는 어
버이의 육체를 사랑하기 때문에 염을 해 장사지내는 것이다. 다른
사람의 시신을 훼손하는 것도 법으로 엄히 다스리는데 하물며 효
자로서 그와 같이 도리에 어긋나는 짓을 할 수가 있겠는가?"27)

화장을 하지 않고 매장을 해야 하는 이유는 바로 어버이의 육신을
존중하기 때문이라고 주자는 말하고 있다. 곧 화장은 육신의 훼손이
라는 것이다. 여기에는 불교가 들어오기 전의 동북아시아의 오랜 부
활의 전통이 뼈를 중시한 매장법의 배경이 되는 것이다.

'반드시 고향에 돌아가 장사 지낼 수 없다면 그 땅에서 장사 지내
는 것이 옳다. 어찌 화장하는 것보다 오히려 낫지 않으리오?"28)라고
말한 주자가례의 주자학적 전통에는 뼈를 소중히 하는 민간신앙이
이미 선재했던 것이다.

그러나 효자의 마음은 근심거리를 생각함에 심원하여 얕게 묻으면
남이 도굴하지나 않을까 깊게 묻으면 습하고 젖어서 빨리 썩지나 않
을까 두려워한다. 그러므로 반드시 흙이 두텁고 물이 깊은 땅을 구해
서 장사 지내는 것이니 고르지 않을 수 없는 것이다.29) 사실 장례에
서 장(葬)이란, '장사 지내는 것(葬)은 감추는 것(藏)이니, 감추는 것은
사람들이 보지 못하게 하려는 것'이다(『예기』, 「檀弓」).

---

27) 『주자가례』, p.2101.

28) 『주자가례』, 임민혁 역, 예문서원 p.317.

29) 『주자가례』, 임민혁 역, 예문서원 p.316.

5. 영원한 안식처로서의 명당

1) 발인(發靷) - 급묘(及墓)

조상의 신체와 뼈를 중요시하는 것이 매장의 풍속이었던 것만큼, 한국의 전통상례에서 중시한 것은 명당에 무덤을 조성하는 일이었다. 특히 그것은 자손의 길흉화복과 연관된 것이었다.

그러나 정자는 길흉화복이 목적이 아니라 조상을 편히 모시려는 효자의 마음이 소중하다고 했다.

> "묘 자리를 점치는 것은 그 땅의 좋고 나쁨을 점치는 것이지 음양가들이 말하는 화복 때문이 아니다. 땅이 좋으면 그 신령이 편안하고 자손이 번성한 것은 나무뿌리를 북돋워주면 가지와 잎이 무성해지는 것과 같으니 이치가 진실로 그러하다. 땅이 나쁘면 그 반대가 된다. 그러면 어떤 곳을 땅이 좋다고 하는가? 흙빛이 윤기가 나고 초목이 무성한 것이 곧 그 증험이다. 할아버지와 아버지와 아들과 손자는 기운이 같으니, 저쪽이 편안하면 이쪽도 편안하고 저쪽이 위태로우면 이쪽도 위태로운 것 역시 그 이치이다. 기휘(忌諱)하는 일에 얽매인 자들은 땅의 방위를 택하여 날짜의 길흉을 결정하는데 미혹되니 또한 잘못된 일이 아니겠는가? 심한 자는 선조를 받드는 일로 계책을 삼지 않고 오로지 후손을 이롭게 하는 것만 생각하니, 편히 모시려는 효자의 마음 씀이 아니다."[30]

명당이란 신비한 비결이 있는 것이 아니라 살아 있는 사람의 주거처럼 안락한 장소임을 다음과 같이 정리할 수 있다.

> "명당은 아래에서는 습기가 능히 침범하지 못하고, 위에서는 안개와 이슬이 능히 들어오지 못하는 곳이다. 사방의 바람이 능히 내습

---

30) 『주자가례』, p.2101.

하지 않고… 풍우가 능히 내습하지 못하고 寒暑가 능히 상하지 못하는 곳이다.”31)

그러나 주자는 ‘세속에서는 장사(葬師)의 말을 믿어 (장사지낼) 해와 달과 날짜를 정하고, 또 산수의 형세를 고르면서 자손들의 빈부귀천과 어질고 어리석고 오래 살고 일찍 죽는 것이 모두 여기에 달려 있다고 한다’32)라고 하면서 그 길흉설에 대해서 비판적인 견해를 가지고 있다. 영구한 안식처로서 의미가 있는 것이지 후손의 길흉과는 무관하다는 것이라는 것이다.

6. 동기감응(同氣感應)의 엄숙주의적 윤리

1) 반곡(反哭) – 우제(虞祭) – 졸곡(卒哭)

치장(治葬)을 한 후 우제를 지내는데, 이 우제란 사자의 시체를 매장하였으므로 그의 혼이 방황할 것을 우려하여 위안하는 의식이다. 우제는 초우제와 재우제, 삼우제의 세 번이 있다. 초우제는 장일 낮에 지내고, 재우제는 유일(柔日), 즉 일진이 을정기신계(乙丁己辛癸)에 해당하는 날에 지낸다. 삼우제는 강일(剛日), 즉 일진이 갑병술강임(甲丙戊庚壬)에 해당하는 날에 지냈다.

    “우(虞)란 안(安)이다. 선비는 이미 그 부모를 묻고, 정신을 맞이하

---

31) 王夢鷗, 「古明堂圖考」 p.291. “明堂之制… 下之潤溼(濕)不能及, 上之霧露不能入, 四方之風弗能襲. … 又, 主術訓云… 明堂之制, 有蓋而無四方, 風雨不能襲, 寒暑不能傷.”
    p.300. “而稱西方爲‘總章’ 南方爲‘明堂’ 東方爲‘靑陽’ 北方爲‘玄堂’ 中央爲‘大廟’, 這已綜合五個朝代之祖廟名稱, 決無資格充任明堂的原始建構圖樣. 尤其是它充滿了陰陽五行家的氣息, 卽作爲理論上的古明堂之構想.”
32) 『朱子家禮』 p.2101.

여 돌아온다. 그날 중에 빈궁에 제사지내고 안치한다. 우(虞)는 오
례 가운데 흉례에 속한다."33)

이렇게 우제를 지낸 뒤에야 비로소 흉례(凶禮)에서 길례(吉禮)로의
전환이 가능한 것이다. 말하자면 금기상태에서 벗어난 것이다. 이제
우제를 마친 뒤에야 비로소 숭모의 대상 혹은 제례의 대상으로 되는
것이다.

귀신이란 천지 간에 하나의 기운을 통틀어서 말하고, 혼백은 사람
의 몸을 주로 말한다. 기가 펼쳐지고 있을 때는 정백(精魄)이 단단하
게 갖추어져 있으나 신(神)이 주가 되고 기가 오므려지게 되면 혼기
(魂氣)가 비록 존재하나 귀(鬼)가 주가 된다. 기가 소진하면 백(魄)이
내려가 귀(鬼)만의 상태가 된다. 그러므로 사람 죽은 것을 귀(鬼)라고
한다.34)

이러한 귀신은 죽으면 어떻게 될까? 우선 주자의 입장에서 말하자
면 지옥과 천당설을 부정하고 있다.

"세속에서는 불교의 속이고 유혹하는 것을 믿어 죽었을 때와 사십
구일, 백일, 일년, 이년, 탈상을 할 때 공양을 하고 법회를 연다. 혹
은 수륙제(水陸祭, 불교에서 바다와 육지에 있는 고혼과 아귀를 위
하여 올리는 祭)를 하고, 불경을 쓰고, 불상을 만들고, 탑묘(塔廟)를
고치거나 세우고 말하기를 죽은 자를 위하여 하늘까지 가득한 죄
악을 없애면 천당에 태어나서 많은 쾌락을 받고, 그렇지 않은 자는
반드시 지옥에 들어가서 저미고 데우며 찧고 가는 한없는 고통을
받는다고 한다. …하물며 죽은 자는 형체와 정신이 서로 나뉘어, 형
체는 땅속으로 들어가 나무와 돌 등과 같이 썩어 소멸되고, 정신은

---

33) 章景明,「喪之禮吉凶觀念之分別」, p.175.『三禮研究論集』, 李日剛等 著, "死者下葬之後, 隨卽擧行虞祭,
　　士虞禮鄭目錄云… 虞, 安也. 士旣葬其父母, 迎精而反, 日中而祭之於殯宮以安之. 虞於五禮屬凶."
34)『朱子文集』권44.

표연히 바람 앞의 불과 같이 날아가서 어디로 가는지를 모른다. 설령
저미고 태우고 찧고 간다고 하여도 어찌 다시 (고통을) 알겠는가?"35)

이러한 주자의 태도는 다분히 유물론적으로 보이고 귀신의 존재에
대한 회의주의자로 보인다. 그는 불교의 천당지옥설을 배경으로 한
여타의 도교적 민간신앙에 대해서도 비판적으로 지적하고 있다.

"천당과 지옥이 과연 있다면 마땅히 천지와 더불어 같이 생겨나야
하고 불법이 중국에 들어오기 전부터 죽어서 다시 태어난 사람도 또
한 있어야 할 것이다. (그런데) 무슨 이유로 한 사람도 지옥에 잘못
들어가 염라대왕 등 시왕을 만난 사람이 없는가? 배우지 않은 자는
진실로 더불어 말할 것이 없다 해도 글을 읽고 옛 것을 아는 자는
조금이라도 깨달을 수 있을 것이다."36)

그러나 주자가례를 도입한 조선시대에 있어서 이런 주자의 이론은
서민사회에 깊이 뿌리내리지 못했다. 다시 말해서 조선시대의 전통상
례에는 유교적 가치관과 불교와 민간 신앙적 가치가 사실상 혼재했
던 것이다. 택당(澤堂) 이식(李植, 1584~1647)의 '우리나라의 풍속이
불교를 우선하고 유교를 뒤로하여 지금도 기일에 승제를 지내니 스
스로 가례를 행하면 불사가 영원히 끊어질 것이라고 하였다'37)는 지
적은 이 사실을 잘 말해준다.

귀신은 자신의 혈통에게 감응하지 다른 이와는 무관하기 때문에
유교에서는 조상과 그 자손을 자신의 생명 연장으로 본다. 바로 '동
기감응(同氣感應)'의 이론이 매장의 이론적 배경이 된다고 할 수 있다.

---

35) 『주자가례』, pp.2094-2095.

36) 『주자가례』, 임민혁 역, (서울: 예문서원) 1999. p.234.

37) 고영진,「16세기 후반 상제례서의 발전과 그 의의」, p.430(『한국유학사상논문선집』 24. 예학 및 예론).

말하자면 '할아버지와 아버지와 아들과 손자는 기운이 같으니, 저쪽이 편안하면 이쪽도 편안하고 저쪽이 위태로우면 이쪽도 위태로운 것'이다. 조상에 대한 공경과 정성의 마음으로 영원히 죽은 자와의 유대를 기원하는 것이 이 매장제도에 표현되고 있다.

따라서 유가에서는 불교나 기독교적인 극락이나 천국의 설을 부정한다. 그들은 무덤의 뼛속에 체백(體魄)을 남기고 그리고 자손의 마음속에 동기감응의 기로 살아남아 있는 것이다.

7. 사사여사생(事死如事生)

1) 부제(祔祭) - 소상(小祥) - 대상(大祥) - 담제(禫祭) - 길제(吉祭)

전통상례의 절차는 초종(初終) - 습(襲) - 소렴(小殮) - 대렴(大殮) - 성복(成服) - 조상(弔喪) - 문상(問喪) - 치장(治葬) - 천구(遷柩) - 발인(發靷) - 급묘(及墓) - 반곡(反哭) - 우제(虞祭) - 졸곡(卒哭)의 19절차로 되어 있다. 그러나 실제의 관행에서는 염습이라 하여 습, 소렴, 대렴을 흡수하고, 발인이 천구를 우제가 반곡을 흡수하였으며, 부제 - 담제 - 길제가 사라져 대체로 11개 절차로 행하여진다.

그리고 이런 절차의 상례란 부모 혹은 여러 친척이 죽은 후의 여러 가지 의절과 제도를 말한 것임을 알 수 있다.[38] 유교에 있어서 상례의 의의는 『중용』에 '사사여사생(事死如事生)'이라 하여 장사지낼 때에는 돌아가신 이 섬기기를 살아계신 분 섬기듯 한다는 뜻이다. 그래서 "상례를 신중하게 치르고 선조의 제사를 잘 모시면 백성의 덕이

---

38) 章景明,「儒家對於喪禮的基本觀念與態度」, p.165. 李日剛等 著,『三禮研究論集』, "喪禮, 卽是指父母或諸親屬死後的種種儀節和制度而言."

돈후하게 될 것이다."39) 여겼다. 말하자면 사회 기강이나 풍속이 순화될 것이라고 생각했던 것이다.

상례는 형식을 갖추기보다는 차라리 슬퍼하는 것이 낫다.40) 진심으로 애통해 하는 마음이야 말로 상례의 본질인 것이다.

> "효자의 어버이를 거상함은 울음을 훌쩍이지 아니하며 예도를 용(容)치 말며 말씀을 빛내지 아니하며 좋은 것을 입음에 편안히 아니 여기며 풍류를 들음에 즐기지 아니하며 맛난 것을 먹음에 달게 여기지 아니하나니 이는 슬프고 서러워하는 정(情)이니라."41)

> "살아계심에 섬기되 사랑하며 공경함으로 하고 죽으시매 섬기되 슬퍼함에 백성의 근본이 극진하며 죽음과 삶이 의가 같으니 교자의 어버이 섬김이 마침이니라."42)

가엾고 슬픈 마음과 아프고 병든 의식으로 신(腎)이 상하고 간(肝)이 마르며 폐(肺)를 태운다. 물과 장이 입에 들어가지 못하고 사흘 동안 밥을 짓지 못한다. 그래서 이웃과 마을에서 미음과 죽을 끓여 마시게 하니 이를 먹는다.

저 서럽고 애통한 것이 마음에 있으니, 그러므로 모양은 변하여 밖에 나타나고, 애통하고 병들어 마음에 잠겨 있으니, 그러므로 입은 단맛을 모르고 몸은 편하게 안락하지 못한다.43) 마음은 애절하고 뜻은 비통할 뿐이다. 종묘에서 이를 제사지내니 귀신으로 흠향하는 것은

---

39) 『論語』, 「學而」, "愼終追遠 民德歸厚矣."

40) 『論語』, 「八佾」, "喪 與其易也 寧戚."

41) 『효경』 14장, "子曰 孝子之喪親 哭不哀 禮無容 言不文 服美不安 聞樂不樂 食旨不甘 此哀戚之情."

42) 『효경』 14장, "生事愛敬 死事哀戚 生民之本盡矣 死生之義備矣 孝子之事親終矣."

43) 『禮記』, 「問喪」, "惻怛之心, 痛疾之意, 傷腎乾肝焦肺, 水漿不入口, 三日不擧火, 故鄰里, 爲之糜粥以飮食之. 夫悲哀在中, 故形變於外也, 痛疾在心, 故口不甘味, 身不安美也."

행여 다시 돌아오기를 희구하는 때문이다. 광(壙)을 이루고 돌아와 용
(踊)을 하며 감히 거처할 방으로 들어가지 못하고 여막에 거처하니
어버이가 밖에 있음을 슬퍼함이요, 거적자리에서 자고 흙덩이를 베고
누우니 어버이가 흙 속에 있음을 슬퍼함이다. 그러므로 곡하여 눈물
을 흘리는 것이 때가 없고, 복(服)은 3년을 계속 입으며, 사모하는 마
음이 효자의 뜻이라 인정의 열매가 되는 것이다.44)

　우리나라의 전통상례의 절차는 대개 주자가례에 의지하였다. 그러
나 조선의 많은 학자들이 주자가례를 제대로 이해하지 못한 상황은
선조 말엽까지도 마찬가지였다.45) 전반적으로 상제례는 주자가례에
의해 행해졌으나, 구체적인 항목에 들어가서는 상이한 경우가 적지
않았다. 조선의 풍속과 생활여건이 중국과 다르기 때문이었다.46)

2) 삼년상

　장차 저 간사하고 음란한 것의 해를 받으려고 하는가? 저들은 부모
가 아침에 죽어도 저녁이면 잊어버린다. 그런데 여기에 따른다면, 이
것은 일찍이 새나 짐승만도 못한 것이다.47)

　상중에는 그 영향을 받는 모든 사람들의 사회생활은 멈추게 되며
그 기간의 길이는 망자와의 사회적 유대의 정도(곧 미망인, 친척 등)
에 따라서, 또 망자와의 사회적 지위가 높을수록 길어진다.48)

---

44) 『禮記』, 「問喪」, "心絶志悲而已矣 祭之宗廟, 以鬼享之檄幸復反也. 成壙而歸, 不敢入處室, 居於倚廬, 哀
　　親之在外也, 寢苦枕塊, 哀親之在土也, 故哭泣無時, 服勤三年, 思慕之心, 孝子之志也, 人情之實也."

45) 고영진, 「16세기 후반 상제례서의 발전과 그 의의」, p.425. 『한국유학사상논문선집』 24, 예학 및 예론.

46) 고영진, 위의 논문, p.426.

47) 『禮記』, 「三年問」, "將由夫患邪淫之人與 則彼朝死而夕忘之 然而從之 則是曾鳥獸之不若也."

48) A. 반 겐넵. 전경수 역, 『통과의례』(Les rites de passage), 을유문화사, 1994, p.212.

한국의 전통 상례에서는 3년째 되는 해에 탈상을 하는 것이나 관행상 3년 만에 탈상을 한다고 한다. 이것은 원시유교의 효 사상에서 기원한다. 여기선 논어의 공자의 견해를 살펴볼 필요가 있다.

> "재아: 삼년의 상기는 이미 깁니다. 군자의 삼년 예를 하지 않으면, 예는 반드시 붕괴할 것입니다. 삼년 음악을 하지 않으면 음악은 반드시 붕괴할 것입니다. 구곡은 이미 사라지고 신곡은 이미 오릅니다. 찬수(鑽燧)는 불이 바꿔지고, 기간일 따름입니다.
> 공자: 음식이 도(稻)하고 의복이 백(錦)이면, 그대는 편안한가?
> 재아: 편안합니다.
> 공자: 그대가 편안한 즉 하고, 대저 군자가 거상하면, 밥이 달지 않고, 음악을 들음을 즐기지 아니하면 거처가 편안치 아니하고 그러므로 하지 않는다. 이제 그대가 편안하다고 한 즉 하라.
> 공자: 너는 仁하지 않다. 자식이 삼년을 산 연후에 부모의 품을 면한다. 대저 삼년상은 천하가 통용하는 상이다. 너는 삼년의 사랑을 부모에게 받았는가?"[49]

Ⅳ. 불교와 민간신앙의 공존된 전통상례

한국의 전통상례의 윤리적 의미를 살펴보았다. 상례는 흉례(凶禮)에 속하는 것으로 인간에게 닥친 죽음의 통과의례를 거행하는 것이다. 그런데 이러한 것은 금기상태에서 재난으로 간주된다.

한국의 전통상례는 주자가례에 의한 유교적 의례가 위주가 되지만 동시에 불교와 민간신앙의 요소가 공존하고 있다. 특히 만가에는 유

---

49) 『論語』, 「陽貨」, 宰我問: "三年之喪期已久矣. 君子三年不爲禮, 禮必壞. 三年不爲樂, 樂必崩. 舊穀旣沒, 新穀旣升, 鑽燧改火, 期可已矣. '子曰… 食夫稻, 衣夫錦, 於女安乎?,' 曰… 安, '女安則爲之. 夫君子之居喪, 食旨不甘, 聞樂不樂, 居處不安, 故不爲也. 今女安則爲之.' 宰我出, 子曰… '予之不仁也. 子生三年, 然後免於父母之懷. 夫三年之喪, 天下之通喪也. 予也, 有三年之愛於其父母乎?"

교보다는 불교와 민간신앙적 요소가 강하다. 죽음을 일단 허무하고 슬픈 것으로 받아들이면서도 그것을 인간의 운명으로 승화시키고 좋은 극락세계로 왕생하기를 갈망하는 정신이 표현되어 있다. 또한 비록 상례가 금기상태라고는 하지만 명당에 안치함으로써 후손들의 행운을 빌고 있어서 유교 이전의 조상 숭배적 신앙의식을 엿볼 수 있다. 그밖에도 산신신앙, 칠성신앙 등의 민간신앙적 요소가 깃들어 있다.

상례의 절차를 통한 윤리적 의의를 살펴보면 다음과 같다.

① 생명존중의 사상이다. 죽은 자의 신체와 뼈를 소중히 여긴다. 사람이 비록 사망했더라도 그 체(體)에 영혼이 깃들어 있다고 본다. 그것이 바로 영혼불멸의 상징이고 재생을 기약하는 것이기 때문에 화장을 하지 않는다.

② 조상숭배의 사상이다. 부모를 위시한 조상은 자기 생명의 근원이기 때문에 이를 종교적인 대상으로 영원히 추모한다. 그리고 그 종교적 심벌이 다름 아닌 무덤인 것이다. 그리고 또한 후손과의 지속적인 유대를 통해 영생한다고 생각한다. 그러니까 금기적 흉례는 곧 상례를 마무리하면 길례로 변환하는 것이다.

③ 부계 중심적 가족주의의 가치가 들어 있다. 특히 상복제도의 경우 철저한 부계가족 위주로 5단계의 복식을 나누고 있다. 여기에서 외조부모는 방계재종의 상복, 그리고 처부모는 방계삼종의 복식에 준함을 볼 때 부계 중심적 가족주의 의례를 반영한다고 볼 수 있다.

④ 죽은 자에 대한 예의의 기준은 살아 있는 사람과 같다. 비록 생명을 잃었지만 산 사람같이 취급하고 예절을 갖추어 상례를 치

르는 것이다. 무엇보다도 중요한 것은 죽음에 대한 태도는 결코 기쁨이 아닌 슬픔의 의례라는 것이다.

한국의 전통상례는 인간의 생명이 윤회하거나 부활한다고 보지 않는 것이 특징이다. 그렇지만 비록 죽은 자일 망정 후손들에게 추모의 대상이 됨으로써 재생이 가능한 것이다. 여기에서 명당존중사상이 발생한 것이다. 그의 남은 육신의 잔재인 뼈가 잘 유지됨으로써 자손에게 죽어서도 영향을 미칠 수 있다고 본 것이다.

따라서 슬픔의 의례이면서도, 그것은 영구한 이별이 아니라 제례를 통해서 다시 산 자와 죽은 자가 유대를 맺어 孝를 실현하는 것이 한국전통상례의 윤리적 의의라고 할 수 있다.

전통 제례에 있어서 재계(齋戒)의 의미

I. 재계는 경건한 한국 전통정신

유교의 예(禮)는 사양하는 마음, 염치에서 출발한다. 요즈음 항간에 '사양지심(辭讓之心)은 손해지심(損害之心)'이라는 말이 염치없는 세상의 격언으로 깃발을 세우고 있다. 하회의 양반탈과 같은 너그럽고 훈훈한 선비의 모습을 보기 드물다. 단정한 몸가짐의 선비와 여러 사람들이 함께 이룬 공동체의 화합이 멀게만 느껴진다. 청빈과 순결의 전통선비정신은 과연 옛이야기인지 두렵다.

이런 혼란 속에 전통의례 가운데 재계(齋戒)의 의미를 음미하면서, 우리가 되찾아야 할 정신문화가 무엇인지를 생각해 보고자 한다. 먼저 재계(齋戒)란 제사 때에만 국한되어 하는 것이 아닌, 보다 경건한 태도를 유지하기 위해 필요로 했던 의식이기 때문에 재계(齋戒)를 필요로 하는 여러 경우를 고찰해 보았다.

다음은 종묘와 사직 산천에 대한 제사 등 여러 가지가 있는데, 여기서 다루고자 하는 것은 조상에 대한 제사에 국한시켰다. 그리고 조상에 대한 제사의 경우 제사의 대상인 귀신의 문제와 직면하게 되는

데 귀신과 혼백관을 언급했다.

본론에 있어서는 전통적으로 내려온 재계의 방법을 정리했다.

우리 사회가 중국과 일본의 영향을 벗어나 서구화되면서 전통정신에 대해 부정적으로 다루는 것이 익숙해졌다. 그래서 정작 아름다운 전통을 조명하는 것조차 제대로 이루어지지 못하고 소홀히 취급한 일면이 있었음을 부인하기 어렵다.

새로운 세기에도 물질적 풍요만을 행복의 지표로 삼을 것은 자명하지만, 알고 보면 정신적인 자세도 행복의 밑바탕이 된다. 제례에서 보이는 재계의 의미는 반드시 유교적인 의식으로 생각해서는 안 될 것이다. 여기에는 보편적인 종교가 갈구하는 인간의 경건성과 인격의 고결성을 함양하는 현대한국인이 상실해 가고 있는 윤리적 가치를 모색할 수 있다.

II. 제례 이외에 재계를 하는 경우

제례에 있어서 재계의 의미를 논하기 전에 제사지내는 경우 이외의 재계에 대해서 살펴보고자 한다. 재계란 근신해야 하는 시기에 행해진다. 그러므로 큰 행사 등을 앞두고 하는 마음의 다짐이라기보다는 일상생활에서도 행하였다.

1. 일상생활의 정제(整齊)

공자는 일상생활에서 상복(喪服)을 입은 사람을 만나면 모르는 사람이라도 경건한 태도를 취했다. 또 장애인을 만날 때도 일종의 조심함을 표했다. 이런 태도는 조선조의 선비들에게 있어서도 당연한 것이었다. 권광욱의 증언에 의하면, '상인(喪人)을 만나서 인사를 할 때에는 반드시 맞절을 한다. 상대가 상복을 입고 있으므로 홀몸으로 보지 않는 것이다. 그게 조카이든 또는 손자뻘 되는 어린 사람이든 깍듯이 맞절을 하는 게 우리네 예절'1)이라고 말한다.

이런 것은 불행을 당한 사람이 비록 타인이라고는 하지만 미안한 마음을 가졌다고 할 수 있다. 이런 것이 평범한 재계의 마음일 것이다.

또한 일기가 불순할 때, 가령 폭풍우가 휘몰아친다든가 천둥이 울린다든가 일기가 나쁘면 의관을 정제(整齊)하고 경건한 마음으로 일어나 얼굴빛을 고쳤다. 이러한 것은 잠시 근신의 태도를 취하는 것일지라도 재계의 종류에 속하는 것이라 하겠다.

2. 비상한 일을 앞둔 근신

유교적 사회에서는 왕실에서는 종묘, 서민사회에서는 신주를 가장 중요한 상징으로 중시했다. 가령 집에 불이 나면 신주를 우선순위로 옮겼다. 왕실에서도 피난을 갈 경우 종묘의 신주가 피난의 최우선순위였다.

중국이나 한국에서 신주를 옮기는 일뿐만 아니라 이사를 할 경우에도 항상 근심의 태도를 취했다. 그만큼 겸손하고 신중한 행동을 중시했던 것이다. '주나라의 때에 덕택(德澤)이 흡화(洽和)하고 쑥대가

---

1) 권광욱, 『육례이야기』, p.218.

무성하여 큰 것은 그것으로써 궁주(宮柱)로 삼아, 호궁(薃宮)이라 이름
하였다. 이것이 천자의 정전(正殿)이었다. 재계하지 않고는 그 집에
살지 아니하였다'는 글도 바로 이런 태도를 잘 설명해 주는 것이다.

부모가 병이 있으면, 갓 쓴 자는 머리를 빗지 않았다고 한다. 다닐
때 나는 듯이 걷지 않으며, 농담을 하지 않으며, 거문고나 비파를 타지
않았다고 한다. 고기는 먹어도 맛이 변하도록 먹지 않으며, 술을 마셔
도 모양이 변하도록 마시지 않았으며, 웃는데도 이가 드러나도록 웃지
않으며, 노여워도 남을 욕하지 않았다고 한다. 물론 병이 나으면 예전
으로 돌아간다. 재계란 평상시의 태도와는 달리 비상한, 그래서 무언
가 극복해야 될 그런 시점에 취하는 경건하고 조심스런 태도였다.

인생에 있어서 가장 심각한 것은 누군가 세상을 떠날 때일 것이다.
더구나 자신과의 관계가 깊은 사람의 장례식에는 일종의 재계(齋戒)
의 태도를 취했다. 유교가 한국에 들어오기 전부터 한민족들은 이런
경건성이 있었음을 다음의 글에서 짐작할 수 있다.

> "공자가 말하기를 소련(小連), 대련(大連)은 거상(居喪)을 잘한다. 사
> 흘 동안 게을리 하지 않았고, 석 달 동안 해이하지 않았고, 1년 동
> 안 슬퍼했으며, 3년 동안 근심했다. 이는 동이(東夷)의 아들이다. 삼
> 년의 상(喪)에는 자기 일을 말할 뿐, 남과 논변하지 않으며, 대답할
> 뿐, 묻지 않으며 의려(依廬)나 악실(堊室) 안에서 남과 함께 앉지 않
> 으며, 악실(堊室)에 거처할 때에는 때로 어머니께 뵙는 일이 아니고
> 는 문에 들어가지 않았다."2)

여기에서 동이(東夷)란 우리나라를 지칭하는 것이다. 오늘날에도
상가(喪家)에 조상(弔喪)을 가고자 하는 사람은 그날만큼은 흥겨운 음

---

2) 『禮記』,「雜記」

악으로 노래하거나, 과도하게 술을 마시거나 말다툼하고 싸우거나 즐
거운 표정을 짓는다면 결례가 되고 있음은 예나 마찬가지일 것이다.
곧 재계의 자세를 유지하는 것이 필요하다는 의미이다.

3. 경건한 의식

주나라의 무왕은 요순을 이은 중화사상의 정통성을 계승한 성인이
다. 그는 소위 도(道)의 정통성을 계승하기 위해 지극정성을 다했다.
그는 도를 체득하기 위해 한 권의 책을 소개받고 그 책을 읽기 위해
중요한 의식을 거행한다. 건성으로 책을 열람하지 않겠다는 그런 각
오를 엿볼 수 있다.

> "문왕을 이은 무왕이 '옛날의 황제와 전욱(顓頊)의 도가 있는가. 또
> 곧 볼 수 없는 것인가'하고 물었다. 사상부(師尙父)가 말하기를, '단
> 서(丹書)에 있습니다. 왕께서 그것을 듣고자 하시면 재계하십시오',
> 왕은 사흘 동안 재계하고 예복을 갖추었다. 사상부(師尙父)도 또한
> 예복을 갖추고 책을 받들고 들어가 병풍을 등지고 섰다. 왕은 당
> (堂)에서 내려와 남면(南面)하고 섰다."3)

이와 같이 경건한 의식을 통해 얻은 문구는 '공경과 정의'의 가치
였다고 한다. 한 권의 책을 읽기 위해 재계했다는 이 내용은 재계라
고 하는 것이 사물에 대해서 신중하고 경건한 자세를 갖추기 위한 노
력이라는 것을 알 수 있다.

---

3) 『大戴禮』, 「武王踐阼」

4. 조상의 혼백과 자손과의 감통(感通)

우리말에 '혼이 났다' 혹은 '얼이 빠졌다' 혹은 '혼비백산(魂飛魄散)' 등의 말이 쓰인다. 제사란 돌아가신 조상과 자손과의 교감이라고 할 수 있는데, 이미 사자(死者)가 육신을 회복할 수 없지만 혼백(魂魄)이 돌아와 제사에 흠향한다는 것이 전통적인 생각이다.

여기에서 혼백이란 인간의 정신인데, 사람이 죽으면 혼은 하늘로 올라가고 백은 땅으로 내려간다고 보고 있다.

> "혼기(魂氣)가 하늘로 돌아가고, 형백(形魄)이 땅으로 돌아가는 것이 죽음이다. 사람이 죽으면 열기는 위로 올라가니 백(魂)이 올라간다 고 하고, 하체(下體)가 점점 차가워지니 백(魄)이 내려간다고 하는 것이다."4)

이런 세계관의 밑바탕에는 기(氣)라는 용어에 대한 이해가 필요하다. 귀신이란 다른 것이 아니라 하나의 기(氣)다. 이 기(氣)가 움직이고 왕래하는 것이니 세상에 기 아닌 것이 없다. 그런데 사람의 기는 자연의 기와 언제나 쉼 없이 접촉하고 있다. 사람이 보지 못하지만 마음에 움직임은 반드시 기에 미친다. 이러한 기들이 서로 교감하고 통하는 것이다. 사람의 죽음은 이 기가 흩어져 돌아가 버리지만 그러나 흩어져 없어져 버리는 것은 아니다. 그러므로 제사는 감응(感應)의 이치가 있다. 조상들이 오랜 세월이 되어 멀어져서 기(氣)의 유무(有無)를 알 수 없지만, 제사를 받드는 것은 그들의 기를 이은 자손들이다. 말하자면 하나의 기의 흐름이 있다. 이것이 조상과 후손사이의 감

---

4)『朱子語類』卷三,「鬼神」

통(感通)의 이치가 있는 까닭이다. 그렇다고 해서 이미 흩어진 육신이 다시 모이지는 않음은 물론이다. 감통(感通)이란 자손의 정성이 선조의 혼백과 귀신에게 통한다는 의미다. 언제나 감통하는 것이 아니고 적어도 정성스런 제례를 통해 잠깐 이루어지는 것이라고 할 수 있다.

『주자어류』에 나오는 감통에 관한 대화를 통해 그 원리를 이해할 수 있을 것이다.

> "문: 제사의 이치에 정성스러우면 신이 있고 정성이 없으면 신은 없는 것입니까?
> 답: 귀신의 이치는 마음의 이치입니다. 제사의 감응이란 허공에 어떤 사물이 있는 것이 아니고 자손의 구함을 기다리는 것입니다. 제사를 주재하는 사람은 이미 한 기가 흘러 전해진 것입니다. 그 정성을 다하여 감응할 때, 그 기는 진실로 만날 수 있는 것입니다.
> 문: 자손의 제사가 그 정성을 다하여 조상의 정신이 모입니다. 이것은 다른 혼백과 합해지는 것입니까 단순히 혼이 감응하는 것인지 알 수 없습니다.
> 답: 향을 사르고 조용히 제사함은 기에 보답하는 것이며, 술을 올리는 것은 혼을 부르는 것입니다. 이것은 다른 것들이 합해지는 것이니, '귀와 신이 합함을 이르렀다고 가르침'이라고 했습니다."

이런 대화를 보면 귀신의 존재는 퍽 수동적이라는 것을 알 수 있다. 자손이 청할 때 감응하는 그런 성질이기 때문에 제사 때에 주로 자손과의 감응이 이루어지는 대상이라고 할 수 있다. 말하자면 정성과 공경이 없이는 귀신이나 혼백과의 감응은 불가능하다는 뜻이다. 또한 자손이 아니면 감응이 불가능하다는 의미도 내포된다. 유가에서는 제사를 올려야 할 대상은 한정되어 있었다. 종묘사직에 서민이 제사지낼 자격을 갖지 못했고, 또 장자손이 아니면 적법한 제례로 보지 않았다. 민속에서 행해지는 천지신명과 산천에 대한 제사도 음사(淫

祀)라고 하여 일종의 아부로 취급했다.

자손에 대한 제사는 혼백과 귀신을 청하는 일이기 때문에 평소와 다른 재계가 필요했던 것이다. 재계에서 재(齋)란 마음을 깨끗이 한다는 뜻이고 계(戒)한 우환을 방지함이라고 간단히 정리한다면 자기와 인연 있는 혼백과의 만남을 위한 하나의 준비단계라고 할 것이다.

귀신은 보려고 해도 보이지 않고 그 소리를 들으려 해도 들리지 않는다. 그러나 재계하고 밝고 깨끗이 하고 단정히 옷 입고 공경과 정성으로 생각한다면 좌우에 존재하는 듯한 경지가 되니 비로소 경건한 제사를 할 수 있다는 의미다. 말하자면 제사를 통해서 생명의 근원으로의 조상과 교감하고 또 자손을 통해 자신의 생명이 사후에도 교감할 수 있음을 알 수 있다. 곧 귀신과 혼백은 자손을 통해 나타나는 인간의 불멸의 영혼이기는 하지만, 부활하거나 윤회하는 것은 아니다.

Ⅲ. 재계의 방법

1. 산재(散齊)와 치재(致齊)

과거의 제례 가운데 가장 중요한 것은 계절마다 지내는 시제(時祭)였고, 그다음이 기제(忌祭)였다. 모두 재계(齋戒)를 필요로 하는데, 제사 날짜가 다가오면 먼저 산재(散齋)하고 다음에 치재(致齋)했다. 산재(散齋)는 좀 느슨히 재계(齋戒)하는 것이고 치재는 집중하여 재계하는 것이다.

제사에 앞서서 요구되었던 것이 심신(心身)을 가다듬는 것이었다.

치재(致齋)는 집안에서 하는 것이고 산재(散齋)는 밖에서 했던 것이다. 치재(致齋)에 이르면 돌아가신 분의 생전의 기거와 웃음과 뜻을 생각하고 그 기뻐하시던 것과 좋아하시던 것까지 생각하여야 한다. 이와 같이 삼일이 지난 다음 비로소 어버이의 모습이 드러나고 마음속에서 살아난다.

이를 『예기』에서는 다음과 같이 말한다.

"재계하지 않았을 때는 간사한 물건을 막지 못하고, 기욕(耆欲)을 그치지 못한다. 그 재계(齋戒)하려는 데 이르면 그 간사한 것들을 막고, 그 기욕(耆欲)을 그치고, 귀로 음악을 듣지 않는다. 그러므로 '재계할 때에 음악을 듣지 않는다'고 했다. 감히 그 마음을 흐트러지게 하지 않는다는 것을 말한다. 마음으로 구차하게 생각하지 않아도 반드시 도리에 의거하며, 수족을 구차하게 움직이지 않아도 반드시 예에 의거하게 된다. 그러므로 군자가 재계하는 데는 온전히 그 정명(精明)의 덕을 이루는 것이다. 따라서 산재(散齋)가 7일이고 치재(致齋)가 3일로 재계(齋戒)한다. 정(定)하는 것을 재(齋)라 하는 것이니, 재(齋)란 정명(精明)의 지극함이다. 그런 뒤라야 비로소 신명(神明)과 교감할 수가 있다."5)

율곡 이이도 당시의 재계에 대해서 산재(散齋)와 치재(致齋)를 다음과 같이 설명하고 있다.

"시제(時祭)면 산재(散齋)를 4일간 하고 치재를 3일간 하며, 기제(忌祭)면 산재(散齋) 2일간 하고 치재(致齋)를 하루하고 참례(參禮)면 곧 제숙(齊宿)을 하루 밤 한다. 산재(散齋)라는 것은 초상에 조문하지 않고 문병하지 않으며 냄새나는 채소를 먹지 않고 술을 취하도록 마시지 않는다. 흉하고 더러운 일에는 모두 가지 않는다(만약 길에서 돌연히 흉하고 더러운 것을 보게 될 경우도 피하여 보지 말아야

한다). 또 치재(致齋)란 것은 음악을 듣지 않고, 출입하지 않으며, 오로지 마음으로 제사지낼 분을 생각하고, 그가 즐기며 좋아하던 것을 생각하는 것이다. 이렇게 한 후에 제사를 지내야 그 얼굴이 보이는 듯하고, 그 음성이 들리는 듯하다. 정성이 지극해야만 신이 흠향하는 것이다."6)

이때의 태도는 오로지 고인을 추모하는 것에 전념한다. "재(齋)하는 날에는 그 거처를 생각하고 그 웃음과 말소리를 생각하고 그 뜻하는 것을 생각하고 그 즐거워하는 바를 생각하고 그 즐겨하는 바를 생각한다." 이렇게 한 후에 제사상 앞에 가서 서면 "꼭 그 자리에 보이는 것과 같고, 돌아서 문으로 나오면 숙연(肅然)히 꼭 그 음성이 들리는 것과 같고, 문에 나가서 들으면 개연(愾然)히 꼭 그 탄식하는 소리가 들리는 것과 같다."고 하는 경지에 이른 것이다. 이러한 것이 효도의 마음이며 정성스런 기일의 제사 태도다. "얼굴빛을 눈에서 잊어버리지 않고 목소리가 귀에서 끊어지지 않고, 뜻과 즐겨 하고자 하는 것을 마음에 잊어버리지 않는다. 사랑을 다할 때에는 마음속에 있고, 정성을 다하면 나타나는 것이다."라고 표현하고 있다. 나타나고 마음속에 있는 것을 잊지 않는다면 어찌 공경하지 않을 수 있으랴.

이처럼 재계(齋戒)는 일견 복잡하고 까다로운 제사준비의 절차이기는 하지만, 그 근본정신이란 경건하게 추모하는 마음을 갖는 데에 그 뜻이 있다.

---

6) 이율곡, 『擊蒙要訣』, 「祭禮」

2. 청결(淸潔)의 유지

1) 변식(變食)

청결은 재계의 중요한 내용 중의 하나다. 적극적으로는 청결이고 소극적으로는 부정(不淨)을 타지 않아야 한다.

재계(齋戒)의 방법 가운데 하나가 음식을 삼가는 것이다. 특히 술과 고기 그리고 냄새나는 음식을 삼갔다. 이것은 재계에서 뿐만 아니라 동양의 종교나 민속에서는 탁한 음식으로 장생에 도움이 되지 않는 음식이기도 하다.

특히 이러한 음식은 정신을 혼탁하게 한다고 보았다. 제사를 앞두고는 평소의 음식이 비록 술과 고기, 훈채라 하더라도 이를 삼갔다. 그래서 이를 '변식(變食)'이라고 한다.

또한 음식을 삼가는 것은 기운을 혼탁하게 하지 않게 할 뿐만 아니라 비린 음식 등을 금하여 내장을 비워 정신을 맑게 하는 뜻도 있다. 제례에 참여하는 사람이 술과 고기, 훈채 등을 삼가는 동시에, 제사에 올릴 음식은 지극히 청결해야 했다. 제사를 지내기 전에 그 음식을 먼저 먹거나, 개나 고양이나 쥐 등에 의해 더럽혀지는 일이 없도록 조심했다.

만약에 제사음식에 머리카락과 같은 것이 있다면 이는 귀신이 흠향할 수 없다고 생각했다.

'귀신에게는 머리카락이 구렁이로 보여서 도저히 제사 음식을 받아먹을 수가 없었다'7)는 옛사람들의 속설은 음식의 정결을 강조한

---

7) 이영춘, 『차례와 제사』, 대원사, p.63.

것이고 그만큼 정성을 다해야 한다는 의미일 것이다.

2) 의관정제(衣冠整齊)

복장 역시 정결하지 않으면 안 되었다.

의관을 정제(整齊)한다는 것은 재계에만 국한된 것이 아니라 선비의 일상적 태도이기도 했음은 물론이다. 공자의 재계에 가장 먼저 했던 행동은 역시 깨끗한 옷을 입는 일이었다. 그다음에 음식을 삼갔고 거처를 달리하는 방식이었다.

3) 목욕

목욕이야말로 중요한 재계로 지금도 '목욕재계'하는 것이 무언가 경건성을 상징하는 뜻으로 남아 있음을 알 수 있다.

가정의 제례뿐만 아니라 전통적인 부락제에서는 특히 제사를 주관하는 사람의 청결을 요구했다. 청결하지 못한 것은 다시 말해서 '부정을 탄' 사람으로 주관자가 될 수 없었다. 그래서 "당산제에 임해서는 항상 몸을 정결히 하기 위해 목욕을 해야 한다. 또 제물을 살 때와 만들 때도 값을 깎거나 맛을 보는 일은 용납되지 않는다. 또 정월 14일 밤에 모시는 당산제 전에 각 가정에서 자기 조상께 올리는 제상을 차려서는 안 된다. 또 가장 어려운 일로서는 제물을 만들 때나 그전에라도 화주가 목욕을 할 때는 반드시 찬물로 목욕을 해야 한다는 것이다. 또 하나는 제물은 반드시 일정한 깨끗한 물만을 사용해야 한다."8)

현재까지도 존속하는 별신굿이나 부락제에서도 제사를 주관하는

---

8) 『광주민속지』, 광주직할시

사람의 청결의 정도는 매우 중요시된다. 가령 대변을 보고나서는 곧바로 목욕하지 않으면 안 된다. 소변의 경우도 세수를 해야 한다. 그러기 때문에 이 소위 화주는 음식을 절제하지 않으면 안 된다.

4) 청소

몸과 옷 음식을 깨끗이 함은 물론 주변을 청소하는 일도 중요하다. 제삿날은 혼령이 와서 집의 구석구석까지를 두루 둘러보고 간다고 한다. 그 때문에 며칠 전부터 온 집안 대청소를 하고 심지어 우물까지도 품어내 청결히 하는 집이 있으니 그 바람에 집안이 깨끗해져서 좋은 이로움이 있었다.

민속에서도 부락제 같은 경우 마을 입구, 당산, 우물, 화주 집 등에 금줄을 치고 금토를 깔아버리면 누구나 마음대로 그것이 설정해놓은 내부를 출입할 수 없도록 했다. 집안이나 마을이 청결하지 않으면 곧 부정하면 재계가 잘 이루어지지 않았다고 할 수 있다. 이처럼 재계란 평소와는 달리 음식을 삼가고, 옷을 단정히 입고, 청소를 하는 등 청결을 유지하는 데 큰 의미를 두었다.

3. 근신(謹愼)과 공경(恭敬)

1) 근신

재계는 평상시와는 달리 근신하는 기간이다. 설령 평소에는 경박한 행동을 한 사람일지라도 제사에 즈음해서는 그래서는 안 된다고 생각했다. 오늘날에도 이러한 전통을 이은 가문들이 있다.

이영춘의 기록에는 다음과 같은 일화가 기록되어 있다.

어느 소위 편부 슬하의 결손가정이지만 자녀들을 잘 교육한 집안의 가장 이야기다.

최근에 이처럼 재계를 온전히 하는 가정이 많지 않지만, 이 집안의 가장은 적어도 제사를 앞둔 재계 때에 보인 이런 그의 근신이, 그의 자녀들에게 어느 정도의 교육적 효과가 있었다고 보아야 할 것이다.

재계를 할 때에는 남을 조상(弔喪)하지 않고 불요불급한 출입을 삼가며, 혹 외출을 하였다 하더라도 더러운 일에 참여하지 않는다. 남과 싸우거나 다투지 말고 무엇이든 먼저 양보하여 트집을 피하며 만약 행패를 만나더라도 재계 중임을 들어 무조건 용서를 빌어야 했다. 그래서 옛적에 그런 근신하는 효자를 행패하고 때리는 자가 있으면 마을에서 몰매를 맞는 수가 있었다.

요약하자면, 이런 근신이란 추모의 정을 갖기 위한 것이다. 평소의 오락이나 유희, 사업 등 세속적 이해에 몰두해 있다면 결코 제사지낼 마음의 준비가 되어 있지 않은 것이라고 할 것이다.

2) 공경과 정성

살아 있는 자들의 회식으로만 명맥을 유지하고 있는 오늘날의 제사에는 공경과 정성이 퇴색해가고 있다. 이는 제사에서뿐만 아니라 살아 있을 때에도 공경심이 이미 쇠퇴한 것과 무관하지 않을 것이다.

> "제사지내는 데는 그 정성을 다하고 조심하며, 그 믿음을 다하여 믿으며, 그 공경을 다하여 공경하며, 그 예를 다하고 잘못하지 않는다. 나가고 물러가는데 반드시 공경하여, 친히 명령을 듣고 혹 그것을 행하는 것처럼 한다. 섰을 때는 공경하여 몸을 굽히고 그 나갈 때는 공경하여 화락(和樂)하게 하고, 그 음식을 올릴 때에는 공경하여 화락(和樂)하게 하고, 그 음식을 올릴 때에는 공경하여 흠향(歆饗)하기를 바란다. 물러가서 섰을 때에는 장차 명령을 받으려고 하는 것과 같고, 이미 제물을 물리고 나면 공경하고 정숙한 빛을 얼굴에서 없애지 않는다. 이것이 효자의 제사이다. 섰을 때 몸을 굽히지 않으면 고루한 것이요, 앞으로 나갈 때 얼굴을 화락(和樂)하게 하지 않으면 소원(疏遠)한 것이요, 음식을 올리면서 흠향하기를 바라지 않으면 사랑하지 않는 것이요, 물러가 서서 명령을 받는 것처럼 하지 않으면 거만한 것이요, 이미 제물을 물리고 물러나서 공경하고 정숙한 빛이 없으면 근본을 잃는 것이다. 이렇게 제사를 지내면 잘못인 것이다. 깊이 사랑하는 자는 반드시 화기가 있고, 화기가 있는 자는 반드시 부드러운 빛이 있고, 부드러운 빛이 있는 자는 반드시 온순한 용모가 있다. 효자는 마치 옥을 잡은 것과 같고, 가득 찬 그릇을 받든 것과 같이, 통통촉촉(洞洞屬屬, 마음을 온전히 함) 정성을 다하여 마치 이기지 못하는 것처럼 하고, 장차 잃는 것처럼 한다. 엄하고 위엄이 있고, 엄연히 엄숙한 것은 부모를 섬기는 도리일 뿐만 아니라 성인(成人)의 도리인 것이다."[9]

제례에 있어서 이러한 근신의 태도는 제사를 진행할 때의 공경스런 태도로 이어진다. 형식에 있어서만이 아니라 마음가짐이 공경과 정성이 깃들어야 한다는 의미다.

---

9) 『禮記』,「祭義」

"효자의 제사는 그 정성을 다하고 다한다. 그 믿음을 다하고 다한다. 그 공경을 다하고 다한다. 그 예의를 다하고 실수하지 않는다. 진퇴에는 반드시 공경하여 마치 친히 명령을 듣는 듯하다며 신이 있어서 나를 시키는 것 같다. 효자의 제사는 가히 알 수 있으니, 공경하여 굽히고 그 나아감에 경건으로 기뻐하고 그 바침에 공경으로 바라고 물러나 서되 마치 장차 명령을 받을 듯하고 이미 철수하여 물러나 경제(敬齊)의 빛을 얼굴에서 끊지 않는 것이 효자의 제(齊)다. 이미 철수하여 물러나 경제(敬齊)의 빛이 없으며 근본을 잃음이다. 이같이 제사하고 잃지 않는다."10)

그러므로 재계의 목적은 어떤 형식을 그럴듯하게 꾸미는 것이라기보다는 그 내면을 순일하도록 하기 위해 먼저 외면의 행동을 삼갔던 것이라고 생각할 수 있다. 그 외면을 한결같이 간추리지 않으면 내면을 수양할 수 없을 것이다. 평소의 행동을 재계 때만큼은 조용하게 하되 마음에 두지 않으면 그 자세가 되지 않을 것이다. 행동하되 반성하지 않으면 다른 일들에 얽매어 근신하지 못할 것이다.

기일제(忌日祭)의 제삿날은 조상이 돌아가신 당일이다. 제사는 이날 첫새벽 곧 질명(質明), 닭이 울기 전에 행한다. 이는 그 돌아가신 날이 되자마자 맨 먼저 신을 영접하여 제향하려는 뜻이며, 동시에 날이 밝아 세상이 혼탁해지기 전에 신을 불러 정성(精誠)을 바치려는 것이다.

오늘날 돌아가시기 전날인 초저녁에 제사를 지내는 경우가 있는데 실은 제사를 준비하고 재계(齋戒)에 들어가야 할 입재(入齋)의 시간인 것이다. 그런데 그때 제사를 마쳐버리고 있는 것이니 재계의 의미는 사라져버린 것이다.

---

10) 『禮記』, 「祭義」

Ⅳ. 재계는 청결과 정화의 뜻

한국전통제례에서는 재계를 필요로 했다. 재계라고 하는 것은 제사 전에 몸과 마음 그리고 환경을 제사의식의 분위기로 바꾸는 종교적 경건성을 확립하는 것이다. 그런데 이 재계는 제사 이외에도 거행했다. 이를테면 소중한 책을 구하여 독서를 할 때, 이사를 할 경우, 중요한 일을 앞두고 심지어는 일기가 불순하여 천둥번개가 칠 때에도 의관을 정재하고 재계를 하는 경우가 있었다.

물론 재계는 제사의 경우에 가장 빈번히 행하는 의식이다. 제사의 순서에는 구체적으로 재계라고 하는 항목은 없지만, 제사를 앞두고 하는 재계는 중요한 의미를 갖는다.

그런데 제사의 대상이 되는 조상은 이미 고인이 되었는데 어떻게 제사가 가능한가, 여기에 유교의 영혼관을 잠시 정리해야 할 필요성을 느낀다. 우선 인간은 기에 의해 몸과 마음을 이루고 있는데 사망하면 기(氣)가 흩어져 버린다. 이때 혼(魂)은 하늘로 올라가고 백(魄)은 시신과 더불어 땅에 남게 된다. 제사 때에 재계를 하는 것은 이렇게 흩어져 버린 혼백과의 만남을 위한 것이다. 평상시대로 살면 교감이 이루어지지 않기 때문이다. 물론 이러한 혼백은 부활하거나 윤회하여 새로운 몸으로 나타나지는 않는다. 혼백은 그의 지체인 자손의 바람으로 자손의 혼백에 머물다 떠나는 것이다.

그러므로 유교에 있어서 영혼이란 자손(특히 남자)을 통해서 불멸하는 것이기 때문에 자손이 없다는 것은 그의 영혼의 완전한 사멸을 의미하는 것이 된다.

그러면 재계의 방법은 무엇인가?

첫째, 산재(散齋)는 마음속으로 조상을 생각하는 것이다. 제사가 다가오면 평소의 일에서 점점 손을 떼고 고인을 생각하는 것이 산재(散齋)다.

둘째, 치재(致齋)는 본격적으로 출입을 삼가고 음식을 삼가고 경건하게 집에서 마음의 준비를 하는 것이다. 구체적으로는 음식을 삼가고, 몸을 깨끗하게 하고 의복을 단정히 입어야 한다. 그리고 제사의 음식이나 주변을 깨끗이 하여 조상의 혼백과 만날 준비를 해야 하는 것이다. 이런 청결이 유지되지 않으면 혼백은 감동하지 않는다.

셋째, 조심을 하는 것이다. 남과 싸움을 해서도 안 되고, 부정한 곳에 가서도 안 되며 그런 것들을 보아서도 안 된다.

한국의 전통제례에 있어서 재계란 제사의 준비에 국한하는 것이지만, 알고 보면 일상생활에서도 매우 도덕적인 자세라고 할 수 있다. 만약에 많은 사람들이 재계를 하듯 청결한 몸과 마음을 유지하고 매사에 공경과 정성 그리고 조심스러움을 유지한다면 현대사회의 무규범적 현상은 많이 해소될 것이다. 인생이란 유서 깊은 조상으로부터 오늘에 이어졌으며, 육신이 이 세상에서 떠나더라도 자손을 통해서 영원히 이 땅에 존재한다는 그 자각만으로도 사람들은 보다 더 양심적으로 될 것이다.

그러므로 한국의 전통제례에 있어서 재계는 윤리적 의미를 가진 것으로 평가할 수 있다.

제3부

禮의 변화

박세당(朴世堂)의 예학

-삼년상식(三年上食) 논쟁을 중심으로-

I. 17세기의 예에 관한 논쟁

유교윤리의 가정적 사회적 기능 중에서 관혼상제의 의례는 매우 무거운 비중을 차지한다. 그중에서도 장사(葬事)를 예(禮)로써 치른다는 것이나 신종추원(愼終追遠)이면 민덕(民德)이 두터이 돌아온다는 점에서 더욱 중요시되었고, 예론의 쟁점이 발생한 것도 바로 이 관혼상제 가운데 상례 부분에서였다.

박세당 당시에는 두 차례에 걸친 상례에 관한 '복상사건(服喪事件)'이 있었다. 1차 기해예송(己亥禮訟, 1659년)은 효종의 장례에 그 계모 자의대비(慈懿大妃)의 복제에 대하여 송시열 등 서인이 기년(朞年, 1년)설을 주장하여 채택되었으나 이런 과정에서 윤휴 등이 3년 설을 주장하여 논쟁이 발생했다. 2차 갑인예송(甲寅禮訟, 1674년)[1]은 효종비 인

---

1) 이선자, 「윤휴와 朴世堂의 예설 검토」, 『동아문화연구』 10집, 한남대학교인문과학연구소, 2005, 논평문에서 갑인예송은 송시열을 몰아내기 위한 김석주의 사주로 朴世堂이 참여했다는 지두환 교수의 입장, 당시 서필원과 가까운 박세당의 입장이 김장생의 문인 임의백을 탄핵했다는 주장이 있으나 필자의 입장은 박세당이 지나친 예송을 부정했다는 점에서 이 입장은 설득력이 없다고 봄.

선왕후의 장례 때 다시 자의대비의 복제를 놓고 논쟁이 있었다. 이때는 서인의 대공설(9개월)설이 아닌 남인의 기년설(朞年說)이 선택되었다.

숙종대에 박세당 본인과 직접 관련된 삼년상식에 대한 예송이 있었는데, 왕가가 아닌 사대부가의 제례에 대해 조정에서 논쟁이 일어났던 것은 흔하지 않은 일이다. 박세당의 위치가 경전주해에 있어서도 탈주자학적인 면으로 지탄의 대상이 되었을 뿐만 아니라 박세당 사후 그의 삼년상식에 대한 철폐지시가 역시 탈주자학적 예학으로 받아들여져 논란이 되었던 것이다.

이런 풍토는 시비의 초점인 예(禮)를 서로 절대시한 경향에서 온 것이라고 볼 수 있다. 기존의 예에서 한 치도 벗어나지 않으려는 보수적 태도와 그것을 새롭게 해석하려는 새로운 사고방식 사이에 갈등이라고도 볼 수 있을 것이다.

예(禮)의 명분론에 입각한 차별적 사회질서 의식이 내재되어 있고, 그것을 고정적 고착화로 보는 것으로부터 탈피하고자 했던 박세당의 전반적 사상이 의례관에서도 과연 탈주자학적이고 동시에 실학적인 사고가 내재되어 있는가를 검토하는 것이 이 글의 목적이다.

Ⅱ. 박세당의 삼년상식의 폐지론

1. 박세당 이전의 삼년상식 폐지 논쟁

박세당의 삼년상식 폐지 유언은 조정에서 예에 관한 논쟁에 불을 지폈다. 우선은 삼년상식의 폐지를 이 삼년상식이 고례에 없다는 것에 대한 논쟁을 들 수 있다. 이 문제는 박세당의 유언 이전에도 이미 삼년상식이 고례에 '졸곡 이후에는 상식하지 않는다'는 구절이 있다는 것이 지적되고 있었다. 주자가례에 상식을 폐지한다는 구절이 없었기 때문에 유지되었고 해롭지 않은 절차로 인정하고 있었다.

박세당의 삼년상식 폐지와 무관하게 이미 숙종 1년 왕실의 상례에서 삼년상식에 대해 허목(許穆, 1595~1882)은 반곡하면 조석곡만 하고 전(奠)하지 않는다고 말하면서, 조석상식이 아니라 초하루 보름에만 하는 것이 예라고 했다.

> "예에 전(奠)은 있으나 상식은 없으니, 시사전(始死奠), 소렴전(小殮奠), 대렴전(大殮奠), 조석전(朝夕奠)이 있고, 삭월(朔月)에 서직(黍稷)을 올리는데, 『상대기보(喪大記補)』에 이르기를, '삭월(朔月), 월반(月半)에 은전(殷奠)한다' 하였습니다. …사람이 살면 아침저녁을 항상 먹으며, 죽으면 삭월, 월반의 은전이 있고, 대상(大祥)을 지내면 사시(四時)의 제사가 있으니, 예제에는 절도가 있고 융쇄(隆殺)에는 점차로 하는 것이 있습니다. 묘문을 여는 예에서는 이미 곡을 그쳤는데, 상식하면서 오히려 곡을 한다면 이는 항상 곡(哭)이 있는 것과 같고, 또 슬픔이 지극하면 곡하는 것은 초상과 같으므로 슬픔을 점쇄(漸殺)하는 절도가 아니니, 예는 실속을 귀하게 여기고 겉이 아님을 의심할 바가 아닙니다."2)

이미 졸곡을 했는데 삼년동안 상식을 하면서 곡을 하는 것은 정당한 곡이 아닌 것이며, 슬픔을 초상과 같이 유지하는 것도 절도 있는 예가 아니기 때문에 실속을 중시하지 않는 형식적인 의례가 삼년상식의 예라고 비판했던 것이다. 물론 이는 삼년상 자체를 폐지하는 것이 아닌 초하루 보름[朔望]에만 상식하는 것이었다.

---

2) 『肅宗實錄』 권3, 숙종 1년 3월 정해일, 38책, p.257, "禮有奠而無上食, …非哀殺之節, 禮貴實無貌, 非所疑也."

허목은 이어지는 글에서 "퇴계 이황의 말을 인용하여 예의를 상세히 보건데, 졸곡(卒哭)하면 점차로 길례를 쓰고, 조석 사이에 슬픔이 지극하여도 곡하지 않으나 오히려 조석곡은 존속하다가, 연제(練祭)를 지내고서 조석곡을 그치고 초하루 보름에만 회곡(會哭)하니 슬픔을 점차 줄이고 곡도 점차 줄이는 것이다. 만약 조석의 상식에만 곡한다면 초하루 보름에 회곡한다고 말하지 않을 것이다."라고 말했다.3)

이처럼 삼년상식이라는 것이 고례(古禮) 등의 예학에 근거를 둔 보편적인 것이 아니라는 지적은 이미 박세당의 유언 이전에 3년간 조석상식이 고례에 없었다는 주장이 허목의 주장에서 보인다. 이러한 허목의 삼년상식 폐지의 의견에 대해 반박이 따랐다. 고례에는 없었더라도 송나라 시대부터 여러 선비들에 의해 정착되었고 주자가 이를 해롭다고 보지 않았으며, 이미 우리나라의 풍속이 되어 통행되고 있는 제도이므로 받아들여야 한다고 했다. 덧붙여서, 예학의 권위자인 김장생에 의해 확립된 이런 예법을, 개인적으로 송시열과 관계가 나빴던 허목이 이를 고례를 핑계 삼아 삼년 조석상식에 대해 부정했다는 비판도 나왔다.

이처럼 숙종 1년에 삼년상식에 대한 예송이 있었던 것이다. 고례에 없는 것이며 퇴계 이황도 이를 예법이라고 주장했다는 입장과, 한편에서는 고례에 없더라도 주자를 비롯한 송나라의 유학자들이 조석의 상식을 했고, 근래에 모두가 다 행하는 풍속이고 사계 김장생을 비롯한 선현들도 이를 부정하지 않았다는 것이 당시의 쟁점이었다.

---

3) 『肅宗實錄』 권3, 숙종 1년 3월 정해일, 38책, p.257. "先儒臣李滉曰, …朝夕上食哭, 不應日朔望會哭."

2. 박세당의 삼년상식의 폐지론

주자학적 예학으로부터 탈피하려는 박세당의 실질정신을 잘 말해 주는 것이 삼년상식(三年上食) 폐지에 대한 그의 유언이라고 할 수 있다. 당시 삼년상식은 국가적으로 법제와 같은 규범으로 정착되었고, 일반가정의·상제례의 규범이 되는데, 박세당은 고례에 없는 절차임을 지적했다. 그는 이러한 풍속이 고례나 주자가례에 명백한 근거 없이 통용되고, 또 일종의 법적 기능을 하는 것에 대해 부정적이었다.

더구나 제례는 법이 아닌 개인가의 의례인 만큼, 그는 자녀들에게 3년 상식을 하지 말도록 권유하고 생업에 방해받지 않는 예(禮)의 적용을 주장했다. 이 근거로 고례에는 없었다는 주장을 펼친다. 그것이 주자의 『가례』에도 불분명하고 고례에 없는 것이므로 삼년상식은 정당한 제사절차가 아니라는 것이다.

> "사람이 죽음에 삼년상식은 예가 아니다. 고례에는 없었다. 언제부터 시작되었는지 모르겠다. 주자께서 장제는 후히 하라하여 가례에 있는 고로 그 후 사대부가에서 다들 추종하였으나 선배 호례가에게도 그 불안 하다는 말을 들었으나 고례를 쫓고 회옹(주자)의 설을 좇지 아니하는 사람 한두 사람에 불과하였다."4)

이 유언을 수행한 자손들은 조정에서 비판의 대상이 되었다. 정언(正言) 김만근은 박세당이 삼년상식을 폐지한 유언을 비판하고, '제사를 폐한 죄'를 바로잡기를 건의하였는데 그 내용은 삼년상식은 죽은

---

4) 朴世堂, 太『全書』下,「戒子孫文」 p.18. "人死而三年上食, 非禮, 古則無此. 不知始於何時, 而朱子以爲葬祭, 宜從厚而著之家禮故, 其後士大夫之遭喪者, 無不爲之, 然嘗聞先輩好禮之家, 深覺其不安, 能從古禮, 不用晦翁之說者, 亦有一二."

이를 산 사람처럼 섬기는 인정의 발로이고, 오랜 풍속인데 이를 폐지하라는 박세당의 유언을 비난하고 있다.[5]

한 가정에서 일어난 일이 고발되는 상황에 이른 것을 볼 때 삼년상식에 관한 해석은 예의 근거를 지금 시행되는 풍속에 따라야 한다는 견해와 예의 근거는 고례여야 하기 때문에 현행의 풍속에 얽매일 필요가 없다는 숙종 원년의 예송의 재판이 된 것이다.

박세당의 입장은 허목과 같음을 알 수 있다. 그는 고례에도 옛적에는 없었던 절차가 언제부터 시작되었는지 모르며 주자가 장제는 후히 하라하여 가례에 있기 때문에 당시의 사대부가에서 추종하였을 뿐이라고 하고, 이미 장사하고 졸곡(卒哭)에 정설(正設)의 전(奠)을 철폐하면 흉례인 상례는 마무리되고 길례인 제례로 바뀌는데 흉례가 3년 동안 이어지는 것은 흉례와 길례가 뒤죽박죽되는 정당한 절차가 아니라는 것이다.

고례에 없을 뿐만 아니라, 죽은 자도 감응하지 않는 의례를 굳이 집착할 필요가 없다는 이 주장을 강하게 하면서, 이것이 몰고 올 풍파를 예견하면서도 박세당의 세론에 연연하지 말 것을 당부했다. 그는 타인의 눈길 때문에 이러한 삼년상식을 하는 것은 매우 잘못이기 때문에 설령 세상 사람들의 비난이 있더라도 반드시 폐지하라고 당부한다.

다른 사람들이 이상하게 생각하더라도 흔들리지 말 것이며, '득죄어중(得罪於衆)'하더라도 어기지 말고 자신만이 아니라 대대로 계승하여 가문의 제도로 삼으라고 한다.[6] 이 삼년상식 폐지에 대해 당시의

---

5) 『肅宗實錄』 권39, 숙종 30년 갑신 6월 무술일, 40책, p.93. "…以此見之三年上食… 改喪制以爲世道害者."
6) 朴世堂, 太『全書』上, p.4.

조정에서는 한 가문의 일이 아닌 국가적 논쟁으로 비화하였음은 물론이다.

박세당의 삼년상식 폐지가 고례에 근거한다는 데 대하여 당시의 학자들은 그것을 부정하지 못했던 것이다. 민진후(閔鎭厚, 1659~1720)는 박세당을 비판하면서도 진시황의 분서로 인해 고례가 많이 실전되어 버렸기 때문에 고례에서 삼년상식의 근거를 찾을 수 없다고 인정했고,『의례』의 정현 주석에도 졸곡이 지나면 상식하지 않는다는 글이 있고, 주자가 모친상에 조석상식을 하지 않았다는 것을 부정하지 못했다. 다만 그는 주자나 이황, 김장생 등의 제현들이 후할수록 좋다고 했으며 현재 시행되고 있는 전통을 박세당과 그 문도들이 파괴하여 풍속을 어지럽힌다는 논리로 대응했다.

> "진화(秦火)한 이래로 고례가 많이 실전된 까닭에 선유(先儒)의 주
> 해와 논변이 간책(簡册)에 넘치지만, 요컨대 그 귀결은 반드시 후한
> 데에 따르는 것을 위주로 하고 있습니다. 졸곡이 지나면 궤식(饋食)
> 하지 않는다는 글이 『의례』의 정주(鄭註)에 보이고, 주자의 한천(寒
> 泉)의 일 또한 자세히 알 수 없는 것이 있으나 주자가 이미 말하기
> 를, '지금 세상에서 현재 시행하는 예절이 후하게 하는 것이 해가
> 될 것이 없다'고 했으니 또 참람한 혐의가 없다면 이것은 바꿀 수
> 없는 정론(定論)이 되는 것입니다."7)

조정에서 논해지는 이런 글에는 고례에 삼년상식에 관한 규정이 없고, 오히려 졸곡 후에는 상식하지 않는다는 것에 대해 단지 세상에서 행해지고 있고 예는 후할수록 좋고 해가 되지 않는다는 주자의 말에 근거를 둔다. 말하자면 전거는 불확실하지만 세상에 행해지는 것

---

7)『肅宗實錄』권40, 숙종 30년 9월 무신일, 40책, p.106. "自秦火以來… 則此爲不易之定論."

을 폐지할 이유가 없다는 논리이면서 동시에 오랜 관행을 벗어나려
하는 탈주자학적 경향의 박세당에 대한 강한 경계심이 들어 있다.

　반론의 이론을 고례에서 찾을 수 없는 삼년상식의 다른 근거를 찾
아야 하는데, 당시 삼년상식의 폐지를 비판하는 이론 중에는 고례나
다른 문헌적 근거가 약함을 알 수 있다. 여기에 비해 박세당의 입장
을 옹호하는 홍우행 등은 고례에서 삼년상식이 없음을 명백하게 말
하고 있다.

3. 박세당 사후의 삼년상식 폐지논쟁

　삼년상식 폐지의 유언을 실행했던 박세당의 자손들이 공격을 받는
상황에서 박세당의 문도들은 이에 대해 강력하게 항의하고 그의 유
언은 예서에 근거한 것이며, 또 한 가정에서 선택할 수 있는 것인데
도, 마치 국법을 어긴 양 죄를 주려하는 것은 예의 가변성을 부인하
고 절대화하려는 부당한 조치라고 항의한다.

　졸곡하고 휘(諱)함은 살아서 모시는 일이 끝나고 귀신을 섬기는 일
이 시작된다는 것이 『예기』의 글과, 하실(下室)에서 다시 궤식하지 않
는다고 말한 것은 한(漢)나라 유신 정현이 주해한 말이 명백한 근거
로 등장했던 것이다. 삼년의 조석상식으로 이미 돌아가신 분을 살아
계신 분으로 모시는 것은 예법이 아니라는 것을 분명히 하고 있다.

　박세당의 문인들은 이것은 또한 주자가례를 벗어나는 것이 아님을
주장했다. 주자가 모친상에 삼년상식을 하지 않고 초하루 보름의 상
식을 했으며, 구체적으로 조석상식의 규정이 없다는 것이다.

"주자가 지은 『가례』에 미문쇄절(彌文瑣節)이 모두 자세히 갖추어
졌으나 유독 영침, 상식(上食) 등 절목에 있어서는 그 시작만 들고
마침은 말하지 않았으니, 진실로 의심할 만한 것이 있습니다. …주
자가 그 어머니의 상을 당하여 늘 한천정사에 거처하고, 초하루 보
름에만 돌아가 궤연에 전(奠)을 드렸는데, 한천은 무덤이 있는 곳이
니, 이는 대개 장사지낸 뒤에 이미 조석 상식(上食)의 일이 없기 때
문에, 그 여묘(廬墓)의 예절을 펼 수가 있고, 초하루 보름에는 은전
(殷奠)이 있기 때문에 와서 궤연에 참례한 것입니다."8)

여기서 주목할 것은 삼년의 조석상식이 삼년상을 폐지한다거나 시
묘를 폐지하는 것이 아니며 주자의 모친상에서도 초하루 보름의 상
식이 있을 뿐 조석상식이 없었다는 것이며, 예학의 권위자인 김장생
의 경우도 명백히 조석상식을 확실히 이야기하지 않았다고 한다.

"문원공 김장생이 말하기를, '장사 지낸 뒤에 아침저녁의 상식을
그만두어야 할지 그만두지 않아야 할지 조금 의심스러움이 있다'
고 하였습니다."9)

다만 김장생의 경우는 조석의 궤식을 고례에는 마땅히 그만두어야
하나, 풍속에 따르고 후한 데에 따름이 해로울 것이 없음을 이른 것
으로, 조석상식이 해롭지 않았다고 말했기 때문에 이를 필수적인 격
식으로 풀이해서는 안 된다는 것이라고 했다. 송대의 주자를 비롯한
퇴계 이황이건 사계 김장생의 입장 등과 반하지 않음을 항변했던 것
이다.

삼년의 조석상식은 고례에도 『주자가례』에도 없는 것인데도, 그러
한 풍속이 당시에 사대부가에 널리 시행되었던 것을 당대의 예학자

---

8) 『肅宗實錄』卷40, 숙종 30년 8월 정유일, 40책, p.103. "朱子著,『家禮』…而朔望則有殷奠, 故來參几筵也."
9) 『肅宗實錄』卷40, 숙종 30년 8월 정유일, 40책, p.103. "文元公 金長生之言曰, …尋常有疑."

들은 나쁘지 않다는 평가를 했는데, 이를 강제하는 것은 예의 본질이
아니라는 것이다.

"설사 근거할 만한 글이 있다 하더라도 조금 어기거나 달리하는 자
가 있다 하여 어찌 사람마다 모두 죄줄 수 있는 것입니까? 진실로
그렇다면 예는 예가 아니고 바로 율문(律文)인 것입니다."[10]

　예는 강제적인 법이 아니라는 것이 박세당 문인들의 입장이었다.
설사 예서에 삼년상식의 규정이 있다고 하더라도 그 예를 지키지 않
았다고 죄인 취급을 하는 것은 예가 아닌 법이라는 것이다. 더구나,
가례는 국법이 아닌 한 집안의 예인데, 아버지가 아들에게 유언한 것
을 시비하여 마치 국법을 어긴 것처럼 취급하는 것은 부당한 것이라
고 주장한다. 고례에도 주자가례에도 전거를 찾을 수 없는 것을 강제
하는 것도 문제려니와 아버지의 유언을 실천하려는 아들을 벌주려하
는 것도 이치에 맞지 않다고 항변했다.

"하물며 이 철궤(撤饋)는 다만 한 집안의 일이며, 또 의거할 만한
국전(國典)이 없는데 억지로 시왕의 제도를 어겼다 하여 예전(禮典)
의 외에 따로 금조(禁條)를 제정하니, 아! 이것이 과연 여러 사람을
(群情)을 기꺼이 복종하게 할 수 있겠습니까? 지금 죄를 청하는 뜻
이 그 명령을 남긴 자를 죄주려고 하는 것이라면, 고례에 따른 것
이 과연 무슨 죄가 있다는 것입니까? 그 자손으로 봉행한 자를 죄
주려고 하는 것이라면, 이는 아비의 명령에 따른 죄로 삼는 것입니
다."[11]

　이러한 항변에 대해 당시 숙종은 평가하기를 삼년 조석상식을 폐

---

10) 『肅宗實錄』 卷40, 숙종 30년 8월 정유일, 40책, p.103. "設有可據之文, …苟然則禮非禮也, 乃律文也."
11) 『肅宗實錄』 卷40, 숙종 30년 8월 정유일, 40책, p.103. "況此撤饋… 則是以遵父命爲罪也."

지하고 통행하는 예법을 어기는 것은 해괴한 것이라고 하더라도 이것은 한집안의 일이므로 풍속을 해친다는 할 수 없다는 의견을 피력했다.12)

삼년상식 폐지를 유언한 박세당의 입장을 지지하는 그의 문인들의 상소문에서 찾을 수 있는 것은 삼년상식은 고례나 주자가례에서 전거를 찾을 수 없는 예법이며, 단지 근거를 찾는다면 장례를 후하게 하는 것이 해롭지 않다는 선인들의 말과, 우리나라에서 통상 행해졌던 관습에 의거한 것이라고 한다. 고례에도 확실치 않은 삼년 상식의 의례를 한 가정의 제사에 대해서 강제할 근거는 아니며 만약 강제한다면 그것은 진정한 예가 아니라는 요지다.

Ⅲ. 박세당의 유교 의례관

1. 삼년상식 폐지론에서 본 박세당의 의례관

박세당이 자손들에게 유언한 삼년상식 폐지는 많은 논란을 일으키고 많은 비판을 받았으며 자손들은 고통을 받았다. 이런 나쁜 반응을 예상했으면서도 박세당이 이러한 주장을 하는 데에는 그가 진실의 기준을 변화하는 여론에 두기 보다는 나름대로의 진실에 대한 집요한 소신에 두고 있었음을 말한다.

---

12) 『肅宗實錄』 卷39, 숙종 30년 7월 무오일, 40책, p.97. "但此是渠之一家事, 豈至於害及風俗."

박세당은 어떤 진실이 다른 사람들의 평가에 의해서 정해지는 데 그러한 평가가 정당한 경우에야 상관없지만 잘못된 평가일 경우는 그것에 구애받을 필요가 없다는 대단히 주체적인 가치관을 피력하였다. 삼년상식을 그만두게 한 점에서뿐만 아니라 군자와 소인의 규정도 마찬가지였다.

그는 선과 악, 기쁨과 슬픔, 좋아하고 싫어함, 옳고 그름을 가지고 서로 다투는데 이러한 것들은 상대적인 것들이지 절대적일 수 없다고 본다. 따라서 군자와 소인에 대한 평가도 결국 자신이 좋아하는 사람을 군자라 하고 자신이 싫어하는 사람을 소인이라 함으로 특정한 기준이 없다는 것이다. 따라서 타인의 평가에 의해 선악과 시비가 결정될 수 없는 것이므로 그것에 좌우될 필요가 없으며 오로지 자신의 판단에 의해서 결정될 것임을 말하는 것이다.

이러한 점은 두말할 나위도 없이 그가 전통을 맹목적으로 고수하는 명분론보다는 현실에 맞추어 진실을 추구하려는 실용과 실천을 중시하는 인물이라는 것을 잘 표현해 주고 있다. 그가 주자학의 절대주의로부터 자유로운 실질의 가치를 강조하는 데에는 이러한 정신이 있다. 그의 만년을 괴롭힌 이경석 비문사건을 통해 비판자들의 질타에 대해 '착하지 않은 자가 미워하는 것이야 군자에게 무슨 병이 되겠는가?'[13]라고 응대하는 데서도 찾아볼 수 있다.

그러나 박세당의 진정성은 타인의 평가를 두려워하지 않는 이런 소신이 아니라, 지나치게 경직화되고 형식화되는 의례가 바람직하지

---

13) 朴世堂, 太『全書』上, pp.162-163. 卷8,『雜記』,「效愛惡箴」, "人謂子君子, 子爲君子人矣. 子安得無喜乎! 人謂子小人, 子爲小人人矣. 子安得無憂乎! 子爲人獨無人之情乎! …人有好惡是非交爭, 吾且從而一爲憂, 一爲喜, 以爲不智故不爲也."

않기 때문에 실질의 정신을 회복해야 된다는 문질빈빈(文質彬彬)에 있
다고 보아야 할 것이다.

2. 고례의 존중

박세당은 탈주자학적 경향을 가졌지만, 기존의 유교사상이나 유교
의례가 단순한 가례만이 아니라 종묘사직의 의례로 나라를 다스리는
중요한 의미를 가졌다고 하여 존중한다.

> "효(郊, 하늘에 제사지내는 것)와 사(社, 땅에 제사지내는 것)에 미쳐
> 서 사람을 섬김을 안다면 하늘을 섬기는 일을 알 수 있다. 하늘을
> 섬기는 일에 그 도리를 다할 수 있다면 나라를 다스리는 것이 어떻
> 게 어렵겠는가? 하물며 소목(昭穆), 귀천(貴賤), 현불초(賢不肖), 장유
> (長幼)가 각각 그 차례를 얻지 않는 것이 없어서, 은혜가 아래에 미
> 칠 수 있다면 나라를 다스리는 도는 이미 갖추어진 것이다."14)

인간과 인간의 관계를 통해 사회기강을 유지하는 유교적 질서를
위해 수행하는 일은 소위 사회기강을 위한 위계질서 유지에 도움을
주는 것으로 받아들이고 있다. 그가 유교적 의례를 존중하는 태도에
바탕을 두고 있음을 알 수 있다. 이러한 예를 중시하는 것이야말로
문치(文治)를 존중하는 유교문화다운 것임을 천명하고 있다.

> "덕과 예는 자기 몸이 닦여지는 것인데, 몸소 실행하고 감화되는
> 효과가 없음은 백성이 법을 두려워할 줄은 알되, 자신의 착하지 못

---

14) 朴世堂, 『思辨錄.中庸』 太 『全書』下, p.35. "此總結上三節, 回言宗廟之禮, 并及郊社, 知事人則 可以知事
天 事人天 能盡其道, 其於治國, 又何難乎! 況昭穆貴賤賢不肖長幼, 無不各得其序而恩足, 以逮下則, 治國
之道已備矣."

한 것을 수치로 생각하지 않기 때문이다. 몸소 실행하며 감화되는 효과가 있음은 백성이 착하지 못한 것을 수치로 알아 능히 바르게 된다. 덕으로써 ‘인도’하면 수치를 깨닫고, 예로써 ‘정제’하면 바르게 되는 것이다.”15)

유교의례는 법률과 형벌로 다스리는 것이 아니라 사람들 스스로 성찰을 통해 국가질서를 유지하려는 문화적 교양을 중시하는 데서 나온 것임을 말해주고 있다. 다시 말해서 예를 일종의 법률화하는 주자학적 절대주의에 대해서는 유교본연의 모습이라기보다는 법제화, 강제화가 됨으로써 본래의 예의 정신을 상실할 것에 대해 우려했다.

더구나 이러한 예에 관한 논쟁이 붕당 간의 이해타산과 얽혀 서로의 명분을 강화하는 예송으로 이용되는 것에 대해 부정적인 생각을 했다. 당시 예송은 상복에 관한 규정이 고례에 문헌적 근거가 나와 있지 않기 때문이라고 그는 파악했다. 논쟁의 두 입장이 어느 쪽도 허용될 수 있었기 때문에 상소문 사이에 차이가 있었다는 것이다.16)

1674년 2차 예송 때에는 자부인 효종비 인선왕후의 상례에 시어머니였던 조대비가 입을 복제를 두고 일어난 논쟁이 일어났다. 이 논의의 핵심은 인선왕후가 장자부(長子婦)인가 중자부(衆子婦)인가의 문제였다.

박세당은 자부의 복제는 고례17)인 『의례』는 물론이고 『경국대전』에서 복식이 달리 규정되었음을 확인했다. 그는 홍문관에 글을 보내어 효종의 상례에 조대비가 이미 중자(衆子)를 위한 기년복을 입었으

<hr>

15) 朴世堂, 『思辨錄 論語』, 「爲政」太 『全書』下, p.4. “德禮修之己, 無躬行觀感之效, 所以民知畏法, 而不恥不善, 有躬行觀感之效, 所以民恥不善而克由夫正, 以德則有恥, 以禮則能格.”

16) 朴世堂, 太 『全書』上, 卷7, p.136. 「辨論」, “禮訟辯古禮, 旣無正文, 傳疏間有異同, 一時之禮酌, 可以行用甲用乙, 無所不可.”

17) 古禮의 근거는 三禮인 『周禮』, 『儀禮』 그리고 『禮記』에서 체계적으로 정리되어 있다. 특히 周禮는 周代의 국가체계의 모범으로 정치, 경제, 법률, 禮 등 거의 모든 분야에서 이것이 전거가 되었다.

므로, 효종비에 대해서도 중자부복(衆子婦服)에 해당하는 대공복(大功服)을 입어야 한다고 제의했다.[18] 1차 예송에서는 장자(長子)와 중자(衆子)에 대한 복제의 구별이 없었기 때문에 아무래도 상관이 없었지만, 2차 예송 때는 『의례』에 근거하여 대공복을 주장했다.

박세당은 서인에 속했고 남인계열의 예학은 고례의 전통, 즉 예의 원리와 적용에서 신분의 존비와 지위의 고하를 분별하는 전통을 유지했다는 평가는 보편적인 분석이라고 할 수 없다. 왜냐하면 박세당은 서인에 속하면서도 고례를 중시했고, 이것은 당시 집권세력인 서인들 간의 논쟁이었다는 점에서 종래의 분석의 범주에 들어가지 않으며, 탈주자학적 예학이라고 할 수 있다.

유교의 의례의 정신은 개인에게나 사회질서를 위해서 대단히 중요한 것이지만, 주자학적 의례는 너무 강제화, 법률화되어감으로써 허례허식이나 공리공론적인 양상으로 나아갔기 때문에 박세당은 예의 기준을 고례를 중심으로 하고자 했고, 또한 당파적 입장으로부터 벗어나려 했다.

3. 문질(文質)의 조화와 실학의 추구

원시유교의 예는 악과 더불어 중요한 의의를 갖는다. "흔히 예라는 말을 쓰는데, 예란 세상 사람들이 말하는 것처럼 예물(禮物)로써 사용하는 옥이나 비단 같은 것일까?"[19] 공자는 이를 부정하면서 예의 근

---

18) 『顯宗改修實錄』卷27, 15년 2월 임술일, "애당초 기해년에 상복을 1년 복으로 결정할 때에 여러 대신들과 송시열 등이 모두 나라의 제도를 실례를 들어 제의했지만 시열의 의견은 가의의 주석을 네 가지 설을 주장하지 않은 것은 아니었다. 이번에 예조에서 애당초 나라의 제도에 맏며느리는 1년 복을 입는다는 것으로 작정해 들여보냈을 때에 조정의 관리들이 처음에는 딴 의견이 없었다. 朴世堂이 시열의 의견과 거리가 멀다는 것으로 홍문관에 편지를 내어 지차 며느리의 상복을 입어야 한다고 하였다."

본은 마음으로부터의 공경 속에 있는 것이므로, 그 공경심을 떠나서는 생각할 수 없다고 한다. 형식과 절차에 연연하는 외면적 예가 아니라 공경과 정성의 마음으로 찬 내면적인 예를 다함이 보다 더 예에 가깝다고 보았던 것이다.

주자 또한 예(禮)를 천리(天理)의 절문(節文)이요, 인사(人事)의 의칙(儀則)이라고 했다. 절문은 예의 내면적 내용을 표현한 것이고 의칙이란 외면적 형식을 표현한 것이다. 그리고 내용과 형식은 조화되어야 한다고 보므로, 주자의 예학에는 맹자와 정이천의 내면적 예를 계승하는 한편 형식을 중시하는 순자와 사마광의 입장도 함께 수용한다.20)

박세당은 이러한 유교전통과 주자학의 본질을 벗어나 자신의 시대가 예의 내용보다는 형식에 치우치고 있었던 예의 논쟁에 대해, 내용과 형식의 조화를 바람직한 것으로 보고 어느 한쪽에 편향되어서는 안 된다고 보았다. 그는 논어의 주석에서 "예악의 진실은 옥이나 비단 혹은 종고(鍾鼓)의 사이에 있지 않다. 그 본질(實)을 다하고 형식(文)이 있는 것을 빈빈(彬彬)이라 한다. 형식이 갖추어졌는데 본질을 잃음은, 본질을 두고 형식을 잃은 것만 같지 못하다."21) 예악의 실상은 옥백이나 종고 사이에 있는 것이 아니라는 말이다. 그 실상을 다하고 문채(文彩)로써 이것에 맞추면 곧 빛나는 것이 된다. 만일 문채만 갖추고 실상이 없다면 애당초 실상은 있고 문채가 없는 것만 못할 것이다. '사치하기보다 차라리 검소하라'는 것이니 그 근본을 얻기 위

---

19) 『論語集註』, 「陽貨」, "子曰禮云禮云, 玉帛云乎哉!"

20) 孔泳立, 「朱子의 윤리사상의 본질연구」, 성균관대학교 박사학위논문, 1986.

21) 朴世堂, 『思辨錄 論語』, 「陽貨」太 『全書』下, p.61. 子曰禮云註 "禮樂之實, 不在玉帛鍾鼓之間也. 盡其實而文稱之則斯爲彬彬矣. 如文備而實喪, 初不如實存而文去." p.61. 朴世堂의 註 "言禮樂之實, 不在玉帛鍾鼓之間也. 盡其實而文, 稱之則斯爲彬彬矣. 如文備而實喪, 初不如實存而文去. 此夫子所以謂與奢寧儉, 爲得其本也."

한 것이기 때문이다. 이처럼 예의 형식보다는 본질의 구현을 중시한다. 예악의 실질은 형식이 아닌 어진 마음임을 그는 강조하고 있다.[22] 형식에 치우진 것을 바로잡아 균형을 이루어야 한다고 했다.

그가 다른 학자들과 달리 노장철학에 관심을 가지고 있었던 점도 예의 내용을 버리고 일종의 입법화되어가는 주자학적 형식주의에 대한 반발임과 동시에 실질추구의 사상을 반영한 것으로 볼 수 있다. '꾸밈(文)이 성하면 실질이 쇠퇴해져 형벌이 많아진다'[23]고 하는데 문질빈빈(文質彬彬)이라는 형식과 실질의 조화를 이상으로 여겼던 그의 입장을 대변하는 대목이다.

박세당은 예송에서 3년 복과 1년 복의 차이가 도대체 예(禮)의 본질을 구현하는 데 무의미한 일이라고 보았다. 두 입장이 모두 정당한 근거를 가진 것이므로 분쟁의 소재가 애당초 될 수 없는 것이라고 한다.[24] 두 의견이 모두 차장자(次長子)인 것이 분명하므로 복제를 가지고 물고 늘어지는 일이 문제가 있다는 점을 지적한다.

> "갑이 차장자(次長子)라고 말하고 을도 또한 차장자라고 한다. 그러나 갑의 설은 차장자는 마땅히 1년을 입어야 한다고 한다. 비록 1년, 3년 설이 같지 않지만 그 차장자는 진실인즉 마침내 바꿀 수

---

22) 朴世堂, 『思辨錄 論語』, 「八佾」太 『全書』下, p.7. "子曰, 人而不仁 如禮何 人而不仁如樂何'에 대한 朴世堂의 註 "仁者, 禮樂之實 無實則不成禮樂."

23) 朴世堂, 『新註道德經』, 太 『全書』上, p.478. 38章 上德不德註 "文勝質衰 而刑辟多."

24) 『顯宗實錄』 卷1, 즉위년 5월 을축일, "예조에서 또 제기하기를 '자의왕대비(慈懿王大妃)가 돌아가신 임금을 위해 입어야 할 상복제도는 『오례의(五禮儀)』에 쓰여 있지 않습니다. 혹은 말하기를 3년 복을 입어야 한다고 하는가 하면 혹은 말하기를 1년 복을 입으면 된다고도 하지만 이렇다 할 근거가 없습니다. 대신들의 논의에 붙이기 바랍니다.'라고 하고 있으니 어떤 규정이 있지 않았음을 알 수 있다. 이영춘, 1991, 「服制禮訟과 政局變動」, 『國史館論叢』, 국사편찬위원회, 1차 예송은 장중자설(長衆子說)을 모두 버리고 『經國大典』과 『大明律』을 근거로 한 이른바 국제기년복(國制朞年服)을 채택하였는데, 이는 효종의 장자(長子)의 지위를 구분하지 않은 점에서 편리하고도 절충적인 조치였다. 그러나 이때 장중자(長衆子)의 위상을 명백히 판별하지 못했기 때문에 또 2차 예송이 나왔다는 주장을 하고 있다.

없는 것이다. 이는 똑같은 설이다. 특히 복제의 차이로써 두설을 깨뜨릴 수 없는데 싸움이 분분하고 서로 배격하고 있으니 이상한 일이다."25)

상복의 착용에 있어서 1년 복인가 3년 복인가가 우리나라 예송의 핵심이었는데, 그는 논쟁의 핵심인 효종이 큰 아들인가 둘째 아들인가의 논쟁이었는데, 박세당은 그들의 주장이 효종이 차장자라는 점에서 일치하는 것을 지적하면서, 이미 효종이라고 하는 왕의 명분과 상징성은 더 이상 거론할 필요가 없는 권위로 보았다. 이미 사실상 장자로서의 실질이 시비의 초점이 아닌 역사적 사실이었다는 점이다. 그런데 당쟁의 쟁점이 되어버린 것은 그 실질이 아닌 문에 치우친 형식에 그치고 있다는 것을 지적하는 것이다. 이는 문(복제의 형식)을 통해 본질이 결코 더 훼손될 수 없는 것이며, 이는 형식 위주의 예송이라고 비판한 것이다.

> "하물며 우리 인조에 있어서 효종은 문왕에게 무왕이 있는 것과 같다. 무왕이 문왕의 큰아들이 아님은 어린아이도 안다. …설사 무왕이 돌아가셨을 적에 큰형이 상존했다면 그 무왕을 위하여 반드시 삼년복을 입었을까 그렇지 않았을까? 모두 알 수 없다. 그러나 그 복을 입지 않았음이 무왕의 위신을 떨어뜨렸을까? 그 복이란 빛남에 보탬이 되는 것인가? 이때를 당하여 또한 종통이 불명해지는 설이 있게 할 수 있는가?"26)

---

25) 朴世堂, 太『全書』上, 卷7. p.16.「辨論」禮訟辨 "甲亦曰次長子, 乙亦曰次長子. 然而甲之說曰, 次長子當服朞年. 雖朞三年之不同, 其爲次長子實則終不可易矣. 同是一說, 特以制服之間, 而破以爲兩說, 爭之紛紛, 相排擊不已, 吁其異矣."

26) 朴世堂, 太『全書』上, 卷7. p.136.「辨論」禮訟辯 "況我孝宗於仁祖, 猶文王之有武王, 武王之非爲文王長子, 童孺亦知之 … 設使武王崩時, 太姒尚存, 其爲武王必服三年與不服三年, 皆未可知也. 然其不服也, 有貶於武王乎? 其服之也, 其益有光乎? 當是時亦可使有宗統不明之說乎?"

어떤 문(복제의 절차)을 통해서도 질(왕의 위신과 격)을 떨어뜨릴
수 없는 것이니 크게 복제에 구애 받을 필요가 없다는 실용주의적 관
점을 읽을 수 있음과 동시에, 진정한 예의 정신이 명분과 사실, 형식
과 실질이 조화이지 실질을 감안하지 않는 형식 논쟁이 되어서는 안
됨을 주장한다.

Ⅳ. 실학적 예의 회복

박세당의 유교 의례관에 대해서 궁중 내에서 벌어졌던 복상문제와
그의 가정에서 행해졌던 삼년상식의 폐지가 그의 사후 궁중내의 의
례논쟁을 불러 일으켰다.

복제문제에 대해서 박세당은 의례의 정신은 내용과 형식의 조화인
데, 복상논쟁은 효종이라는 실질내용을 도외시한 채 지나치게 형식에
치우친 예송으로 비판했다. 그는 효종이라는 권위와 정통성에 대해
이의가 없고, 그가 장남도 차남도 아닌 '차장자'라는 것이 그의 실질
이기 때문에 장자의 복제가 옳은가 차자의 복제가 옳은가의 논쟁은
의례가 지나치게 실질과 관계없이 진행되었음을 지적했다. 여기에서
박세당의 실학적 입장, 곧 지나치게 형식화되고 법률화되어가는 의례
를 탈피하여 실질을 존중하자는 입장을 확인할 수 있다.

삼년상식의 폐지를 유언한 그는 삼년상식의 의례가 고례에 없는
잘못된 의례이므로, 폐지하라고 했다. 그러나 오래 행해진 관습이나
주자학적 예를 더 이상 수정할 수 없는 가치로 보는 입장에서는 박세
당의 의례관은 경전주해에서의 탈주자학적 입장과 마찬가지로 위험

한 논리였다. 그러나 박세당의 입장을 옹호하는 이들은 의례는 고례에 근거해야 되고, 또 강제화되어서는 안 된다고 항변함으로써 이 의례논쟁 역시 박세당의 경전주해와 마찬가지로 탈주학적, 실학적 입장임을 알 수 있다.

박세당이 생존한 17세기를 흔히 예학의 시대라고 할 정도로, 예에 관한 논쟁이 무성한 시기였다. 그러나 박세당은 전형적인 예학자라기 보다는 실학자로 분류된다. 물론 이러한 분류는 편의적인 것이다. 그 당시의 입장에서는 예학자나 실학자라는 명칭은 없었을 것이기 때문이다.

그의 지적인 편력은 사서삼경의 유교경전이었기 때문에 그 경전 속의 유교적 예는 그 지성의 근본이 된다. 따라서 유교적 예와 유교 의례는 당연히 그의 사상 속에서 존중되는 것이다. 다만 주자학에 대해서는 고례와 비교하여 그것을 넘어서려고 하였다. 탈주자학적 견해에 대한 그의 명분은 고례의 정신으로 돌아가자는 것이다.

그렇다면 왜 당시의 예송 등에 대해 그는 무의미성을 지적하고 비판하였을까? 그 이유는 문의 편향이라는 것이다. 의례란 문에 속하는 것이기는 하지만, 질이 없는 문은 무의미하다는 것이다. 그런데 예의 논쟁은 효종이라는 실질적 권위와 명분이 있음에도 불구하고 문을 가지고 논쟁하는 것이기 때문에 무의미한 것이라는 것이다.

무비판적으로 행해졌던 삼년상식과 같은 형식적 제례를 폐지하라는 자손들에게 남긴 개인적인 서한에서 박세당은 단지 이론으로만 문질빈빈(文質彬彬) 예 정신을 주장한 것이 아니라, 실지 그러한 의례를 실행할 것을 당부했다. 이러한 강력한 의례에 대한 소신은 당시 형식으로 치우치고 본래의 예의 정신을 상실해 가는 주자학적 유교 의례에 대한 그이 비판적 태도를 잘 말해주고 있다.

"자식의 그 부모에 대한 효도는 곡하고 우는 데 있지 않다."27)

사람들은 유교의례를 형식과 절차에서만 보려고 했다. 형식과 절차만 올바르면 그 실질이 무엇이든 관계없다는 것은 진정한 유교의례의 정신이 아닌 것이다. 부모의 상례에 형식과 절차를 가지고 서로 다툰다면 진정한 효도가 될 수 없다. 어떻게 옷을 입고 어떻게 우느냐가 중요한 것이 아니라 진정 부모의 죽음에 슬픔을 느끼는 것이 소중하다는 것이다.

여기에서 우리는 형식적이고 형식화, 강제화되어가던 유교의례를 비판하고, 과감히 잘못된 인습을 벗어나 예의 실질을 주장했음을 알 수 있으며, 이는 고례에 근거한 박세당의 탈주자학적 유교 의례관이라고 할 수 있다.

---

27) 朴世堂, 太『全書』下, 卷17, 寄兒輩, p.1. "子之孝於其親, 不在於哭泣之間, 汝不可不知也."

화서(華西)의 예학(禮學)

Ⅰ. 화서 이항로는 누구인가?

화서(華西) 이항로(李恒老, 1792~1868)[1]는 유교의 가르침을 지상의 진리로 인식하고 서세동점(西勢東漸)의 시대에도 오로지 유교정신을 끝까지 고수하고 실천한 인물이다. 당시 우리나라의 사상계는 유학자 간에도 주자학을 고수하려는 선비들과 주자학을 탈피하여 실학을 모색하는 탈주자학의 경향, 혹은 실학을 모색하면서도 주자학을 정학(正學)으로 여기는 선비들, 또한 천주교를 비롯한 서학(西學)을 적극적으로 받아들이려는 입장이 교차하는 사상적 혼돈기였다. 이런 와중에서 화서(華西)는 17세기의 우암 송시열(1607~1689)을 지고의 선비로 존중하였고, 특히 춘추대의적 존왕양이사상을 계승하였다.

스스로의 학문의 맥은 공자－맹자－주자－우옹(송시열)의 선비정신을 정통적인 도의 맥으로 보고 그것을 도학의 전통으로 간주하고

---

1) 경기도 양평에서 출생. 본관은 벽진(碧珍)이다. 자(字)는 이술(而述)이다. 부친은 우록헌(友鹿軒) 회장(晦章 1752-1816)이다. 어린 시절부터 부친에게서 정주학을 배웠으며, 죽촌(竹村) 이우신(李友信 1762-1822) 으로부터 우암 송시열의 사상을 알게 되었고, 우암의 정신을 이음.

있다. 그는 "주자의 말이 아니면 감히 듣지 않고, 주자의 가르침이 아니면 감히 따르지 않는다."[2]라고 논하고 있는 바와 같이, 주자학적 사유를 충실히 계승하는 것이다. 주자학은 더 이상의 수정보완을 필요로 하지 않는 불변의 진리로 자리매김하고 있었다.

화서(華西)의 문인(門人) 가운데 면암(勉菴) 최익현(崔益鉉, 1883~1906)은 왜구에 항거하다가 대마도에서 순절했고, 중암(重菴) 김평묵(金平黙, 1819~1891)은 상소로 인해 지도에서 귀양을 살았으며, 성제(省齋) 유중교(柳重敎, 1821~1893)는 화서(華西)의 학문을 계승 발전시켰고, 의암(毅菴) 유인석(柳麟錫, 1842~1915)은 국내에서 의병활동을 하다가 간도로 건너가 의병활동을 하였다.

이들은 서양을 양적(洋賊)이라고 규정하고 외세와의 타협을 극력 반대하였고, 서양과 일본이 문호개방을 요구하는 때를 당하여, 서양과 통교(通交)하면 사람이 금수(禽獸)와 다를 바 없게 된다고 경고하였다.[3] 그들에게 있어서 수호해야 할 '정(正)'과 물리쳐야 할 '사(邪)'는 분명한 것으로 서로 화합하기 어려웠다. '정(正)'은 도학이요 주자학이며, '사(邪)'는 서학이요 외세였다.

위정척사(衛正斥邪)의 기치로 민족의 정기를 지키려고 신명을 바친 화서(華西)와 그의 정신을 공유한 기정진(奇正鎭), 이진상(李震相) 등을 중심으로 한 선비들의 거친 저항운동에도 불구하고, 한국은 일제강점기에 들어가고 모든 전통적 유교교육은 이 땅에서 공식적으로는 사라지고 그 자리에 일제식민지 교육이 자리잡고 향교 대신 신사가 들어서게 되었다.

---

2) 『雅言』 권3, 22, '非朱子之言 則不敢聽 非朱子之旨 則不敢從..'
3) 강지한, 「衛正斥邪사상과 개화사상의 갈등」, 『평화연구』 10권, p.289.

일제하의 교육 속에서 위정척사(衛正斥邪)는 오히려 전도되어, 한민족의 자주성을 지키려한 선비정신이 시대착오로 낙인 찍히고, 근대를 모색한 이들이 바른 가치를 가진 이들로 받아들여진 것이 지난 세월의 공식적 교육이 아니었을까 반성이 필요하다.

우리 사회는 의(義)보다는 이(利)를 추구하는 사회로 변화했다. 이런 안타까운 현실 속에서도 다행히 의(義)를 소중히 하는 정신적 유산이 남아 있다. 그것이 바로 19세기 말 누란의 국가위기에서 화서(華西)와 뜻을 같이한 선비들이 보여주었던 '위정척사(衛正斥邪)'의 의리정신의 여파라고 해도 과언이 아닐 것이다.

화서(華西)의 의리정신은 인간의 보편적 도덕성이라는 가정을 할 수 있을 것이다. 화서(華西)의 의리사상과 정치사상에 대해서는 많은 연구를 수행했지만, 그의 예학(禮學)은 무관심했다. 민족의 전환기에 직면하여 그가 추구했던 의리들이 주자학에 바탕을 둔 것이라면 예학 또한 간과할 수 없는 의미를 지닌 것이다. 우리는 예에 대한 화서의 입장을 조명해 봄으로써 화서의 주자학적 세계관을 바로 이해할 수 있을 것이다.

Ⅱ. 화서(華西)의 예학(禮學)

1. 화서(華西)의 예(禮) 사상

화서(華西)는 예를 특별한 것으로 보지 않고 모든 인간 행동의 준칙이며 약속이며 상식이라고 본다. 그것은 나무를 썰 때 먹줄과 같은 것이며, 하늘의 도리이며 당연한 것이어서 어길 수 없는 것이라고 본다.

> "예(禮)라는 것은 곧 사람이 이행하여야 하는 절도(節度)이며 승묵
> (繩墨)으로, 즉 천도(天道)의 당연이요, 고금 성현들이 지시하여 놓
> 은 것이며 천하 인물들이 함께 연유한 길이다. 이 한 가지 길을 버
> 린다면 기구하고 험준하여 다시 한 발을 디딜 데도 없고, 다시 한
> 걸음을 옮겨 놓을 곳도 없을 것이다."[4]

예는 이상하고 신기한 것이 아니라, 삶의 지침이기 때문에 우리의
삶에 있어서 하나의 표준이라고 보는 것이다. 그에게 있어서 예는 위
선적인 형식과 절차가 아니라, 예로부터 오늘에 이르기까지 올바른
삶의 기준이 되어 온 것이라고 본다.

> "예라는 것은 천리의 먹줄인 것이요, 인도의 저울추인 것이다. 다
> 만 천리로 순응하고 인도를 다하리라고 만 말할 뿐이고 보면, 이치
> 라는 것은 형상이 없고 도라는 것은 방향이 없어서 모호하고 망망
> 하여 표준할 데가 없는 것인지라, 만일 천하 사람의 천만 가지로
> 동일하지 않은 마음으로 하여금 그 각자가 억측하고 추측하여 안
> 대로 행동화하게 한다면, 이른바 천리라는 것이 어찌 인욕의 잡스
> 러운 것에 동화되지 않을 수 있으며, 이른바 인도라는 것이 어찌
> 금수로 돌아가는 데에 빠지지 않을 수 있을 것인가. 이것은 마치
> 대장(大匠)이 그릇을 만드는 데 반드시 규구(規矩)로써 하고 남을
> 가르치는 데에 있어서도 반드시 규구로써 하는 것과 같은 것이다.
> 만일 규구를 쓸 것 없이 직접 그 사람에게 기교로써 가르쳐도 된다
> 고 한다면 나로서는 알 수 없는 일이다."[5]

---

4) 『雅言』 권5, 「處獨」 제14, '禮也者 卽人所履行之節度繩墨也 乃天道之當然也 古今聖賢之所指示也 天下
　　人物之所共由也 舍此一路 則崎嶇險巇 更無一足 頓放之地 更無一步 推移之處.'

5) 『雅言』 권10, 「大壯」 제29, '禮者 天理之繩墨也 人道之秤錘也 但曰 順天理 盡人道云爾 則理無形象 道
　　無方所 浩浩茫茫 無所準則 若使天下有萬不同之心 聽其各自臆度 揣摩而知之 則所謂天理者 幾何不化於
　　人欲之雜也所謂人道者 幾何不淪於禽獸之歸也 是猶大匠爲器 必以規矩 敎人亦必以規矩 若曰舍規矩而直
　　授人以巧 非余之所敢知也.'

만약에 예가 없다면 모든 일들이 모호하고 막막하여 우리는 혼돈 속으로 빠져버리지만 다행히 예라고 하는 규범이 있기 때문에 옳고 그름에 대한 분명한 판단을 할 수 있다는 것이다. 그러므로 예는 먹줄과 같고, 저울추와 같고, 잣대나 척도가 된다고 비유한다. 그러한 척도가 없다면 인간사회는 곧 짐승들의 수준으로 타락하고 말 것이다. 당연한 것이지만 예는 자신의 욕망과 감정을 이기지 않으면 실현할 수 없는 것이어서 이를 지키면 공자, 맹자의 도지만 이로부터 벗어나면 오랑캐가 되는 기준이기도 한 것이다.6)

그러므로 예를 모든 언행의 준칙으로 한 것은 유학의 영원한 행동강령이라고 본다.

> "이러하기 때문에 공자가 안연에게 가르쳐줄 때에 그에게 시키기를 예에 고증하여 보아서 예에 합치되면 보되 예에 합치되지 아니하면 보지 말며, 예에 합치되면 듣되 예에 합치되지 아니하면 듣지 말며, 예에 합치되면 말하되 예에 합치되지 아니하면 말하지 말며, 예에 합치되면 행동하되 예에 합치되지 아니하면 행동하지 말게 하여, 한 몸뚱이의 표리(表裏)와 체용(體用)할 것 없이 한 가지 것도 예에 말미암지 않는 것이 없게 하여, 한 점이라도 형기(形氣)의 사적인 것이 그 사이에 끼지 못하도록 하게 한 것이다."7)

이러한 예는 도덕적인 삶과는 결코 떨어질 수 없는 기준이다. 그런데 예란 성리학에서 말하는 이(理)와 어떤 관계이며, 강제적 규범인 법률과는 어떤 관계인가에 대해 알아보자. 화서(華西)에게 있어서 예(禮)의 위치는 이(理)와 율(律)의 중간에 위치한다. 이(理)는 형이상학

---

6) 『雅言』 권12, 「洋禍」 제35, '克己復禮 孔孟之敎也 徑情直行 無禮無義 夷狄之風.'

7) 『雅言』 권12, 「洋禍」 제35, '是故 孔子之敎顔淵也 使之考諸禮 而合乎此 則視之不合乎此 則勿視之 合乎此則聽之 不合乎此 則勿聽之 合乎此則言之 不合乎此 則勿言之 合乎此則動之 不合乎此 則勿動之 使一身之表裏體用 無一不由體 一點形之氣師 不着於其間'

적 원리임에 비해 율(律)은 구체적이고 강제적인 법률을 의미한다면,
예(禮)는 그 사이에 있는 것이다.

> "그 사리를 발견할 수 없으면 예(禮)에서 구하여 보고, 그 예(禮)를
> 알 수 없으면 율(律)에서 구하여 보면 가부가 거기에서 결정되는
> 것이다…. 율(律)은 예(禮)보다 거칠고 예는 이(理)보다 거친 것이요,
> 이(理)는 가장 정미한 것이다."8)

행동의 이치를 예에서 구해도 구할 수 없다면, 그다음의 표준은
법률이라는 것이다. 그런데 이(理)는 가장 정미한 도덕이어서 강제성
은 없으므로, 순수하게 자발적인 이(理), 철저히 타율적인 율(律) 사
이에 예가 위치한다고 보는 것이다. 곧, 예란 외적인 형식과 내면의
조화가 일치될 때 의미가 있는 것이지, 어느 한쪽으로 치우치게 되면
이(理)나 율(律)이 될 수 있다는 가능성을 말하고 있다. 그러면서도
화서(華西)는 예의 진정한 정진은 오히려 내적인 이(理)면에 있음도
강조한다.

> "군자가 천하 사람에게 관(觀)하는 것이 되는 까닭은 만백성들이
> 한 사람 즉 인군을 우러러 '보고' 존경하는 까닭이 오로지 정성과
> 공경이 어떠한가에 달려 있는 것이요, 의식이나 제물의 여하에는
> 상관이 없는 것이다. 그러기 때문에 손을 씻고(盥手) 정결하게 하는
> 초두(初頭), 술과 음식을 올리기 전에 있어서 비록 '볼[觀]' 것은 없
> 어도 정성스럽고 믿음직스러움이 이미 나타나 근엄하게 우러러 봄
> 직한 것이다. 공자가 말하기를 '예(禮), 예(禮) 하지 마는 옥백(玉帛
> 예물)을 말하는 것이겠는가. 음악, 음악 하지만 악기를 말하는 것이
> 겠는가'라고 한 것이 바로 이것을 말한 것이다."9)

---

8) 『雅言』 권8, 「伊尹」 제22, '未見其理 求之於禮 未知其禮 求之於律 則可否斯決矣… 律粗於禮 禮粗於理
理最精微.'

화서(華西)는 예의 정신이 예물이나 악기의 물질적인 것에 있지 않고 정성과 공경의 내면의 마음에 있다는 것을 강조하는 것이다. 주역을 설명하면서 도입한 글이지만 여기서 그의 예의 정신은 적어도 형식에 치우치지 않음을 말하고 있다.

당시 향음주례에 참여한 여러 유생들에게 보낸 편지에서 향음주례에 참여하는 마음가짐을 다음과 같이 말한다. 이 구절이야말로 화서(華西)가 가진 예의 정신을 잘 말해준다.

> "예라는 것은 천리(天理)의 절차와 문장이요, 인사의 의식과 규칙이다. 예를 익힌다는 장소에서 혹시라도 경건하지 못하여 위의를 잃는 잘못이 있게 되면 더욱더 하늘을 섬기는 도리가 아닌 것이니 여러 군자들은 조심할지어다."[10]

여기에서 우리는 화서(華西)의 예사상은 시대가 변했다고 해서 예를 달리 해석하거나 형식을 달리하는 것이 아니라, 예의 정신은 시대와 공간을 초월해서 불변의 것이라는 것을 잘 보여주고 있다. 그에게 있어서는 형식보다는 내면의 공경심과 같은 것이 더욱 중요한 예의 본질이었다.

2. 공동체의 의례(儀禮)

예(禮)는 단순히 개인의 윤리가 아니라, 한 국가사회의 기강을 위한

---

9) 『雅言』 권8, 「嚮背」 제27, ‘觀 盥而不薦 有孚 顒若 盥也者 誠敬之至也 薦也者 儀物之盛也 君子所以爲觀於天下 萬民所以觀仰於一人者 專在於誠敬 而無待乎儀物 故盥手致潔之初 未及奉薦酒食 則雖無所觀 而孚信已箸 顯然可仰矣 孔子曰 禮云禮云 玉帛云乎哉 樂云樂云 鐘鼓云乎哉 正謂此也.’

10) 『雅言』 권10, 「大壯」 제29, ‘禮者 天理之節文 人事之儀則 習禮之場 或有不虔失儀之過 尤非所以事天之道 僉君子愼之哉.’

사회윤리이기도 하다. 그러기에 거기에는 엄정한 법도와 절차가 있고, 그 명분을 바탕으로 위계질서가 정해지고 사회 안정을 가져올 수 있다.

무엇보다도 중요한 것은 국가나 단체의 정통성을 유지하는 방법이 예(禮)에 있다고 보았다. 예는 정통성이 없이는 되지 않는다. 만약 정통성이 없다면 공동체가 어지러워진다. 제사란 바로 그런 종통이 없이는 불가한 것이고, 종통이 없다면 참담하게 어지러울 것이며 귀신은 그러한 제사를 받아들이지 않을 것이다. 이러한 이치로 오로지 천자(天子)만이 하늘에 제사를 지낼 수 있고, 천하의 제후들과 함께한다. 제후들은 산천을 제사하고 한나라의 사람들과 함께한다. 큰 아들은 조상을 제사지내고 한 가족의 자손들과 함께한다. 존비(尊卑)와 대소(大小)의 차이란 있는 것이고, 이러한 것들이 빛나고 갖추어져야 하고 털끝만큼도 어지러워져서는 안 되는 것이다. 이렇게 해야 명칭이 바로잡아지고, 일이 순리대로 되며, 정의가 이루어진다. 사물이 이루어지고 사람의 정성을 올리면 귀신이 복을 내리는 것이다.11)

이러한 화서의 제사에 대한 자세는 정통성을 강조하는 데 특징이 있다. 국가를 비롯한 모든 공동체에 그 나름의 정통성이 중시됨으로써 사회의 위계질서가 서고 올바른 방향의 윤리가 정립된다는 뜻이다.

> "왕자들의 근본 된 데를 되돌아보고 비롯된 데에 보답하는 뜻과 교육을 세워 민중을 개화시키는 길이 천지의 신명에게 제사 드리고 조상의 사당을 세우는 것보다 큰 것이 없는 것이다."12)

---

11) 『華西先生文集』 권23, 「祭祀說」, '禮不可以無統 無統則亂 祭不可以無宗 無宗則僭亂 與僭神所不享也 是以惟天子得以祭天 而與天下之諸侯共之 諸侯得以祭封內山川 而與一國之人共之 宗子得以祭祖禰 而與一族之昭穆共之 …尊卑之等 大小之差 又燦然畢具 而不可以毫髮僭亂者也 然後名正事順義達.'

12) 『雅言』 권10, 「大壯」제29, '王者反本報始之意 立敎化民之道 莫大乎饗帝立廟.'

공동체의 존립을 위해서는 의례를 통해 종법질서를 확립할 수 있었고, 그것이 사회를 유지하는 위계질서의 바탕이 되었기 때문이다. 예라고 하는 것은 단순한 가정윤리에 국한되는 것이 아니라, 국가의 질서를 유지하는 중요한 도구로도 사용되었고, 이러한 법도가 통일되었을 때 사회가 결코 문란하지 않지만, 이러한 법도들이 규준을 벗어나버리면 사회적 재앙이 된다고 본다.

> "위로는 교묘(郊廟, 천지에 대한 제사)와 조빙(朝聘, 인접국과의 외교)에서 헌수(獻酬, 주와 빈이 술을 주고받는 것)하고 여연(旅燕, 제사 뒤에 술을 주고받는 것)하는 것으로부터 아래로는 동리와 전답(田畓)에서 잔치하고 음식 대접하는 데에 이르기까지 일정하여 변경할 수 없는 제도가 있지 않는 데가 없어, 찬연하여 문란 시킬 수 없고 절연(截然)하여 범할 수 없었던 것이다."13)

화서에게 있어서 천지신명에 대한 제사에서부터 외교적 의례 그리고 술과 음식을 주고받는 예법이라고 하는 것들이 하나도 소홀히 할 수 없는 중요한 공동체의 의례였다. 이것이 단지 예에 그치는 것이 아니라 안정되고 기강이 확립된 세상의 법도이기도 한 것이다. 다만, 그는 자신의 시대는 이미 그러한 법도를 잃고 있다고 개탄하고 있다.

> "지금은 모든 기구들이 일정한 제도가 없어 그 크기와 넓이를 각자의 솜씨대로 만들어내고 높이와 부피를 오직 각자의 뜻에 하고 싶은 대로 하여, 함부로 만들어지는 재앙이 심지어는 조각까지 하여 쌓아놓고 화초나 水石의 완상에 비유하고 있으며…."14)

---

13) 『雅言』 권10, 「大壯」 제29, '上自郊廟朝聘獻酬旅燕 下至閭巷田野宴酣餉饋 莫不有一定不易之制 燦然不可亂截然不可犯也… 今也 器無定制 大小濶狹 手分現化 高低豐薄 惟意所欲 濫觴之禍 甚至雕鏤堆積 比於花石之翫而初不下筋一器之靡 多至屢百 民力之日 以益困 豈是異事.'

14) 『雅言』 권10, 「大壯」 제29, '今也 器無定制 大小濶狹 手分現化 高低豐薄 惟意所欲 濫觴之禍 甚至雕鏤

격식과 절차에서부터 어떤 물건까지도 나름의 기준과 표준이 있어야 하는 것이 사회 안정의 바탕이 되는데, 그러한 전통적인 표준들이 허물어지고 많은 것들이 멋대로 만들어지는 것에 대해 그는 재앙으로까지 표현하였던 것이다.

그러므로 그는 국가적 의례로 여러 가지 제사지내는 일은 당연한 것으로 받아들였다.

> "옛적에 성인들이 유명(幽明, 살고 죽는 것)의 까닭을 통하고 성정(性情)의 근원에 밝아 제사지내는 예를 제정하여 교제(郊祭)로는 하늘에 제사 드리고 사제(社祭)로는 땅에 제사 드리고 묘제(廟祭)로는 조상에게 제사 드렸으며, 위로는 해 달 별 바람 구름 우뢰의 등과 아래로는 산과 숲, 구릉, 강과 호수, 바다의 종류와 귀한 것으로는 제왕 성신(聖神) 공덕(功德) 절의(節義)의 종류와 천한 것으로는 용(龍), 범, 거북, 새, 말, 소, 고양이, 누에의 족속들과, 문(門), 호(戶) 부엌 낙수받이를 한번 나오고 한번 들어가는 동안에서는 보궤(簠簋) 도마와 접시의 음식을 차례 먹고 한 차례 헌작(獻酌)하는 즈음에 이르기까지 제사하지 않는 데가 없었다. 그 까닭은 무엇일까. 한 몸의 구복(口腹)은 지극히 가벼운 것이고 천지와 부모의 덕은 지극히 중한 것이기 때문이다."15)

조선왕조에서는 유교적인 의례를 기본으로 하면서도, 전통적으로 내려오는 하늘과 땅, 곡식과 여러 귀신을 비롯한 산과 강 등 자연, 동물에 이르기까지 수많은 샤머니즘적, 애니미즘적 제례를 국가의례로 수용했으며, 이는 매우 친환경적인 의의를 둔 것이었다. 이러한 전통

堆積 比於花石之甃而初不下筋一器之靡 多至屢百 民力之日 以盆困 豈是異事.'

15) 『雅言』권10, 「大壯」제29, '昔者 聖人通幽明之故 嘲性情之源 爲祭祀之禮 郊以祀天 社以祭地 廟以餉祖 上而日月 聖辰風雨雲雷之屬 下而山林丘陵川澤 河海之類 貴而帝王 聖臣功德 節義之類 賤而龍虎 龜鳥 馬牛 猫蠶之族以至門戶 竈霤一出 一入之頃 簠簋俎豆 一嚌一酬 莫不有祭 其故何也 一已之口腹至輕 天地父母之德 至重故也.'
『華西先生文集』권23, 「祭祀說」에도 같은 내용 있음.

적 인습에 대해 화서는 그 의의를 천지와 자연 그리고 인간에 대한 감사의 마음으로 중요한 것으로 간주했다. 그리고 이러한 제례는 대상에 따라 모시는 방법이 각각 다를 수 있다면서 향을 올리는 것과 피를 올리는 이유 등에 대해 다음과 같이 부연하고 있다.

> "하늘 제사를 어떻게 드리는 것인가? 피[血]로써 드리는 것이다. 선왕(先王)들의 제사는 어떻게 드리는 것인가? 강신[顆]으로 드리는 것이다. 무슨 까닭으로 연기(煙氣)로써 하는 것인가? 연기는 양이기 때문이다. 무슨 까닭으로 피[血]로써 하는 것인가? 피는 음이기 때문이다. 무슨 까닭으로 강신으로 하는 것인가? 강신이라는 것은 신(神)이 오게 하는 것이다. 하늘은 양인지라 양으로써 양에 보답하고 땅은 음인지라 음으로써 음에 보답하고 선왕은 사람인지라 혼은 하늘로 올라가고 넋[魄]은 땅에 가라앉는 것이다. 그러므로 울창은 제주에 넣는 것으로 땅에서 신이 오게 하는 것이며 소지(蕭脂)로는 하늘에서 신이 오게 하는 것이다. 선왕들이 제례를 제정할 때에 보답하려는 데에는 반드시 제사 드리게 하고 제사에는 반드시 제물이 있게 하였고 제물은 반드시 의의가 있게 하였다. 그러한 까닭으로 하늘에 제사 드리는 것으로써 땅에 제사지내지 못하는 것이며 땅에 제사 드리는 것으로써 선왕에게 제사지내지 못하는 것이다."16)

화서는 제사의 격식과 절차는 매우 중요한 것으로, 그러한 사상은 음양사상에 바탕을 둔 것으로 피로써 제사하는 것은 마땅히 피를 올리고, 연기로써 제사를 지내는 것은 마땅히 연기를 피우며, 술로 제사하는 것은 마땅히 술을 올리는 이런 격식은 당연한 도리라고 보았다. 그는 혈제의 경우 깨끗하고 흠 없는 희생을 써야 한다고 말한다. 그만큼 화서(華西)의 국가적 의례에 대한 관점은 엄정했고, 철두철미한 원

---

16) 『雅言』 권10, 「大壯」 제29, ‘何以祀天 曰以烟 何以祭地 曰以血 何以饗先 曰顆 何故以烟 烟陽也 何故以血 血陰也 何故以顆 顆所以求神也 天陽也 以陽報陽 地陰也 以陰報陰 先生人也 魂升于天 魄降于地 故鬱鬯所以求神於地也 蕭脂所以求神於天也 先生之制祭禮也 報必有祭 祭必有物 物必有義 故不可以祀天者 祭地者饗先.’

칙주의였던 것이다. 그는 희생에서 작은 반점이 있어도 제물로서 흠이 되듯 인간의 행위도 마찬가지라고 했다. 또한 희생에서 암소의 생식기를 도려내 버리는 것도 깨끗한 정성을 표시하는 것이라고 설명했다.

> "세미한 행동을 조심하지 아니하면 결과적으로 큰 덕을 더럽힌다고 하였는데, 가령 소에 비유한다면 털에 한 개의 반점이 있고 뿔이 조금 구부러진 것이 그다지 일에 해롭지 않을 것 같으나, 결국 천지나 산천에 제사드릴 수 있는 소가 되지는 못하는 것이다."[17]

제사의 격식에서 정당하며 깨끗한 음식이 중요한데, 병이 있는 희생 등을 쓴다는 것은 있을 수 없는 일이라고 한다. 마치 희생을 올릴 때 흠이 없는 짐승을 제물로 올리듯 인간의 심성에 있어서도 조금의 흠도 있어서는 안 된다는 것을 제사의 엄격성을 비유하여 강조했다. 사람의 마음이 한 점 부끄러움이 없고 깨끗하여 그 정성으로 제례에 임한다면 신령은 감동한다. 그 정신으로 세상을 산다면 사람 또한 감동할 것이므로 공동체에서 의례는 대단히 중요한 의미를 가진 것이다.

이처럼 화서(華西)는 공자 이래로 계승되어 온 모든 유교적 국가의 례를 소중한 것으로 보았으며, 무엇보다도 이런 의례를 통해 사회를 안정시키며 경건한 정신을 배울 수 있다고 생각했다.

---

17) 『雅言』 권7, 「有德」 제21, '不矜細行 終累大德 譬之牛 毛有一斑 角有寸曲 似不甚害事 終不足爲祭天地 山川之牛也.'

3. 가례(家禮)

1) 관·혼례(冠·婚禮)의 정신

화서의 관례에 관한 글은 매우 귀하다. 관례에 대해서는 한강(寒岡)과 남계(南溪)의 설을 참고로 했고, 자신의 의견을 개진한다.

관례에 대해서 화서는 한강(寒岡)의 말을 인용하면서 갓을 씌우고 자(字)를 주는 예는 그 이름을 공경하는 것이며 성인의 길이라고 했다. 그는 부연 설명하면서 명(名)이 소중하고 자(字)가 가벼운 것이라고 했다. 아버지는 아들의 명(名)을 짓고 부르고, 손님은 자를 주고 자(字)를 부른다. 명은 실내에서 주지만, 자는 계단 아래서 준다. 그러므로 관례는 사당의 안에서 행하지 않고, 강당 안에서 하지 않는다. 주례하는 사람이나 관례의 대상자는 계단의 아래에 위치해야 한다. 내려가는 것으로써 더욱 더 공경을 하는 것이다.18)

관례는 아동기가 지나 성년이 되었음을 인정하는 의식인데, 화서는 그 가운데서 가장 중요한 의미를 가진 것이 자(字)를 부여받은 점에 대해 설명한다. 어른이 되어서 부르는 이름이 자(字)이지만 그 전의 명(名)이 더 중요하다고 한다.

다음은 혼례에 관한 대목이다. 인간과 인간의 관계 가운데 가장 기본이 되는 것은 남녀관계이고 부부관계이며, 이러한 남녀관계의 윤리를 필요로 하는 것이 혼인의 의례라고 할 수 있다. 화서(華西)는 당시 사회에서 결혼대상자를 고를 때, 인간의 덕이 아닌 재산의 유무를 가

---

18) 『華西集』 권20, 「雜著」, ‘家禮增解賓字冠者條記疑’ ‘寒岡曰冠而字之 敬其名 成人之道也… 愚按名重而 字輕故 父名之 賓字之而 名之於堂上 字之於階下 且字非行於廟中者 故不得字之於堂上而降階… 今賓 與冠者 俱在階下則以降爲彌敬.’

지고 배우자를 선택하는 것에 대해 개탄했다.

> "사대부들이 구혼(求婚)하는 데에 있어 세덕(世德)의 유무(有無)는
> 묻지 아니하고 오직 재화의 많음과 적음만을 계산한다. 이리하여
> 예의가 땅을 쓸어도 남아 있는 데가 없는 것이다."[19]

결혼대상자를 고를 때 그의 인간됨됨이를 고려하는 것이 마땅한 것인데, 세상의 인심이 재산의 유무를 가지고 결혼대상자를 고르는 것에 대해 도덕적 혼돈임을 개탄했다. 이와 같은 가치관을 가졌기 때문에 그는 당시 서양문명에 대한 배척의 논리 가운데 하나가 물질위주의 삶과 성 개방에 대해 우려했다.

> "만일 옛적 성인들이 혼인하는 예를 제정할 때에 남녀가 분별이 있
> 게 하는 교육과 간음을 처벌하는 법령을 만들어 그 화를 방지하는
> 것으로써 뒷받침하지 아니하였다면 사람이 부자(父子)가 무엇인지
> 를 알지 못함이 오래였을 것이요, 만일 옛적 성인들이 4가지 민생
> (사농공상)들이 살아가는 업(業)을 마련할 때에 염치를 알게 하는
> 교육과 도둑을 처벌하는 법으로써 뒷받침하지 아니하였다면 인류
> 가 파멸된 지 오래였을 것이다."[20]

모든 사회적 윤리의 근간이 가정에서 출발한다면, 남녀 간의 만남과 결합의 도리를 상징하는 혼례의 의의는 큰 것이다. 제대로 된 남녀의 예절을 통해 아버지와 자식의 예절이 파생하는 것이다. 그런데 물질 위주의 삶과 성에 대한 개방은 인간의 문명이 짐승이나 야만상태로 빠지는 것으로 유교문화가 지켜온 정신적 문명에 대해 중대한

---

19) 『雅言』 권11, 「閭閻」 제31, '士大夫求婚 不問世德 惟財貨之豊約是計 於是禮義掃地無餘也.'

20) 『雅言』 권12, 「洋禍」 제35, '如古之聖人 不制婚姻之禮 而繼之以分別之敎 淫宮之辟 以防其禍者 人不知 父子久矣 如古之聖人 不制四民生養之業 而繼之以廉恥之敎 盜賊之律者 人之類滅久矣.'

도전으로 이를 막으려고 했던 것이다.

> "재화융통(通貨)과 연애(通色)하는 화는 한번 반전(反轉)할 새도 없
> 이 금수나 이적에 빠져 들어가는 것이다."21)

재물의 가치 그리고 성적 욕망을 향유하는 가치는 결국 인간사회
를 동물적 투쟁으로 몰락시킬 것이므로 서양문화에 있어서 가장 나
쁜 재앙이라고 간주했다. 순결을 바탕으로 한 부부의 윤리야말로 가
정의 화복의 근원이라고 본다. 화서는 소실을 둔 제자에게 집안 다스
리기가 어려울 것이라면서 존비와 귀천의 혼돈을 경계하고 있다. 조
강지처(糟糠之妻)에 대한 배려에 소홀함이 없도록 했다.

'검은 먹을 가까이하는 사람은 검어지고 만다'고 하면서 집을 지을
때에 내외(內外)를 엄격하게 구별한 것은 옛사람들의 슬기로움이라고
했다. 혼외의 불륜을 삼감은 물론 본부인을 중시해야 하고 여색에 대
해서 경계할 것을 제자들에게 가르쳤다.

이런 점에서 보자면 화서(華西)의 혼례에 대한 관점은 가정의 윤리
를 위해서는 가정 안의 질서와 평화가 필요한데 소실제도는 그러한
질서를 깨는 것이고, 결혼은 재산의 유무가 아닌 인간성을 보고 배우
자를 선택해야 된다는 전통적인 가치관을 지녔음을 알 수 있다.

특히 서양의 풍습에 대해 우려했던 것은 통화(通貨)와 통색(通色)으
로 물질주의와 성 개방에 대해 매우 부정적 시각을 가지고 서양의 풍
습의 도래를 경계하면서 전통적 남녀유별의 혼례의 정신을 소중히
했던 것이다.

---

21)『雅言』 권12,「洋禍」 제35, '通貨通色之禍 不待一轉 而陷入於禽獸夷狄.'

2) 상례(喪禮)의 정신

죽음의 의례인 상례에 대해서 이야기하기 전에 우선 화서(華西)의 죽음에 대한 개념을 파악해 볼 필요가 있다. 그는 우선 불의의 삶보다는 의로운 죽음에 대해 높은 평가를 한다.

> "죽음이라는 것은 이치가 반드시 있게 되어 있는 것이요, 악(惡)이라는 것은 이치가 반드시 없게 되어 있는 것이니, 반드시 있게 되어 있는 것은 비록 두려워하여도 면하지 못하는 것이요, 반드시 없게 되어 있는 것은 만일 범한다면 비록 살아 있어도 죽은 것과 같은 것이니, 사람으로 악(惡)을 무서워하기를 죽음 무서워하듯이 하지 않는 것으로 또한 의혹이 심한 자이다. 성현들도 또한 죽음을 면하지 못하였으니 죽음이 사람의 병이 될 수는 없는 것이요, 천하 만고에 악(惡)을 저지르고도 사람 된 자가 있던가. 그러한 까닭으로 선을 하면 비록 죽더라도 산 것과 같고 악을 하면 비록 살더라도 죽은 것과 같은 것이다. 이 이치가 너무도 분명한데 사람들이 스스로 생각하지 않을 뿐이다."22)

이 같은 생각을 하고 있기 때문에 그는 도덕적 인간의 죽음은 '종(終)'이라고 하고, 죽음을 무서워하고 삶에 집착하는 소인의 죽음을 '사(死)'라고 하여 같은 죽음이지만 '종(終)'과 '사(死)'의 차별을 두고 있다.

> "군자가 죽으면 종(終)하였다고 하는 것은 그 사업을 끝맺었다는 뜻이니, 시초도 이루고 끝도 이루었다는 것이요, 소인이 죽으면 죽었다(死)고 하는 것도 그 형기(形氣)가 소멸하여 다 되었다는 것이니, 형기가 소멸하여 다 된 뒤에는 다시 다른 일이 없는 것이다."23)

---

22) 『雅言』 권6, 「忠信」 제18, '死者 理之所必有也 惡者 理之所必無也 所必有者 雖畏之不得免也 所必無者 若犯之 雖生如死也 人之畏惡不如死 亦惑之甚者也 聖賢亦未免死 死不足以爲人之病也 天下萬古 有爲惡而得爲人者乎 故爲善 則雖死如生 爲惡 則雖生如死 此理甚明 人自不思耳.'

23) 『雅言』 권6, 「忠信」 제18, '君子曰終 終其事也 成始成終也 小人曰死 形氣消盡也 形氣消盡後 更無餘事.'

이런 관점에서 상례(喪禮)의 '상(喪)'은 중간적 입장임을 알 수 있다. 상례에서는 죽은 자의 몸이라도 이를 존중하는 것은 몸이라는 것이 개인의 소유이기 보다는 부모로부터 물려받은 일종의 유산으로 함부로 훼손할 수 없다는 점에서 기인한다.

그런데 화서(華西)의 몸에 대한 생각은 이런 전통적인 생각에 대하여 두 가지 입장으로 해석하고 있다. 먼저 몸을 아끼는 것이 왜 도리인가에 대해 다음과 같이 말한다.

> "자신의 몸은 자기의 몸이 아니라, 즉 보모의 몸인 것이니, 자신의 몸을 실수한 욕(辱)은 곧 그 부모의 몸을 욕되게 하는 것이며 곧 그 부모를 잘 섬기지 못하는 것이 되는 것이다."24)

생명의 면면한 계승은 부모를 통해 나에게 계승되고 또한 자녀에게 면면히 계승되는 것으로 이 몸의 중요성을 이야기한다. 그러나 여기서는 사회적 의리를 위해 자신을 희생할 수 있는 근거가 없다. 따라서 화서(華西)는 몸을 희생하여서도 이룰 수 있는 가치가 있다는 점을 또한 언급하고 있다.

> "공자는 말하기를, '위태한 것을 보고는 생명을 바친다(見危授命)'(『논어』, 「헌문」)고 하였고, 맹자는 말하기를, '생명을 내던지고 의리를 취한다(舍生取義)'고 하였는데 성인들의 교훈은 대개 이러하였다."25)

화서(華西)의 문하에서 생명을 걸고 구국의 의병을 일으킨 것은 다

---

24) 『雅言』 권8, 「桂山丈」 제23, '身非自己之身 乃父母之身也 失身之辱 便是辱父母之身 便是不善事其父母矣.'

25) 『雅言』 권9, 「洪濤」 제26, '人於直理上 見不透 性不篤 則必好謀 所謂好謨 皆害仁傷義 欺天瞞鬼之事也 雖欲幸免 其可得乎 孔子曰 見危授命 孟子曰 舍生取義 聖人之訓 蓋如此.'

름 아닌 살신성인(殺身成仁)의 희생정신에서 나온 것이라면 그에게서 볼 수 있는 죽음의 개념은 의로운 죽음이 불의의 삶보다 값지다는 생명관에서 나온 것임을 알 수 있다.

그러면 상례의 절차에 대해서 화서(華西)의 입장은 무엇일까? 중요한 것은 예학(禮學) 전반에 걸쳐 그는 김장생과 송시열의 예학(禮學)을 정통으로 보고 답습하고 있다. 따라서 상례의 원칙을 준수하는 것을 소중히 여기며 상례(喪禮)의 절차와 복제에 대해서도 엄정한 입장을 고수한다.

> "박문경이 그의 아버지 행장(行狀)을 지어주기를 청하였는데, 선생이 답서하여 사절하고 인하여 이르기를, 선장(先丈)께서는 처복(妻服)을 입고 장사 전까지 행소(行素)하셨는데, 대개 세상 사람들이 아내의 상중에 소홀히 하는 것은 소소한 잘못이 아니다. 일찍이 들은 일이지마는, 척제(惕齋) 상공이 처상(妻喪) 중에 장사 전에는 친히 여섯 때 곡전(哭奠)을 행하였고 발인하는 노상에서도 또한 폐하지 아니하였는데, 이것은 인륜에 독실한 지극한 행실이다. 마음속에 항상 열복하고 있다. 선장께서 하신 일이 상의한 일도 없이 서로 같았는데 행장 기록에 이 한 토막이 빠진 것은 알 수 없거니와 무슨 까닭인가."26)

매우 소략한 구절이지만 박문경의 부친의 행장 가운데 죽은 처에 대한 엄격한 상례에 대해 훌륭히 엄정히 수행했다는 것을 화서는 매우 중요한 것으로 인정하고 있었다는 점을 잘 말해주는 일화라고 하겠다. 상례 가운데 매장에 있어서 화서(華西)는 풍수지리에 의한 화복설에 대해서는 부정적인 입장을 취한다. 그것은 예의의 정신이 아니

---

26) 『雅言』 권8, 「桂山丈」 제23, '朴文卿 謁其先狀 先生答書辭謝 仍曰 先丈於妻服 葬前行素 蓋世人忽於伉儷之喪 非細失也 曾聞 惕齋相公 妻喪 葬前親行六時哭奠 在發靷路上亦不廢 此篤於人倫之至行也 心常悅服 先丈之事 不謀而同 行錄闕此一段 未知何故耶.'

라는 것이다.

> "어떤 사람이 지리(地理)에 인한 화복(禍福)의 응보를 말하였다. 선
> 생이 말하기를 지금 이름 있는 묘의 자손으로 더는 길한 사람이 있
> 으나 또한 더러는 흉한 사람이 있고, 더러는 충실하고 어진 사람이
> 있으나 또한 더러는 악하고 못된 사람이 있다. 이로써 미루어볼 것
> 같으면 비단 길(吉)한 묘의 자손이라도 또한 흉한 사람이 있을 뿐
> 이 아니라, 비록 흉한 묘의 자손이라도 또한 더러는 길한 사람이
> 있는 것을 알 수 있다."27)
> "…무릇 천하의 길흉과 화복은 모두 선악이 불러들이는 것이요, 지
> 리가 바꾸어 놓을 수 있는 것이 아니다."28)

앞서 살았던 조선후기의 다산 정약용처럼 풍수지리를 미신으로 취급하지는 않지만, 그렇다고 해서 풍수지리에 의해 인간의 화복이 결정된다고 하는 데는 찬동하지 않는다. 그 이유는 한 묘의 조상이라하더라도 길흉화복이 동일하지 않는다는 점을 예로 들었고, 더욱 중요한 것은 묘가 아니라 인간의 선행과 악행이 길흉과 화복을 불러오는 근본원인이라는 것을 강조했다. 그런 점에서 화서는 소극적인 운명론자가 아니라 올바른 예의 기준을 삶의 지침으로 삼아 그를 실천하는 인물이었음을 알 수 있다. 이런 관점은 유교가례의 바탕이 되는 『주자가례』의 정신과 일치한다고 보겠다.

3) 제례(祭禮)의 정신

화서(華西)의 예학(禮學) 중에서 제례의 부분은 가장 중요한 부분이

---

27) 『雅言』 권7, 「理順」 제20, '或言地理禍福之應 先生曰 今有名墓之子孫 或有吉者 亦或有凶者 或有忠賢 亦或有惡逆 說二憂堂門內事 以此推之 非徒吉墓之孫 亦有凶焉 雖凶墓之孫 亦或有吉焉可知矣.'
28) 『雅言』 권7, 「理順」 제20, '凡天下吉凶禍福 莫非善惡之所召 非地理所可易也.'

다. 제사를 모신다는 것은 인륜의 마땅함이고, 결코 잊어서는 안 될
의례인 것이다.

> "한 가지 먹음직한 것을 얻어 보게 되어서도 감히 먼저 그 손을 대
> 지 아니하고 한 가지 새것을 만나 보게 되어서도 차마 먼저 그 입
> 을 대지 않는 것은, 저 승냥이와 물개도 오히려 그러하거늘 하물며
> 사람에 있어서며, 매와 까마귀도 오히려 그러한데 하물며 사람에
> 있어서랴. 그러므로 죄는 제사를 궐향하는 것보다도 큰 것이 없고
> 화는 신을 굶기는 것보다도 중한 것이 없는 것이다."29)

제사를 하는 원리는 은혜에 대한 보답이요, 의리다. 만약 제사를 지내
지 않는다면 그것은 용서할 수 없는 일이다. 제사를 폐지하거나 소홀히
하는 것은 인간의 도리에 어긋난 것이며 하나의 죄로 보는 것이다.

> "천지의 마음은 즉 나의 마음이요, 조고(祖考)의 기혈은 나의 기혈
> 인 것이다. 진실로 능히 나의 마음을 극진히 하여 천지의 마음을
> 감동시키고 나의 기운을 순화(順和)하게 하여 조고의 기운이 도달
> 되어오게 하면, 마음은 대소와 상하의 간격이 없는 것인지라 합하
> 여 하나가 되고 기운은 고금과 선후의 구별이 없는 것인지라 모여
> 서 하나가 되는 것이니, 성인들이 환(渙, 이산되는 것)을 다스림과
> 천하를 다스리는 묘리가 여기에 다 되어 있다.
> …만물들의 영양을 수급하는 길이 음식보다도 먼저 될 것이 없는
> 것이요, 민생들의 예를 지켜 겸양하는 마음도 또한 음식보다도 간
> 절한 것이 없는 것이다. 신명(神明)에게 대접하고 사람에게 대접하
> 는 것이 당초부터 다른 것이 없었다면 산 이를 섬기고 죽은 이를
> 섬기는 데 있어 어찌 다른 법이 있겠는가."30)

---

29) 『雅言』 권10, 「大壯」 제29, '以得一腜 而不敢先染其指 遇一新 而不引先下其吻豺獺尙然 而況於人乎
鷹鳥尙然 而況於人乎 故罪莫大於乏祀 禍莫重於餒神.'

30) 『雅言』 권10, 「大壯」 제29, '然天地之心 卽吾心也 祖考之氣 卽吾氣也 苟能盡吾之心 而以感天地之心
順吾之氣 以格祖考之氣 則心無大小上下之隔 而合之爲一 氣無古今先後之別 而萃而爲一 聖人治渙治天
下之妙 盡於此矣… 萬物需養之道 莫先於飮食 民生禮讓之心 亦莫切於飮食 饗神饗人 初無異物 則事生
事死 豈有異法乎.'

화서(華西)에게 있어서 제사는 동기감응(同氣感應)의 원리다. 나와 같은 생명의 기를 면면히 이은 조상은 나의 정성에 대해 감응을 하는 것이고, 그러한 정성의 표시로 음식을 올리는 것이다. 같은 기운이기 때문에 감응하는 것이라고 한다. 그러나 제사는 누구나 올릴 수 있는 것이 아니라, 그 종통을 이은 대표자의 이름으로 올리는 것이다. 여기에서 유가의 이상이 정통성을 중시하고, 왕실이든 개인의 집안이든 큰 아들이 종통(宗統)을 잇는다는 것이며, 이러한 정통의식이야말로 위정척사(衛正斥邪)의 정신이기도 했던 것이다. 따라서 제례의 호칭은 함부로 다룰 수 없는 매우 예민한 사항이었다.

> "어떤 사람이 묻기를, 성인(공자)은 제사드릴 귀신이 아닌데 제사 드리는 것을 조롱하였고, 신이 유(類)가 아닌 자의 제사를 흠향하지 않는 것은 어찌하여 그러는 것입니까? 예는 계통이 없어서는 안 되는 것이니 계통이 없으면 혼란한 것이요, 제사는 종주(宗主)하는 데가 없어서는 안 되는 것이니 종주하는 데가 없으면 참람한 것이다. 혼란하고 참람한 제사는 신이 흠향하지 않는 것이다."31)

제사의 중요성은 자격 있는 사람이 제사할 때 의의를 갖는다. 격식과 절차상 문제가 있는 제사는 쓸모없는 것이므로, 제대로 된 절차와 제대로 된 종통에 의해서 제사는 의미를 갖는 것이다.

제사에서 돌아가신 아버지를 칭하는 경우 고(考)라는 칭호를 쓰는데, 양자로 종통을 이을 경우 생가의 아버지에게 고(考)를 쓰는 것은 정당한가, 부당한가의 문제는 우리나라의 예 논쟁 가운데 첨예한 것이었다. 화서(華西)는 이에 대해서 생가의 부모에게 양자 간 아들이

---

31) 『雅言』 권10, 「大壯」 제29, '或曰 聖人譏祭非其鬼 而神不饗非類之祭 何也 曰 禮不可以無統 無統則亂 祭不可以無宗 無宗則僭 亂與僭 神不可所不饗也.'

‘조카’라고 해서는 안 되지만, 그렇다고 해서 ‘고(考)’라고 하는 것에 대해서 잘못이라고 말한다.

> “‘마땅히 조카라고 칭하지 아니하여야 한다.’고 운운한 것, 이것은 의아할 것이 없으나, ‘생가에도 고(考)라고 칭하여야 한다.’는 한 가지 조목에 있어는 더욱 의혹스럽기 짝이 없다. 이 의리가 이미 주공의 『예경』에 밝혀져 있으니 이것은 진실로 만고의 남의 후계자가 된 사람들의 중요한 법이다. 한(漢)나라의 선제(宣帝)가 생가에 대하여 ‘도고(悼考)’, ‘도비(悼妣)’라고 하였는데, 정자(程子)는 난륜(亂倫)이며 실례라고 단정하였고, 주자는 그것을 가져다가 강목(綱目)이라는 글에다가 써놓았으니 다시 그 중간에 무슨 의단이 있을 수 있겠는가… 선군(先君)은 인군이며 아버지인 것이요, 사군(嗣君)은 신하이며 아들인 것이다. 그 복(服)으로 말하면 참최인데 참최라는 복은 인군과 아버지에게만 입는 것인지라. 여타는 해당될 수 없는 것이며, 그 사당으로 말하면 이묘(禰廟)인데 이묘라는 제사는 인군과 아버지에게만 드리는 것인지라 여타는 이묘에 해당될 수 없는 것이다. 이에 그 생가의 복 참최를 끊어다가 입계(入繼)한 여기에 옮겨 놓았고 이미 그 생가의 제사 이제(禰祭)를 옮겨다가 입계한 여기에서 제사 드리고 있으면서 돌이켜 다시 생가에 대하여 고(考)니 비니 칭한다면 어떻게 되겠는가.”[32]

여기에서 엿볼 수 있는 것은 화서(華西)의 예학(禮學)은 왕실과 사가의 예법을 분별하지 않고 함께 본다는 점이며, 이것은 17세기 우암 송시열의 예학(禮學)과 괘를 함께하고 있는 것으로 볼 수 있다.

조선에서의 예법은 선과 악을 분리하여 봄과 동시에 철저히 정통과 이단을 분리했다. 가정이건 왕실이건 이러한 법통이나 혈통의 순

---

32) 『雅言』 권8, 「子常問」 제24, ‘先生答書曰 不當稱姪云云 此無可疑 至稱考於本生一款 則不勝滋惑也 斯義也已 明於周公禮經 此實萬古爲人後者之大法也 漢宣帝稱悼考悼妣於本生 程子斷以亂倫失禮 而朱子取以筆之於綱目之書 則更有何疑於其間哉… 先君君也父也 嗣君臣也子也 問其服則斬衰也 斬衰服於君父者也 他不可以貳斬矣 問其廟則斬衰也 斬衰服於君父者也 他不可以貳斬矣 問其廟則禰廟也 禰廟祭以君父者也 他不可以貳廟矣 旣斷其本性之斬 移之於此 旣移其本生之禰 祭之於此 而乃反復稱考妣於本生 則烏乎其可哉.’

수성을 지키는 것을 예의 정신으로 보았던 것이다.

왕실이건 사가(私家)이건 동일하며 그 정통성을 소중히 여기고, 명칭을 바로 하는 등 엄정한 태도를 취하였고, 그런 정통성을 가져야 하고 또한 경건해야 제사의 의미를 갖게 된다고 하였다. 그래서 제사를 지내듯 일을 처리하라는 것은 제사를 모시는 정성의 지극함을 뜻하는 것이다.

> "어찌하여 순후(厚)라고 하느냐 하면 일을 조심하기를 제사 모시듯이 하고(敬事如神) 하려면 예가 존귀한 사람으로부터 비천한 사람에게 미치게 되니 빈객들에게도 강신(顆, 제사모신 후 빈객에게도 술대접하는 것)하게 되는 유가 이것이다."[33]

화서(華西)가 보는 제례의 정신은 단지 음식과 절차에 머무는 것이 아니라, 거기에 깃든 의미를 깊이 이해해서 마음을 지극히 하는 것이야말로 가장 소중한 것이었다. 특히 이런 정성스런 마음이야말로 사회생활의 예절의 원리가 되었던 것이다. 화서 이항로는 이처럼 전통적인 한국의 가례를 소중한 것으로 생각하고 이를 수호하려 했음을 알 수 있다.

Ⅲ. 구국으로 이어진 예의 정신

진리란 무엇일까? 진리란 시대와 공간에 구애받지 않고 불변하는 것인가, 아니면 가변적인 것인가? 오늘 다양성의 시대에 자신의 교리

---

33) 『雅言』권10, 「大壯」 제29, '何謂厚 敬事如祭 待賢如神 則禮由尊而逮卑 顆賓客之類是已.'

만을 영원한 진리라고 갈파하고 배타적인 태도를 취하는 세력에 대해서는 많은 이들이 우려한다. 소위 테러와 '테러에 대한 전쟁'이나 거기의 정신적 배경에는 근본주의적 종교의 도그마가 도사리고 있는 것을 본다.

화서(華西)의 애국운동도 다양성을 인정하지 않은 유교 근본주의요 배타주의일까? 일견 우리는 대원군의 정책에서 우리 근대화가 지체되었다는 비난을 들을 수 있다. 화서의 정신이 위척척사요 유교 지상주의였다는 점에서 다양성을 인정하지 않았다는 것은 사실이다. 그런 다양성의 인정은 도덕적 혼란으로 받아들일 수 없었으며, 일정한 도의의 척도가 없는 서구의 사상을 받아들인다는 것은 더욱 혼란을 불러일으키는 것으로 보았다.

화서(華西) 예학의 맥은 스승인 우암 송시열로 거슬러 올라간다. 우암 역시 그의 시대에서 항상 그런 논쟁의 소용돌이에서 벗어나지 못하고 있었다는 점에서 엄정한 성리학적 자세와 다양성을 수용하려는 가치사이에 갈등이 있었음을 알 수 있다.

화서(華西)의 입장, 특히 그의 예학(禮學)에 대한 견해를 보면, 그 근본정신에 있어서 철저한 공자－맹자－주자－우암으로 이어지는 예의 정신에 깊은 확신과 인간의 도덕적 원리에 대한 투철한 자세가 있었음을 확인할 수 있었다.

예란 도덕적 내면세계인 이(理)와는 달리 밖으로 나타나는 의례의 의미를 가진다. 그러나 이러한 의례는 강제적인 것은 아니다. 거기에는 내면의 정성과 경건성이 확보되어야 한다. 그런 점에서 화서(華西)는 예(禮)를 이(理)와 율(律)의 중간자로 보았다는 데 특색이 있다.

공동체의 유지를 위해서는 정통적인 의례의 수행이 필요했으며,

조선왕조에 맥맥히 이어온 천지신명과 자연 등을 경외시하는 의례는 제대로 된 절차를 통해 시행하는 것은 재론의 여지가 없는 당연한 것이라고 생각했다. 이것은 제사를 폐지하려고 했던 천주교의 입장과는 정반대이며, 제사를 간소화하고 개선하려는 시도를 인정하지 않는 엄격한 것이었다.

공동체의 의례뿐만 아니라 가례에 있어서도 전통을 고수하려는 화서의 의지는 초지일관된 것이었다. 혼례의 정신에서 재산보다는 인품을 높이 평가하는 것, 당시의 일부다처제에 대한 우려, 그리고 서양문명이 확대되면서 물질주의와 성의 개방이 가져올 것이 인간의 아름다움이 아닌 금수(禽獸)의 상태로의 퇴보라는 것은 음란한 문화를 얼마나 경계했는가를 잘 보여주고 있다.

상례의 정신에 있어서 그는 군자의 죽음과 소인의 죽음을 구별하고, 의로운 죽음의 가치를 높이 평가했다. 전통적인 주자학의 가치관이 신체발부(身體髮膚)에 대한 보신(保身)을 효행으로 보는 데 대해 화서(華西)는 그를 편협하게 보았다. 오히려 살신성인(殺身成仁)의 사생취의(捨生取義)의 인의(仁義)의 실현을 오히려 강조하고 있다. 여기서 정의를 위해서는 자신을 희생할 수 있다는 위정척사의 정신이 나올 수 있었다. 이러한 생사관이 후일 의병투쟁의 정신적 바탕이 되었음을 가늠할 수 있다.

화서(華西)는 주자학적 정통의 예학(禮學)을 발전시킨 사계 김장생과 우암 송시열의 상례에 대한 견해를 수정 없이 받아들였으며, 그러한 예법과 절차는 당연한 것임을 천명한다. 그 근거는 국가사회나 개인 가정이나 함께 선명한 정통성 혹은 도덕적 정당성을 중시함으로써 대의명분을 실현하려고 하였기 때문이다. 제례의 정신은 동기감응

(同氣感應)의 이치로, 정당한 위치에 있는 사람이 정당한 제사를 지내
야 하며, 제사대상에 대한 올바른 호칭이 있어야 한다고 했다.

이처럼 왕실이나 사가나 동일한 원리를 적용할 수 있다는 점에서
화서의 예학은 우암의 예학(禮學)을 그대로 계승하고 있음을 확인할
수 있다.

노사 기정진의 유교 의례관

Ⅰ. 노사 기정진은 누구인가?

기정진(奇正鎭, 1798~1879)은 구한말 서세동점의 시기에 이항로와 더불어 위정척사(衛正斥邪)파의 축을 이루는 주요한 인물이다. 특히 호남지방의 항일 의병투쟁은 기정진의 문인들이 대거 참여했다.

기정진에 대한 연구는 위정척사운동 등 정치사상이나 이기론을 다룬 철학에 있어서는 상당부분 진척이 있으나, 의례관에 주목한 연구는 없는 실정이다. 다른 위정척사파와 마찬가지로 그 역시 서양문화의 침투에 대해 우려하면서 척사의 대상으로, 그리고 주자학의 의리정신에 바탕한 예를 소중히 여기고 위정(衛正)의 대상으로 인식한다.

많은 사람들은 위정척사운동에 대해서는 민족의 정기와 자존의 입장에서 긍정하고 그 보편적 가치를 인정하면서도, 유교의례에 대해서는 낡은 것으로 간주하고 과거의 골동품처럼 취급하는 경향이 있다.

그러나 기정진에 있어서 위정척사운동과 유교의례는 동전의 양면과 같은 것으로 분리시킬 수 없는 것이다. 음양(陰陽)과 이기(理氣)의 관계에서 그가 이(理)를 중시하여 의리적 사상을 실천했던 것은 동시에 사회질서나 인간관계에 있어서도 그대로 적용되는 것이다.

관혼상제의 가례는 특히 그러한 인간관계에서의 합장한 예의범절을 상징하는 것으로 이(理)의 중시와 예(禮)의 중시는 같은 맥락인 것이다. 19세기 근대화와 개화의 기치와는 반대로 수구와 전통을 지키려했던 이러한 흐름을 우리는 어떻게 해석해야 할 것인가?

혼례의 정신에 나타난 남녀유별은 오늘의 양성평등에 대립되는 가치인가? 상례에서 강조한 삼년상이나 부계중심의 오복제는 오늘의 평등사회에 역행하는 가치인가? 만약 이러한 가치들이 오늘의 실정에 보편적 가치를 같지 못한다면 위정척사 또한 시대착오인 수구세력의 헛된 노력이었을까? 이 글은 이에 대한 적절한 응답을 구하고자 하는 것이다.

Ⅱ. 기정진의 생애와 시대적 배경

기정진은 기묘명현인 기준(奇遵)의 둘째형인 기원(奇遠)이 그의 10대조이며, 8대조 기효간(奇孝諫, 1530~1593))은 임진왜란 시 장성 남문창의(南門倡義)를 주도하였다. 5대조 기정익(奇挺翼, 1627~1690)은 우암 송시열의 문인이다. 그는 정조 22년(1815년) 전북순창에서 부친 기재우(奇在祐, 1769~1815)와 안동 권씨 어머니 사이에 태어났다. 이미 어린 시절 신동으로 불리며 경서를 공부했고 시문에도 능했다. 14세에 울산 김씨와 혼인했으며 가난 속에서 독서했다. 양친을 여원 뒤 18세(1815년)에 장성으로 이사하였다. 순조 1년(1831), 34세에 사마시에 장원으로 급제하고 강릉참봉에 임명되었으나 나아가지 않고 성균관에 머물렀다. 이후에도 1864년 2월, 사헌부(司憲府) 장령(掌令)을 시작으로 1866년 7월, 동부승지(同副承旨)에 이르기까지 지속적으로 관직 제수를 받았지만 벼슬에 나아가지는 않았다.

문인으로는 조성가(趙成家, 1824~1904), 이최선(李最善, 1825~1883), 김녹휴(金祿休, 1827~1885), 조의곤(曺毅坤, 1832~1893), 기우만(奇宇萬, 1846~1916), 정재규(鄭載圭, 1843~1911) 등이 있다. 이 가운데 이최선은 병인양요가 발발하자 의병을 모집했고, 기우만은 노사의 친손자로 을미사변과 단발령 그리고 아관파천 등에 저항하여 호남지역의 의병을 모아 적극적으로 위정척사의 기치를 내세우고 실천한 인물들이다.

고산서원에 배향되지 않은 제자들도 당시의 중요한 인물들이 많다. 정의림(鄭義林, 1845~1916), 기삼연(奇參衍, 1851~1908), 고광순(高光洵, 1848~1907), 오준선(吳駿善, 1851~1931), 김석구(金錫龜, 1835~1885), 고광선(高光善, 1885~1934), 이희석(李僖錫, 1841~1904), 정시림(鄭時林, 1839~1912) 등이 그들이며 김석구와 정의림은 고산서원에 추가로 배향되었다. 기삼연과 고광순은 한말 의병장으로 호남지역 반일투쟁을 선도하다가 순국한 핵심 지도자였다. 김석구, 정재규, 정의림은 노사의 3대 제자로 알려져 있다. 이 중 경남 산청출신의 정재규는 신사척사운동에도 참여했고, 갑오경장에 반대하는 반개화운동에 참여했으며, 단발령에 반발하여 의병을 도모하고, 을사조약 이후에도 최익현, 기우만과 더불어 의병을 일으켰다. 정의림은 능주 출신으로 전기의병으로 활동했다.[1]

프랑스 함대가 강화도를 점령하는 병인양요가 일어나 혼미를 거듭

---

1) 홍영기, 『한국근대사연구』 10집, 1999, p.86.

하던 혼돈기에 그는 위정척사의 기치를 담은 상소문인 「병인소(丙寅疏)」를 썼다. 물론 이전에 그는 스스로의 학문을 정리한 『납량사의(納凉私議)』(1843), 『이통설(理通說)』(1853) 등이 있었고, 이후 집필한 『외필(猥筆)』(1878) 등이 있다. 이러한 저술을 바탕으로 문집은 손자인 기우만(奇宇萬)이 1881년 가장(家藏)된 초고(草稿)를 수집·편차하여 1883년 봄에 장성의 지금의 고산서원인 담대헌(澹對軒)에서 인행하였다. 목록 2권, 원집(原集) 22권, 합 11책이다. 중간본 역시 기우만에 의해 증보되는데, 체제는 초간본을 답습하고 있으며, 목록을 권수(卷首)에 상하권 1책으로 목록을 편차하였던 초간본과는 달리 각 책머리마다 목록을 분리하여 실었다. 또한 연보와 행장(行狀)을 부록 2권으로 수록하였다.

삼간본은 정재규, 조성가, 최숙민, 기우만, 정의림 등 영호남의 문인들이 1901년부터 간역(刊役)에 착수하여 1902년 4월 단성(丹城, 현 경남 합천)의 신안정사(新安精舍)에서 목판으로 간행하였다. 중간본에 시문을 증보하여 28권으로 재편하였고, 부록의 첫머리에 고종이 내린 사제문(賜祭文)을 수록하였으며, 말미에 최익현이 쓴 신도비명(神道碑銘)을 추가하였다. 그리고 부록의 마지막 판에는 '임인춘단성신안사개간(壬寅春丹城新安社開刊)'이라는 간기(刊記)가 있다.

기정진의 시대는 이미 명나라가 소멸된 지 오래되었음에도 불구하고, 그는 명의 연호인 숭정연호를 사용함으로써 중화적 질서와 사상을 불변의 진리로 인식한 송시열과 같은 입장 그대로를 유지하고 있다. 그에게 있어서 중화는 대명(大明)이며, 청나라는 이적(夷狄)으로 간주되고 있다. 대명(大明)의 중화문명을 파괴한 이적의 청을 정벌하려고 한 효종이 '대일통(大一統)'의 춘추 의리를 행한 것으로 확신했다.[2]

이러한 정신은 철저히 주자의 이론을 숭앙하고 송시열을 사표로 삼는 것으로, 의례에 있어서도 관혼상제 등의 가례를 수정할 필요가 없는 것으로 당연시하였다. 전통의례의 정신과 배치되는 서양적 제도는 통색(通色, 성개방)과 통화(通貨, 자본주의)의 문화로 크게 경계하였다. 화서와 노사를 당대의 사표로 여긴 면암 최익현은 노사의 신도비에 그의 학문을 이렇게 평하고 있다.

> "대체로 선생의 학문은 모두 몸소 행하고 마음에 얻는 것으로 힘써서, 묘경(紗敬)으로 일관하고 지성(至誠)으로 실행하였기 때문에, 논한 바와 행한 바가 모두 실학(實學)과 실견(實見)에서 나왔다. 이로써 가정을 다스려서 효우(孝友)와 돈목(敦睦)이 각기 그 도를 다하였고, 관혼상제(冠婚喪祭)가 하나같이 예를 따랐다. 이로써 임금을 섬겨 벼슬하고 사퇴하는 절의를 삼가고, 나아가고 물러나는 의리를 엄격히 하였다. 그리고 후진들의 교육에는 반드시 그 재질에 따라서 가르쳤으니, 병환이 심하여도 성의를 다해서 응접하였으며, 용지(容止)·어묵(語默)과 동정주선(動靜周旋)이 완전한 법이 있었으므로 말을 하지 않아도 제자들이 스스로 깨달았다. 선생은 아침 일찍부터 밤늦게까지 정신을 모으고 단정히 앉아 있었는데, 사람에게 풍기는 훈훈한 화기와 몸을 단정히 하는 의연(毅然)한 위엄은 정답고도 존경스러웠다."3)

여기서 노사의 인품은 가정에서 어른으로서의 위엄을 갖추고 있고 예의범절과 관혼상제의 행사들을 전통에 따라 철저히 지키는 것에서 그 인품을 짐작할 수 있게 한다. 우국충정(憂國衷情)의 지사로서의 자세와 스승으로서의 기정진을 말해주고 있다.

---

2) 김봉곤, 「노사 기정진의 사상의 형성과 위정척사운동」, 『조선시대사학보』 30, p.196.
3) 『勉庵先生文集』 권25, 「蘆沙先生奇公神道碑」

Ⅲ. 예와 의례

제자들이 예에 대해서 묻자, 기정진은 예란 옛사람들이 이루어놓은 문화를 준수하고 망령되이 자신의 의견을 내세우지 않는 것이라고 말했다. 그리고 마땅히 문장보다 그 의미를 본받는 것이라고 말했다.[4] 예의 정신은 의로움과 일치해야지, 의가 없는 예는 헛된 것으로 파악하였다.[5] 그리고 예란 일상의 생활에서 늘 훈련해야 하는 것이지, 하루아침에 할 수 없는 것이라고 했다.[6] 또한 예란 구속이 아니라 사람과 사람 사이의 화합을 주는 것이라고 하여 다음처럼 말한다.

> "예는 단지 화합하는 것을 말한다. 비록 예 가운데 자연스러움이 있더라도 사람을 대할 때 예를 행한 연후에야 그 화합됨을 볼 수 있다. 그러므로 유자(有子)의 본뜻이 예를 취하여 행하는 것이다. 귀하다고 하는 것은 예가 사물에 구속받은 것이라면 어찌 귀하다고 할 것인가. 오로지 그 화합하는 까닭에 귀한 것이다."[7]

예의 정신은 각박한 것이 아니라 자연스러운 것이며, 구속이 아닌 화목이라고 보고 있다. 일견 예는 구속 같지만 예의범절을 제대로 시행하면 인간관계가 화합을 이룰 수 있다는 것이다. 예는 의리정신의 연장이며 인간의 화합을 위한 중요한 절차라고 보았다.

그는 말하기를 예란 반드시 의로움이 있어야 한다고 한다. 만약 그

---

4) 『蘆沙集』 부록1 行狀, '門人嘗請 讀禮之要 曰禮當遵守前人見成說話 不可妄以已意參錯 請益曰當師其意 而不師其文.'

5) 『蘆沙集』 권10, 「答朴弼瑞」, '禮必有義 不講其義而徒禮 則所謂籩豆之事 有司存焉者 寄說一紙 足矯流俗 末學之失.'

6) 『蘆沙集』 권3, 「答鄭國彦」 '而不食嗟來之食 今人則平時已無禮節 乃於乞食危迫之時 欲行禮節難矣.'

7) 『蘆沙集』 권13, '而自禮言則只可曰用和 雖禮中元有自然底 然待人行禮然後其和可知見 故有子本意 就行 禮上說 貴云者 禮是拘束底物事 則亦何足貴 惟其用和故爲貴.'

의로움을 도모하지 못한다면 예란 형식에 치우치는 그릇 놓는 변두
(邊豆)의 일일 뿐이라고 했다.8) 예는 이처럼 내면의 의리와 외적인 예
법과 의례의 실천을 요구한다. 그는 주자학적 가치를 더 이상 고칠
필요가 없는 진리로 인식하였던 주자학적 의리정신과 의례를 변치
않는 진리의 체계로 수호하려고 했다.

기정진은 요순 이래로 이어지는 유교와 조선왕조의 문화적 정통성
에 대한 침략세력으로 양이(洋夷)의 무도함을 경계했다. 그러므로 유
교의례를 수호한다는 것은 커다란 의미가 있었다.

> "저들이 만족할 줄 모르는 욕심은 우리의 국가를 자기들의 속국으
> 로 만들려는 것이며, 우리의 산과 바다를 자기들의 보고(寶庫)로 삼
> 으려는 것이며, 우리의 의관문물을 자기들의 노예로 만들려는 것이
> 며, 우리의 부녀자들을 겁탈하려는 것이며, 우리의 백성을 금수로
> 만들려는 것이다. 만일 교통의 길을 열면 저들의 욕심은 사사건건
> 뜻대로 이루어져 2~3년 안에 전하의 백성으로 서양에 동화되지 않
> 을 사람이 거의 없을 것이다."9)

기정진의 춘추대의 정신은 문화와 야만의 구별의 패러다임이라고
할 수 있는 화이관(華夷觀)에 잘 나타난다. 이적(夷狄)의 문화인 서양
오랑캐[洋夷]는 삿된 것이며 유교문화인 중화야말로 지켜야 할 정(正)
인 것이다. 청나라까지 오랑캐로 간주하면서 중화를 존중하는 것이
야 말라 춘추대의이며 문화적 의리정신이었던 것이다.

그러면 이와 같은 주자학적 의리정신에 바탕을 두고 예를 해석한
입장은 구체적인 생활의례 특히 관혼상제의 가례에서 어떻게 나타나

---

8) 『蘆沙集』 권10, 「答朴弼瑞」, '禮必有義 不講其義而徒禮 則所謂邊豆之事.'
9) 『蘆沙集』 권3, 「丙寅疏」

는가, 살펴보기로 한다.

Ⅳ. 가례에 대한 관점

기정진은 가례에 대해서는 고례(古禮)와 주자가례를 기준으로 삼았으며 특히 의례(儀禮)[10]를 중시했고, 주자와 이율곡,[11] 김장생, 송시열, 이재 등의 정통적인 설로 간주하고 인용한다. 가례에 대한 그의 견해는 전통적인 주자가례를 실천하는 것인데, 본격적으로 예학자로서 예의 이론을 펼친 것이 아니라, 지인들과의 서신왕래를 통해 예의 의문에 대해 질의한 것을 대답한 것이다.

1. 관례

관례(冠禮)에 대한 기정진의 견해는 전통적인 예설과 크게 다르지 않다. 호칭 시에 할아버지와 아버지는 관례 시에 얻은 자(字)가 아니라 어린 시절의 유명(幼名)을 부르는 것은 자연스런 것이라고 했다.[12] 노사는 『예기』에서 말하는 '군자가 아버지를 여의고 나서는 이름을 고치지 않으며'에 대한 해석에서 '부모가 돌아가시고 나서 이름을 고

---

10) 『蘆沙集』 권13, '今世禮文 可謂繁矣 若要學禮先看何書 可不失其本而致其末之詳者, 儀禮 十七篇是源頭之僅傳者 朱子經傳者 朱子經傳通解 辛勤湊合聖書 稽古之士 不可不讀 鄙人素來力量不及 未之下工耳.'

11) 蘆沙의 '외필(畏筆)'에서 율곡의 이기설을 비판한 것으로 이후 간재학파 상에 논쟁이 있었다. 그러나 노사의 행장에는 율곡의 '격몽요결'을 읽었으며 예학의 입장에서 김장생·송시열의 입장에 있던 그는 율곡의 예학과 일치한다고 할 것이다.

12) 『蘆沙集』 권8, 「答金子元安聖贊 安允克」, '幼名題主 冠後改名 似當改題 只先傍題如何 此事種種有之而 不能改題者… 然而其父與祖尙呼幼名 不改題何妨耶.'

치는 일은 이미 지은 이름을 혐오하는 것이 되므로 바람직하지 않다'
고 한다.13)

또한 관례 시에 받은 자는 사당에 고함으로써 선조를 잘 모시는 것
이 성인이 되는 성숙한 태도를 배우게 하는 것으로 전통적 관례를 그
대로 수용했다.14) 관례에 쓰이는 관이나 비녀에 대해서는 경사에서
만 사용하는 것으로 애사에서는 사용할 수 없다고 하였다. 그러나 심
의는 애경사에 다 사용할 수 있는 것이라고 한다.15)

그러나 노사의 연보에는 그의 자(字)는 있으나 그가 관례를 받았다
거나 자녀에게 관례를 했다는 기록은 보이지 않는다. 다만, 노사의 제
자들이 여타의 위정척사파들과 마찬가지로 거세게 단발령에 반대했
음을 볼 때 성인의 위의의 상징인 상투와 갓 등 의관에 대해 중시했
음을 짐작할 수 있다.

2. 혼례

혼례에 대해서는 그는 당시의 혼인 풍속에 대해 비판적이었는데
그것은 고례에 근거하지 않다는 점에서 그렇다.16) 그의 의례관이 우
리나라의 오랜 풍속에 비중을 두기보다는 고례와 주자가례에 중심을
두고 있음을 알 수 있다.

우리나라 혼례의 전통인 친영(親迎)에 대해서 예의 본의가 아니라

---

13) 『蘆沙集』, 「答問類編」曲禮下 12章, '君子已孤 不更名 已孤暴貴 不爲父作諡'에 대해 '已孤不更名小子
    初名語嫌不可不避.'

14) 『蘆沙集』 권11, 「答金永植」, '戒者名也 子下某字 將冠者之名也 祠堂告辭亦然.'

15) 『蘆沙集』, p.38. 「答閔仲浩」, '緇布冠是冠禮始加之冠 初喪果未見用 人死不冠不笄旣有明文 … 深衣果
    吉凶通服.'

16) 『蘆沙集』 권14, '婚禮今俗所行 是俗禮非古禮 何可混雜而論之.'

고 지적했다.17) 또 한 가지 특별한 것은 동성 간의 결혼은 예에 어긋나지만 다른 성이 외종 간의 결혼은 고대에는 허용되었다고 하면서 예법에 어긋난 것이 아님을 시사했다.18) 외종이나 내종 사촌 간의 혼인은 동성이 아니기 때문에 꺼릴 필요가 없다고 한다. 동성동본 간의 불혼은 주(周)나라의 예이고 하은(夏殷) 시에는 5대만 지나면 동성동본도 통혼했다고 한다.

결혼식 때 남녀 간의 절의 회수가 차별이 있는 것에 대해, 신부가 재배함에 신랑이 답배로 일배함은 차별이라기보다는 음양의 조화라고 해석하고 있다. '부인이 사배(四拜)하고 남자는 재배(再拜)하는 것은 양은 홀수고 음은 짝수이기 때문이다. … 배(拜)란 재배(再拜)면 답은 마땅히 일배(一拜)는 아닌 듯하다'19)고 하여 남존여비적인 점으로 말하지 않는다.

남녀관계를 차별의식이 아닌 음양조화의 입장에서 보지만, 남편과 군주와 중화와 이(理)의 입장은 양이고 부인과 신하와 오랑캐 그리고 기(氣)는 음의 입장인 것이어서, 평등관계로 볼 수는 없을 것이다. 그는 '부인이 남편의 위치를 앗아가는 것은 하나의 재앙이며, 신하가 임금의 위치를 앗아가는 것도 하나의 재앙이요, 오랑캐들이 중화의 위치를 앗아가는 것도 하나의 재앙이며, 이 세 가지의 재앙은 다름 아닌 세 가지의 재앙이 다음에는 기(氣)가 이(理)의 위치를 빼앗는 것'20)이라고 하면서 자신의 시대의 정신적 혼돈에 대해 우려하고 있

---

17) 『蘆沙集』 권10, 「今俗婚禮 不用親迎之禮」, '婚禮今人所行 大違制禮之本義 禮外之禮 存而勿論可也.'

18) 『蘆沙集』 권10, 「外從兄弟娣妹爲婚 古之時不以爲嫌」, '夏段以上同姓五世通婚百世婚姻不通周道也異姓不忌 故內外從有通婚者.'

19) 『蘆沙集』 권12, p.7. '婦人四拜 男子再拜 陽奇陰偶故也 醮子不可與送女 比朋友遠行 亦有贈言 況母之於女之出嫁 其可無一言乎 拜者再拜 則答者似不當一拜.'

20) 『蘆沙集』 附錄 2,「行狀」, '妻奪夫位 一大變化 臣奪君位 一大變化 夷奪華位 一大變化 若氣奪理位 則三

다. 부부관계에서 위계는 남편의 우월을 우주적 질서로 보고 있음을
엿볼 수 있다.

3. 상례

상례야말로 기정진과 그의 지인들이 논의한 가장 중요한 예법이었
다. 통과의례 가운데 죽음에 대한 의례라고 할 수 있는 상례의 예법
을 이야기하기 전에 우선 기정진이 가진 죽음에 대한 태도를 살펴보
자. 더욱이 한말 호남의병을 이끈 기정진의 문인들에게 그가 보여주
었던 평소의 태도는 크게 영향을 주었을 것이다.

상례(喪禮)는 그의 이론이 집중되어 있다. 상복제도에 대해서 많이
다루며 오복(五服)제도와 삼년상을 중시한다. 복식의 엄정함이야말로
예의 정신이며, 예절이라고 보고 있다. 그리고 상례의 본질은 '죽은
이에 대한 공경을 살아 있을 때와 같이 함(事死如事生)'을 강조한다.

오복제는 유교의례 가운데 가장 논란이 많았던 부분이었고, 기정
진에게 있어서도 가장 중요한 의례였다. 왜냐하면 가족 간의 친소에
따라 상복을 입는 것은 가족관계의 정통성과 차별성을 상징하는 것
이기 때문에 함부로 할 수 없는 의례라고 보기 때문이다.

이 복제는 얼마 동안 입느냐에 따라 결정되지 않고 삼베의 굵기에
의해서 이름이 붙여지는데 가장 가까운 아버지의 상에는 참최(斬衰)
를 입고 마지막 5단계는 시마(緦麻)를 입는다.

오복제가 단지 기간이 중요한 것이 아니라 상복의 종류가 더 중요

變次第事.'

한 것이다. 예컨대 시마(總麻)는 3개월 입는 복이지만 자최복(齊衰服)
도 3개월이 있다. 이 경우 자최복이 더 비중이 있는 상복이 된다.

> "오복은 상복의 옷감의 굵고 가는 것에 따른 명칭이다. 자최(齊衰)
> 는 5개월일지라도 역시 자최(齊衰)이고 소공(小功)은 아니다. 자최
> (齊衰) 3개월은 자최(齊衰)이지 시마(總麻)는 아니다."[21]

기정진은 주자가례에 따른 오복제의 엄격한 적용을 주장하였으며,
그것을 고례와 주자가례에 근거해서 적용하려 했다. 아버지와 할머니
가 함께 돌아가신 상황이 되면 먼저 상복이 약한 할머니의 상을 우선
하고 그다음에 보다 무거운 아버지의 상복으로 바꾼다고 한다.

> "할머니의 장례에 앞서서 돌아가신 아버지의 소상(小祥)을 행할 수
> 없다. 장례를 지낸 뒤에 복(卜)하여 말하기를 행할 수 있다고 했다.
> 장사에 앞서 언제나 할머니의 복을 지니며 장례가 끝나고 아버지
> 복을 입는다. 할머니의 영위(靈位)에 들어가면 마땅히 자최의 복을
> 입는다."[22]

상복을 입는 예법이야말로 노사에게 있어서 중요한 것이었다. 여
기에서 아버지와 할머니의 상이 겹칠 경우에 아버지에 대한 상복을
입고 할머니의 영전에 들어가지 않는다는 것은 그가 얼마나 전통적
인 예법에 대해 비중을 두었는지를 짐작하게 한다.

> "성복의 예절은 먼저 참최를 이루고 뒤에 자최를 이룸이 가하다.

---

21) 『蘆沙集』 권8, 「答李元昌」 p.9. ‘五服服布麤細之名也 齊衰五月亦齊衰也 非小功也 齊衰三月 亦齊衰也
非總服也.’

22) 『蘆沙集』 권8, 「答申士揖」 p.27. ‘祖母葬前 不可行亡父小祥 葬後卜日行之可也 葬前常持祖母服 葬後則
服父服 入祖母靈位 則當服齊衰 愚意如是而已.’

고례에 아버지를 장사하기 전에 할아버지가 돌아가시면 복주(服周)
로 인했으나 지금은 그렇지 않다. 모두 삼년 승중(承重)을 말한다.
만약 그 떳떳하게 지니는 복이면 장사하기 전에 그 성복으로 인해
서 자최를 지니고 아버지의 장례를 계빈한 후에 참최로써 종사하
고 자최로써 조모의 장례를 행하는 것이 가할 것 같다."23)

기정진에게 있어서 정통성은 매우 중요한 것으로, 그 차별은 당연
한 것이었을 것이며 상복의 의례에서 이런 구별을 두는 것이 중요한
상례의 예법이었다. 다시 말해서 부계 중심의 가족제도를 중시하는
상례를 그대로 적용하려 했다. 그러나 본인의 장례에 대비해서 수의
(壽衣)로서 심의를 사용할 것인가에 대한 물음에 그 제도를 잘 모르므
로 평시 사용하는 도포를 사용하라고 말하고 그 이유는 그 제도에 대
해 확실한 전거를 얻을 수 없기 때문이라고 말한다. 다만 화려하고
아름다워서는 안 된다는 점을 강조했다.

"습의는 화려하고 아름다워서는 안 된다. 상의는 지금의 도포를 사
용하라. 문인이 일찍이 묻기를 상의는 심의를 사용합니다. 선생은
심의를 사용한 것은 옛날인데 나는 그 제도를 모른다. 제도를 얻을
수 없는데 지금의 복제를 사용하는 것만 못하다."24)

장지를 선택할 때 풍수지리설을 화복(禍福)을 결정하는가에 대해서
는 그것은 천리(天理)가 작용하는 하나의 실마리는 되기에 길지를 얻
으려는 것은 나쁜 것은 아니라고 보지만25) 그 자신이 이에 대한 구체

---

23) 『蘆沙集』 권5, 「答朴和甫」, '古禮父未葬而祖卒則 因服周而今則不然 皆承重三年云矣 若其常持之服 則
　　葬前因其成服而持齊衰 父葬啓殯後 以斬衰從事 以齊衰行祖母葬似可.'

24) 『蘆沙集』 부록 권1, 행장. '襲不用華美 上衣用時制道袍 門人嘗問上衣用深衣乎 先生曰 深衣之用 古也
　　而吾不詮其制 制不得則不如用今服矣.'

25) 『蘆沙集』 권10, 「世俗酷信地家禍福之說」, '地理禍福設若有之 則此亦天理流行中一端也 是故地家之言
　　曰 欲求吉地 勤種德.'

적인 글은 없다. 상례에 있어서 큰 비중을 두지 않은 것이다. 그는 오랜 한국의 속신들을 배제하지는 않았다. 오히려 주자의 집안에서도 토지신에게 제사했다고 함으로써 당시 의례 속에 들었던 토속적인 요소에 대해서는 관용적이었다.26) 이러한 입장은 고례와 주자가례에 근거하면서도 우리나라의 오랜 전통을 굳이 거슬려서는 안 된다는 점으로 김장생을 비롯한 조선시대의 예학자들이 취했던 그 자세와 일치하는 것이다.

죽음관

먼저 죽음에 대한 두려움이 없었던 그는 71세 때 관암(觀庵)에서 머물 때 호랑이가 나타나 생도들과 승려들이 아연실색을 하는데 호랑이 앞에서도 얼굴색이 변하지 않았다고 한다.27) 그러한 침착함과 용기는 평소에 그가 가졌던 죽음에 대한 관점에서 나온 것으로 볼 수 있다.

> "나는 70세 이후에 병이 있어도 약을 먹지 않았다. 대개 늙고 병들고 죽는 것은 평상의 일이다."28)

죽음은 필연적인 것이며, 그것은 낮이 있으면 밤이 있는 것과 같은 것이고, 기(氣)의 변화가 인간의 삶과 죽음에 영향을 미치며 인간의 육신은 하나의 물질일 뿐이라고 본다. 따라서 치료를 위해 복약(服藥)하는 것도 욕망이며 운명에 대한 거부로 보았다. 자신이 향유하는 부

---

26) 『蘆沙集』 권10, 「墓祭山神祭先後」, '家禮 逐者承上之辭 其在後也明矣 蓋人神雜糅'
　　『蘆沙集』 권13, '朱子家亦土神之祭不可 令人都不知有貴紳.'

27) 『蘆沙集』 부록1, 연보, 冬居觀庵

28) 『蘆沙集』 부록1, 행장, '吾七十以後有病不服藥 蓋老病死常事耳 此病不得以舊樣面貌語音 歸待先父母於地下私心切迫.'

귀와 빈천, 영광과 굴욕, 행복과 근심, 장수와 단명, 죽음과 삶이 자신
의 욕망과는 무관한 것으로 보았다. 그러므로 욕망이 아니라 자연의
섭리와 이성에 따라야 하는 것으로 병과 늙음 그리고 죽음마저도 기
꺼이 받아들여야 하는 것이다.

> "삶이 있으면 반드시 죽음이 있다. 낮이 있으면 밤이 있다. 예로부
> 터 지금까지 그를 면한 자가 없다."29)

　　노사의 제자들이 풍전등화 속의 국운 앞에서 위정척사의 기치를
들고 의병운동을 일으키고 목숨 바쳐 싸울 수 있었던 근저에는 이러
한 노사의 투철한 생사관이 바탕이 되고 있다고 할 수 있다. 그는 인
생에 있어서 나라고 하는 존재에 얽힌 욕망과 집착에 구애받지 않는
인간 본연의 본성에 따를 뿐이라고 한다.

　　그의 생사관의 근저에는 인간의 욕망에 따르는 것이 아니라 진리
에 따른 것이 핵심이라고 할 수 있다. 이것은 비단 노사 기정진만의
독자적인 생각이라기보다는 주자학적 천리관에 의한 것이라고 할 수
있다. 곧 '존리멸욕(存理滅欲)'의 철학은 사사로운 욕망에 의해서 삶이
좌우되어서는 안되며, 철두철미하게 천리(天理)를 인식하고 천리를
삶의 절대적인 척도로 해서 살아가는 태도라고 봐야 할 것이다. 그러
므로 일본의 침략이 강력한 군사력을 가지고 물리적으로는 이를 극
복할 수 없는 현실이지만, 중요한 것은 이익이냐 손해냐의 타산이 아
니라 그것이 천리인가 아닌가가 그의 마음에 자리 잡고 있는 것이다.

　　여기서 보면 천명에 따르겠단 자세는 유교적인 사고지만 '무소위

---

29) 『蘆沙集』 권9, 「與尹君護喪所」, '凶聞忽及 吾友伯寬甫 今作隔世人耶 有生必有死 若晝之有夜 從古及今
未有能免者.'

아(無所謂我)’, 다시 말해 ‘무아(無我)’라는 것은 선적인 경지라 할 수도 있겠으나 여기서는 사사로운 욕망을 계산하지 않는 대의의 자세인 것이다. 이(理) 일원론자이지만 그는 인생을 생물학적인 ‘기(氣)’의 움직임으로 받아들이고 있다. 그러나 기질과 욕망에 시달리지 않고 그는 사심 없는 ‘무아(無我)’로 인생을 보며 이는 그의 생에서 체득한 경지라고 보면 될 듯하다.

4. 제례

제사에 대해서는 음식 등에 대해 거론하며, 다른 가례와 마찬가지로 형식과 절차 등은 물론 정성과 공경의 자세를 중시했다. 시제를 폐지하는 일에 대해서는 개탄했다.

> “시제를 폐지하면 보본(報本)과 추원(追遠)의 뜻이 식을 것이다. 사심(私心)이 항상 개탄되는 바이며 필경 나의 행동을 할 수 없으면서 어찌 감히 여기에서 흑백을 논할까.”30)

제사의 시간은 질명에 하는 것이 올바른 것이나 조금 빠른 것은 괜찮다고 하였다. “주자가 질명(質明)에 제사를 행하는 것을 마쳤다. 대개 질명(質明)이 비록 이 정체(正體)라고 하더라도 그 사람과 더불어 서로 혼란한 것을 미워한 까닭에 옛날 현모는 그 초조(稍早, 조금빠름)를 따랐다.”31)

---

30) 『蘆沙集』 권5, p.33. 「答李能白」, ‘時祭之廢 報本追遠之意 或幾乎息矣 私心常所慨歎 而竟不能自我行之 何敢黑白於此論乎….’

31) 『蘆沙集』 권10, 「質明行祀」, p.42. ‘朱子質明 行祀已畢 蓋質明雖是正體而嫌其與人事相混 故昔賢母從其稍早耳.’

제사 음식에 대해 정성이 중요하기는 하지만 간소한 제수도 흠이 되지 않는다고 하면서 보리밥과 채소로도 제사는 가능하다고 하면서 중봉 조헌의 실례를 들면서 가난한 집에서 행할 수 있는 단서라고 말하고 있다.32) 또한 제사에 있어서 청결함을 강조하였고, 제수에 있어서도 개고기나 복숭아가 사용되지 않은 연유 등 다소 지엽적인 것도 있지만 제례의 정신은 역시 형식과 절차보다는 인간으로의 도리를 실천하는 것으로 보았다.

제사에서의 음양조화의 정신은 제수의 배치에서도 드러나는데 노사는 그러한 것을 존중했다. '땅에서 생산되는 것은 음양으로 나누면 과일은 양이고 소채(蔬菜)는 음'33)이라고 했다.

제수로 옛날에 개를 사용했으나 지금 풍속은 사용하지 않는다. 복숭아는 고금으로 사용하지 않았고 개는 옛사람들이 사용했으나 지금은 사용하지 않는다. 비록 사용하였더라도 잃은 바가 있지 않으며 복숭아는 과일 가운데 가장 천한 것이어서 제사에 사용하지 않았다는 것이 대기(戴記)에 나타난다.34) 이런 점에서 보면 제수를 반드시 정성껏 마련하고 이왕이면 귀한 음식으로 마련하는 것이 격식에 맞지만, 가난한 집에서 무리해서 제수비용을 지출할 것이 아니라 소박하더라도 그 정성이 있다면 상관없는 것이라고 하였다.

---

32) 『蘆沙集』 권5, p.34. '欲復古 則何必復其半耶 趙重峯以麥飯一器蔬菜各一器行時祭 以此爲法 則貧家亦無不可行之端矣.'

33) 『蘆沙集』 권7, p.23. '果邊實 要訣五果何儀"然而就地産分陰陽 則果爲陽 蔬菜而陰.'

34) 『蘆沙集』 권13, '祭需古用犬而今俗不用 桃古今皆無用之者 犬是古人用之 今俗不用 雖用之 未有所失而桃則果之最賤者 故祭祀不用 見於戴記.'

V. 저항과 좌절

구한말 한쪽에서는 백성의 복지와 경제를 생각하는 실학과 개화의 시대에 소위 위정척사의 중심에 있었던 노사 기정진은 이러한 시대적 추이와 상관없이 춘추의리 정신에 바탕한 주자학적 예의범절을 강조했고 그것을 지켜야 할 올바른 가치로 삼았다.

반면 그는 서구와 일본의 무력과 경제력의 등장에 대해 오랑캐의 야만적 문화로 보고 이를 경계하고 수용하려 하지 않았고, 그러한 정신은 한말 의병의 정신으로 이어졌다. 많은 사람들이 목숨 걸고 일본에 저항한 위정척사에 대해서는 이해를 가지고 있으면서, 그 저변의 유교의례를 지키려고 했던 위정척사의 정신에 대해서는 관심을 두고 있지 않다.

기정진에게 있어서 유가의례는 주자학적 가치를 실현하려는 의식이면서, 인생의 통과의례에서 인간과 인간이 지켜야 될 예법이었다.

관례와 혼례에 있어서 그는 남녀유별의 정신을 소중한 가치로 보고, 음양의 조화가 우주적 질서인 것처럼, 부부유별을 바탕으로 한 전통적 혼인정신을 중시했으며, 주자가례에 기준을 두었다.

상례에 있어서도 오복제에 바탕한 상복제도를 중시했고, 생사에 대해서는 천명론을 이야기하고 하늘의 운명에 맡기는 것이 선비다운 자세로 보았다. 한편으로는 인생을 기화(氣化)로 생사를 무아(無我)로 해석하기도 하여, 사욕을 벗어나 생사에 초연하려고 하였다.

제사에 대해서는 음식 등에 대해 거론하며, 다른 가례와 마찬가지로 형식과 절차 등은 물론 정성과 공경의 자세를 중시했다. 시제를 폐지하는 일에 대해서는 개탄했다. 제례에서도 전통적인 제사방식을 그대로 따르고 정성을 중시했으나, 소박한 제사를 나무랄 것이 없다고 하여 무리한 비용이 드는 제사가 바른 제사라고는 보지 않았다.

기정진에게 있어서 관혼상제의 가례는 분명 수구적이고 전통적인 습속의 유지였고 그것이야말로 문명적인 습속이라고 보았다. 혼례의 정신에 나타난 남녀유별은 오늘의 남녀평등에서 볼 때는 부계중심의 남성우월의 성향을 가진 것이 분명하지만, 이는 수신제가적 도덕에 바탕을 둔 것이고 개인보다는 가정과 가문을 중시한 가치관이라 하겠다.

상례의 삼년상이나 부계중심의 오복제 역시 대가족적 가정 중심의 가치라고 할 것이다. 그럼에도 우리는 기정진이 보여준 개인적 희생을 통해 가족을 우선시하고 때로는 가족을 넘어서서 국가와 사회에서 합의했던 당시의 상식과 '바름'을 추구했다고 하는 것은 시대를 초월해 존중받을 만한 것이다.

일제에 의해 제압된 위정척사는 근대화와 개화를 거스른 시대착오로 오인될 수 있었지만, 그러한 '바름'을 수호하려는 노력이 없었다면, 우리의 근대화는 바람직하지 않았을 것이며 오늘의 민주주의도 이루어질 수 없었을 것이다. 때로는 나를 희생하는 대의와 의리정신이 어느 시대이건 필요한 이유이기 때문이다.

면암 최익현의 예학

Ⅰ. 최익현은 누구인가?

최익현의 호는 면암(勉庵)이며 자는 찬겸(贊謙), 본관은 경주이다. 순조 33년 계사년(1833) 12월 5일 경기도 포천현 내북면(현 신북면 가채리) 본가에서 지헌의 차남으로 출생하였다. 14세 때(헌종 12년, 1846) 화서 이항로 문하에 들어가서 배웠다.

23세가 되던 1855년에 명경과에 급제함으로써 시작된 관직생활은 34세가 되던 고종 3년(1866) 5월에 모친상으로 사직할 때까지 성균관 전적(典籍), 사헌부 지평(持平), 사간원 정언(正言), 이조정랑 등 주로 중앙의 관직을 역임했다.

면암은 조선왕조가 일제에 의해 침탈되는 시기에 우국의 충정을 다하여 우리 문화를 보존하려고 하였다. 국내적으로는 개화파 등의 개혁에 대해 부정적이었으며 대외적으로는 일본과 서구의 문화에 대해 배타적이었으며, 우리 문화의 예의의 정신으로 우월하게 인식했으며 특히 단발이나 양복의 착용을 반대하고 복제 등과 같은 의관의 변화에 대해 보존해야 할 것을 강력히 주장하였다.

대원군이 내정을 혁신하고 전국의 서원을 철폐하는 한편, 경복궁을 중조하고 세제 등을 개혁함으로써 전국 유림들의 지탄의 대상이 되고 있었다. 이에 면암은 유림들의 선두에 서서 대원군의 시정을 공격하고 나섰다. 이 상소로 인하여 면암은 사간원의 탄핵을 받았고 관직이 삭탈되었다.[1] 이러한 일로 면암은 유림들로부터 더욱 큰 신망과 칭송을 받게 되었다.

고종 12년 1월, 한일수호조약이 추진되고 있다는 소식을 듣고 면암은 도끼를 들고 대궐 앞에 엎드려 척화의 소를 올렸다. 이는 목숨을 걸고 왕께 간함을 뜻한다. 이 상소는 받아들여지지 않았고 이로 인해 면암은 다시 흑산도에서 4년 동안 유배생활을 하게 된다.

일본의 노골적인 침략에 대해 의병을 모아 무력투쟁을 도모했으며, 위정척사의 정신으로 일관했다. 최익현의 사상은 이항로 사상의 연장선상에 놓여 있으며 더욱 실천적인 면으로 심화된 것이며, 노사 기정진 등 위정척사파의 전형적인 학자이다.[2]

고종 43년(1906) 4월 13일에 태인 무성서원에서 의병 봉기를 선언하고, 창의했으나 모인 동지의 수는 80여 명에 불과하였고, 관군에게 포위당하게 되자, 면암은 동족끼리 전투할 수 없다고 하여 전투를 중지하고 말았다. 서울로 호송된 그가 일본군 사령부의 재판에서 대마도 감찰 3년의 형을 받고 적지 대마도에 감찰이 된 것이 1906년(병오) 7월 9일이었다. 이처럼 그는 일제강점에 반대하며 74세의 고령으로 투철한 의리정신에 입각해서 의병을 이끌고 싸우다가 관군에 체포되어 대마도에 투옥되고 일제에 항거하여 단식하다가 이국에서 비장한

---

1) 김호성, 「면암 최익현 연구」, 『정치외교사논총』 14집, p.68.
2) 노인숙, 「면암 최익현 사상 연구」, 『청람어문교육』 26집, p.284.

생애를 마감하였다.

그는 개화와 실학의 시대적 흐름을 우려하면서, 유교적 가치를 수호하고 왕조를 지키려고 끝까지 노력했던 위정척사의 대표적 인물이라고 할 수 있고, 포은 정몽주와 정암 조광조로 이어지는 한국 성리학의 정통을 상징하고 양심적 의리정신을 상징하는 한말의 선비로 한국정신사에 큰 영향을 끼쳤다.

Ⅱ. 예에 관한 최익현의 견해

최익현은 유교적 예를 모든 생활규범의 변함없는 척도로 보았다. 만약에 예라고 하는 척도가 없다면 우리 사회는 제멋대로 되고 오랑캐나 동물의 세계로 전락하고 말 것이므로 인간다운 사회의 조건으로 예가 필요하다고 했다.

> "대저 천만인이 같은 마음이 아니어서 그 각자의 사량으로 듣고 각자의 기준에 준하면 일정한 잣대가 없다. 이른바 도나 이른바 학문이 어떻게 할 것인가. 이적과 금수에 돌아가지 않기 위해서는 미치고 스스로 방자한 폐단에 빠지지 않아야 한다. 예라고 하는 것은 천리의 승묵이요 인간사의 잣대이다."3)

이러한 예가 확립되어야 가정과 국가가 올바를 길로 가기 때문에 그 무엇보다도 예는 중요한 것이므로 국가의 안정을 위해서는 오히

---

3) 『勉庵先生文集』 卷16, 書贈文成汝(炳斗) '道無形象　何處下手　古訓千萬　又何從入　夫以千萬人不同之心　聽其各自思量　各自準疑　無一定規矩　則所謂道所謂學幾何　其不爲夷狄禽獸之歸　而免得猖狂自恣之弊乎　夫禮也者　天理之繩墨　人事之規矩也.'

려 경제보다도 더 우선해야 하는 것으로 보았다. 그리고 그런 예의
근본은 유교의 사상에 근원하므로 유교적 의례의 보존을 통해 예의
사회를 유지할 수 있으므로 당시 서원을 철폐하려는 대원군의 정책
에 대해 비판하면서 유교의 쇠퇴를 걱정하고 그것이 예의의 쇠퇴로
이어질 것을 염려하였다.

> "자공이 희양(餼羊)을 없애고자 하매 공자의 말씀이, '너는 그 양을
> 아끼느냐? 나는 그 예를 아낀다(爾愛其羊 我愛其禮)'라고 하였습니
> 다. 대저 양이 있으므로 예가 오히려 회복될 가망이 있은 즉, 서원
> 이 혁파되고서 어찌 학문이 영구히 폐지될 한탄이 없겠습니까?"4)

일본과 서구의 문화적 침략 그리고 서구문명과 천주교의 도래는
임금과 부모를 섬기는 한국의 전통문화를 해치고 결국은 인간사회과
약육강식의 동물의 세계로 전락할 것이라고 생각하는 것은 성의 개
방과 인간을 소외시키는 물질문명에 대한 불신이고 그것이 예절의
파괴로 이어질 것으로 보았다.

> "사학(邪學)을 하고 사람마다 사학을 하게 되어, 아들이 그 아비를
> 아비로 여기지 않고 신하가 그 인군을 인군으로 여기지 않게 되어,
> 의상은 시궁창에 빠지고 인류는 변하여 금수가 될 것이다."5)

이러한 인식 위에 그는 종래의 주자학자들이 숭앙하던 화이관(華夷
觀)에 입각한 대명의리론(大明義理論)을 고수하고 종래의 유교적 공통

---

4) 『勉庵先生文集』 卷3, 辭戸曹參判兼陳所懷疏. '子貢之欲去餼羊也 夫子曰爾愛其羊 我愛其禮 夫羊存而禮
   猶有可復之望 祠院罷而學 豈無永廢之歎乎.'

5) 『勉庵先生文集』 卷3, 持斧伏闕斥和議疏 '家家邪學人人邪學 子爲而不父其父 臣焉而不君其君 衣裳淪於
   糞壤而人類化而禽獸矣 此和之所致亂亡者三也.'

체의 의례에서 한 치도 흔들림 없는 불변의 진리로 수호하고자 했다. 주자학적 의리관의 일단을 잘 보여주는 것은 중국에서 청의 세력이 확고하게 정착했음에도 불구하고 그 문화를 인정하지 않는 점이라고 할 수 있다. 바른 문화는 중화의 상징인 명나라의 문화이며 조선은 그 문화를 계승한 문화국으로 인식한다. 명나라의 신종황제를 추모하는 만동묘(萬東廟)에 대한 의례를 중시하고 존주대의(尊周大義)[6]의 상징으로 중시하고 있다는 점에서 최익현의 예가 바로 주자학적 의리관(義理觀)임을 알 수 있다.

> "이에 신이 생각건대, 전하를 위하여 오늘날의 급선무에 대해 논한다면 만동묘(萬東廟)를 복구하지 않아서는 안 되며, 중앙과 지방의 서원을 짓지 않아서는 안 되며, … 이른바 황묘를 복구하지 않을 수 없다는 것은, 신이 삼가 생각건대, 우리 왕조는 명나라에 대하여 이미 300년 동안을 신하로서 섬겨왔고 임진년(1592)에는 재조(再造)해 주었으니 만대를 두고 잊지 못할 은혜가 있으니, 만대를 두고 반드시 보답해야 할 의리가 있습니다."[7]

이미 사라진 명나라를 한말까지 거론하고 있는 배경은 조선이야말로 유교의 종주국을 계승하고 있다는 문화적 자부심이 깔려 있다. 사실 '임진왜란 때 조선을 원조했기 때문에 명이 망했다'는 논리를 확대하면 결국 조선은 명나라가 스스로를 희생하여 살려낸 나라이며 이는 조선이 중화를 계승한 유일한 국가인 셈이다. "숭정 이후부터 천하에서 우리나라를 의롭게 여기는 것은, 존주대의(尊周大義)가 있기

---

6) 『勉庵先生文集』卷5, 潄玉軒奏箚. '崇禎以後天下之義 我東者 以其有尊周大義也 大報之壇 萬東之廟所輝光著明於天下萬世者 顧何如.'

7) 『조선왕조실록』 고종 10권, 10년(1873 계유 / 청 동치(同治) 12년) 11월 3일(무신) 2번째 기사. 호조 참판 최익현이 다시 상소문을 올려 만동묘와 서원의 복구 등을 청하다.

때문입니다. 대보단(大報壇)과 만동묘가 천하 만세 빛이 나고 드러남이 얼마만한 일입니까?"8)

향음주례9) 등에 대해서도 끊어진 맥을 이어 그대로 시행함으로써 예학의 전통을 이으려고 노력하였던 것이다.

1. 관례

최익현은 20세에 부친으로부터 관례를 받았다. 그때 당시는 세 번 옷을 입는 3가(加)의 의식은 하지 못했지만 빈(주례)을 청하여 관을 쓰는 의례는 올렸다.10) 비록 간략한 의례였지만 예를 좋아하는 집안임을 알 수 있었다. 그는 아들과 손자들에게도 관례를 해주었으며 이 의례는 전쟁과 같은 비상한 시기에도 빠뜨릴 수 없는 성년의 의례라고 하여 중시했다.

> "관례란 성인의 시초를 중하게 하는 것이니, 비록 창황한 중에라도 어찌 초초하게 넘기겠는가?"11)

---

8) 『勉菴先生文集』 卷5, 漱玉軒奏箚 '崇禎以後天下之義 我東者 以其有尊周大義也 大報之壇 萬東之廟所輝光著明於天下萬世者 顧何如.'

9) 『勉庵先生文集』 부록 卷3, 年譜 74세(8月 丁未) 行鄕飮禮 于定山校宮. '先生以定山本沙溪先生 遺愛之鄕 而寥寥幾百年 尙無俎豆之禮 爲恨嘗與本郡士林議設壇享 而事未就至是 命門人權膺圭等 設鄕飮禮爲鼓動士氣之計.' p.132. 8월 정미, 정산 향교(校宮)에서 향음례를 행하였다. '선생이, 정산은 본디 사계 선생이 인애의 덕을 남긴 고을이건만 몇 백 년 지나도록 제향하는 예가 아직 없음을 한스럽게 여겼다. 일찍이 본 고을 사림과 더불어 단향(壇享)을 행하기로 의논했으나 일이 이루어지지 않았는데 이때에 와서 문인 권응규 등에게 명해 향음례를 행하여서, 사림의 기풍을 고동(鼓動)시킬 계획을 하였다.

10) 『勉庵先生文集』 부록 卷1, 年譜, 4월 冠禮를 하였다. 壬子 先生 20세. 四月 冠. '時芝軒公家甚寠深歎無以備三加之儀 李先生謂某之好禮 不可孤也 □冠巾 以臨之爲賓.'

11) 『勉庵先生文集』 부록 卷3, 年譜, 庚寅行長孫元植 冠禮. '冠禮所以重成人之始 雖當倉皇急遽之中 安可草草放過 遂迎宋秉濟爲賓 備禮行之.'

특히 성년 때부터 입는 옷과 갓에 대해서 각별한 의의를 두었다. 일제에 의해 단발령이 내려지던 시기에 그는 단발이야말로 우리의 문화를 파괴하는 것으로 결코 용납될 수 없는 오랑캐의 풍습이라고 하여 결연하게 반대했으며, 목숨을 걸고 지킬만한 것으로 소중히 생각했다.

> 서양 바람이 몰려 와 우리 풍속을 옮겨(捲地西風俗尙移)
> 머리 깎고 갓 찢으니 이 어느 때인가(毀形裂冕此何時).
> 치포관은 공자의 제도를 의방하였지(緇冠依倣宣尼制)
> 움직이고 머물 때 반드시 예의 갖추기를(動止從今可用儀).12)

최익현은 서구화는 물론 양복착용에 대해서도 반대했다. 옷과 갓 그리고 성인의 상징인 상투를 자르는 일은 문화적이지 않은 야만적 풍조로 보았다. 머리를 보존하다가 죽을지언정 머리를 깎고 사는 것은 이적의 행동이라고 보았다.

> "차라리 머리를 보존하다가 죽을지언정 머리를 깎고서는 살 수 없고, 차라리 중화의 것을 지키고 사람 노릇을 하다가 망할지언정 이적의 짓을 하고 금수의 짓을 하면서 살 수 없는 것이다."13)

대마도에 유폐되어서 일본헌병들이 그의 상투를 자르려 하자 크게 노하였고, 그 후로 일본이 주는 음식을 단호히 거부하며 단식을 결의하였던 것도 실상 단발에 대한 것에서 촉발되었다. 상투를 메고 갓과 망건을 착용하는 의병들에게 단발과 갓 착용을 강제로 시행하려 하

---

12) 『勉庵先生文集』 부록 卷4, '同囚諸君太半露□勸使各製緇布冠以著之.'
13) 『勉庵先生文集』 卷5, 四疏 '寧存髮而死 不去髮而生 寧爲華爲人而亡 不爲夷爲獸而存.'

고 단호히 거부하고 항의의 표시로 단식에 들어가게 되었으니, 상투는 성인의 상징이자 문화적 자존심의 상징이었던 것이다. 함께 고초를 당했던 임병찬은 당시의 상황을 이렇게 기록하고 있다.

> "그때 왜놈의 장수가 처음 스승을 보고 문득 갓을 벗기고 머리를 깎으려고 스승을 협박하니, 스승은 처음 잡힐 때부터 적들을 꾸짖다가 그때는 더욱 꾸짖어 마지않고 신을 돌아보면서 말하기를, '차라리 목을 끊고 죽을지언정 머리를 깎이고 살 수는 없다는 내 뜻은 이미 결정되었다.'"14)

상투를 올리며 성인된 의식을 갖추는 관례는 성년의 중요한 의례였고, 상투와 갓 그리고 단정한 옷차림은 선비가 갖추어야 할 기본적인 예의였음은 너무도 당연한 것으로 보았으니 관례는 결코 폐지할 수 없는 격식과 절차로서 중요한 의례였다.

2. 혼례

그가 가장 일제와 서양의 문화를 경계하였던 것은 성개방과 물질주의였다. '저들은 재화와 여색을 알 뿐 털끝만큼 의리도 없으니 곧 금수일 뿐이다. 사람과 금수가 어울려 살면서 근심이 없다는 것은 말이 안 된다'15)고 경고하고 있다.

서양(西洋)은 부자(父子), 군신(君臣), 부부(夫婦), 장유(長幼)의 질서와 예악(禮樂), 문물(文物), 절렬(節烈), 의관(衣冠)의 제도를 기필코 더

---

14) 『勉庵先生文集』 卷5, 遺疏.附 林炳瓚疏. '洪州義士九人 已先監禁於此矣 該隊渠帥 初見臣師便以免冠削髮 勒脅臣師 臣師自始被執奴罵賊輩 至是又叱罵不已 顧謂臣曰寧斷頭而死 不可斷髮而生 吾志決矣 遂却食不食 手草遺疏 授臣曰吾死後 當以此進呈.'

15) 금장태, 고광식, 『儒學近百年』, 박영사, p.50.

럽히고 욕보일 것으로 그는 예측했다. 특히 그가 우려했던 것은 서구의 문화가 남녀의 구분을 없애고 동시에 장유유서(長幼有序)의 상하의 구분을 없앤다는 것이었다. 이러한 서구문화는 예의를 버리고 간편함을 따르려는 이들이 예의에 의한 불편함과 구속을 싫어하고 개방된 행동을 좋아하여, 처음에는 주저하다가 마침내 서구의 문화로 합류할 것으로 보았다. 최익현에게 있어서 남녀유별은 당연한 예의이며 부부의 관계도 남편이 삼강오륜에 입각해야 마땅한 것으로 보고 있다.

> "아, 부인이란 한 남편을 섬기다가 죽은 것이므로 부위부강(夫爲婦綱)은 군위신강(君爲臣綱)과 부위자강(父爲子綱)과 더불어 삼강(三綱)이 되어, 우주를 떠받들고 고금의 표준이 되는 것이다. 이 의리가 하루라도 그치거나 쉬게 되면 인류는 금수를 면치 못하여, 마침내 시체가 산을 이루고 피가 내를 이루는 화를 당하게 될 것은 너무나도 분명한 일이다. 그런데 오늘날의 삼강을 보면 과연 어떻게 시행하고 있는가."16)

한국의 전통혼례에 나타난 혼례의 정신 특히 부부 중심이 아닌 대가족 가문 중심에 대해 그는 수호해야 될 것으로 보았다. 그러나 도래하는 서구문화는 남녀평등에 입각해서 남녀유별의 전통을 파괴하고 음양조화의 우주적 질서를 해치는 것으로 이는 짐승과 같은 풍속이며 사회를 음란사회로 만드는 오랑캐의 문화로 보았다.

3. 상례와 사생관(死生觀)

전통적인 예학자(禮學者)들과 마찬가지로 최익현에게 있어서도 상

---

16) 『勉庵先生文集』 卷22, 烈婦河氏旌閭記

복의 문제는 신중한 것이었다. 당시 왕실에서의 태자비의 상복에 대해
적법하지 않은 것을 그는 예리하게 지적하고 개선할 것을 촉구했다.

> "순명비(純明妃)의 상사에 신민들의 복제를 또한 기년(期年)으로 마
> 련했는데, 신은 이것이 어디에 근거했는지 알 수 없습니다. … 지금
> 왕후가 입어야 하는 복을 태자비가 입는다면, 뒷날에 장차 어떤 복
> 으로 왕후가 입겠습니까? 태자비께서는 일찍이 신민들에게 어머니
> 의 도리가 있지 않았는데, 지금 마땅히 무슨 면목으로 복을 입어야
> 하겠습니까?"[17]

말할 것도 없이 그는 상례에 대한 엄격한 준수와 수행의 의지를 가
지고 있었으며, 당시 관료들이 부모의 상을 당하고도 일찍 탈상을 하
는 새로운 풍조들을 개탄하며 뻔뻔스럽고 부끄러우며 불효한 행위로
보았다.

> "신은 듣건대, 요사이 관청에 소위 복기(復期, 기복하는 기일)라는
> 것이 있어서, 부모의 초상을 당한 지 얼마 되지 않아서 곧 상복을
> 벗고 뻔뻔스럽게 나와서 벼슬하며 전혀 부끄러운 기색이 없다고
> 하였습니다. 아, 풍속이 잘못됨이 이러한 지경에 이르렀습니다. 나
> 라에 큰일이 있어 부득이하여 기복(起復)하더라도, 군자는 오히려
> 잘못이라고 여기는데, 알 수 없습니다마는 이런 무리들도 또한 부
> 모의 은혜를 아는 사람이겠습니까."[18]

그렇다면 상례의 정신이 죽은 자를 격식에 맞게 보내는 절차인데,
최익현에게 있어서 죽음이란 어떤 의미를 가졌으며 그가 스스로 목
숨을 걸고 단식을 하고 운명했다는 점에서 그는 과연 생사를 어떻게

---

17) 『勉庵先生文集』卷5, 漱玉軒奏箚. '純明妃之喪 臣民服制亦以朞年磨鍊 臣未知此何據也 太子妃未嘗有
   母道於臣民 則今當何名而爲服乎.'
18) 『勉庵先生文集』卷4, 議政府贊政을 사퇴하는 소.

보았는가를 살펴보자.

우선 그의 입장은 철저히 유교적인 가치에 입각하고 있음을 알 수 있다. 생사는 하늘에 달린 것으로 인간의 욕망으로 좌우되는 것이 아니라고 하였고, 목숨보다도 더 중요한 것은 도라고 보았다. 그러므로 죽음을 두려워하여 구차하게 사는 것이 아니라 죽음을 두려워하지 않고 더 가치 있는 도리와 예의를 결코 잃어서는 안 된다고 보았다.

> 바다에 가을이 늦으니(海中秋色晚),
> 외기러기 편지 가지고 왔네(孤雁帶書行).
> 성공과 실패는 오직 하늘에 달렸으니(成敗惟天命),
> 어찌 죽고 삶을 물으랴(何須問死生).[19]

한 수의 시에서 간결하게 표현한 말 가운데 이미 '천명(天命)'을 이야기하고 있다. 천명을 거역하는 것은 무의미한 일이다. 인간은 오직 자신에게 주어진 최선을 다할 뿐 마지막 결정은 천명(天命)에 의할 뿐이니 사생(死生)은 집착할 일이 아니라는 것이다.

의병을 모을 때 어떤 이가, 선생의 거사가 성공할 수 있겠느냐고 질문한데 대해 최익현은 그에게 있어서 중요한 것은 성패(成敗)의 결과가 아니라 인간으로의 도리를 다했는가가 더욱 중요하다는 것이다. '모로 가도 서울만 가면 그만이다'의 결과주의가 아니라 어떻게 갔느냐가 중요하고 동기의 순수성이 중요한 동기주의적(動機主義的) 가치관인 셈이다.

"나도 성공하지 못할 것을 안다. 그러나 국가에서 양사(養士)한 지

---

19) 『勉庵先生文集』 卷2, 步韻謝朴佐郎 奎容.

오백 년에 기력을 내어 적을 토벌하고 국권을 회복함을 의로 삼는
사람이 한 사람도 없다면 얼마나 부끄럽겠는가? 내 나이가 80에 가
까우니 신자의 직분을 다할 따름이요, 사생(死生)은 깊이 생각할 것
이 아니다."20)

그는 반드시 의병을 일으켜 일제를 물리치겠다는 결연한 의지를
가지고 애초에 의병을 모인 것이 아니라, 명분과 의리 그리고 결과에
관계없이 일제에 반대한다는 것을 시위하려고 했던 것이다. 그것은
목숨을 걸 정도로 위험한 일이었고, 실제 개인 최익현에게 고난 그리
고 죽음에 이르게 한 것이기는 하지만 그는 목숨과 인간의 화복은 인
간의 욕망이 아닌 천명으로 보고 있었다.

"미치광이 같은 형 때문에 한바탕 곤경을 겪을 적에 곁에서 보는
이도 모두 두려워하고 떨었는데, 자네는 처음부터 끝까지 사생화복
(死生禍福)을 하늘에 맡기고서 항심(恒心)을 가지고 태연할 수 있었
는지 모르겠네. 일의 결과를 알지 못하고 떠나온 까닭에 길이 점점
멀어지고 바다를 건너와서 있노라니 자네에 대한 생각이 잠시도
마음에서 떠나지 아니하였네. … 백척간두(百尺竿頭)에서 마음가짐
은 어려운 것일세. 모름지기 소신을 더욱 굳게 하여 가난과 비방을
받더라도 마음에 동요가 없다면, 말 없는 하늘이 항상 밝게 살피시
어 후일 진취의 근본이 될 것이지만 과연 어떠한지 모르겠네."21)

최익현은 상례에 대해서 전통적 방식을 그대로 수용해야 할 것이
며, 특히 개화와 국권상실의 미증유의 국가적 위기 앞에서 목숨을 걸
고 인(仁)을 이루려는 살신성인(殺身成仁)의 태도를 가졌으며 구차하
게 사는 것보다는 의리를 위해 아름답게 죽는 사생취의(捨生取義)의

---

20) 『면암집』 III, 선생 74세, p.169. '或問先生此擧果能有成乎 先生曰吾亦知其不能成 然國家養士五百年 無
一人能出氣力 以討復爲義者 不亦恥乎 吾雖年近八拾 當盡臣子之職而已 死生非所深較也.'

21) 『勉庵先生文集』 卷15, 與, 從弟九玉

정신을 실행함으로써 유교적 예의의 정신을 고수한 선비였다.

4. 제례

　예학에 있어서 돌아가신 조상과 부모를 선양하고 모시는 제사의례
는 예학에서 높은 비중을 차지하고 있다. 유교의 예는 살아 있는 자
들 간의 관계만이 아니라 죽은 자와 살아 있는 자간의 지속적 관계를
표현하는 것이다. 또한 제사는 죽은 자를 위한 것이지만, 제사를 위해
모인 사람들의 집단의식과 가족의식을 고취하는 것으로 개인보다 가
문을 중시했던 가치관의 한 표현인 것이다. 최익현은 이런 관점을 그
대로 가지고 있으므로 제사는 선조를 높이고 종족을 화합시키는 큰
법도로 그 의미가 크다고 했다. 그는 제사를 지내는 공간인 사당의
중요성에 다음과 같이 말한다.

> "옛날 선왕(先王)이 제례(祭禮)를 만들 적에 집에는 꼭 사당이 있었
> 고 사당에는 꼭 신주(神主)가 있었다. 신주를 처음 모실 때에는 세
> 번 제를 지내어 그 신을 위안한 다음에 모셔다가 사당에 받들었다.
> 그리고 세시(歲時)로 제사를 지내므로 신주를 신명의 의거하는 바
> 라고 하는 것이다. 그리하여 아버지의 사당이 있으면 그 제사에 자
> 기의 형제 자손이 다 모이고 할아버지의 사당이 있으면 그 제사에
> 자기의 형제 자손이 다 모이고 할아버지의 사당이 있으면 아버지
> 의 형제 자손이 다 모이며, 증조의 사당이 있으면 할아버지의 형제
> 자손이 다 모이고 고조의 사당이 있으면 증조의 형제 자손이 다 모
> 이며, 대종(大宗)의 사당이 있으면 모든 종족의 형제 자손이 다 모
> 이는 것이다. 이것이 곧 선조를 높이고 종족을 합하는 대법으로 음
> 양으로 그 의미를 따져볼 때 극진하다고 하겠다."[22]

---

22) 『勉庵先生文集』 卷21, p.508. 永思齋記, ‘先王之制祭禮也　家必有廟　廟必有主　主之始立也　三祭以虞之
　　旣歸而奉諸其廟　歲時祀之　曰是神明之所依也　有禰之廟者　自己之兄弟子孫　皆至焉　有祖之廟者　自父之

제사를 지내는 신성한 공간인 사당이 모든 가문에 보편적으로 있지 않았겠지만 그런 공간을 마련하여 두면 그 공간을 중심으로 해당하는 종족들이 모여 화합할 수 있다는 것이다.

공자를 제사하고 유교교육을 하는 성균관과 향교의 의례에 대해서도 중시하고 있음은 물론이다. 임금은 석전제에 직접 참여하여야 하고 유생을 양성해야 하며, 각 고을의 향교를 통해 성현을 존대하는 풍속을 유지하고 학문을 일으킬 뿐 아니라 서원을 배향하고 선비들의 사기를 높이고 유교의 도를 선양해 삼강오륜의 교화를 통해 충국, 애국의 정신을 고취시켜야 한다고 생각했다. 그런데 석전제가 점차 정성이 없어지는 것을 그는 크게 염려하여 전통의 복식을 착용하지 않고 임한 행위에 대해 개탄하기도 했다.

> "지난해 가을 교궁(校宮)의 석채(釋菜) 때에 현감 이용준(李容俊)이 재임(齋任), 제생(諸生)들과 더불어 모두 소매 좁은 옷과 짧은 띠 차림으로 제사를 지냈다. 그래서 방외(方外)의 선비들이 논의하기를 '이는 아조(我朝 조선조를 말함) 5백 년 동안 처음 있는 큰 변고다' 하고, 재임을 벌주어 내쫓았는데, 이용준이 곧 권해서 들어오게 하였다. 이번 봄 제향(祭享)에도 신복(新服) 차림으로 예를 행하여 거리끼는 바가 없었다."[23]

편의성을 추구하는 시대적 정신에 대해 그는 준엄하게 비판하고 전통적 예의의 정신을 수호하고자 하였고 그것은 그 무엇에 비교할 수 없이 중차대한 것이었다.

昆弟子孫 皆至焉 有曾祖之廟者 自祖之兄弟子孫皆至焉 有高祖之廟者 自曾祖之兄弟子孫皆至焉者矣 有大宗之廟者 凡族之昆弟子孫皆至焉者矣 是乃尊尊祖合族之大法而述 陰陽之義至矣盡矣.'

23) 『勉庵先生文集』 부록 2권, 乙酉年.

Ⅲ. 문화적 자부심과 왕조의 몰락

면암(勉庵) 최익현은 미증유의 전환기에 살면서 서구화와 일제침략에 군사적 문화적 도전에 대해 오랜 우리의 문화를 목숨을 걸고 지키려고 노력한 한말의 전형적 유교선비이다. 그는 위정척사운동의 중심에 섰으며, 도덕적 정당성과 문화적 자부심을 가지고 여론을 이끌어 가려고 했으나, 그것은 정신일 뿐 일제침략을 물리칠 수는 없었다. 그가 지키고자 한 문화와 왕조는 이미 사라져 버렸지만, 일제에 대한 독립과 자주의 역사를 이야기할 때 위정척사와 의병투쟁은 일제의 강점을 증명할 수 있는 명백한 증거이다.

최익현은 단지 항일 정치운동의 맥락에서만 이해해서는 안 되고, 유교적 예의의 정신에서 그를 조명해 볼 필요가 있다. 그는 관혼상제와 같은 전통 유교의례를 소중한 것으로 보았고, 털끝만큼의 의심도 없이 반드시 실천해야 할 예의정신의 표현으로 보았다. 특히 단발령에 항거하며 벌린 저항운동은 심각하고 비장한 것이었다. 의관을 바르게 한다는 것이야말로 소중한 예의의 정신인데, 바르게 해야 할 의복을 양복으로 바꾸고 오랜 전통인 상투를 버리고 머리를 깎는다는 것은 우리 문화의 최대위기로 보았다.

남녀유별에 입각한 혼례의 정신을 훼손하는 서구적 남녀평등에 대해 부정적으로 보았고, 남편이 부인에 앞선다고 하는 것은 자연스런 우주적 질서로 보았다. 상례의 경우도 전통적 상복제도를 중시했으며, 당연히 수호해야 될 인간관계의 질서라고 보았다. 그는 죽음에 대해 살신성인(殺身成仁)과 사생취의(捨生取義)의 구차한 삶보다는 정의로운 죽음을 선호하는 사상을 가졌다. 이러한 정신이 의병 창의 등에 그대로 반영되었고, 일제와 타협하지 않고 저항했던 예의정신의 일면이다.

그러므로 그는 대명의리관(大明義理觀)에 입각한 만동묘의 복원을 건의했고, 공자를 향사하는 석전제를 원칙대로 지내야 하며 가정에서도 조상제례에 대해 충실을 기함으로써 예의가 있는 인간으로의 도리를 다해야 한다고 했다.

이런 점에서 그의 위정척사는 단지 서구와 일제에 저항하는 정치적 성격을 갖는데 그치는 것이 아니라 오랜 전통을 고수하려는 문화적 가치수호의 의의를 동시에 갖고 있는 것이다.

일제하 유교의례의 변화양상

Ⅰ. 일제강점기의 도래

일제강점기에 있어서 일본은 한국을 통치하기 위해 한국의 문화를 다각적으로 연구했다. 그 가운데서도 한국의 전통과 관습에 대해 치밀히 연구하는데 한국사회와 유교가 밀접히 관련되어 있다고 보고 특히 한국의 유교문화에 대해서 연구한다.

유교는 단지 사상과 철학일 뿐만 아니라 한국인의 삶과 그 삶의 통과의례에 제거할 수 없는 구성요소였다. 공적으로는 왕실의 의례와 성균관과 향교의 의례 그리고 공과 사 양면에서 관혼상제(冠婚喪祭)에 대하여 일제는 그것을 어떻게 보았으며 어떤 정책과 법률을 가지고 이를 통제했는지에 대해 그 연구가 매우 중요함에도 불구하고, 그동안 일제하에서의 유교의례의 연구는 미진한 상태였다. 본 논문은 유교의 가정의례를 중심으로 일제하에서 어떤 변화가 있는지를 다루고자 한다.

조선왕조의 의례와 국가공동체의 의례는 조선왕조의 붕괴와 더불어 철폐되지 않으면 안 될 처지에 있었지만, 한국인의 개인적인 삶

속에 체화된 관습은 하루아침에 폐기될 수 없는 것이었다. 그것은 마치 자신들의 모국어와 마찬가지로 태어나서부터 자연스럽게 학습된 문화이자 제도이기 때문이다. 따라서 식민지 조선을 원활하게 통치해야 될 총독부로서는 관혼상제와 같은 한국인의 오랜 관습을 연구하지 않을 수 없었다.

본 연구는 일제강점기의 유교 가정의례 연구로 일제하에 조선총독부의 주도로 간행된 『의례준칙』[1]을 바탕으로 해서 1930년대의 의례에 관한 저술을 분석하여 가정의례의 변화양상을 추적하고자 한다. 이 책은 조선총독부 총독의 유시와 더불어 관례가 제외된 혼례, 상례, 제례에 대한 개선안을 제시하는데 지방마다 약간의 차이가 있었지만, 대부분은 『의례준칙』이라고 하여 도지사들이 발행하였다.[2] 가정의례는 한국의 오래된 관습으로 강제적 법령으로는 통제하기 곤란했기 때문에 총독부의 주도로 하면서도 지방마다의 실정에 맞게 고치도록 했고 계몽적 성격이 강했다.

이러한 의례 간소화를 계몽하는 총독부의 의지와 무관하게 유교사상에 바탕한 예학서(禮學書)는 조선시대 내내 간단(間斷)없이 발간되었으며, 일제하에서도 꾸준히 발행된다. 겉으로 보면 대동소이하지만, 그 책의 구체적인 내용 속에는 알게 모르게 일본적 문화가 가미되어 간다. 이런 예서(禮書)의 변화양상들과도 비교하면서 이 연구는 진행될 것이다.

이 연구를 통해서 일제하의 유교 가정의례의 변화를 추적할 수 있

---

1) 安東君邑面 農村振興委員會, 『儀禮準則』(이하 『儀禮準則』으로 표기함), 1935.

2) 다만, 전라북도에서는 『新訂 儀禮便覽』,충청남도에서는 『儀禮軌範』이라고 책을 제목을 달리하여 지방의 실정을 반영하고 있다.

을 것이며, 일제하에서 한국인의 가치관의 변화와 그 과정에서 겪는 혼란과 갈등의 양상을 깊이 이해할 수 있게 될 것이다. 한국인들의 눈에는 당연한 것으로 보였던 것이 이방인의 눈에는 기묘하고도 이상한 풍습으로 보일 수 있었다. 한국의 조혼풍속, 한번 결혼하면 이혼하지 못하고 재혼하지 못하는 운명론적 가치관, 장례식에서 계속해서 통곡을 해야 되며, 장기간의 복상기간 등의 의례는 일본인의 눈에는 기묘한 것이었기 때문에 이를 개선하려는 정책이 나오게 된 것이다. 새로운 정책은 재래의 관습을 고려하여 시행됨으로써 그것이 새로운 관습으로 뿌리를 내릴 수 도 있었고, 어떤 것들은 한국인들에게 전혀 받아들여질 수 없었다. 무엇이 받아들여지고 무엇이 거부되었는지를 파악함으로써 의례의 변화과정을 살펴보고자 한다.

Ⅱ. 일제의 유교전통에 대한 두 가지 시각

1. 비판적 시각

가정의례는 그 사회의 생활양식임과 동시에 가치관을 반영하는 것이다. 한국인의 가정의례는 조선시대에는 유교적 가치관을 바탕으로 실시되었지만, 근대를 넘어선 20세기 초부터는 한국전통의 가정의례는 차츰 변화를 겪게 된다. 이것은 한국인 스스로의 자각에 의한 변화도 있으며 서구화 및 일본의 영향 하에 변화를 가져온 것들도 있다.

일제는 한국의 오랜 전통인 유교에 대해서 두 가지 관점을 가지고 있었다. 하나는 중국 중심의 사대주의 사상이며 왕조 중심의 봉건 윤

리로서, 한국 사회에 전근대적인 가부장적 관습을 고착시킨 극복되어
야 할 폐습으로서의 면으로 보는 것이다. 이러한 관점에서 유교는 일
본이 상징하고 추구하는 부국강병이나 서구지향과는 상충되고 모순
된 과거 지향적 가치관이 된다. 동시에 유교의 복고주의는 반일(反日)
반서구적 의식의 원천이 되기에 일본에 의해 약화되고 개혁되어야
할 부분이었다.

> "(조선사회의) 유교진흥책은 불행하게, 송학(宋學)의 허례(虛禮)만
> 남고, 한편 수많은 외난(外難)에 황파(荒破)되어 전국에 향교를 설치
> 하고 공자를 존숭하고, 서울에 남북 경학당(經學堂)을 설치하여 장
> 려하여 노소(老少) 이론(二論)으로 싸우고 남북(南北) 이파(二派)로
> 다투고, 드디어는 정권쟁탈의 화원(禍源)이 열리는데 이르게 된 것
> 은, 송학(宋學)의 폐(弊)는 허례(虛禮)가 되고 그 숭배의 결과는 국민
> 이 작례(作禮)에 구속되는 어리석음을 배움에 이른다."3)

주자학을 숭앙하는 한국의 풍속을 사대주의로 보는 경향이 많았다.
구한말 한국 곳곳을 다니면서 일본에 한국을 소개한 한 작가는 서당
교육의 교재인 『동몽선습』을 예로 들면서

한국교육의 내용을 사대주의로 폄하하고 있다. 한국 사람들이 명
나라의 연호인 숭정연호를 쓰는 것에 대해서도 지독한 사대주의로
보고 있다. '폐방(조선)이 지금 청국의 정삭을 봉했다고 해도, 의관은
명나라의 옛 제도에서 변한 것이 없다. … 숭정의 두 글자를 말하는
것을 보면 사대(事大)의 폐습 중에 있는 사람'4)이라고 비판적으로 보
았다.

---

3) 福田量作, 『韓國倂合記念史』, 大日本實業協會藏版, 1914, p.704.
4) 혼마 규스케(本間九介), 최혜주 역, 『朝鮮雜錄』 김영사, 2008(원본은 1894년 발행), p.65.

일제는 한국을 지배하기 위해 오랜 국제질서였던 중국과의 관계를 단절시키는 것을 중요한 과제로 삼았다. 그리고 종속관계의 중심에는 사대주의와 모화사상이 있다고 보았기 때문에, 유교를 사대주의로 간주했으며 한국의 자주성이 결여되어 있다는 논리로 유교를 폄하했던 것이다. 과거를 청산하고 새로운 시대에는 개화해야 하며 근대화해야 하고 폐습으로부터 단전되는 것의 중요함을 역설했다.

한국의 유교적 가정의례는 이러한 유교적 가치를 반영하는 것이며, 거기에는 남존여비적인 관점, 반상(班常)과 적서(嫡庶) 등 불평등한 위계질서가 함축되어 있는 것이다. 이것은 일제의 계몽에서라기보다는 우리사회 내부에서도 이런 오랜 봉건적 관습이 변화하고 있었다. 예를 들자면, 교육을 받은 여성들은 전통적인 현모양처(賢母良妻)상에 대해 부정적인 반응을 보이기 시작한 것 등이다.

> "남자는 夫요 父라, 良夫賢父의 교육법은 아즉도 듯지 못하였으니, 다만 여자에 한하야 부속물된 교육주의라. 정신 수양상으로 言하드래도, 실로 滋味 없는 말이라. 또 부인의 溫良柔順으로만 이상이라 험도, 必取헐 바가 안인가 허노니, 云하면 여자를 노예 맨들기 위하야, 此 主義로부터 婦德의 장려가 필요허엿도다. 然헌 中금일의 부인은 長長時間에 남자를 위하야만 盡務케 허는 主義로 養成한 결과, 溫良柔順에 過度하야 其 이상은 殆히 理非의 식별까지 不知하는 경우에 至함이라."5)

한국의 가정의례 가운데 가장 중요한 조상제사의 문제는 일찍이 나라의 기강을 무너뜨리는 일로 천주교도들의 순교에 이르게 까지 했으나, 일제하인 1939년에 교황은 제사의례를 허용하기에 이르렀다.

---

5) 나혜석, 「理想的 婦人」, 『학지광』 3호, 1914, pp.13-14.

그러나 개신교에서는 이를 문제시하였다. 가정 내의 제사의례뿐만 아니라 전반적인 유교에 대한 우리사회 내부의 시각이 봉건시대적·전근대적인 가치관으로 보는 입장이라고 할 것이다.

이러한 관점을 토대로 번문욕례(繁文縟禮) 허례허식(虛禮虛飾)적 유교적 가정의례에 대해서도 일본의 비판적 시각과 우리 사회 내부의 비판이 겹치면서 기존의 의례에 대한 새로운 제안이 나올 수 있었던 것이다.

2. 긍정적 시각

한국의 가정의례 등 전통은 한국인에게 체화되어 있기 때문에 현실적으로 단시일 내에 극복하기 어려운 것이므로 일부분은 한국사회의 미풍양속으로 유지하게 하는 정책을 취했다. 곧 조선총독부에서는 유교의 우대를 정책적으로 표방하였는데, 이는 조선침략 과정에서 유교가 조선의 모든 정치, 사회, 문화의 이데올로기를 지배하고 있고 국민의 윤리도덕의 기초가 됨을 익히 알고 있었기 때문에 이를 활용하고자 했던 것이다.

> "일제는 '民風改善'이라는 미명으로 矯風會라는 조직을 전국적으로 만들고, 이를 통해 부모에 대한 효도, 향촌사회에서의 상부상조와 동심협력, 근검절약과 저축사상, 충군애국심, 시간 절약 정신, 납세 의무 등을 고취시키고자 하였다."[6]

여기서 충군애국은 일본 천황(天皇)의 충량(忠良)한 신민(臣民)이며,

---

6) 김도형 외(2009), 『일제하 한국사회의 전통과 근대인식』, 혜안. p.23.

그런 충성심을 가지도록 하기위해 유교 본래의 인의충효사상(仁義忠孝思想)을 그대로 강조하면서 이를 식민지민의 최고 가치이자 미덕으로 장려하였다. 그러므로 유교의 가정의례는 조상에 대한 효도를 표시하는 미풍양속으로 간주되었다.

전통사회와 달리 일제하에서는 남녀평등에 바탕한 여성의 인권 등에 대해서도 관심이 높아졌지만 부덕(婦德)을 강조하는 교육은 여전했다. 여성들이 주로 전공했던 가정학의 내용도 수동적인 여성상을 탈피한 것이기는 했지만 순종을 미덕으로 하는 유교적 가치와 일치했다.

> "메이지 이전의 전통적인 가정서에 지배적으로 나타난 남녀구별의 유교사상은 메이지시기에 출판된 가정서에도 공통되었고… 여성을 가정의 책임자로 규정하여 그 역할을 친밀한 가족관계 도모와 친척 및 타 가족과의 유대도모, 가계와 위생관리, 자녀양육과 교육 등으로 나눠 상세히 분석한 점에 있다. 다시 말해 가장에게 순종하고 가문의 관습과 도덕을 지키며 가사를 도맡아하는 이전의 수동적인 여성 역할상에서 탈피한 새로운 주부, 여성상을 가정학의 출발로 삼으려 했다는 것이다."[7]

특히 학교에서 충효교육은 일상생활에서는 물론 교과서에서도 중요한 교육내용이었으므로 사회기강을 유지하는 중요한 덕목이 되었음은 말할 나위도 없다.

> "우리나라의 도덕은 오로지 충효로써 기초하니 친에 효하고 군에 충하며 百般의 도덕이 이로 말미암아 행할지니라. 이는 우리의 조

---

7) 박선미, 『근대여성, 제국을 거쳐 조선으로 회유하다』, 창비, 2007, p.160.
   장미경, 「修身書로 본 조선총독부의 식민지여성 교육」, 『日本語文學』 41집, 韓國日本語文學會, 2009, p.397.
   여자고등보통학교수신서에는 부부화합이라는 제목하에 정조 특히 부인의 정조를 생명처럼 중시하는 내용이 나온다.

상 이래로 준수하는 바이요, 만고불변의 진리라, 孝經에 이르기를 효로써 군을 섬긴즉 충하고, 순으로써 長을 섬긴즉 順이라 하고, 또 효는 事親에서 시작되고, 事君에 中하고 立身에서 終한다 하였다.”8)

신교육의 보급에 치우지지 않고 교육 방침의 근본 뜻에 있는 수신제가(修身齊家)를 위해서는 공맹(孔孟)의 가르침을 기초로 했다. 종래의 유교교육은 본산인 성균관은 이미 1911년 총독부에서 관리하는 경학원으로 이름을 고치고, 유교의 의례기능을 유지시켰다. 1930년대에는 교육기능을 회복하여 명륜학원을 설립하여 유교지도자를 양성하고 했는데, 이것은 학교교육이라기보다는 사회교육의 일환이었으며 유교의 긍정적인 면을 인정한 조치라고 할 수 있을 것이다.

이런 일제의 노력은 상당한 성과를 거두어 일제에 강력하게 저항했던 위정척사의 정신인 대일통사상(大一統思想)과 춘추의리정신이 일본제국을 옹호하는 소위 황도주의와 부합한다는 친일적 논리로 둔갑하기도 했다.9)

1930년대에 종래의 가정의례를 간소화하자는 『의례준칙』이 총독부와 지방관서의 주도로 이루어졌지만, 동시에 종래의 유교적 관습과 가정의례야말로 동방예의지국으로서의 자존심이며 이에 대해 수정 보완할 필요가 없다는 순수한 유교주의 또한 일제하에서 유지되고 있었음도 주목해야 할 것이다.

이처럼 유교의 가정의례에 대한 태도는 비판적인 시각과 긍정적인

---

8) 최길성(2010), 『한국인의 조상숭배와 효』 민속원, p.305. 「중등수신교과서」 4의 총론.

9) 이에 대한 선도적 연구로 류미나의 「식민지기 조선의 명륜학원」, 『교육사학연구』17집, 2007. 尹德榮, 「全鮮儒林大會における經學院大提學訓示要旨」, 『경학원잡지』 제45호, pp.13-14. 皇道儒敎에 관한 선도적 연구로는 김원열의 「일제강점에 황도 유림의 사회윤리에 대한 계보학적 연구」, 『시대와 철학』 21권 1호, 2010. 이런 친일유림의 황도유교를 선도한 사람은 다카하시 도루(高橋 亨)로「王道儒道より皇道儒道へ」, 『朝鮮』 제295호, 朝鮮總督府, 1930, pp.20-25.

시각이 공존하였으며, 그 절충적 입장으로 제시된 것이『의례준칙』[10]
을 통한 가정의례의 간소화제안이라고 할 수 있을 것이다.

3. 의례준칙의 제안 배경

유교 가정의례는 일제하에서도 조선시대와 별로 다름없이 도암 이
재의『四禮便覽』과 같은 책이 주자가례를 기본 바탕으로 한국의 실정
에 맞게 매뉴얼의 기능을 했으며, 시대에 맞는 증보판『사례편람』도
등장했지만 한국의 오랜 의례를 개혁하려는 제안은 1930년의 조선총
독부의『의례준칙』에 의한 것이라고 할 것이다. 이 책에서는 왜 가정
의례의 관습들을 변화시켜야 하는가에 대해 언급하고 있다.

> "조선의 의례가 원래 중국의 풍습을 그대로 이입한 까닭에, 세간에
> 는 왕왕 일회의 혼례와 葬式을 거행키 위하여 무리한 借金까지 하
> 여 遂히 傾家파산에 이르는 자도 있음을 누구나 다 보는 바이다."[11]

당시 복잡한 가례를 간소화하자는 주장은 무리한 가례집행으로 인
해 가정경제에 타격을 준다는 것이 강조되었다. 빚을 내서라도 혼례
와 상례를 치르는 조선의 현실에 대한 반성을 촉구한 것이다.

> "근래에 至하야 언듯하면 엄숙하여야할 예의도 徒히 형식의 末節에
> 拘泥하야 不知不識간에 肝要한 정신을 몰각함과 如함이 思함에 至했

---

10) 安東君邑面 農村振興委員會,『儀禮準則』(이하『儀禮準則』으로 표기함), 1935. 이 책은 총독의 유시와 더
　　 불어 관례가 제외된 혼례, 상례, 제례에 대한 개선안을 제시하는데 지방마다 약간의 차이가 있다. 대부분은
　　『의례준칙』이라고 하여 도지사들이 발행하지만, 전라북도에서는『新訂 儀禮便覽』, 충청남도에서는『儀禮
　　 軌範』이라고 하여 지방의 실정을 반영하고 있다.

11)『儀禮準則』,「儀禮改正의 要点에 對하야」, 嚴昌燮, p.7.

다. …자연신분 不相應의 비용과 無用의 시간과 竗費하게 되야 사회
의 상하를 통하야 그 부담에 고민하며 일회의 혼례 一度의 장례에
産을 傾함에 至한 자가 不少한 상태이다."12)

그러나 이러한 계몽에는 예의 본질에 대한 반성도 있었는데 다름 아
닌 예절의 본령은 마음속의 엄숙과 공경심이지 겉으로 나타난 절차와
격식은 지엽말단적이라는 설득이었다. 더구나 체면과 관련되어 많은
돈과 많은 시간을 허비하는 가례는 예의 본지에도 어긋난다는 이유를
제시했다. 가정의례 가운데 가장 중요시되었던 것은 상례와 제례라고
할 수 있는데, 특히 상례의 경우는 삼년상을 지내는 것이 종래의 중요
한 예법의 하나였고 친소관계에 따라 상복을 달리 입는 오복제도가 핵
심을 차지하고 있다. 의례준칙에서는 상례의 폐단에 대해 가장 많이
언급하고 있고 구체적인 제안을 하고 있는 것이 특징이다. 말하자면
삼년상을 폐지하고 상복제도를 간소화함으로써 새로운 시대에 부응하
는 준칙을 제안한 것이라고 할 수 있다. 그런데 이것은 총독부에서 직
접 발행을 하지 않고 다만 조선총독과 학무국장이 서문을 쓰고 간결한
내용을 제시했지만 지방에 따라 다른 편집을 했다. 심지어는 책의 제
목도 달리하고 있지만 그 골격은 기존의 가정의례를 개선하여 의례준
칙에 따라 실천할 것을 촉구한 것이다. 물론 이 준칙으로 오랜 가정의
례의 관습이 완전히 사라질 수 없었다. 이 준칙이 나온 후 4년 후에 『儀
禮備要』에서는 종래의 번잡한 상복제도가 그대로 거론되고 있어서 민
간에 쉽게 잘 받아들여지고 있지 않음을 알 수 있지만, 이 의례준칙의
내용은 일제하의 새로운 가치관을 담보하고 있는 것이다.

---

12) 『儀禮準則』, 朝鮮總督 宇坦一成, p.5

Ⅲ. 단발령(斷髮令)에 따른 관례변화

관례의 형식은 미혼자들의 댕기를 풀어 성인의 상징인 상투를 올리는 일과 비녀를 꽂는 일이다. 그런데 성인남자들의 머리를 자르는 단발령이 1895년 12월 30일 조선정부(김홍집 내각)의 명의로 내려졌다. 임금인 고종 자신이 단발을 하고 양복을 입었기 때문에 이런 현상은 시대적 추세였다.[13]일제하에서 양복착용은 더디었지만 상투를 자른 단발은 하나의 중요한 변화였다. 머리의 모양이 바뀌진 것이 식민지 조선의 풍경으로 볼 수 있을 것이다.

그럼에도 1930년에 발행된 예서[14]에서는 의례를 간소화하자는 새로운 제안에 대해 비웃고 고래의 관례를 그대로 반영하고 있어서 같은 해에 나온 총독부의 의례간소화를 위한 『의례준칙』과 대비되고 있다.

『의례준칙』에서는 관례의 항목이 아예 없었다. 또한 지역에 따라 『의례준칙』에 관례를 언급한 곳도 있었는데 관례 시 일본 옷이나 양복의 착용을 적시하기도 했다.[15] 충청남도에서 발행한 『의례궤범』(의례준칙을 달리 이름 붙인 것임)의 경우 관례란 비록 상투를 올리는 의례가 없다하더라도 성인에 대한 책무를 의식하도록 하는 것이므로 이를 잘 활용하는 것이 중요하다고 하여 관례를 보완했다. 그리고 과거

---

13) 『報知新聞』(1896. 2. 2) '斷髮令一下 … 洋服, 時計, 帽子, 朝鮮文明一時躍進.'

14) 辛東植家發行, 『家禮輯解』, 1929, 주자가례를 바탕으로 하고 있으며, 이 家禮야말로 진실로 만세에 통용되는 제도라고 하고 있어서, 여전히 과거의 예법을 준수하며 새로운 시대에 대해서 언급하지 않고 있다. 李鍾大, 『疑禮百選』, 華山精舍, 1932, 서문에 말하기를 "世之橫議一變而談功利再變而講新學 君親則夷以平等 夫婦則結以自由 朋友則會以權利而人道之違禽獸不遠矣." p.3. "嗚呼痛哉 禮義綱常自作廢棄 行無所不爲而遭親喪者不行三年之制 變爲百五日祭而脫服 … 或不着絰冠制服榭隨而鍾路上行之 或不葬其親而自爲焚燒之 或當親忌而不祭之輩 相謂曰世人不知金重徒入於殺鷄殺羊之費 … 文明社會平等自由任意行動之."

15) 金鎭孝, 『儀禮備要』, 儀禮備要社(대구; 소화 14년, 1939), p.4. 初에 朝鮮時 冠服, 次에 和服, 次에 洋服을 時服이라 하는 것. p.6. 再加할 새 帽子와 和服과 屐로 함. p.7. 三加할 새 四方帽와 洋服과 靴로 함.

의 예복과 달리 새로운 개량 한복을 예복으로 활용하도록 그림을 그려서 제안하기도 한다.[16]

참고로 1940년대 일제하에 출간된 예서를 보면, 관례는 중시되는데 당시의 지식인에 속하는 최남선은 사례 가운데 관례가 가장 중요하며 혼례나 상례는 한 가정에 그치는 것이지만 관례를 받는 자는 비로소 세상에 서고 천하의 일을 경영하는 일이기 때문에 성인이 중히 여긴 예법이라고 그 의의를 높이 평가하고 있다.[17] 그러나 그 상투나 복식들은 이미 없어졌기 때문에 옛 절차를 따르되 시대에 맞는 격식을 제안한다. 그것은 전통적인 복식이 아니라 일가(一加)는 관복이자만 재가(再加)에서는 모자와 일본 옷을 착용하고 삼가(三加)에서는 양복과 구두를 착용할 것을 적시하고 있다.[18] 여성의 경우 관례할 수 있는 나이를 특정하지 않고 결혼을 결정했으면 비녀를 꽂는 의식을 하는 것으로 정리한다.[19]

이미 대한제국시대부터 제안된 단발령에 의해 일제강점기에서는 남성의 머리모양이 상투가 없는 단발이 됨으로 인해 기혼자와 미혼자의 구별이 모호하게 되었으며 양복의 착용이 늘어남에 따라 관례의 의의도 점차 쇠퇴하게 되었다.

---

16) 忠淸南道(1936), 『儀禮軌範』, p.5. "개량도포 개량단령은 조선인 남자용 통상예복으로 제정한 것이니 각종 의식에 착용할 지어다." p.11. 관례의 본의를 천명하명 成人의 책무를 확인케 하야 本章을 정하는 바이다."

17) 金鎭孝, 앞의 책, p.2. 최남선의 序文에서 관례가 중요함에도 의례준칙에서 거론되지 않았다고 비판한다. 저자 김진효도 의례준칙에 결락된 관례를 보충하는 뜻을 밝히고 있다.

18) 金鎭孝, 앞의 책, p.6.

19) 金鎭孝, 앞의 책, p.10. '女子許嫁면 笄함'.

Ⅳ. 혼인에 대한 새로운 시각

혼례가 중요하다는 것 역시 강조되며, 기존의 결혼식의 절차와 다르지 않지만, 사주를 교환할 때 사진을 첨부하여 결혼 당사자의 의견을 존중하는 것도 제안되고 있다.[20] 당시의 첨예한 계몽사항은 조혼의 관습을 바꾸자는 것이었다. 19세기 말 당시 일본인의 눈으로 조선의 조혼풍속은 기이한 것이었다. 아직 성장하지 않은 10대의 청소년들이 결혼을 하는 것에 대해 이해하지 못했다.

> "조선에서 가장 심하게 기이한 풍속은 조혼이라고 할 수 있다. 12.3세의 나이로 벌써 장가를 간자도 있다. 그리하여 처는 자기보다 나이가 많은 사람을 고르게 되는 것이 보통이다. 12, 3세 짜리가 20세 전후의 여자와 결혼하는 것은 조선에서는 결코 이상한 것이 아니다. 이것은 기이한 풍속이라고 할 수 밖에 없다."[21]

이러한 외부의 시각 때문에 조선 자체에서도 이를 개선하려는 노력이 있었다. 다시 말하자면 이미 1894년 갑오경장에 의해 혁신된 제도 가운데 남녀 간의 조혼(早婚)을 금지하면서 남자는 20세, 여자는 16세 이상이어야 혼인을 허락할 수 있다고 하였으며, 과부의 재혼에 대해서도 당사자의 의사대로 할 수 있도록 조치했다는 점이다.[22]

그럼에도 1930년대 일제하에서 조혼(早婚)의 풍토가 그대로 남아 있어서 일제는 조혼의 풍습을 고치려고 계몽하면서 '조혼(早婚)을 감

---

20) 忠淸南道, 『儀禮軌範』, p.13.

21) 혼마규스케(本間九介) 저, 최혜주 역, 앞의 책, p.73.

22) 『高宗實錄』, 고종 31권, 31년(1894 갑오. 광서(光緒) 20년) 6월 28일(계유) 5번째 기사 문벌 타파, 신분제 철폐 등의 의안을 올리다.

행하는 것은 결코 자손의 복리(福利)를 위함이 아니요, 도리어 불행의 길로 인도하는 것'23)이라 했고, 재혼을 금기시하는 전통을 폐습으로 보고 이를 개선하려고 했다.

일제 초기에 법원에서는 조선인들의 조혼을 '관습법'이라는 명목으로 사실상 인정했다. 하지만, 민적 절차상으로는 1915년 8월 7일 관통첩 제240호 '혼인에 관한 사항'에서 '남 17세 미만, 여 15세 미만인 자의 혼인신고를 수리하지 말 것'이라고 하여 제한을 가하기 시작했다. 민적상 이러한 취급은 결혼의 법률적 효력과는 무관하게 민적 등재만을 거부한 것으로서, 결혼관계 자체를 부정한 것은 아니었다.24)

혼인에 대한 가치관의 변화는 여성의 권익을 위해 이혼과 재혼을 할 수 있도록 한 것이다. 한국의 전통적인 관습은 남녀유별인데 남녀평등은 남녀무별(男女無別)로 받아들여지기도 했다.25) 유교의례의 경우는 한 번 결혼하면 그것을 운명으로 받아들이고 이혼하지 않는 것을 원칙으로 하는 것이다. 조선의 습속에서 아내가 남편에게 이혼을 요구하는 것이 도의에 반하는 것이므로 가령 남편에게 비행이 있을지라도 아내는 이혼을 요구할 수 없었던 것이 현실이었다.26)

이런 전통이 변화하여 일제하에서는 이혼의 청구소송은 연년 비상하게 증가하는 현상을 발견할 수 있다.27) 재판상 이혼의 증가는 결국

---

23) 全羅南道(1936), 『儀禮準則』, p.32.

24) 이승일, 『조선총독부 법제정책』, 역사비평사, 2008, p.187.

25) 羅濬, 『二禮略解』, p.1. "西敎東渡 大防斯潰 其所以爲敎者 等男女無別."

26) 朝鮮總督府中樞院, 『慣習調査報告書』, 1913, pp.312-314.
藤田東三, 『朝鮮親族法相續法』, 京城 大阪屋號書店, 1933, p.5, pp.110-111, p.116.

27) 강병식, 「일제하 한국에서의 결혼과 이혼 및 출산 실태연구」, 『史學誌』28집, 단국대 사학회, 1995, p.425.
1911년에는 결혼 85,612건 가운데 이혼이 5,621건이며 10년 후인 1929년에는 결혼 192,723건 가운데 이혼8,021건이다. 이혼청구의 원인은 가운데 가장 많은 이유는 부인에 대한 학대와 모욕인 점에서 부인에 의해 청구되는 경우가 압도적임을 알 수 있다.

관습의 변화를 의미한다. 이것을 볼 때 재판상 이혼도 이미 1910년대 후반에 이르러 하나의 새로운 관습으로 정착했음을 알 수 있다. 불과 10여년 사이에 재판상 이혼은 관습에 존재하지 않던 사실에서 법적 효력을 지난 관습으로 성립했던 것이다.28)

> "과부재혼(寡婦再婚)은 법제상 허용되어 있음에 불구한 상금과부(尙 守寡婦)의 재혼을 배기(誹譏)하는 풍습이 유(有)할 뿐만 아니라 재혼 시에는 소정의 예식을 행치 않는 폐습이 유(有)하니 차등(此等) 풍 습은 단연폐기(斷然廢棄)하여야 한다."29)

재혼을 하지 않는 것은 미덕이 아니라 폐습으로 고쳐야 할 것으로 계몽의 대상이 되었다. 그러나 역설적으로 말하자면 『의례준칙』에서 조혼의 풍습과 재혼을 하도록 계몽한다는 점은 그 관습이 여전히 변화하지 않았음을 말해주고 있는 것이기도 하지만, 이혼이 가능해지고 이혼율이 높아졌다는 것은 사실이다.

그렇더라도 남녀평등이 실현된 것은 아니었다. 남녀관계에서 남성을 양으로 보고 여성을 음으로 보는 소위 남존여비적 혼인관계가 그대로 유지되었음은 물론이다.

일제는 전통적인 동성동본 간의 금혼에 대해서도 비판적이었다. 조선총독부 법무국은 동성동본 금혼을 완화하거나 폐지하려 했다. 비록 동성동본 금혼에 관한 조선 관습이 확고했으나, 조선총독부는 조선 재래의 관습 중에서 부적절하다고 판단되는 것은 이른바 '成文으

『調査月報』7號, 朝鮮總督府, 昭和 14년(1939), p.30. 1911년부터 1933년까지의 통계.

28) 이승일, 앞의 책, p.196.

29) 전라남도, 『儀禮準則』, 1936, p.46.

로 해서 종래의 폐단'을 없애려 했지만 뜻을 이루지는 못했다.30)

혼례의 풍습도 크게 변하지 않고 구래의 예법으로 진행되었지만, 당시 발간된 예서인 『상례비요』에서는 양복착용이나 일본 옷 착용에 대해서도 언급하고 있고 예식장도 신사, 사찰, 교회 등을 열거하고 있다.31) 『의례준칙』에서도 결혼식의 복식을 한복과 일본 옷 그리고 양복을 착용하는 것을 권장했음은 물론이다.32)

V. 상례의 간소화

상례에 관련된 절차도 고래의 것을 벗어나 시대의 흐름을 반영하고 있는데, 『의례준칙』에서 지방과 사진을 병용하도록 적시하고 있다. 4년 후에 나온 『의례비요』33)도 이에 준하여 사진을 설치하는 것을 첨가하고 있다. 동시에 더불어 상여가 아닌 자동차를 사용하는 것이나 일본 옷이나 양복을 입는 것도 무방하다고 제안하고 있다.

일제 초기인 1919년 고종의 장례 시에 양복을 착용한 일본인들의 조문이 있었는데, 상주인 순종은 이들의 조문을 거부했다고 한다. 당시의 제관장을 맡았던 이는 일본인 이토 히로쿠니(伊藤博邦)였으며 부

---

30) 이승일, 앞의 책, p.277.

31) 金鎭孝, 앞의 책, p.18. 초례를 설명하면서 '新郞은 當日發行前 盛裝(朝鮮服은 周衣以上 和服은 紋附以上 洋服은 모닝 以上)'을 하고.
p.20. '新婦는 當日出發前盛裝(朝鮮服은 襦裳以上, 和服은 裾模樣紋附以, 洋服은 웨딩드레스 以上)'을 하고.

32) 『儀禮準則』, 초례, p.21. 장소는 新婦家나 神社, 寺院 또는 敎會堂, p.22. 신랑 옷(조선복은 周衣 이상 和服은 紋附 이상 양복은 모닝 이상) 신부 옷(조선복은 襦裳 이상, 和服은 裾模樣紋 이상, 양복은 웨딩드레스 이상) 그리고 신부가 재배하면 신랑도 재배한다.

33) 金鎭孝, 앞의 책, p.30. '幃前에 靈座를 設하고 紙榜又는 寫眞을 揭함'의 내용은 의례준칙 그대로임.

276 한국의 禮와 윤리

제관장은 조동윤(趙東潤)이었는데 그들은 일본식 의례복을 착용했다. 상주인 순종은 두루마기의 상복으로 조문객을 맞이했기 때문에 장례식은 한복 착용으로 바뀌었다고 한다.[34]

사실 가례 중에서 가장 큰 비중을 차지하고 예학에서 논란이 되었던 것이 상례 시의 격식과 절차였는데, 그 절차 가운데 상례는 슬픔을 표현하는 것이 중요하므로 상갓집에 울음소리가 끊어지면 안 된다는 절차에 대해 잘못된 것으로 지적하고 있으며, 이러한 관습이야말로 시대에 맞지 않는 『주자가례』의 묵수에서 오는 것이라고 하며 이는 가식이어서 진실하지 않다고 폄훼하고 있다.

통곡을 하는 것에다 가슴을 치고 머리를 풀어헤치고 맨발을 하는 비상한 시기의 슬픔의 표현을 기이한 것으로 보는 것은 한일양국간의 문화적 차이를 드러내는 것이지만, 일본인의 눈에는 지나친 의례로 보였던 것이다.

> "가족의 사망자가 있을 때는 오로지 근친이 그 사체의 근처에 다가가 대성(大聲)을 발하고 비읍(悲泣)하고 가슴을 치면서 통곡하고, 동시에 그 집안사람들은 남자도 여자도 또한 복비(僕婢)도 함께 두발(頭髮)을 풀고, 처첩(妻妾)은 처음 4일간은 맨발을 한다."[35]

상례의 절차와 격식은 슬픔을 충분히 표현하는데 있었던 바, 집안에 사람이 죽으면 소리가 나게 통곡하는 것은 과거 농촌사회에서는 마을사람들에게 죽음을 알리는 뜻도 되었다. 머리를 풀고 맨발을 하고 식사를 하지 않는 것도 평상시와 다른 비상한 시기의 근신을 표현

---

34) 허영섭, 『일본 조선총독부를 세우다』, 채륜, 2010, p.306.
35) 福田量作, 앞의 책, p.714.

하는 것이며, 1876년의 예서에서는 부녀자들을 위해 한글로 이러한 절차를 가르치기 위해 책을 발간하기도 했다.36)

1930년대의 『의례비요』에서는 곡을 한다는 내용을 빼고 있으며, '신도(神道)는 정숙(靜肅)을 숭상한다'37)고 하여 『의례준칙』의 제안을 옹호하면서 종래의 관습으로부터 변화하고 있음을 알 수 있다.

『의례준칙』에서는 무엇보다도 상복에 대한 간소화를 주장하고 있다. 막대한 비용이 드는 것에 대해 비판하고 오복제를 대폭 정비하고자 하고 그 개선안을 다음과 같이 마련하고 있다.

> "오복의 親이 각기 상복을 착용한다하면 막대의 비용을 요할 것이다. 그뿐 아니라 여사(如斯)한 상복은 금일의 시세 민도에 적합하지 아니함으로 남자의 상복은 布, 또는 목면(木綿)의 하얀 두루마기(素周衣), 하얀 두건[素頭巾]으로 하고 여자의 상복은 역시 포(布) 또는 목면(木綿)의 바지[袴]와 검정색 댕기[唐只]를 하여 복상(服喪)의 범위도 부모, 부처(夫妻), 장자(長子)에 한하여 상기간(喪期間) 상호착용하고 기타의 친족은 상장(喪章)만 부(付)하게 되었는데 양복에는 폭(幅) 삼촌(三寸)의 흑포(黑布)를 좌완(左腕)에 두르고 조선복에는 가로[縱約] 약 일촌(一寸), 세로[橫約] 약 이촌(二寸) 오분(五分)의 나비모양[蝶形] 맺은 흑포[結黑布]를 우완(右腕)에 부(付)하도록 하였다."38)

이러한 제안이 얼마나 실효를 거두었는지는 모르지만 당시에 상례의 간소화를 엿볼 수 있는 준칙이라 할 것이다. 『의례준칙』에서는 3년상을 상기와 복기로 다음과 같이 간소화할 것을 제안하였다. 상기(喪期)는 14일간 복기(服期)는 제일기 상기(喪期) 만료일의 다음 날 만

---

36) 羅濬, 『二禮略解』, p.1. "긔절하거든곡하나니이불노전체를덥고남녀곡하고가삼치나니라."
　　p.2. "쳐와부　이다갓과웃옷을벗고머리를풀고남자는웃옷자락을허리의기꼽고신발벗으며…."
　　p.9. "주인이하곡을하야실품을다하고서로대곡하야곡셩을그치지아니하니라."

37) 金鎭孝, 앞의 책, p.40.

38) 『儀禮準則』, p.10.

이주기(滿二週忌)에 상당한 날까지로 하고 상기(喪期) 14일간은 특수한 사정이 없는 한 사무를 폐하고 애통의 뜻으로써 근신하며 그 잔여의 복기(服期) 기간은 화식연악(華飾讌樂)을 금하고 內心 근신하도록 한 것이다.39)

다만 『의례준칙』의 내용을 소개는 하고 있다.

풍수지리설에 대해서는 종래의 관습과 달리 부정적인 언급들이 많다.

> "가령 산이 있어서 음덕이 나와 오랫동안 멀리 간다면 이는 부귀한 집안의 자손은 영원히 부귀하고 빈천한 집안의 자손은 오래 빈곤하고 천할 것이 아닌가. … 죽은 자의 마른 해골로 살아 있는 자의 행복을 구함이 절대 그 이치가 있는 것이 아니며 현대는 천하의 모든 나라가 미신을 타파하여 산의 이론이 이미 몇 천 리 밖으로 숨어버렸고 공동매장법의 시행이 이미 수십 년이 지났으니 누누하게 널린 무덤들이 왕성한 기운을 내어 꺼리는 방법이고 이로 인해 피해자가 있다는 말을 듣지 못했다."40)

풍수지리설이 사실이라면 부귀한 집안의 자손들은 영원히 부귀를 누릴 것이고 빈천한 가정의 자손들은 계속해서 빈천에 머물러 있을 것이라고 하면서, 죽은 자의 해골로 행복을 구한다는 것은 이치에 맞지 않고 미신이라고 한다. 풍수지리설에 의해 개장을 하는 것도 잘못된 것으로 보고 있다.

---

39) 『儀禮準則』, p.29.
    종래상기 3년 상기 14일 복기 제1기(1년) 제2기(1년)
    期年   상기 10일 복기 100일
    九월   상기 7일 복기 50일
    七월   상기 7일 복기 50일
    五월   상기 5일 복기 30일
    三월   상기 5일 복기 30일

40) 洪承日(1929), 『儀禮要覽』, p.18. "假如有山하야 發蔭長遠則是는 富貴家子孫은 永亨富貴하고 貧賤家子孫은 長貧困賤乎아 … 死者之枯骸로 求生者之幸福이 絶無其理而現代則天下萬國이 擧罷迷信하야 有山之論이 己逃幾千里之外矣 共同埋葬法 施行이 已過數十年則累累亂塚이 不無生旺可忌之方而絶未聞以此而有被害者하니."

Ⅵ. 제례의 변화

선조숭배(先祖崇拜)는 동양도덕의 극치로 제사는 가정의 신앙의 중심이 된다고 했으며, 세간에는 왕왕 이를 우상숭배라 하여 제사를 게을리 하는 자가 있는데 이는 잘못된 것이고 조선(祖先)숭배는 인륜본연의 대의로 받아들이기도 했다.[41]

『의례준칙』에서 제사의 제도를 개선하고자 했던 것은 사대봉사의 관습이었다. 이 제도를 바꿔야 한다는 주장은 고례와 다른 조선의 풍습에 근거하여 그 근거를 제시하는 것이 특색이다. 의례준칙에서 제안하는 대안은 이대(二代)봉사로 제사를 줄이자는 것이었다.[42] 이를 바탕으로 일반예서에서도 이대봉사가 타당함을 주장하게 된다.

> "어떤 사람이 묻기를 士庶人이 四代를 제사지내는 것이 적합한가? 답하기를 士庶人이 사대를 제사지내는 것을 행함이 유교의 이론으로 변론함을 모아보자면 반드시 公卿大夫라야 사대를 제사지낼 수 있는 것이며 士庶人은 할아버지와 아버지 二代를 제사지낼 뿐이다."[43]

다음은 제수를 간소하게 하자는 것이며, 묘제도 빈번하게 하지 말고 2~3회로 줄이자는 제안 이었다. 또한 지방 대신 사진을 제사상에 게시하는 안도 나오고 있다.

제수는 다음과 같이 제안했다.

---

41) 全羅南道, 『儀禮準則』, p.62.

42) 『儀禮準則』, p.67. 忌祭는 祖禰에 限함.

43) 洪承日, 앞의 책, p.18. "或이 問士庶人四代奉祀가 得乎아 答以士庶人으로 祭行四代가 儒論辯이 亦以爲 償而必也 公卿大夫라야 可行四代則以士庶人으로 祗祭祖禰 兩代가 以爲如何리오."

"기제(忌祭)는 반(飯), 갱(羹), 주(酒), 과(果), 혜(醢), 포(脯), 채(菜), 장
(醬). 묘제(墓祭)는 주(酒), 과(果), 포(脯), 병(餠), 채(菜)."44)

제사는 관혼상례 중 매우 큰 비중을 차지한다. 『의례준칙』에서는
제사의 간소화만 주장했을 뿐, 제사에 따른 가족제도 등에 대해서는
언급하지 않고 있다. 그러나 일제강점기하에 생긴 호주제가 한국의
오랜 전통인가 아닌가의 논쟁은 호주제 폐지논쟁과 더불어 심각한
한국사회의 논쟁이었다. 일제는 조선의 관습을 파악함에 있어서 재산
상속의 근거를 제사상속에 두고 있었기 때문에 일본은 오랜 전통에
바탕을 두고 호주제의 정당성을 입증하려고 했다. 말하자면, 호주제
는 조선의 제사상속의 관습이 투영된 제도라는 것이다. 이것은 제사
상속인이 없는 경우, 변칙으로 부녀(婦女)가 일시 호주상속을 하게 되
는데, 이 경우 망호주(亡戶主)의 조모－모－처의 순서로 호주가 되었
다.45) 이에 따르면 조선의 관습에서는 제사 관계에 의해서 호주가 결
정되었으므로 제사권이 없는 여성은 호주권 승계에서도 매우 불리한
위치에 서게 되었다는 의미했다.46)

이러한 일제하의 제사에 따른 호주제는 부당한 것으로 보는 시각
이 근간에 제기되었는데 조선에는 상속제도로 재산상속과 조선후기
에 확립된 제사상속이 있을 뿐 호주상속이라는 것은 허구라는 비판
이 제기되기도 했다.47) 이는 조선후기 사회의 제사승계와 일제가 이

---

44) 『儀禮準則』, p.30.

45) 朝鮮高等法院判決, 『朝鮮高等法院判決』 9권, p.513, 1922년 12월 1일.

46) 野村調太郎, 『朝鮮慣習法上の家と其の相續制』, 『司法協會雜誌』 6권 1호, 1940, p.10.

47) 양현아, 「식민지 시기 한국 가족법의 관습문제 」, 『사회와 역사』 58집, 2000. 이 논문에서는 일제가 지칭
하는 관습은 실제로는 관습을 빙자하여 일제의 의지가 투영된 것이며, 호주와 가족제도를 비롯한 여러 가
족관계법규를 식민지에 이식하였다고 비판한다. 또한 소위 전통과 관습이라는 것조차도 잊힌 시간이 아니
라 역사적 맥락 속에서 위치시켜야 하면서 호주제를 미풍양속으로 보는 것을 경계하고 있다.

식한 호주승계는 혼동되어서는 안 된다는 논리라고 할 수 있다.

『의례준칙』은 계몽적 성격에서는 제사의 격식과 절차는 간소화를
제안했지만, 조선의 오래된 유교적 제례에 대해서는 대체적으로 그대
로 인정하고 유지하도록 했기 때문에 제례는 일제하에서도 큰 변화
가 없었던 것이다.

VII. 변하는 것과 변하지 않는 것

일제강점기를 통하여 조선왕조시대에 거행된 유교의례는 많은 변
화를 가져왔다. 우선 『주자가례』에 바탕을 둔 주자학적 의리정신과
예학은 크게 손상되었다. 한국의 스스로의 결의가 아닌 서구와 일본
에 의해 근대화를 맞이하지 않으면 안 되는 상황이 되었다. 따라서
대일통사상(大一統思想)으로 왕조를 지탱하던 정통성과 명분이 크게
훼손되었다. 물론 일제에 저항한 독립지사 그리고 일제에 협조하지
않은 재야의 지식인들은 그러한 의리정신을 지님으로써 주자학적 대
의명분의 사상을 이어갔지만, 일제하의 주류가 될 수는 없었다.

총독부의 통제에 의한 경학원과 향교는 유지되기는 했지만, 그것
은 과거의 위정척사와는 다른 일제에 순응하는 성격의 것으로, 충효
사상 등을 왜곡하여 기존질서에 적응토록 하는 사회교육의 역할을
하고 석전은 유지되었다.

공자교 운동 등을 통한 유교개혁 역시 새로운 시대에 부응하려는
것으로 전통적 주자학에는 비판적이었다. 일제는 전통적인 한국의 예

윤상덕, 「호주제도 폐지의 당위성과 개선방안에 대한 고찰」, 『청주법학』, 2005, p.130.

학에 대해 부정적인 평가를 내렸다. 번문욕례(繁文縟禮)이고 과거에는 당파싸움으로 이용된 것이며, 모화사상과 사대주의의 입장이라는 것으로 보았고, 한국인들의 전통적인 관습인 의례를 개선하려고 했다.

근대화와 더불어 한국인들은 단발을 하고 양복을 착용하게 됨으로써 관례는 변화되었다. 혼례에 대해서는 종래의 『주자가례』에 바탕을 한 『사례편람』의 예서를 바탕으로 의례가 진행되었지만, 지나친 결혼 비용 등을 줄이려는 계몽이 총독부에 의해 권장되었다. 여성에 대해 사회적 여성의 사회참여. 인권을 존중하는 차원에서 여성을 보호하려는 법제가 이루어지고 이혼율이 높아졌다. 그러면서도 일제는 여성의 가정에서의 부덕(婦德)을 강조하여 남녀유별적인 유교적 혼례의 본질은 유지되었다.

일반인들은 종래의 상례와 풍수지리설 등을 신뢰했지만, 일제에 들어오면서 오랜 기간의 상기와 복잡한 절차를 간소화하려는 계몽을 했다. 그러나 일본과 같은 화장제도는 한국에 들어오지 못했고, 전통적인 오복제가 그대로 유지되기도 했다. 풍수지리설 역시 비판적으로 보는 인사들이 있었지만 유지되었다.

제사의 경우도, 사대봉사를 이대봉사로 간소화하고, 제사의 횟수를 줄이며 합설을 권장하기도 했지만, 명절과 성묘 그리고 제사의 풍속은 쉽게 바꿔지지 않았다. 특히 제사의 경우는 충효사상을 진작시킬 수 있는 미풍양속으로 평가되기도 했다.

1930년대 가정의례에 대한 개선을 주장하고 있는 의례준칙은 분명 새로운 정책이기는 했다. 그러나 그것은 재래의 관습을 고려하여 시행됨으로써 그것이 새로운 관습으로 뿌리를 내릴 수도 있었고, 어떤 것들은 한국인들에게 전혀 받아들여질 수 없었다. 조혼의 풍속이나 번거

로운 상례의 절차는 간소화되었다. 이는 그 총독부의 계몽에서이기도
하려니와 일종의 시대적 추이로 자발적으로 수용되고 있다. 그러나 그
본질에 있어서는 변한 것은 아니다. 가부장적 문화, 명절의례를 비롯
한 제례의 경우는 그다지 변화가 이루어지지 않았음을 알 수 있다.

이런 결과 1940년대에 이르면 일제는 가정의례를 개선하기보다는
오히려 가부장적 유교의 가치를 이용하여 천황에 대한 충성을 유도
하는 소위 황도유교로의 정책전환을 모색하게 된다.

유교가례의 변용과 창조적 계승

I. 새로 봐야 할 유교의례

한국의 전통적인 가족은 사회의 기본단위로 경제 집단이면서 동시에 공동의 조상을 섬기는 일종의 종교집단이기도 하였다. '조상 섬김'을 통하여 종친들과 가족은 정신적 단결을 도모하고 심리적 안정을 추구하였던 것이다. 국가에서는 가족을 교화의 단위로 하였기 때문에 자연히 사회적 요구가 가례(家禮)를 중시하게 하였다.

우리의 전통가례는 조선왕조의 몰락과 일제강점기 그리고 해방이후 서양문화의 도래에 따른 급속한 산업화와 서구화의 도래 앞에서 변화될 수밖에 없었고 지금도 새로운 모습으로 계속해서 변해가고 있는 중이다. 조선왕조의 붕괴와 더불어 국가의 공식적 학교이고 공자를 모신 성균관1)과 향교에서 수행되었던 석전(釋奠)의례와 종묘사직에 대한 의례는 공식적 국가의례에서 사라지게 되었고, 대신에 새로운 신식학교와 일본 천황을 모신 신사참배가 강행되었으며, 해방이

---

1) 「조선총독부 부령 제73호」, '경학원 규정'(1911년 6월 15일), 성균관을 폐지하고 천황 대신 경학원을 설립하였다. 설립목적을 '조선총독의 감독에 속하여 경학을 강구하며 風敎德化를 裨補함'이라고 규정함.

후로는 기독교 교세의 확장 또는 근대화를 추구하는 국가의 정책에 의해 유교적 가례는 '구식'으로 취급되었고 여러 의례들이 서구식으로 변용되었고 이를 '신식'으로 간주하였다.

이런 실정은 급기야 유교문화를 가부장적 혹은 신분적 사회의 낡은 질서유지로 보고 그동안의 동성동본금혼이나 호주제를 개인의 존엄과 평등에 반하는 사상으로 간주함으로써 유교문화는 현대사회와는 한참 동떨어진 낡은 사상으로 매도당하는 것이 저간의 실정이라고 하겠다.

다만 유교문화권인 중국과 일본, 대만, 홍콩, 싱가포르 등의 경제적 약진을 통한 소위 아시아적 가치의 논쟁 가운데 실추되었던 유교문화에 대해 새로운 평가를 가능하게 하였고, 한국의 경제력을 비롯한 국제적 위신의 신장에 따라 과거에 폐지된 설(구정으로 격하되었다가 설로 공식화)과 추석의 명절이 유지되어 차례와 성묘문화가 오랜 미풍양속으로 재평가되어 일방적으로 흐르던 '신식'을 견제할 수 있게 되었다. 여기에 아시아적 가치의 담론에서 소외되었던 중국이 경제성장에 힘입어, 지구화 혹은 서구화에 대한 새로운 대안으로 유교문화를 재조명하는 것도 새로운 변화라고 볼 수 있다.[2]

우리나라의 전통적 가례는 순수한 유교가례라고만은 할 수 없으나 그 속에 있는 가치관과 철학은 주로 유교의 사상에 근거하는 것이다. 물론 여기에는 왕조시대의 신분적 가치, 남녀유별, 장유유서 등의 인

---

2) 中宣部, 省委宣傳部宣傳思想文化工作調研課題, 『全球化條件下科學繼承傳統文化的渠道與對策研究』, 2006, 中國 山東省. p.1. 경제의 지구화적 조건하에 서방문화가 신속하게 확장되고 소비문화가 날로 성행하면서 중국이 서방문화(특히 미국문화)가 미래세대에게 만연될 것을 우려하며, 그 대안으로 자신들의 과거의 봉건주의적 소극적이고 낙후된 성분은 버리고 그 정화를 계승하여 민족문화가운데 합리적이고 우수한 성분을 주목한다. p.16. 유교의 보편적 가치로 "仁政"과 "德治"를 꼽고 있다.

간관계도 반영되어 있어서 비판의 대상이 되기도 했다. 오늘날 유교
는 아시아적 가치의 근원이기도 하려니와 지구윤리로서 보편적 의의
를 가진 사상으로 재조명되고 있다. 그렇다면 유교의 사상을 담은 유
교의례도 또한 보편적이고 진정한 가치를 담은 의례로서 창조적 계
승에 대해 고민해야 할 때라고 본다.

Ⅱ. 유교가례의 변용

1. 가정의례준칙의 등장

유교가례의 변화는 19세기 이후 근대화와 관계가 있다. 당시 우리
사회는 위정척사(衛正斥邪)의 기치로 오랜 우리 전통을 고수하는 것이
정당하다고 보는 수구적인 입장과 새로운 서구문화를 수용하려는 개
화의 기치가 갈등하였다. 이런 과정에서 소위 왜적(倭賊)과 양이(洋夷)
의 문화라고 멸시되었던 개화의 가치가 오히려 전통문화를 극복하고
오랜 유교의례를 '구식'으로 취급했고, 새로운 서구문명을 '신식'으로
보았기 때문에 유교의례를 대신하여 서구식 의례를 지향하는 변화가
일어났다. 예컨대, 일반인들의 의관이 국왕의 단발과 양복착용에서부
터 서민의 복식의 변화에 까지 개화나 신식의 이름으로 선호되었다.
거기에다 산업화 서구화는 당연히 새로운 문화를 수용하게 되었지만,
전통이란 하루아침에 무너지는 성질이 아니기 때문에 사회적 갈등의
하나가 되고 있다. 개신교의 경우는 특히 제사의례를 선교의 장애물3)
로 보았다.

한편으로 국가적 정책이 유교가례의 변화를 촉진하기도 했다. 경제적 가치를 우선시한 소위 근대화의 국가정책은 번거로운 가례를 간소화하려고 했다. 이것이 1960년대 가정의례준칙의 등장이라고 볼 수 있을 것이다. 이것은 당시의 지도자인 박정희 대통령의 근대화 노선이 전통적 생활양식 가운데 비효율적인 것을 국가가 개입하여 개선하려는 노력의 일환이었다. 소위 경제실천운동의 명분을 내걸고 도입한 이 「가정의례준칙」으로 전통 가정의례가 간소화되고 서구식과 병행된 계기가 되었다.

혼례의 경우 1960년대에 이후 청첩장 남발과 결혼축하의 의미로 돈 봉투를 내는 풍습이 일반화되어 갔다. 급속한 경제성장의 그늘에서 피어난 배금사조가 이러한 풍조를 부채질했고 물질우선의 세태를 반영한 것이라고 할 것이다.

1) 1969년 가정의례준칙

전통혼례 가운데 사주나 혼서지 교환을 금지하도록 하였고, 가까운 친척과 친지 이외에는 청첩장을 내지 못하게 했으며, 화환도 폐지하도록 했고 폐백과 예물도 간소화하게 하는 안을 제시했다. 당시 독재정권하에서 이것은 강제조항은 아니었지만 하나의 가이드라인이 되었다고 볼 수 있다.4) 약혼의 당사자가 호적등본과 혼인신고서를 첨부한 약혼서를 교환하게 하는 등의 조치는 혼례의 화려한 행사를 막고 대신에 근면, 검소의 새로운 가치를 국민정신으로 하려는 경제

---

3) 김흥수, 「19세기 말~20세기 초 서양선교사들의 한국종교 이해」, 『한국기독교와 역사』, 한국기독교역사연구소, 2003, pp.25-26. 게일은 한국인들이 지닌 "최대의 우상"이요 한국을 기독교화하는 데 가장 큰 장애물이라고 봄.

4) 가정의례준칙에 관한 법률」(1969. 1. 16, 법률제2079호)

논리가 숨어 있다. 이러한 개선안은 권장사항으로만 되었을 뿐 실효를 거두지 못했다.

상례에 대해서도 곡(哭)을 삼가고, 산발이나 맨발을 금지하도록 하고 전상의 설치나 성복제를 지내지 말도록 했다. 굴건제복 등의 상복을 폐지하고 음식접대와 조화 등을 설치하지 못하도록 했다. 전통 상례의 절차 중 제주제도 폐지하게 하고 삼우제도 폐지하고 상기는 100일로 하되 궤연은 설치하지 않고 축문은 한글 축문을 권장하였다.5) 이런 국가의 권장사항에서 이후 효력이 있었던 것은 산발, 한문서식, 상복의 간소화 등 많은 영향을 미쳤지만 이는 강제규정이 아니었기 때문에 잘 지켜지지 않았다.

제례에 대해서는 모든 제사를 기제사와 연시제로 통합하고 기제는 이대봉사를 하도록 하고, 제사일은 돌아가신 날 당일 일몰 후로 지내며 양위로 합설하도록 하였다. 제수도 평상시의 음식으로 하며 지방과 축문의 서식은 한글로 하도록 권장하였다. 준칙에서는 제사의 절차를 간소화하여 신위를 모신 후, 술 올리기를 초헌으로 그치고 바로 축문읽기를 하고 마무리하는 안을 제시했다. 이러한 가정의례준칙은 대단히 혁명적인 개선안이기는 했지만 일반 가정에서는 받아들이기 힘든 것으로 결국 성과를 거두지 못했다

2) 1999년 가정의례준칙

실제적이고 실현 가능성이 있는 새로운 준칙이 나오기까지에는 30년이 지난 1999년이었다. 여기에서는 과거에 다루지 않은 관례에 대

---

5) 가정의례준칙에 관한 법률」(1969. 1. 16. 법률제2079호)

해서도 구체적으로 언급하고 새로운 제안을 내어 놓았다.6) 여기서는 관례를 성년례라고 고쳐 말하고, 만 19세가 된 청소년에게 성인의 자격을 부여하는 이러한 행사를 권장했다. 구체적으로 제안된 행사의 절차는7) 전통관례의 정신을 잘 담은 것으로 창조적인 전통가례의 현대화의 한 모범이 되었다. 과거의 관례는 복식을 입는 절차가 번거로운 면이 있었는데 그러한 격식은 거의 현실에서 착용하지 않는 복식이기 때문에 관례를 기피하는 요인이 될 가능성도 있었다. 물론 술을 마시는 초례나 새로운 자를 지어주는 의례도 빠졌지만, 적어도 그 성인의 책임의식을 도모하는 데서는 전통관례의 정신을 계승한 것이라고 할 수 있다.

혼례의 경우도 이 준칙은 이후 하나의 새로운 문화로 정착되었다. 오늘날 대부분의 결혼식장에서 행해지는 격식과 절차는 이 제안과 일치하고 있다. 상례는 발인제와 위령제 이외의 절차는 생략할 수 있다고 되어 있다. 위령제의 경우 성분이 끝난 후 영정을 모시고 간소한 제수를 차려놓고 분향. 헌주. 독축 및 배례의 순으로 대단히 현실적인 제안을 내놓았다.

장례는 3일장을 권장했고, 상기는 100일로 하고 궤연의 설치를 하

---

6) 건전가정의례준칙 제정 99. 8. 31. 대통령령제16544호

7) 성년례의 식순으로 개별 성년례에는 ① 개식, ② 성년자 배례, ③ 축사, ④ 성년선서 및 서명, ⑤ 성년선언 및 서명, ⑥ 초례 및 주례의 훈화, ⑦ 성년자 배례, ⑧ 폐식의 식을 제시하고, 집단 성년례에는 ① 개식, ② 국민의례, ③ 성년자 호명, ④ 성년자 경례, ⑤ 주례의 훈화, ⑥ 성년선서 및 서명, ⑦ 성년선언 및 서명, ⑧ 내빈축사 및 답사, ⑨ 성년자 내빈에 대한 경례, ⑩ 폐식을 제시한다.
그리고 성년선서는, "저는 이제 성년이 됨에 있어서 오늘을 있게 하신 조상님과 부모님의 은혜에 감사하고 자손의 도리를 다할 것과 국가와 사회의 주인으로 정당한 권리에 참여하고 신성한 의무에 충실하여 성년으로서의 본분을 다할 것을 엄숙히 선서합니다. 년 월 일, 성년자 ○○○ (서명 또는 인)"
이에 대해 주례자는, "성년자 ○○○, 생년월일, 년 월 일, 그대는 이제 성년이 됨에 있어서 자손으로 도리를 다하고 국가와 사회의 주인으로 정당한 권리와 신성한 의무에 충실할 것을 다짐하고 서명하였으므로 성년이 되었음을 엄숙하게 선언합니다. 년 월 일, 주례 ○○○(서명 또는 인)"이라고 제시하고 있다.

지 않도록 하고, 상복의 경우에도 상장을 달거나 두건을 쓰는 정도로 제안함으로써 시의와 크게 어긋나지 않은 준칙을 제시했다. 이 준칙은 제례를 기제와 명절차례로 구분하고 기제의 대상은 2대조, 제수는 평상시의 반상 음식으로 자연스럽게 차리며 그 절차는 대폭 간소화하여 신위를 모시고 잔을 올리며 재배하고 마무리하는 것으로 했다. 그리고 지방과 축문은 한글로 할 것을 권장하고 있다. 역시 제례의 경우도 간소화를 제안했지만 대부분 수용되지 않고 있다.

이처럼 근대화와 산업화에 따라 두 번에 걸친 가정의례준칙이 등장했지만, 실제적으로 크게 가례를 변화시키지는 못했고 영향력도 없었지만, 그래도 국가가 개입하여 번거로운 의례를 간소화하려 했다는 점에서는 일정한 의의가 있다.

전통문화를 바탕으로 한 유교가례가 한편으로는 근대화와 경제논리에 의해 한편에서는 서구지향적 문화에 의해 변화되고 있다는 것을 알 수 있다. 그러나 어떻게 유교가례를 오늘에 창조적으로 계승할 것인가에 대한 논의는 체계적으로 이루어지지 못하고 있는 실정이다.

2. 일반적 변화

1) 관례

관례의 경우 그 절차는 조선시대 사대부 집안에서는 예서(禮書)에 따라 행하였지만, 대부분의 경우 예서보다 간소하게 행하였다. 근래에 들어와서는 1894년 갑오경장 이후 머리를 깎았기 때문에 전통적 의미의 관례는 사라지게 되었다. 그래서 관례는 혼례의 과정에 흡수되어 그 사회적 의의가 약화되었기 때문에 쉽게 흔적을 감추었던 것이다.

1895년 단발령이 내렸을 때 유교적 가치를 수호하려한 위정척사의 중심에 있었던 최익현은 '내 목을 자를 수 있으나 내 머리칼은 자를 수 없다(頭可斷 髮不斷)'고 하여 강력히 저항했다. 이에 비해 이승만은 상투를 '조선이 결별해야 할 낡은 보수적인 과거의 상징'으로 보고 스스로 단발했다. 이 극단적인 두 의견의 배경에는 유교적 가치수호와 새로운 개화세력 간의 문화충돌이었던 것이다.

1965년의 『혼상제예절(婚喪祭禮節)』이라는 책자에서는 관례는 아예 빠져 있음으로 보아, 혼례 속에 포함되어 버렸다고 볼 수 있다. 1960년대는 이미 우리나라 복식은 한복에서 양복착용으로 변화했고, 상투는 거의 구경하기 힘들었으므로 '댕기풀이'의 관례란 무의미했을 것이다.

또한 관례가 현대화된 것은 '성년의 날'이라 할 수 있을 것이다. 1973년 '각종 기념일 등에 관한 규정'에서 4월 20일로 정해졌다가 1975년 5월 6일로, 그리고 1985년에는 5월 셋째 월요일로 정해졌다. 오늘날 향교나 학교에서 올리는 성년의례는 이 날짜에 맞춘다.

필자의 가정을 예로 들자면 1909년생인 조부는 관자(冠字)가 있었으나, 상투가 없이 삭발하고 양복은 착용하지 않았다. 1928년생인 부친은 관자가 없었으며 택호는 있었으며 현대식 머리를 기르고 양복을 착용하고 명절의 경우 한복을 착용하였으며, 1954년생 필자 역시 관례가 없었으며 택호도 없고 거의 양복을 착용한다.

2) 혼례

위정척사파의 노사 기정진은 우리나라 혼례의 전통인 친영(親迎)에 대해서 예의 본의가 아니라고 지적했다.8) 또 한 가지 특별한 것은 동성 간의 결혼은 예에 어긋나지만 다른 성이 외종 간의 결혼은 고대에는 허용되었다고 하면서 예법에 어긋난 것이 아님을 시사했다.9) 한마디로 전통혼례의 절차를 바꾸어서는 안 된다는 것이다.

특히 서양의 풍습에 대해 우려했던 것은 통화(通貨)와 통색(通色)으로 물질주의와 성개방에 대해 매우 부정적 시각을 가지고 서양의 풍습의 도래를 경계하면서 전통적 남녀유별의 혼례의 정신을 소중하게 여겼던 것이다.

일제강점기 이후 전통혼례는 '구식'으로 되고, 1960년대 이후는 예식장에서 이루어지는 '신식' 결혼으로 거의 정착되었다. 물론 이 혼례는 언뜻 서양식으로 정착된 것 같지만, 폐백의례는 신랑신부가 한복으로 갈아입고 시댁 어른께 인사를 하는 의례가 이어진다. 이것이야말로 한국전통의 혼례정신의 연장선에 있는 의례로 강하게 남아 있다. 가정의례준칙의 한계를 잘 드러내고 있는 절차라고 할 것이다.

또한 겉으로는 서구화가 된 것 같지만, 사주와 궁합을 보는 일은 여전히 남아 있어서 뿌리 깊은 전통이 이어진다고 볼 수 있고, 사업화된 결혼정보회사에서 중매결혼을 알선하고 있다. 동성동본 금혼이 헌법불일치의 판정10)을 받았지만 부계중심의 종친 개념은 여전히 강력하게 한국사회에 남아 있고 호주제11) 역시 제사를 주관하는 주인

---

8) 『노사집』 권10, 「今俗婚禮 不用親迎之禮」, '婚禮今人所行 大違制禮之本義 禮外之禮 存而勿論可也.'

9) 『노사집』, 「外從兄弟姊妹爲婚 古之時不以爲嫌」, '夏段以上同姓五世通婚百世婚姻不通周道也異姓不忌 故內外從有通婚者.'

10) 1997년 동성동본간 혼인을 금지한 민법이 헌법불일치의 판정을 받았는데, 재판부는 판결문에서 이 법은 농경 중심의 가부장적 신분적 계급사회의 가치라고 비판하고, "인간으로서의 존엄과 가치 및 행복추구권"을 규정한 헌법이념이나, "개인의 존엄과 양성의 평등"의 원칙에 위배된다고 하였다. 말하자면 오랜 전통의 아버지 중심의 유교문화적 질서를 비판했다.

11) 호주제는 일제강점기에 도입된 것이긴 하지만, 호주의 의미가 제사를 주도하는 자를 의미한다면 이것은 뿌리 깊은 전통이다. 개정 민법에서는 동성동본간의 결혼을 허용했고, 호주제를 폐지하여 2008년부터 1월부터 아버지의 성이 아닌 어머니의 성을 따를 수 있게 하고, 이혼할 경우 자녀의 성을 새로 바꿀 수 있는 민법으로 개정함으로써, 유교적 관습이 낡은 가치로 다시 말해서 개인의 존엄과 양성평등에 저해되는 청산해야 될 사상으로 간주되기에 이르렀다.

이 큰아들 중심으로 이어지고 있으며, 족보나 가문을 중시하여 항렬에 의해 작명을 하는 문화는 그대로 이어지고 있다.

그러나 도시화에 따라 현대사회는 전통사회와는 달리 부부 중심의 핵가족사회로 변화했다. 여기에서 과거처럼 효도의 가치가 강요되기는커녕 노인의 소외문제가 일어나고 있는 실정이다. 부부관계도 여성의 사회참여와 여권신장에 따라 차츰 평등관계로 변했다. 경제적 가치를 중시하는 국가정책에 의해 가족계획이라는 미명하에 산아제한이 시행되었고, 그 결과 우리 사회는 낙태를 묵인했고, 그 결과 생명경시의 풍토를 은연중 심어주었고 결혼기피 혹은 출산율 저하뿐만 아니라 농촌총각들의 약 30% 이상이 외국여성들과 결혼하는 시대가 되었다.

3) 상례

한말 화서(華西)는 예학(禮學) 전반에 걸쳐 김장생과 송시열의 예학(禮學)을 정통으로 보고 답습하고 있다. 따라서 상례의 원칙을 준수하는 것을 소중히 여기며 상례(喪禮)의 절차와 복제에 대해서도 엄정한 입장을 고수한다.

> "나는 70세 이후에 병이 있어도 약을 먹지 않았다. 대개 늙고 병들고 죽는 것은 평상의 일이다."[12]

이런 죽음관은 지금은 찾기조차 어렵고 죽음이란 상례야말로 도시화에 따라 급변한 가례의 전형이라고 할 수 있다. 의식주의 문화가

---

12) 『노사집』 부록 1, 행장, p.30. '吾七十以後有病不服藥 蓋老病死常事耳 此病不得以舊樣面貌語音 歸待先父母於地下私心切迫.'

변화하면서 아파트에서 살게 되고 양복을 착용하게 되었다. 전통상례의 경우 뚜렷한 의례는 옷을 갈아입는 곧 상복의 착용인데, 말하자면 그러한 절차는 유교적 차별애(差別愛)를 잘 표현하고 있는 것으로, 부모 가운데서도 아버지를 중시하고, 상의 경중도 부계중심이라고 할 수 있다.

현재의 상례는 전통적 농촌공동체의 붕괴와 도시화로 말미암아 거의 장례식장이 이용되고 있고, 그 절차도 대폭 간소화되고 유교의례의 격식이나 축문이 시행되지 않은 채 혼미한 상태다. 이러한 이유는 도시화, 산업화에 따라 귀신에 대한 경외감이 사라졌기 때문이라고 볼 수 있다. 도시개발로 인해 땅값이 상승했기 때문에 매장도 점차 줄어들고 있고 산신제를 지낼 공간도 협소해지고 있는 것도 의례간소화와 관련이 있다. 위령제는 오히려 유교의례가 아닌 불교의 49재나 무속의례 혹은 천주교나 기독교의 상례가 망자를 위로하는 격식과 절차로 수용되고 있다.

물론 풍수지리 등의 전통사상이 미신이 아닌 유교적 효의 전통과 더불어 뿌리 깊은 한국의 전통사상으로 그 위세를 과시하고 있다. 비단 묘지에 대한 속설뿐만 아니라 도시와 집터에도 적용되는 이런 사상의 근저에는 효라는 명분과 동시에 기복이라는 실리추구의 정신이 깔려 있다.

그럼에도 대체적인 장례식이 간소화되어, 고인의 추모에 대한 의례가 경건하게 진행되지 못하고 있는 것이 저간의 실정이다.

4) 제례

공동체의 유지를 위해서는 정통적인 의례의 수행이 필요했으며, 조선왕조에 맥맥히 이어온 천지신명과 자연 등을 경외시하는 의례는 제대로 된 절차를 통해 시행하는 것은 재론의 여지없는 당연한 것이라고 생각했다. 제사를 간소화하고 개선하려는 시도를 인정하지 않는 엄격한 것이었다.

최근의 조사에 의하면, 기제사를 지내는 시간은 사망 전일 일몰 후(40.6%)에 지내는 경우가 많고 사망 당일 자시에 지내는 가정은 11.9%였다고 한다. 대부분 도시의 직장생활을 하는 세태가 반영된 것이라고 볼 수 있다. 제사의 대상도 종가에서는 4대 봉사를 기준으로 하지만, 지손들은 2~3대 봉사로 바꾸고 최근에는 4대 봉사와 부담이 과중하므로 합동기제사를 제안하는 경우도 늘고 있다.

제사음식도 도시의 맞벌이 부부의 경우 제사음식을 준비할 시간과 여유가 없는 탓으로 맞추어 배달을 시키는 사례들이 늘어가고 있다. 지방과 축문의 경우도 전통방식에 따라 한자를 유지하는 경우와 함께 한글세대에 맞는 지방과 축문으로 변경하는 경우도 늘고 있다. 한글세대가 주류인 현대사회에서 한문의 지방과 축은 그 의미를 제대로 살리지 못하기 때문에 한글로 옮기면 오히려 공경과 정성의 마음을 일으킬 수 있다는 이론이 병존한다.

필자의 집안을 보기로 들자면, 조부 생존 시의 기제사는 고인이 돌아가신 날, 자정이 지난 심야에 지냈으며 모든 절차는 전통적인 방식이었으며 축문도 '유세차(維歲次)'로 시작하는 한문으로 독축했다. 부친 생존 시에도 같은 방식으로 이어지다가 후손들의 직장생활을 고려하여 돌아가신 날 일몰로 수정했으나 독축 시 역시 한문으로 읽었다. 가형(家兄)으로 제사권이 이전된 뒤 축문이 한글화되었으며, 최근에는 고조부의 기일에 조부모의 합제를 지내고 부친의 제사를 지냄으로써 사실상 이대봉사로 간소화하고, 연로한 모친이 제사를 도시에 사는 큰며느리에게 물려주고 직장생활을 하는 며느리들의 편의를 고려하여 일부의 제물을 주문하기까지 하게 되었다.

Ⅲ. 가례의 유교적 의의

1. 관례의 유교적 의의

> "이른바 성인이란 것은 살과 가죽이 어렸을 때와 다름을 말하는 것이 아니다. 장차 효제충순(孝悌忠順)의 행실을 책임 지우려 하는 것이니, 어찌 중요하지 않을 수 있겠는가."[13]

도덕적 책임을 다하는 성인의 도리를 일깨우는 의례가 관례라고 할 수 있다. 성인의 의미는 유교적 가치를 실천할 수 있는 능력인인 것이다. 비록 완전한 성인이 아닌 '아들'이나 '아이'의 티를 벗어나지 못할지라도 도덕적 실천을 할 수 있다면 그는 성인으로 사회에서 대접받는다는 의미다. 이는 바꿔 말하자면 나이가 들었어도 이런 도덕적 품성을 갖추지 못하면 성인으로 결격(缺格)을 의미하는 것이라고 볼 수 있을 것이다.

특히 관례를 통해 기대하는 가치의 하나는 존선조(尊先祖)의 정신

---

13) 『소학』의 「가언(嘉言)」

이기 때문에 유교적 가치를 함유하는 것이다. 그러나 관례의 의례 속에는 유교와는 무관한 초례와 같은 절차가 들어 있는 것으로 보아 조상은 물론 천지신명에게까지 의례가 확대되어 있다.

2. 혼례의 유교적 의의

현모양처에 대해서도 권위주의적인 이데올로기로 남편에 예속된 여성상이라고 비판하더라도, 그것은 일부의 부정적인 생각일 뿐 많은 한국인들은 아직도 아버지의 권위와 어진 어머니를 원한다. 물론 여성의 사회참여가 활발한 요즘 현모양처는 또한 선택될 가치로 절하되었는지 모르나, 전통사회의 미덕이라고 본다. 가정의 화합은 귀중한 가치였으며, 실천적 윤리의 출발이 부부간에서부터 시작하는 수신제가(修身齊家)에 있었던 것이다.

전통사회에서는 혼례의 가장 중요한 목적을 출산에 두고 있는데, 이는 한 개인의 생명이 단지 자신의 것이 아니라 조상대대로 면면히 이어온 공동체의 생명체로서 의의를 가지기 때문이다. 오로지 인권이라는 가치가 개인에 머물고 만다면 우리 공동체의 미래는 기약하기 어려울 것이다.

혼례는 가문의 대를 잇는 의례임과 동시에 남녀유별의 질서를 통해서 차츰 부자유친으로 나아가고 군신유의로 진행하는 유교적 가치를 통한 국가기강 확립의 기본의례라고 할 수 있을 것이다. 동시에 초례와 같은 의례를 포함하여 천지신명에게 고하는 의례를 포함한다.

유교는 전통적인 가치관의 강점, 곧 가정 그 자체를 소중히 하는 점과 수신제가(修身齊家)의 도덕성 그리고 혼인의 존엄성을 강조하고 있다.

3. 상례의 유교적 의의

유가에서는 인간이 죽음을 통하여 완전히 사라지는 것이 아니며, 비록 생물학적인 신체는 없어지더라도 그 얼인 혼신은 하늘로 오르고 체백(體魄, 몸뚱이와 넋)은 땅속에 든다는 생각했다. 오늘날의 상례가 죽은 자에 대해 단지 죽은 자로만 취급할 뿐 영원히 혼백으로 남는다는 '사사여사생(事死如事生)'의 정신을 실종해 버리는 것은 인간생명을 너무 육체로만 본다는 아쉬움이 있다.

전통적인 상례에는 친소에 따른 정당한 복식과 엄격한 질서를 유지했다.[14] 아버지와 어머니에 대한 상복이 동일하지 않았고, 상기도 위계질서가 있어서 분수와 격식이 정해졌다. 이는 종법주의적 질서를 함유하는 것이기도 했기 때문에 조선 후기 왕실에서는 상례의 해석에 대한 복잡한 논쟁이 일어나기도 했던 것이다. 그만큼 직분과 절차의 정통성을 중시했다는 의미이다.

임종이 표현하는 종(終)의 의미는 사(死)의 상징성과는 좀 다르다. 여기에는 인생의 통과의례를 순조로이 마치고 이제 쉬는 휴식의 의미가 있다. 그리고 초혼(招魂)의 의식은 그가 비록 세상을 떠났지만 그의 영혼과 혼백이 사라지지 않았음을 암시하는 것이다.

---

14) 『예기』, 「제통」, '夫祭有昭穆 所以別父子遠近長幼親疏之序而無亂也.'
　　『예기』, 「대전」, '服術有六 一曰親親 二曰尊尊 三曰名 四曰出入 五曰長幼 六曰從服.'

4. 제례의 유교적 의의

　한국의 전통제례에 있어서 재계란 제사의 준비에 국한하는 것이지만, 알고 보면 일상생활에서도 매우 도덕적인 자세라고 할 수 있다. 만약에 많은 사람들이 재계를 하듯 청결한 몸과 마음을 유지하고 매사에 공경과 정성 그리고 조심스러움을 유지한다면 현대사회의 무규범적 현상은 많이 해소될 것이다. 인생이란 유서 깊은 조상으로부터 오늘에 이어졌으며, 육신이 이 세상에서 떠나더라도 자손을 통해서 영원히 이 땅에 존재한다는 그 자각만으로도 사람들은 보다 더 양심적으로 될 것이다.

　유교에 있어서 인간이 생명을 가치 있고 긍정할 만한 것으로 여긴다는 증거는, 그 생명을 자신에게 부여해 준 부모와 조상에게 감사하는 것에서 쉽게 찾을 수 있다.15) 바로 그런 감사의 의례가 제사인 것이다. 생명의 근원인 조상에 대한 제례는 유교의례에서 핵심적인 것이다.

> "군자는 옛날을 돌이켜보고 근본으로 돌아가 그 생명을 낸 근원을 잊지 않는다. 그래서 그 경건함에 이르고 그 정을 내고 힘써 모시고 그 어버이에게 보답함을 감히 다하지 않을 수 없다."16)

---

15) 배종호, 「유교의 死生觀」, 『공자사상과 현대』, 思社硏, 1990, 여기서 성선설이 성립되며, 복을 비는 기도와는 차원이 다르다고 함.

16) 『예기』, 「제의」, '君子反古復始 不忘其所由生也 是以致其敬 發其情 竭力從事 以報其親 不敢弗盡也'

Ⅳ. 유교가례 정신의 창조적 계승

1. 의례절차의 한글화

유교가례는 전통을 중시한 나머지 예전부터 행해오던 한문식 절차를 고집하고 있다. 이것은 대부분 한문을 모르는 세대인 오늘날 거의 낯선 외국어나 마찬가지로 생경한 절차가 되고 있다. 노인이나 전문가들이 겨우 알아듣는 한문서식은 신비감과 경건성을 주기 때문에 폐지할 수 없다면 반드시 그에 대한 한글설명이 필요하다. 전통혼례 시 '신랑흥(新郞興)'은 '신랑 일어서'하면 신세대 신랑 신부는 물론 하객들도 그 의미를 알고 흥겨워할 것이나, 계속해서 한문의 집례를 한다면 그 말을 못 알아듣는 거의 대부분의 사람들은 흥미를 잃고 낡은 의례로 생각할 것이다.

장례식에서도 정성 어린 제수와 독축이 이루어져야 하고 적절한 한글 축문도 권장되어야 한다. 이에 대한 현대적 모형들이 또한 일부 연구자들에 의해 제시되고 있다.[17] 한글이 아닌 경우 교감이 이루어지기 힘들기 때문에 가정의례준칙의 간소화된 한글 축문이 아니라 보다 세련된 새로운 상례절차와 한글 축문의 모델이 필요하다.

---

17) 박찬옥, 조희진, 「상례서식의 현대적 모형」, 『한국여성교양학회지』4, p.247.
　　"이제 이승에서 마지막으로 머무셨던 곳에서 영원히 떠나십니다. 유택으로 가시는 길 평안하시옵고, 영원의 세계에 편히 깃드시옵소서." 혹은 "이제 다시 돌아오실 수 없는 길에 오르셨습니다. 저희들의 애통하는 모습도 세상살이의 고단함도 다 뒤로 하시고 저희들이 모르는 저세상의 복락을 영원히 누리시옵소서." 또 「평토제」때에는 "아들(딸) ○○는 아버님의 영전에 아룁니다. 이제 아버님의 유택을 마련하여 모셨습니다. 아무쪼록 옛것을 다 떨쳐버리시고 바람소리 들꽃향기에 맑은 영혼을 씻어가며 편히 쉬옵소서." 라든지, 우제 때는 "아뢰나이다. ○○년 ○월 ○일에 아들(딸) ○○는 어머님 영전에 아룁니다. 어머님 떠나신 빈자리는 저희들 가슴속에서 날로 커져가고 뉘우치는 마음 한없이 무겁습니다. 여기 맑은 차와 어머님 즐기시던 음식을 마련하였습니다. 정성을 받아주옵소서. 차 향기 같은 어머님의 인품을 사모하는 정 누를 수 없사옵니다."

전통의 제례에서도 또한 한글축문이 필요하다고 본다. 한문교육을 시키고 축문의 내용을 이해하면 더할 나위 없이 이상적이겠지만 현실적으로 한문 투에 낯선 후손들에게 들리는 한문 투의 축문은 신비감은 주겠지만 나의 조상이라는 실감을 불러일으키기에 한계가 있을 것이다.[18] 이 점에 대해서 도민재는 "현대인들은 과거와는 달리 이미 한글세대가 되어 있다. 한글세대가 주류인 현대사회에서 한문으로 되어 있는, 그래서 의미도 알 수 없는 축문은 제례의 의미를 제대로 전달해주지 못한다. 한글화하여 제례를 지내는 이유와 의미를 모든 제례 참가자가 알 수 있게 될 때, 제례에 대한 공경과 정성의 마음은 한층 살아날 수 있을 것이다."[19]라고 하였다. 유교가례를 지금 이 시대의 가례로 만들기 위해서는 아름다운 한글번역의 집례가 시급하다고 할 것이다.

2. 전통예절교육

오늘날은 관례의 이름을 성년례로 바꾸어 사용하는 것이 더 적절할 것 같다. 반드시 20세에 국한할 필요 없이 고등학교 졸업을 하고 나서 성인의 책임을 다할 수 있도록 새로운 자(字)를 지어주고 한복이든 양복이든 정장을 착용하는 성년례의 전형을 모색해야 할 것이다. 특히 한국인으로 성인이 되는 날 한복착용법을 가르치고 한국의

---

18) http://www.koreartnet.com/wOOrll/ere/chukmun.html에서 참조. "모년 모월 모일 효자 아무개는 감히 고하나이다. 아버님 어머님, 해가 바뀌어서 아버님의 돌아가신 날이 다시 오니 영원토록 사모하는 마음과 하늘같이 크고 넓은 은혜를 잊지 못하여 삼가 맑은 술과 여러 가지 음식으로 공손히 전을 드리오니 흠향하시옵소서."

19) 도민재, 「사회변화에 따른 제례의 제문제」, 『유교사상연구』 16집, p.65.

전통 절을 교육하여 예의범절을 가르치는 일이 대안이 될 수 있다.

이런 교육의 주체는 개인가정에서 보다는 전국 각지의 향교나 종친회 등에서 족보교육을 통해서 자신의 뿌리를 알게 하고, 친가와 외가의 가승을 아는 기회로 삼는 것도 적절한 방법이 될 것이다.

또한 성인의 책임과 도덕적 책무를 진흥할 수 있는 방안을 마련해야 한다. 오늘날 우리 사회에서 장유유서의 질서가 위협받고 있는 요인 중의 하나는 성인들의 도덕성의 저하에 있다.

서구식 인간관계는 가문보다는 개인이 우선되고 인간관계의 평등을 중요시하기 때문에 장유유서의 질서를 기대할 수 없다. 개인의 자유라는 이름으로 이루어지는 온갖 불륜들로 말미암아 이혼이 증가하고 가족이 무너지는 것을 민주주의와 개인의 존엄으로 미화해서는 안 된다.

3. 아동과 여성을 배려하는 새로운 문화

현대 한국인들은 구미의 합리적인 인권과 평등에 바탕을 둔 가치관을 존중하고 수용하되, 전통적인 가치관의 강점, 곧 가정 그 자체를 소중히 하는 점과 수신제가(修身齊家)의 도덕성 그리고 혼인의 존엄성을 회복해야 한다고 생각한다.

혼례를 통해 가정의 신성함과 수신제가의 도덕성을 함양해야 하는 방안을 마련해야 한다. 오늘날 결혼을 기피하고 출산을 기피하는 것은 가문의 연면한 계승과 생명의 영속성에 대한 자각의 부족으로 곧 개인주의적 경향이라고 볼 수 있다. 개인의 인권과 자유가 중요한 부인할 수 없겠으나, 책임 있는 사회인으로 한 가문의 구성원으로 결혼과 가정의 가치를 심어주어야 한다.

동시에 우리 사회의 보편적 가치라 할 수 있는 민주화와 남녀평등 또는 인권의 가치를 유교가 저해한다는 오해를 불식시켜야 한다. 근간 5만 원 지폐의 인물로 신사임당이 선정되자 이를 비판하는 목소리에서 유교적 신분사회에서 있었던 차별과 피해의식의 강도를 짐작할 수 있다. 그런데 이런 피해의식이 도를 넘어 우리 전통문화의 미덕까지도 부정하는 상황으로 가는 것은 정당한 것이 아니고 자칫하면 한국의 정체성을 부정하는 모순으로 빠질 수도 있는 일이다.

여성이 자신의 행복을 실현하기 위해 주부의 역할과 가정의 가치와 반드시 충돌되는 것이 아니다. 그런데 가정에 충실한 여성을 낡은 여성상으로 보는 것은 문제가 있다. 그것은 마치 외국인이 한국을 보는 시각과 같다. 예를 들자면, 명절에 남성들이 음식을 요리하지 않는 것은 여성차별이 아니라 한국의 관습인 것이며, 대신 가족을 위해서 헌신하는 아버지와 어머니의 모습은 외국인과 다른 한국의 강점이 될 수 있는 것이다.

전통혼례 시에 행해졌던 절차들 가운데 부계중심 혹은 가부장적 문화가 반영되어 있지만, 전통의 혼례에서도 중요한 것은 남녀차별이 아니라 남녀조화였다. 다만 우리 전통은 혼인의 중요 목적이 자손을 양육하여 대를 잇는 것에 가장 높은 가치를 두었다. 오직 부부만의 이익에 앞서 후대의 이익을 고려하는 이런 정신은 한국의 약점이 아니라 한국인의 경쟁력이라는 사실을 깨달아야 할 것이다.

이러한 차별의식을 불식시키기 위해서는 모든 제례절차에서도 주부가 아헌을 할 수 있도록 위상을 높여야 하며, 장남을 비롯한 모든 자녀들이 동등한 자격으로 제사에 참여하는 개선이 필요하다고 할 것이다.

4. 노인을 위한 죽음대비교육과 유교 장례사 양성

한국의 전통상례는 인간의 생명이 윤회하거나 부활한다고 보지 않는 것이 특징이다. 그렇지만 비록 죽은 자일망정 후손들에게 추모의 대상이 됨으로써 재생이 가능한 것이다. 상례를 통해 인간이 육신은 죽어도 그 영혼이 이 땅에 남는 다는 책임의식을 심어주는 방안을 마련해야 한다.

상례는 갑자기 닥치는 것이어서 이를 차분히 처리할 시간적 여유가 없기 때문에 오늘날은 장례식장이나 장례사에게 의존하기 쉽다. 도시화된 사회에서 과거의 친척들의 도움도 미치지 못하고 유교의 의례는 집전할 만한 사람이 없어서 당황하기 마련이다.

우리 사회는 이미 도시화되었고 가족이 상례를 책임지는 시대가 되었다. 이런 순간 상례를 도와줄 집안어른이 부재하고, 유교조직 혹은 종친회 등에서 아무런 역할을 해주지 못하고 있다.

성균관과 향교에서는 노인들을 상대로 죽음에 대한 교육프로그램을 가지고 죽음을 받아들일 수 있는 데 도움을 주어야 한다. 또한 유교식 상례의 도움을 필요로 하는 이들을 위해 서비스 할 수 있는 장례사들을 기르고, 장례식장을 운영하는 것도 검토해야 할 단계이다.

인간은 죽음 앞에서 진실해지며, 삶의 의미를 돌이켜 생각하기 마련인데, 지금의 변형된 전통상례에서는 보내는 이에 대한 슬픔과 아쉬움이 제대로 표현되지 못하고 있고, 생명의 영속에 대한 기대도 하기 어렵다. 노인들에게는 질병과 죽음이 인간에게 필연적인 것이며 천리인 것으로 아름답게 인생을 마무리(死가 아닌 終)하는 선비의 지혜를 배우는 프로그램을 만들어야 하고 유교식 호스피스, 장례사 양성 프로그램을 검토해야 한다.

5. 제례에 있어서 정성과 경건의 재계 정신함양

한국의 전통제례에 있어서 재계란 제사의 준비에 국한하는 것이지만, 알고 보면 일상생활에서도 매우 도덕적인 자세라고 할 수 있다. 제사를 통해 인간은 죽어도 자손과 기록 그리고 덕행을 남긴다는 사실을 알도록 하는 방안을 마련해야 한다.

제사의 의례는 한국유교의 동력이다. 만약 제사가 없었다면 우리 사회는 유교의 사상과 철학도 상실했을지 모를 정도로, 이 의례는 한국인에게 뿌리 깊은 문화라고 할 수 있다. 유교를 반대하는 이들도 기일에 추도식을 지낸다는 것 자체가 하나의 변형된 제례인 것이다. 절을 하지 않고 음식을 진설하지 않았더라도 이미 그 의식의 근저에는 고인과 후손들의 교감이 이루어지고 있는 것이기 때문이다.

이미 제사의 경건성을 유지하기 위해 제계를 하거나 제수를 손수 마련하는 정성을 기대하기에는 어려움이 많다. 그러나 조상을 기리는 그 자체가 하나의 교육적 효과가 있으므로 단순한 제사뿐만이 아니라 고인에 대한 기록물을 디지털화하여 가족이 함께 추모하는 콘텐츠 개발도 필요하다.

사회가 다양해진 만큼 일률적으로 제례의 모형을 제시하고 강요하기란 지극히 곤란한 일이지만 제례의 정성과 음복을 통한 가족 간 화목의 정신은 어느 가정에서건 가족화합과 종친화합을 위해 바람직하다고 본다.

Ⅴ. 보편적 가치의 재조명

유교의 전통적 가례는 위정척사파와 같은 유교의 선비들이 끝까지 지키려고 했으나, 일제강점기를 맞이하여 근대지향의 가치에 따라 차츰 근대적으로 변형되었고, 해방 이후에는 가정의례준칙의 장려 등으로 변화를 거듭함과 동시에 급속한 도시화로 인해 한국인이 삶의 환경이 바뀜에 따라 의례 역시 급속히 변모하고 있는 실정이다.

그럼에도 불구하고 전통적 가례는 명절의 성묘문화와 더불어 뿌리하여 깊게 남은 제례 등은 빠른 변화 속에서도 한국인의 고향처럼 현대화하여 나름대로 조화를 이루고 있다. 뿐만 아니라 중국과 일본을 중심으로 한 아시아의 위상이 높아지면서 한국 역시 전통문화에 대한 자존을 회복함으로써 여러 면에서 가례는 유교적 가치를 함축하면서 지켜져 오고 있는 것도 또한 사실이다.

유교가례 속에서는 왕조시대의 신분적 가치, 남녀유별, 장유유서를 비롯해서 헌법불일치 판정을 받은 동성동본불혼이나 호주제에서 보여 주고 있는 남성중심의 소위 가부장적 문화가 낡은 가치로 비판의 대상이 되기도 했다.

그러나 유교는 지구윤리로서 보편적 의의를 가진 사상으로 재조명되고 있는데, 그 가치란 다름 아닌 인(仁), 충서(忠恕), 중용과 같은 덕목이라고 할 수 있다. 유교의 가례에서는 당연히 이러한 가치를 간직하고 있다. 그것은 예컨대, 관례에서 성인의 덕목으로 강조한 효제충신(孝悌忠信)의 가치를 들 수 있다. 이는 성인과 청소년의 기준을 도덕성으로 본다는 데서 큰 의의를 가진 것이다. 혼례에서 보여주는 것 또한 남녀차별이 아닌 남녀의 조화인 것이다. 이것은 음양조화를 상징하는 모든 의례절차가 상징하는 것으로 부부간의 금슬과 가족 간의 화목 등 조화의 사상이 핵심인 것이다. 상례에 보여주는 것도 인간관계에서의 인의 발로인 것이다. 인간이 비록 생물학적으로는 사망할 지라도 그 기를 이어받은 후손에 의해 영원한 생명을 누릴 수 있다는 것이 상례절차의 핵심적 가치이다. 그러므로 이는 자신의 생명의 근원으로 조상을 모시는 제례로 연결되고 자신을 희생해서라도 자손들을 위해 헌신할 수 있는 생명관인 것이다.

이러한 유교가례의 뜻을 현대에 살리기 위해서는 우선 생경한 외국어와 같은 한문 의식을 한글화하는 것이 매우 필요하다. 또한 도덕적 성인의 의의를 갖는 관례 시에 한복착용법이나 절하는 법, 혹은 집안의 족보교육을 하는 것이 바람직하다. 여성차별의 문화를 넘어서서 여성들이 제례에 동등한 위치로 참여하는 것이 또한 모색되어야 하며, 장남뿐만 아니라 모든 자녀들이 동등한 위치에서 제사를 올리는 것도 필요한 대책이라고 할 것이다.

유교가례 중 가장 심각한 의례는 상례로, 창조적 계승의 노력이 필요하다. 예컨대, 노인들의 죽음에 대한 죽음예비교육, 유교식 호스피스 교육, 유교장례사 교육 등을 통해 대중들이 절실히 필요로 하는 사안들이다. 이것은 인간이면 누구나 겪어야 하는 의례를 통해 유교 속의 보편적 가치를 실현하도록 하여야 할 것이다.

제4부

禮와 윤리

예학의 본질로서의 효

Ⅰ. 예란 무엇인가?

예란 인간관계에 있어서의 예절이다. 나 혼자만 산다면 예란 무의미할 것이기 때문에 자기를 극복하여 남을 배려하는 인간관계를 예라고 할 수 있다(克己復禮1)). 예는 강제적 법은 아니지만 엄연한 사회적 규범이다. 순자(荀子)는 인간의 본성을 악으로 보고 적극적인 노력을 통해 선으로 향할 수 있다고 보는데, 그런 인간의 이기적 본성을 극복하고 사회적 규범을 지향하는 방식을 규정한 바를 예치(禮治)라고 했다.

예치란 맹자의 성선설(性善說)에 근거한 것이 '덕치(德治)'와 비교해 볼 때 대립적인 용어이며, 오히려 '법치(法治)'의 개념과 가깝다. 곧 예를 법과 같은 사회규범으로 보고 있는 것이다. 예를 통해 사회적 질서를 확립할 수 있다는 것이니 일종의 사회적 규범이 예라고 하겠으나, 순자는 공자의 극기복례적(克己復禮的) 예를 계승했음에도 불구

---

1) 『論語』, 「顔淵」, "子曰, 克己復禮, 爲仁. 一日克己復禮, 天下歸仁焉. 爲仁由己, 而由人乎哉… 子曰, 非禮勿視, 非禮勿聽, 非禮勿言, 非禮勿動."

하고, 공자의 내면적 예를 간과(看過)했다고 볼 수 있다.

한편, 맹자2)의 예정신은 순자와 같은 사회적 규범은 아니라고 하더라도, 내면의 양심에 호소하고 있음으로써 유가의 도통(道統)은 맹자로 계승된다고 할 것이다. 종합적으로 보자면, 유가에 있어서의 예는 내적인 양심과 외적인 절차의 조화를 통해 구현되는 것이지, 어느 한쪽만으로 치우쳐 설명할 수 없음을 알 수 있다.

그렇다면 우리 사회에 있어서 예와 법 그리고 이(理)의 관계에 대해 비교해 보면서 예의 성격을 살펴보도록 하자. 우리가 도덕적 행동의 근거를 예에서 구해도 구할 수 없다면, 그다음의 표준은 법일 것이다. 법이란 외적인 규범인 데 비해 양심이나 이성은 내적인 것이다. 이 내적 규범을 다룬 것이 성리학인데 사실 여기에서 이(理)야말로 가장 정미한 도덕이고 순수하며 자발적인 개념이다. 여기에 비해 법은 철저히 타율적인 것인데 예는 타율적인 법과 내면적이 이(理)의 그 중간에 위치한다고 보면 될 것이다. 다시 말해서 예란 외적인 형식과 내면의 조화가 일치될 때 의미가 있는 것이지, 어느 한쪽으로 치우치게 되면 이(理)나 법이 될 수 있다는 가능성이 있다.

송대(宋代)의 주자와 조선시대 우리나라의 학자들이 예를 다룰 때 주로 가례(家禮)를 예의 중심 주제로 삼았다. 가례로 대표되는 중세의 예학은 중국의 송대에서부터 한국의 조선왕조시대 사대부 계층의 신유학이 남긴 유산이라고 할 수 있다. 물론 이것은 사대부만의 예에

---

2) 물론. 맹자의 경우 역시 공자의 정신을 계승한 까닭으로 근본정신은 변화가 없으나, 예를 인의예지(仁義禮智)라는 좀 더 구체적인 덕목들 가운데 하나로써 설명하고 있다. 여기에서 순자와 다른 내면의 예가 강조된다.
『孟子』, 「공손추」, '惻隱之心 仁之端. 羞惡之心 義之端. 辭讓之心 禮之端. 是非之心 智之端.'
이는 바로 그런 내적 양심의 차원이라 할 것이고.
『孟子』, 「공손추」, '不仁不智. 無禮無義, 人役也.'
『孟子』, 「이루」, '禮人不答, 反其敬. 行有不得者 皆反求諸己. 其身正而天下歸之.'
『孟子』, 「만장」, '夫義路也. 禮門也. 惟君子能由是路.'

한정된 것이 아니라 신분을 초월한 보편성을 가지고 널리 퍼졌음은 물론이다. 고전인 예기와 더불어 『주자가례』가 주자의 권위와 더불어 영향력을 가졌던 것이 역사적 사실이다.3)

가례의 경우 예를 거론할 때, 절차에 치우친 가례만을 문제 삼아 예학 혹은 예송 등을 말함으로써 본래 공자나 맹자가 강조했던 내면적 양심을 중시했던 개념과는 다른 의례적 성격으로 변화되었음은 부정할 수 없다. 그렇지만 가례를 중심으로 한 예학은 단순한 형식과 절차의 예라고 규정할 수는 없다. 가정을 중심으로 이루어지는 관혼상제의 예는 오늘날에도 여전히 중요시되는 인간의 통과의례이며, 그 속에는 그 사회적 상징과 가치관이 함유되어 있다.

여기에서 거론하는 예학이라고 하는 것은 유학사상 가운데 성리학과 달리 내적인 이성이 아니라 외적인 예의 절차와 격식을 통해 예의 본질을 논의하는 학문으로 조선후기에 특히 거론되었던 분야를 의미하며 그 영향은 한국인의 삶에 지대한 영향을 미치고 있다.

그러면 예학과 효는 어떤 관련이 있을까?

인간관계의 근본규범인 예는 효에서부터 시작한다고 말한다.4) 맹자는 공자의 가르침은 요순의 도를 계승한 것인데, 그 핵심도 또한 효제일 뿐이라고 간단히 정리했다.5) '섬김' 가운데 무엇이 가장 큰 섬김인가라고 맹자는 자문하면서 그것은 '어버이를 섬김'이라고 말한다. '지킴' 가운데 무엇이 가장 큰 지킴인가 라고 자문하면서 그것은 자신

---

3) 『朱子家禮』, 주희 저, 임민혁 역, 예문서원, pp.11-24의 해제를 참고할 것.

4) 『左傳』, 「文公 2년」, "孝, 禮之始也."

5) 『孟子』, 「告子下」, "堯舜之道, 孝悌而已矣."
　　顧炎陽, 『日知錄』, "堯舜之道, 孝悌而已矣. 是故克明俊德, 以親九族. 九族旣木, 平章百姓. 百姓昭明, 協和萬邦. 黎民於時雍, 此之謂孝悌爲仁之本."

을 지키는 것이라고 말한다. 자신을 잃지 않으면 능히 그 어버이를 섬기는 것이라고 한다.6) 자신인 '신(身)'이란 육체인 몸을 의미하기도 한데, 몸과 마음이 조화된 실존적 자아를 말한다고 볼 수 있다.

중용에서 효는 하나의 자신의 수양이라고도 한다. '군자는 수신하지 않을 수 없으니, 수신하려 할 때 어버이를 섬기지 않을 수 없고, 어버이를 섬기려 할 때 사람을 알지 않으면 안 되고, 사람을 알려고 할 때 하늘의 이치를 알지 않을 수 없다'7)고 말한다.

성리학의 주요 주제인 사단에 대해서도 맹자는 실상은 효제의 윤리를 표현한다고 말한다.

> "인(仁)의 실제는 어버이를 섬기는 것이요,
> 의(義)의 실제는 형에게 순종하는 것이다.
> 지(智)의 실제는 이 두 가지의 묘용을 아는 것이요,
> 예(禮)의 실제는 그 두 가지를 조화시켜 형식에 맞추는 것이다."8)

인(仁)은 부모를 사랑하는 것이요 예(禮)는 그 실천이다. "인(仁)이란 우선 부모를 사랑하는 것이고, 그 예란 우선 효를 실행하는 것이며, 의란 우선 효를 올바르게 분별할 줄 알아야 하고, 신이란 우선 부모에게 성의를 다하는 것이며, 강(强)이란 효에 힘쓰는 것이다. 그리고 몸의 안락함을 효도를 잘하면 생겨나며, 또 죄를 범하여 형을 받는 것도 효를 안 하는 데서부터 비롯되는 것이다."9)

---

6) 『孟子』, 「離婁上」, 孟子曰, "事, 孰爲大? 事親爲大; 守, 孰爲大? 守身爲大. 不失其身而能事其親者, 吾聞之矣. 失其身而能事其親者, 吾未之聞也. 孰不爲事? 事親, 事之本也. 孰不爲守? 守身, 守之本也.

7) 『中庸』, 제20장, "君子不可以不修身, 思修身不可以不事親, 不可以不知人, 思知人不可以不知天."

8) 『孟子』, 「離婁上」, '仁之實 事親是也. 義之實 從兄是也. 智之實 知斯二者弗去是也 禮之實 節文斯二者是也.'

9) 『禮記』, 「祭儀」, '仁者, 仁此者也, 禮者, 履此者也, 義者, 宜此者也, 信者, 信此者也, 强者, 强此者也, 樂自順此生, 刑自反此作.'

사람이 세상의 존재 가운데 가장 신령스럽고 존귀한 존재인데, 그 가운데 효행만큼 존귀한 행위가 없다. "천지의 성품 가운데 사람이 제일 존귀하다. 사람의 행위 가운데 효도만한 것이 없다."[10] 그러기 때문에 훌륭한 사회를 만들기 위해서는 가정에서 효행을 가르치는 것이 선행해야 한다고 본다. "백성들에게 친애를 가르치는 데에는 효보다 좋은 것이 없고, 백성들에게 예순(禮順)을 가르치는 데에는 제(悌)보다 좋은 것이 없다."[11]

인간이 지닌 진귀한 보물이 있는데 그것은 금강석보다도 더 훌륭한 보석으로, 효(孝), 제(悌), 충(忠), 신(信), 예(禮), 의(義), 염(廉), 치(恥)라고 한다. 이 가운데 첫 번째 보배로운 것이 바로 효라는 것이다.[12] 한마디로 요약하자면 효도는 인간을 평가하는 척도이고, 모든 인간성의 존귀한 바탕이며 효에서부터 모든 인간관계의 신실함이 출발한다는 것이라고 할 수 있다.

한마디로 유교의 근본정신인 인(仁)과 예는 효라고 하는 실천규범 없이는 추상적인 가치에 불과하다고 할 수 있다. 그래서 공자는 모든 행위의 근원이 효라는 점을 누누이 강조했던 것이며 이를 인간의 삶 속에 실현하려했던 것이다.

> "부모께 효도하고 웃어른께 공경하는 사람치고 윗사람에게 반항하는 자는 거의 없고, 윗사람에게 반항하지 않는 사람이 난을 일으키

---

10) 『孝經』, 「聖治章 제9」, '天地之性, 人爲貴. 人之行, 莫大於孝.'

11) 『孝經』, 「廣要道章 제11」, '教民親愛, 莫善於孝. 教民禮順, 莫善於悌移風易俗, 莫善於樂. 安上治民, 莫善於禮. 禮者, 敬而已矣. 故敬其父, 則子說, 敬其兄, 則弟悅, 敬其君, 則臣悅. 敬一人而千萬人悅. 所敬者寡, 而悅者衆, 此之謂要道也.'

12) 『重編百孝圖說』, 『玄靈經』 曰, '八寶不壞, "天上金剛." 八寶者, 卽孝, 悌, 忠, 信, 禮, 義, 廉, 恥也. 孝爲人之初德, 故居 "八德"之首. 人生有 "五敎", 最爲親切.'

는 자 또한 거의 없다. 군자는 근본에 힘써, 근본이 확립되면 모든 도리가 절로 생긴다. 그러니 효도와 공경심은 인을 행하는 근본일 것이다!"[13]

문자도(孝. 悌. 忠. 信. 禮. 義. 廉. 恥)

이처럼 효의 가치는 작은 공동체에서부터 국가조직에 이르는 인간 관계에 있어서 예의 출발이며 도착일 정도로 의미 있는 것이다. 그렇다면 예의 근본정신과 그 예의 격식과 절차인 의례에서 이 본질적 가치인 효과 어떻게 들어날까? 소위 관혼상제라고 하는 일생의 의례 가운데 어떤 방식으로 효의 상징성이 함유되어 있는 가를 살펴보기로 하자.

---

13) 『論語』, 「學而」, '其爲人也孝弟, 而好犯上者鮮矣 不好犯上, 而好作亂者, 未之有也, 君子本務, 本立而道生, 孝弟也者, 其爲仁之本與!'

Ⅱ. 예학과 효

1. 관례(冠禮)와 효

도덕적 책임을 다하는 성인의 도리를 일깨우는 의례가 관례라고 할 수 있다. 여기에서의 관(冠)이란 '갓(옛날 성인들의 모자)'이며 여성의 경우 '비녀'를 꽂음으로 계례(屆禮)라고도 하는 통과의례다. 남자의 나이 20세, 여자의 나이 15세 이상이면 관례를 하고 성인의 대접을 받게 했다.

이러한 의례는 19세기 한국의 선비들에게 그대로 남아 있었는데, 서구화 혹은 개화의 가치가 점증하면서 오랜 한국의 풍습이 사라지고 국왕에 의해 상투를 자르라는 단발령이 내렸지만 예의를 숭상하는 유생들은 거부했다. 당시의 저명한 선비인 면암 최익현은 의관(옷과 갓) 그리고 성인의 상징인 상투를 자르는 일은 문화적이지 않은 야만적 풍조로 보았다. 머리를 보존하다가 죽을 지언 정 머리를 깎고 사는 것은 이적의 행동이라고 보았다.[14]

관례에서 성인(成人)의 의미는 유교적 가치를 실천할 수 있는 능력인인 것이다. 비록 완전한 성인이 아닌 '아들'이나 '아이'의 티를 벗어나지 못할지라도 도덕적 실천을 할 수 있다면 그는 성인으로 사회에서 대접받는다는 의미다. 이는 바꿔 말하자면 나이가 들었어도 이런 도덕적 품성을 갖추지 못하면 성인으로 결격(缺格)을 의미하는 것이라고 볼 수 있을 것이다.

---

14) 『勉庵集』, "차라리 머리를 보존하다가 죽을지언정 머리를 깎고서는 살 수 없고, 차라리 중화의 것을 지키고 사람 노릇을 하다가 망할지언정 이적의 짓을 하고 금수의 짓을 하면서 살 수 없는 것이다."

문자도 '효'
(국립민속박물관 소장)

"이른바 성인이란 것은 살과 가죽이 어렸을 때와 다음을 말하는 것이 아니다. 장차 효제충순(孝悌忠順)의 행실을 책임 지우려 하는 것이니, 어찌 중요하지 않을 수 있겠는가."15)

관례를 통해서 성인의 책임을 일깨우는 가장 중요한 것은 취업이나 진학이 아니라 도덕적 품성이 중요한 기준이 된다. 그것이 다름 아닌 효제충순(孝悌忠順)이다.

첫째, 효(孝), 사람의 자식 된 도리를 제대로 하는 것이다.

둘째, 제(悌), 아우로서의 도리를 제대로 하는 것이다.

셋째, 충(忠), 임금에 대한 충성을 제대로 하는 도리다.

넷째, 순(順), 나이든 분에 대한 대접을 제대로 하는 도리다.

특히 관례를 통해 기대하는 가치의 하나는 존선조(尊先祖)의 정신이기 때문에 유교적 가치를 함유하는 것이다. 그러나 관례의 의례 속에는 유교와는 무관한 초례와 같은 절차가 들어 있는 것으로 보아 조상은 물론 천지신명에게까지 의례가 확대되어 있다.16)

2, 혼례와 효

결혼의 의례인 혼례는 인생의 중요한 대사중의 하나다. 오늘날은 자유로운 연애를 통해 상대를 스스로 결정하고 거기에는 상호간의

---

15) 『小學』, 「가언(嘉言)」
16) 이희재, 「유교가례의 변용과 창조적 계승」, 『유교사상연구』 31집, 한국유교학회, 2008, p.38.

애정이 중요한 것이지만, 한국의 전통사회에서는 혼례의 가장 중요한 목적을 출산에 두고 있다. 이것은 한 개인의 생명이 단지 자신만의 것이 아니라 조상대대로 면면히 이어온 공동체의 생명체로서 의의를 가진다.[17]

혼례는 통해 이루어진 가정은 국가의 가장 기초단위가 된다. '두 성(性)이 서로 좋아져서 합해진 것이니, 위로는 종묘(宗廟)를 섬기고, 아래로는 후세를 잇는 것'[18]이라고 규정하였다. 결혼의 목적은 가계를 잇는 것이 가장 큰 목적이었다. 그것은 선대의 생명을 단절함이 없이 계속 이어간다는 뜻을 가지므로 결혼을 하지 않는다는 것은 불효[19] 가운데서도 큰 불효에 속했다.

단순한 가계의 존속만 아니라 번영되고 번성한 존속을 위하는 것이 그 기본가치였다. 그러고 보니 가장의 위치를 계승할 장남이 가장 다음으로 중요하였고, 또 이 같은 계승을 안전하게 해 주는 아들이 많을수록 좋았던 것이다. 그러므로 아들을 가진다고 하는 것이 조상들에 대한 의무요, 조상들에게 제례를 끊이지 않고 지낸다는 것이 이 같은 연면성을 상징하는 구체적 행위였다. 이처럼 중요한 가문의 계승을 잘 할 수 있도록 많은 아들을 낳는 것이야말로 효도였음은 당연한 것이다. 가계의 계승에 최고의 가치를 부여하는 이러한 전통에서는 출산이야말로 부부에게 부과된 가장 핵심적 기능으로 여겨져 왔다. 따라서 출산이 전제되지 않은 성관계, 다시 말해 쾌락을 목적으로 한 성교는 정실부부 사이라면 외면해야 할 기피적 행위로 분류될 정도였다.

---

17) 이희재, 앞의 논문, p.39.

18) 『家禮』, 「婚禮」, '婚姻者 所以合二性之好土以子宗廟 下以繼後世也.'

19) '불효에서 세 가지가 있으니 그중에서도 後嗣가 없는 것이 제일 크다.' 『孟子』, 「이루」上, '不孝有三 無後爲大 舜不告而娶 爲無後也.'

두 사람의 애정에 바탕에서 출발하여 애정이 식으면 미련 없이 이혼하는 것이 아니라 비록 애정은 없을지라도 자녀를 기른다는 점에서 이미 결혼은 신성한 것이며 동시에 결혼의 중요한 목표였다.[20]

3. 상례 속에 구현된 효

상례란 죽음의 의례로 예학에서 가장 많이 거론하는 분야이다. 『예기』에서 상례에 대해 말하기를, '이는 효자의 뜻이요, 인정의 실체이며 예의의 본보기이니, 이는 하늘에서 떨어진 것도 아니요, 땅에서 솟아나온 것도 아니며, 인정에서 비롯된 것뿐'[21]이라고 한다.

상례 가운데 한국인들에게 거론된 것이 삼년상의 의례일 것이다. 이러한 의례는 이미 공자 이래로 동아시아 유교문화권에서 중시된 것으로 자녀가 부모에 대한 효도와 친자의 정에서 시작되었다는 것을 설명하고 있다. 그래서 공자는 재아가 삼년상이 너무 길다고 생각할 때, 말하기를 '재아는 인정머리가 없구나! 자식은 태어나서 3년이 지난 뒤에야 부모의 품을 벗어나게 된다. 그러므로 삼년상은 천하의 공통된 상이다. 재아는 적어도 3년 동안 부모를 사랑했는가?'[22]라고 하는 구절이 있다.

효는 사후에도 사모하고 공양하는데 하물며 생존할 때이랴? 그러므로 상례, 제례에 대해 이해하면 백성이 효도한다고 하는 것이다. 그러므로 불효한 자를 벌함은 상례, 제례를 바로 잡는 것이다.[23]

---

20) 최신덕, 『결혼과 가족』, 이화여자대학교 출판부, p.8.

21) 『禮記』, 「問喪」, '此孝子之志也, 人情之實也, 禮義之經也, 非從天降也, 非從地出也, 人情而已矣.'

22) 『論語』, 「양화」, "予之不仁也! 子生三年, 然後免於父母之懷, 夫三年之喪, 天下之通喪也. 予也有三年之愛於其父母乎?"

"자신의 몸은 자기의 몸이 아니라, 즉 부모의 몸인 것이니, 자신의
몸을 실수한 욕(辱)은 곧 그 부모의 몸을 욕되게 하는 것이며 곧 그
부모를 잘 섬기지 못하는 것이 되는 것이다."[24]

생명의 면면한 계승은 부모를 통해 나에게 계승되고 또한 자녀에게 면면히 계승되는 것으로 이 몸의 중요성을 이야기한다. 유교적 예는 신체를 살아있는 신체이건 죽은 신체이건 소중히 한다. 유교적인 전통은 천당·지옥설을 부정하면서도 귀신과 그의 자손 간에는 기(氣)가 교류한다고 보았다. 귀신은 자신의 혈통에게 감응하지 다른 이와는 무관하기 때문에 유교에서는 조상과 그 자손을 자신의 생명연장으로 본다는 것이다. 이것이 바로 '동기감응(同氣感應)'의 이론이며, 매장의 이론적 배경이 된다고 할 수 있다. 말하자면 '할아버지와 아버지와 아들과 손자는 기운이 같으니, 저쪽이 편안하면 이쪽도 편안하고 저쪽이 위태로우면 이쪽도 위태로운 것'이다. 조상에 대한 공경과 정성의 마음으로 영원히 죽은 자와의 유대를 기원하는 것이 이 매장제도에 표현되고 있다.

유교적 인간관계는 한번 맺어진 부모-자식의 관계는 영원토록 부모-자식이며 결코 다른 관계로 변하지 않는다는 사고에서 기인하는 것이다.

---

23) 『大戴禮記』, 「盛德」, '死且思慕饋養. 況於生而存乎? 故曰喪祭之禮明. 則民孝矣 故有不孝之獄. 則飾喪祭之禮.'

24) 『雅言』 권8, 「桂山丈」 제23, '身非自己之身 乃父母之身也 失身之辱 便是辱父母之身 便是不善事其父母矣.'

4. 제례와 효

공자는 말하기를 '제사에 시동이 있는 것과 종묘에 신주가 있는 것은, 백성들에게 이처럼 조상들을 섬겨야 한다는 것을 보이기 위함이다. 종묘를 수리하고 제사를 공손히 하는 것은 백성들에게 효도를 가르치는 것이다. 이처럼 백성들을 부추겨도 백성들은 오히려 그 부모를 잊는다'25)고 했다. 제사의례는 가정의 제사만이 아니라 국가적으로는 종묘와 사직의례가 국가를 상징하는 큰 공동체의 의례라고 할 것이다.

유교에 있어서 인간이 생명을 가치 있고 긍정할 만한 것으로 여긴다는 증거는, 그 생명을 자신에게 부여해준 부모와 조상에게 감사하는 것에서 쉽게 찾을 수 있다.26) 바로 그런 감사의 의례가 제사인 것이다. 생명의 근원인 조상에 대한 제례는 유교의례에서 핵심적인 것이다.27)

> "천지의 마음은 즉 나의 마음이요, 조고(祖考)의 기혈은 나의 기혈인 것이다. 진실로 능히 나의 마음을 극진히 하여 천지의 마음을 감동시키고 나의 기운을 순화(順和)하게 하여 조고의 기운이 도달되어오게 하면, 마음은 대소와 상하의 간격이 없는 것인지라 합하여 하나가 되고 기운은 고금과 선후의 구별이 없는 것인지라 모여서 하나가 되는 것이니, 성인들이 환(渙, 이산되는 것)을 다스림과 천하를 다스리는 묘리가 여기에 다 되어 있다."28)

---

25) 『禮記』, 「坊記」, '祭祀之有尸也, 宗廟之主也, 示民有事也, 脩宗廟, 敬祀事, 敎民追孝也몰. 以此坊民, 民猶忘其親.'

26) 배종호, 「유교의 死生觀」, 『공자사상과 현대』, 思社硏, 1990, 여기서 성선설이 성립되며, 복을 비는 기도와는 차원이 다르다고 함.

27) 이희재, 앞의 논문, p.40.

28) 『雅言』 권10, 「大壯」 제29, '然天地之心 卽吾心也 祖考之氣 卽吾氣也 苟能盡吾之心 而以感天地之心 順

자연과 인간이 서로 영향을 주고 받음과 동시에 인간과 인간이 서로 영향을 미치는 것은 당연하기도 하려니와 자신의 생명의 근원으로의 조상과 부모는 영원한 관계인 것이다. 물론 이것은 생명의 근원에 대한 감사와 보은의 의례임은 물론이다.

> "군자는 옛날을 돌이켜보고 근본으로 돌아가 그 생명을 낸 근원을 잊지 않는다. 그래서 그 경건함에 이르고 그 정을 내고 힘써 모시고 그 어버이에게 보답함을 감히 다하지 않을 수 없다."29)

그런데 전통사회에서는 기제사보다는 계절마다 제사를 절사를 중시했다. 왜 그러한가에 대해 『예기』에 이르기를, "가을에 이슬이나 서리가 내려 군자가 그것을 밟으면 반드시 슬픈 마음이 일어나지만 그것은 기후가 추워서 그런 것이 아니다. 또 봄에 이슬이 내려 땅이 축축해지면 군자가 이를 밟고 반드시 문득 느껴지는 것이 마치 죽은 부모를 만나는 것도 같을 것이다."30) 가을의 제사는 결실과 슬픈 마음을, 봄의 제사는 소생과 그리운 마음을 표현한다는 것이다.

기제사의 경우도 돌아가신 부모를 잊지 못하고 추모하는 것으로 한국인의 자연스런 태도다. 그러므로 한국에 들어온 외래의 종교가 한국화될 때는 그런 오랜 한국인의 정서와 합치하는 새로운 문화가 탄생하는데 효는 바로 모든 한국인의 공통적 정서라고 할 것이다. 출가수행의 종교인 불교도 효도를 중시했고, 그리스도교에서도 추도회라는 말로 돌아가신 부모에 대한 효도를 표현한다.

吾之氣 以格祖考之氣 則心無大小上下之隔 而合之爲― 氣無古今先後之別 而萃而爲― 聖人治澳治天下之妙 盡於此矣.'

29) 『禮記』, 「제의」, '君子反古復始 不忘其所由生也 是以致其敬 發其情 竭力從事 以報其親 不敢弗盡也.'

30) 『禮記』, 「제의」, '秋霜, 霜露旣降, 君子履之, 必有悽愴之謂也. 春, 雨露旣濡, 君子履之, 必有怵惕之心.'

'죽은 이를 추모하는 추도회는 기독교의 성경적, 교리적 근거로 뒷받침되기가 어려운 한국 기독교 특유의 현상이다. 한국의 기독교인들이 대개 유교식 제사와 관련하여 부정적 태도를 보이는 것은 잘 알려진 사실이나 역설적으로 추도회는 전통적 제사의 기독교적 수용이라는 점에서 우리에게 시사하는 바가 크다'[31]고 지적하고 있다.

제례는 조상에 대한 보은의 예절이며, 그러한 의례를 통해 가족의 구심점을 찾고 가정의 안정을 도모하는 것이다. 살아 있는 부모형제에 대한 인간관계에서 효도가 중시됨은 물론이려니와 돌아가신 조상에 이르기까지 제례를 통해 효를 표현하는 것이다.

Ⅲ. 보편가치로서의 효

지금 한국은 세계화 혹은 다문화사회로 오랜 전통뿐만 아니라 새로운 가치관과 미래지향적 발전의지로 세계 속에 약동하고 있는 사회이다. 역사적으로는 오랜 전통문화인 유교의 사상이 그대로 남아 있는 가하면, 인권과 자유, 평등 등 서구적 가치관이 병존하면서 때로는 혼돈의 상황을 유발하기도 한다.

이러한 혼돈 속에서도 한국은 한국의 고유한 언어와 그 언어 속에 들어 있는 보편적 가치관을 공유하고 있다. 아마도 효는 부정할 수 없는 한국인의 보편적 가치이며 품격 있는 문화현상이라고 할 것이다. 한국의 예학에서 강조했고 그 예의 표현인 의례 그리고 그 효의

---

31) 유석춘 외, 「유교윤리와 한국 자본주의 정신」, 한국사회학 39집 6호, 2005, p.67.

의미를 조명해 본 결과는 아래와 같이 요약할 수 있을 것이다. 우선 유교의 근본정신인 인과 예는 효라는 실천을 통해 구현될 수 있으며 효의 가치는 그 무엇보다도 중요하다는 것을 확인했다. 그리고 이러한 것들이 태어나서 죽을 때까지의 통과의례 속에 잘 반영되어 있다.

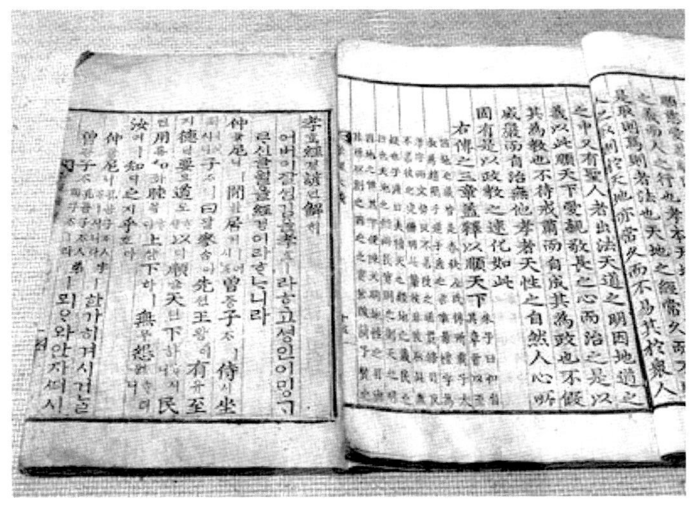

한글판 효경 '효경언해'(1590)

① 관례에서 성인의 덕목으로 강조한 효제충순(孝悌忠順)의 가치를 들 수 있다. 이는 성인과 청소년의 기준을 도덕성으로 본다는 데서 큰 의의를 가진 것이다. 성인, 다시 말해서 성숙한 인격자의 첫 번째 덕목이 孝라는 사실을 알 수 있었다.
② 혼례에서 보여주는 부부간의 금슬과 가족 간의 화목 등 조화의 사상이 핵심인 것이지만, 보다 중요한 것은 자손을 낳아 길러 가문을 계승하고 조상에게 이어받은 생명을 소중히 전해주는

것이 혼례의 신성한 목적이며 그것은 다름 아닌 부모에 대한 훌륭한 효의 표현이다.

③ 상례에 보여주는 것도 인간이 비록 생물학적으로는 사망할지라도 그 기를 이어받은 후손에 의해 영원한 생명을 누릴 수 있다는 것이 상례 절차의 핵심적 가치이다. 그러므로 이는 자신의 생명의 근원으로 조상을 모시는 제례로 연결되고 자신을 희생해서라도 자손들을 위해 헌신할 수 있는 생명관으로 효의 표현이다.

④ 제례도 유교에 있어서 인간이 생명을 가치 있고 긍정할 만한 것으로 여긴다는 증거는, 그 생명을 자신에게 부여해준 부모와 조상에게 감사하는 의례가 제사인 것이다. 생명의 근원인 조상에 대한 제례는 유교의례에서 핵심적인 것이다.

효는 흔히 부모님을 섬기는 마음과 그 실천이라고 단순히 정의할 수 있겠지만, 그 효심은 모든 인간관계에 확대 적용되는 것으로 다름 아닌 인과 예의 정수라고 할 수 있다. 그래서 예를 표현하는 한국의 전통의례에서는 태어나서 죽을 때까지 효라는 진수를 놓치지 않고 담지하고 있는 것이다.

물론 의례는 쉼 없이 변화하고 있다. 우리가 살고 있는 집이 양옥이고, 우리가 입고 있는 옷이 양복이듯 또한 예의 표현도 변화하고 있다. 다만 변화하지 않는 것은 효, 부모를 공경한다는 그 마음이다. 그리고 그것이 형제간의 우애로 나아가서는 민족의 화합으로 더 멀리는 세계의 평화로 승화할 수 있을 것이다.

유교제례에서의 악(樂)의 의미
-한국의 문묘와 종묘제례악을 중심으로-

Ⅰ. 의례의 예술성

유교에서 예는 대단히 중요한 개념이다. 특히 예는 의식절차인 제례 등의 의례로 나타나기 때문에 흔히 격식과 절차의 면이 강조된다. 예는 법률은 아니지만 하나의 사회질서를 유지하는 제도이기 때문에 여러 가지 양상의 의례로 나타났다. 그런데 통상 사람들은 예를 딱딱하고 경직된 것으로 간주한다.

그런데 예가 의례로서 행해질 때, 특히 공동체의 제례라고 할 수 있는 종묘제례나 문묘제례의 경우 시청각에 호소하는 예술행위가 있다. 우리나라의 종묘제례는 세계에서 유일하게 현존하는 유네스코가 선정한 문화유산으로 그 가치를 인정받고 있는데, 혹자는 오로지 그 음악과 무용 등의 예술행위만을 볼 뿐이고 혹자는 유교제례의 부수적인 것으로 예술을 보기만 한다.

필자 역시 제례를 중심으로 보고 예술행위를 간과했지만, 정작 종묘제례의 전체를 보았을 때 음악과 무용이 없는 일반제사와는 다른 큰 감동을 공유했다. 이 마음속에 감동을 준 것은 장려한 음악과 거기에 따른 무용 그리고 제사동작의 경건함은 감히 필설로 표현하기 어려운 것이어서 그것이 예를 보완해주는 악(樂)의 경지가 아닌가 하는 막연한 생각을 하게 되었다.

그래서 제례행위에서는 악(樂)이 필요하다는 것을 몸으로 느끼면서 그 악의 실체는 예술이 아닐까 하는 가정을 하게 되었다. 모든 유교제례에서 예술행위인 악이 따른 것은 아니지만 적어도 문묘제례와 종묘제례에는 분명 그러한 예술이 수반되므로, 이를 중심으로 예악의 관계 나아가서 유교제례와 예술의 관계를 밝혀보고자 하는 것이 이 글을 쓰게 된 실마리가 되었다.

주지하듯 종묘제례나 문묘제례의 경우에는 제사대상을 찬양하는 시와 음악연주 그리고 무용이 연행된다. 이런 예술행위는 세속적인 쾌락을 추구하는 것과는 달리, 경건하고 엄숙해서 제사의 경건성을 높이는 데 활용된다고 볼 수 있다. 이런 점에서 예가 통상 예악으로 쓰이는 것은 중요한 의미를 갖는 것이며, 악(樂)의 경우 하나의 예술적 성격을 갖는다. 유교는 이성적인 철학이며 엄격한 윤리와 예절이면서 동시에 아름다움을 추구하는 예술이다.

이것은 유교가 추구하는 진리가 이성적 작용만으로 치우친 것이 아니라 이성과 감성의 적절한 조화를 찾는다는 것을 시사하기 때문에 유교의 실체를 잘 못 보는 왜곡된 것들을 수정하는데 이 유교제례와 예술의 의의를 밝히는 것이 중요하다고 본다. 이 글에서는 음악과 무용 혹은 기악 등의 상세한 내용을 다루기보다는 그것들이 가지고 있는 의미가 무엇인가를 밝히려고 하며, 예와 악의 관계, 악(樂)이 예

술적인 것, 혹은 예술적 정감으로 어떻게 의례를 보완하는 가를 밝히
려고 한다.

II. 예(禮)와 악(樂)의 관계

예악의 관계에서 예는 사회와 도덕의 질서로서의 친소관계 상하의
신분적 차별을 그 근저에 두고 있으며, 화(和)도 그 기초 위에서 세워져
야 한다고 하면서, 예는 지배질서로서, 국가를 보존하고 정령(政令)을
실행하여 백성을 잃게 하지 않게 하는 기능을 가진다고 보고 이에 반
해 악(樂)의 기본성격은 동(同)과 화(和)에 있다.[1] 악(樂)은 음악을 뜻하
는 것이기도 하지만 즐거움을 뜻하는 악(樂)이기도 하기 때문에 쾌락의
의미도 있다. 유가에서 지향하는 '즐김[樂]'에 대해 유가에서는 예악에
의한 절제의식과 '낙이불음(樂而不淫)'의 균형정신이 강조된다.[2]

악(樂)이란 화합을 추구하는 것이고 또 즐거움이란 뜻도 포함되어
있다면 이는 예술이며 인간의 심성 속에 있는 조화롭고 아름다운 예
술적 정감이라고 할 수 있을 것이다.

> "악(樂)은 천지의 조화이고, 예는 천지의 질서이다."[3]
> "시(詩)를 통해 감흥을 일으키고 예(禮)를 통해 서며 악(樂)을 통해
> 인간으로 완성한다."[4]

---

1) 조민환, 「유교미학의 선후본말론적 예악론」, 『유교사상연구』, 한국유교학회, 1992, p.23.
2) 조남욱, 「유가에서 지향하는 '즐김(樂)'의 경지에 관한 연구」, 『유교사상연구』 28집, 한국유교학회, p.240.
3) 『禮記』, 「악기」, '樂者天地之和也, 禮者天地之序也.'
4) 『論語』, 「옹야」, '興於詩, 立於禮, 成於樂.'

예를 거론하는 『예기』5)의 분석에서 악(樂)은 조화이고 예는 질서라고 나누어 말한다. 이어서 더 구체적으로는 악(樂)은 함께하는 것이고 예는 따로 하는 것이라고도 한다. 함께하면 서로 친하게 되고 따로 하면 공경하는 것이라고 하면서 악(樂)이 과도하면 무례해진다면 세상의 공경이 결여될 것이고, 반대로 예가 과도하여 악(樂)이 결여되면 사랑이 없어서 서로 흩어지게 될 것이라고 말한다. 공자의 예악의 정신을 이은 순자는 적극적으로 이를 해석하였다. 인간이 살아가는 데 예절과 의례 등이 필요하지만 그것은 딱딱한 격식만이 아니라 늘 화목함과 조화로운 인정이 부수되어야 한다. 특히 악은 구체적으로 화락(和樂)이기도 하다. 화락이란 인간관계에서의 화목과 융화이기도 하려니와 예술에 있어서 화음이며 편안하고 아름다운 상태인 것이다.

> "악(樂)이란 화락함을 말한 것이다."6)
> "예는 공경과 문식(文飾)이며, 악(樂)은 중화(中和)이다."7)
> "악(樂)이 온건하고 평정하면 백성들이 화합하여 방종하지 않게 되고, 악(樂)이 엄숙하고 장중하면 백성들이 가지런하여 어지럽지 않게 된다."8)

악(樂)은 외부에서 오는 것이 아니라 내면에서 나오는 것이며, 반대로 예는 밖에서 나오는 것이라고도 한다. 그렇다면 이 둘의 관계는 내면적인 악(樂)과 외적인 격식인 예(禮)가 서로 융화하여 진정한 예가 나옴을 알 수 있다. 예(禮)가 없는 악(樂)도 문제가 되고, 악(樂)이

---

5) 『樂經』은 지금은 망실되어 不傳하고 다만 그 일부만이 『예기』의 「악기」로 남아 있다. 『史記』, 「樂書」의 내용도 대체로 『예기』의 「악기」 내용과 일치하고 있다.

6) 『荀子』, 「儒效」, "樂以道和"

7) 『荀子』, 「권학」, "禮之敬文也, 樂之中和也."

8) 『荀子』, 「악론」, "樂中平, 則民和而不流, 樂肅莊, 則民齊而不亂."

없는 예는 형식으로만 겉돌 것이기 때문이다.

> "악(樂)은 마음으로부터 나오고 예(禮)는 밖에서부터 일어난다. 그러므로 악은 고요하고 예에는 문식(文飾)이 있다. 대악(大樂)은 반드시 쉽고 대례(大禮)는 반드시 간략하다."9)

이것을 윤리적인 가치로 대비해서 말하자면 유교의 가치 가운데 인의는 사랑과 정의를 말하는 것인데, 인(仁)은 따뜻한 사랑이며 의(義)는 차가운 정의라고 할 수 있다. 그런데 악(樂)은 바로 따뜻한 인(仁)에 해당되고 예(禮)는 차가운 의(義)에 속한다고 분류하고 있다. 왜 악(樂)이 인(仁)과 가까운지에 대해서는 그 정신이 화목이기 때문이고 예(禮)가 의(義)에 가까운 것은 귀천을 분별하는 질서의식이기 때문이다.

> "인(仁)은 악(樂)에 가깝고 의는 예에 가깝다. 악이란 화(和)를 두텁게 해서 양기가 뻗는 데에 따라 이로써 하늘에 좇고, 예란 귀천을 나누는 것으로 음기가 굽히는 데에 따라 이로써 땅에 좇는다. 이렇듯 천지의 사이에서 자연의 예악이 있는 법인데, 성인은 악을 만들어서 하늘에 응하고 예를 만들어서 땅에 따랐다. 예악이 밝게 갖추어져서 천지가 생성화육(生成化育)하는 공을 이룬다."10)

예와 악이라는 개념은 서로 분가분의 관계 속에 있음을 알 수 있는 것으로 그것은 음양의 개념과 같이 서로 보완적인 것이다. 필자가 보기로는 예란 격식과 형식을 갖춘 의례에 속하는 것이고 악은 음악과

---

9) 『禮記』, 「樂記」, "樂由中出, 禮自外作, 樂由中出故靜, 禮自外作故文, 大樂必易, 大禮必簡."

10) 『禮記』, 「樂記」, "仁近於樂, 義近於禮, 樂者敦和, 率神而從天, 禮者別宜, 居鬼而從地, 故聖人 作樂以應天, 制禮而配地, 禮樂明備, 天地官矣."

무용과 악기연주를 통해 인간의 감성에 호소하는 예술에 속하는 것이다. 예와 악이 상호보완적인 관례이듯 문묘제례와 종묘제례와 같은 유교제례 행위에서 예술은 악의 구현이라고 할 수 있다는 근거이다.

Ⅲ. 유교제례에서의 악(樂)

1. 예술로서의 악(樂)

악(樂)으로의 유교제례를 다룸에 있어서 바로 악(樂)이란 다름 아닌 음악을 비롯한 예술의 영역에 속하는 것이라고 할 수 있을 것이며, 제례는 예이기 때문에 이미 유교제례는 예술과 깊은 관련이 있음을 알 수 있는 것이다. 음악과 예술의 악(樂)을 통해 온갖 사물들이 화합하며 예의와 격식이 있는 까닭에 예술적 행위를 통해 하늘과 땅에 의례를 올릴 수 있는 것이다.

악은 음악과 노래와 무용으로 곧 예술로서 유교제례에서 중요한 역할을 하는 것이다. 종묘나 문묘의 제사에는 음악과 무용을 사용하며 이 의례에 참여하는 사람들은 이러한 예술적 행위를 통해 숭고함과 경건함을 몸으로 느끼면서 모든 사람들이 그 숭고한 감정을 공유할 수 있게 제도화되었던 것이다.

악(樂)이란 악(樂), 가(歌), 무(舞), 즉 기악, 노래. 춤의 삼자가 모두 갖추어진 총체적 개념이기도 하다. 총체적 의미의 ‘악(樂)’이란 ’성인이 천지, 자연의 형상을 본떠 만든 것으로 상정하기 때문에, 이 세 가지가 모두 구비되어야 악(樂)의 온전한 형태를 갖춘 것으로 파악한다.11) 악이란 시와 음악과 무용이 서로 분리되지 않은 상태의 이름이라고 할 수 있기 때문에 음악이라고만 한정적으로 사용할 수 없는 것이지만, 악은 음악과 가장 밀접한 관련을 가지고 있다고 할 것이다. 고대의 중국에서 음악은 악무(樂舞), 가무(歌舞) 등의 형태를 취해 제례에 쓰였다. 음악이 죽은 자와 살아 있는 자를 결합시켜주고, 또 인간과 인간을 결합시키는 수단이었던 것이다.12)

악(樂)의 본질적 기능은 인심의 순화에 있고 그 지엽은 악기의 연주와 춤의 형식으로 드러난다. 악(樂)의 근본인 인심이 사물에 감응하여 소리(聲)로 나타나고 음(音)으로 이어진다. 악(樂)은 표현되었을 때 음악으로 나타나기 때문에 음악이라고 달리 칭해도 괜찮지만 이러한 음악은 무용으로 연결되기 때문에 넓은 의미의 악(樂)은 무용을 포함한 음악이라고 할 수 있을 것이다.

악(樂)이란 '즐거움'이라는 말에서 출발한다. 이 '즐기는 것'은 인간이 좋아하는 것들이며 인정상 변할 수 없는 것이다. 그래서 단지 소리[聲]일 때는 큰 의미가 없지만 이것이 음(音)을 발하여 음악이 되고 몸짓으로 표현될 때 춤이 된다.13)

악은 본시 인간에게 기쁨을 주는 즐거움의 대상에 그치지 않고 이것이 신이나 조상에게 즐거움을 드리는 봉헌물의 하나로서의 즐거움을 주는 예술행위가 될 수 있는 것이다. 제례에서의 악기연주에 의한 음악과 노래와 그리고 춤이 병행되었던 것은 하나의 제례로서 의의

---

11) 송지원, 『정조의 음악정책』, 태학사, p.210.

12) 김채수, 「고대 동서양의 음악사상 비교연구」, 『일본어교육』 49집, 한국일본어교육학회, p.186. 그는 중국의 상대에서는 무속과 관련되어 있다고 함.

13) 『禮記』, 「樂記」, '夫樂者, 樂也. 以情之所不能免也. 樂, 必發於聲音, 形於動靜, 人之道也. 聲音動靜, 性術之變, 盡於此矣.'

를 가졌다는 것이다. 따라서 유교제례에서는 일정한 격식과 품위를 갖춘 악(樂), 가(歌), 무(舞)를 연행했던 것이다.

> "악(樂)은 종묘에서 임금과 신하가 함께 들으면 화목하고 공경하지 않는 이가 없다. 향당(鄕黨)에서 어른과 어린이가 함께 들으면 화순하지 않는 이가 없게 된다. 집안에서 부자 형제가 함께 들으면 화합하고 친하지 않는 이가 없게 된다. 그러므로 악(樂)이란 화순을 숭상하는 것이니, 여러 가지 악기를 뒤섞어 연주한다. 연주가 조화를 이루므로 부자군신을 화합하게 하고, 만민을 친하게 만드는 것이다. 이것이 선왕이 악(樂)을 세운 뜻이다."14)

여기에서 말하는 종묘란 종묘제례를 의미하고, 향당이란 지방에서 행해지는 문묘의 의례를 말하며, 집안에서는 관혼상제의 의례를 말하는 것으로, 모든 의례에 음악이 쓰임으로써 사람 간의 화순을 진작시킬 수 있다고 본 것이다.

2. 제례악(祭禮樂)의 내용

조선시대에 음악이란 말은 쓰이지 않았다. 음악에 해당하는 분야를 악학(樂學)이라고 했기 때문에 악(樂)은 음악과 밀접한 관계를 가진다. 유교제례에서 쓰이는 음악 역시 제례음악이라고 하지 않고 제례악(祭禮樂)으로 지금까지 쓰인 것으로 보아도 악이 형이상학적인 개념이 머무는 것이 아니라 구체적인 음악을 말하는 것이다. 그렇다면 우리나라의 제례악에 은 어디에서 유래했으며 내용은 어떤 것인

---

14) 班固, 『白虎通德論』 卷2, 「禮樂」, '子曰 樂在宗廟之中 上下同聽之 則莫不和敬 族長鄕里之中 長幼同聽之 則莫不和順 在閨門之內 父子兄弟同聽之 則莫不和親 故樂者所以崇和 比物飾節 節文奏合以成文 所以和合父子君臣 附親萬民也 是先王立樂之也.'

지 알아보자.

한국의 유교제례악은 고려시대에 중국의 송나라 때 수입된 '대성아악(大盛雅樂)'에 근거하여 원구, 사직, 선농, 선잠, 문묘 등의 제례악이 사용되었다. 이러한 제례악이 본격적으로 정비된 것은 조선 세종 때에 이르러서인데, 오늘날까지도 남아 있는 것은 문묘제례악 종묘제례악이며, 조선의 제도정비 가운데 중요한 위치를 차지하고 있다. 이 악은 고려시대 때부터 있었던 것을 바탕으로 해서 새롭게 한 것임은 물론이려니와 일반의 연회나 조회시도 병용하고 제례악으로도 사용했다.

우리나라에서는 태종 때까지도 중국의 악기를 사용하였지만, 세종 때의 아악정비사업의 성공으로 말미암아 첫째, 중국에 의존하지 않고도 아악기의 국내 제작 및 수리가 가능해져 아악 연주에 필요한 8음을 온전하게 구비하게 된다. 아악 정비사업은 그간 제 모습을 갖추지 못했던 제사아악(종묘, 문묘, 사직, 선농, 선잠 등에서 연주)은 물론이고 조회아악과 회례아악의 제정으로까지 이어졌다. 그리고 궁중의 각종 의식음악은 모두 새롭게 제정된 아악 곧 조회(朝會)와 제사(祭祀)의 아악을 모두 악보로 정리해 놓을 수 있었다.[15]

음악에 있어서 중국 중심의 국제질서가 개입되어 있는 것을 알 수 있다. 중국의 음이 기준이 된다는 것을 강조하고 있다. 그러나 중국과는 달리 태종 때도 종묘에는 아악을 사용했고, 조회에는 전악(典樂)을 사용했고, 연향에는 향악과 당악을 섞어서 사용했다.[16] 여기에 세종은 중국음악을 그대로 수용하지 않고 주체성을 또한 강조하고 있다.

---

15) 송혜나, 「현행 한국 문묘음악의 연원에 관한 일고찰」, 『스승공자와 문묘석전』, 한국석전학회, 2010, p.192. 세종대에 정비된 아악은 모두 『세종실록』, 「악보」에 전한다. 이 중에서 우리가 주목해야 할 악보는 『雅樂譜』에 수록된 『祭祀』 아악보와 『元朝林宇大成樂譜』임.

16) 『태종실록』 17권, 9년 4월 7일. 황희는 향악은 사용한 지 오래되어 고칠 수 없다고 주장한다.

"우리나라는 본디 향악(鄕樂)에 익숙한데, 종묘의 제사에 당악(唐樂)을 먼저 연주하고 삼헌(三獻)할 때에 이르러서야 겨우 향악을 연주하니, 조상 어른들의 평시에 들으시던 음악을 쓰는 것이 어떨지."[17]

물론 음악을 연주할 때 중국과 한국에서는 12율을 사용했다. 12율(正聲)은 서양의 한 옥타브 안에 있는 12개의 반음과 같은 격으로 그 음 이름은 차례로 황종(黃鐘), 대려(大呂), 태주(太簇), 협종(夾鐘), 고선(姑洗), 중려(仲呂), 계빈(蕤賓), 임종(林鐘), 이칙(夷則), 남려(南呂), 무역(無射), 응종(應鐘)이다. 그런데 곡을 만들 때, 각 12율에 절대 기준음을 제공하는 악기이자 음악의 표준이 되는 악기가 있다. 바로 아악의 필수악기인 편경이 그것이다. 편경은 12율에 청황종, 청황려, 청태주, 청협종 '사청음(四淸聲)' 더해 16개음을 연주할 수 있도록 16개의 돌을 매달아 만든 악기이다.[18]

문묘제례 절차에서 음악과 무용

절차	악조	연주 위치	음악	무용	비고
영신(迎神)	황종궁(黃鐘宮) 중려궁(仲呂宮) 남려궁(南呂宮) 이칙궁(夷則宮)	헌가(軒架)	응안지악 (凝安之樂)	열문지무 (烈文之舞)	신을 맞이함
전폐(奠幣)	남려궁(南呂宮)	등가(登歌)	明安之樂	열문지무	폐백 올림
진찬(進饌)	고선궁(姑洗宮)	헌가(軒架)	풍안지악 (豊安之樂)	소무지무 (昭武之舞)	음식을 올림
초헌(初獻)	남려궁(南呂宮)	등가(登歌)	수안지악 (壽安之樂)	열문지무 (烈文之舞)	첫잔 올림
문무·무무 교체	고선궁(姑洗宮)	등가(登歌)	서안지악 (舒安之樂)	없음	

---

17) 『세종실록』 30권, 세종 7년 10월 15일(경진), 당상악과 당하악을 일시에 함께 연주하는 일과 향악 연주 문제 등을 상의하게 하다.

18) 송혜나, 「현행 한국 문묘음악의 연원에 관한 일고찰」, 『스승공자와 문묘석전』, 한국석전학회, 2010, p.198.

아헌(亞獻)	고선궁(姑洗宮)	헌가(軒架)	성안지악 (成安之樂)	소무지무 (昭武之舞)	둘째 잔 올림
종헌(終獻)	고선궁(姑洗宮)	헌가(軒架)	성안지악 (成安之樂)	소무지무 (昭武之舞)	셋째 잔 올림
철변두(撤籩豆)	남려궁(南呂宮)	등가(登歌)	옹안지악 (雍安之樂)	열문지무 (烈文之舞)	상을 철수
송신(送神)	송황종궁(送黃鐘宮)	헌가(軒架)	경안지악 (景安之樂)	없음	신을 보냄

문묘에서의 음악은 공자를 위시한 유교성현에 대한 제사이기 때문에 중국과 다를 바 없지만, 종묘제례의 경우는 우리나라의 역대 임금을 찬탄하는 것이기에 거기에 맞는 가사와 음악이 쓰인다. 종묘제례악으로는 보태평(保太平) 11곡과 정대업(定大業) 15곡이 있다. 보태평이란 왕의 문치(文治)가 창성한 내력과 문덕(文德)을 노래하였고, 정대업은 외적과 맞서 싸운 왕의 무공을 칭송하는 내용으로 구성된다. 역대왕의 덕을 기르는 시와 연주와 무용이 동시에 이루어지는 것이다.

종묘제례 절차에서의 음악과 무용

절차	연주 위치	음악	무용
영신(迎神)	헌가(軒架)	영신희문(迎神熙文)	열문지무(烈文之舞)
전폐(奠幣)	등가(登歌)	전폐희문(奠幣熙文)	열문지무(烈文之舞)
진찬(進饌)	헌가(軒架)	풍안지악(豊安之樂)	없음
초헌(初獻)	등가(登歌)	보태평(保太平)	열문지무(烈文之舞)
아헌(亞獻)	헌가(軒架)	정대업(定大業)	소무지무(昭武之舞)
철변두(撤籩豆)	등가(登歌)	옹안지악(雍安之樂)	없음
송신(送神)	헌가(軒架)	흥안지악(興安之樂)	없음

무악인 정대업(定大業)은 문악(文樂)인 보태평보다 배 가까운 분량이다. 이것은 조선왕조의 태조를 찬양하는 내용이 주로 무신으로의

업적이기 때문에 분량이 많아진 것으로 볼 수 있다. 제례의 참여자들은 이 고아한 연주와 더불어 역대의 왕을 찬양하는 독축의 가락이 장엄함을 연출하면서 경건함에 빠져든다. 무용[19]을 동반한 음악으로의 악은 이처럼 소리를 통해 제례의 뜻을 고양하는 것으로 웅대한 장르의 예술행위인 것이다.

Ⅳ. 유교의례에서의 악(樂)의 의의

1. 음악적 질서를 통한 위계질서의 중시

유교제례에서는 제사 참여자들의 경건한 태도를 높이기 위해서 음악과 무용의 예술적 수단을 사용했지만, 또 다른 의미는 음악을 이루는 음이 위계질서를 상징하는 것으로 보았다. 여기에서 사람들의 저마다의 직분을 지키는 것과 마찬가지로 오음도 그러한 위계로 해석되었다. 기본음인 오음에서 궁은 임금, 상은 신하, 각은 백성, 치는 일(working), 우는 사물(things)이다. 이 다섯의 위계가 제자리를 차지하여 화합하듯 음악도 다섯 음을 통해 아름다운 화음을 표현하는 것이다.[20]

---

19) 무(舞) 또한 문묘와 종묘 두 유교의례에서 앞서 말한 8개의 중요악기에서 나오는 소리를 조화시키고자 했다. 악기가 연주되면서 동시에 연행되는 무용이며, 무속에서의 무용과 달리 엄격한 격식이 있다. 무용을 일무(佾舞)라고 하는데 우리나라에서는 천자의 나라인 중국의 8일무가 아닌 36명의 무원들이 여섯 줄을 지어 육일무를 췄다. 여기서 팔(八)의 의미는 완벽한 숫자를 의미한다. 일무의 동작은 윗사람을 떠받들고 공경하는 의미로 표현된 몸동작과 도구를 들고 표현되는 무구동작이 합하여져 하나의 완성된 동작으로 성립되어 예를 갖추는 동작이 된다. 발, 몸, 허리 등의 신체 각 부위별로 구분된 몸동작 8가지 자세와 적(꿩의 깃)과 약(피리)을 사용하는 무구동작 12가지 자세가 일무 춤사위의 기본골격이 된다.

20) 『禮記』, 「樂記」, '聲音之道, 與政通矣. 宮爲君, 商爲臣, 角爲民, 徵爲事, 羽爲物. 五者不亂, 則無怗懘之音矣.'

오음이란 단순한 음이 아니라 천지자연의 질서를 표현하는 것임을 알 수 있다. 사계절의 음양의 관계에서 음악을 통해 여름에 시원할 수 있으며, 겨울에 따뜻하게 할 수 있는 치료적 효능이 있음을 말하는 것이다. 음률을 통해 자연의 질서를 조화롭게 할 수 있을 뿐만 아니라 신명을 감동시킬 수 있음이 시사된 것이다.

음계의 상징성을 다른 각도에서 살펴보자면 궁은 오행 중에 토에 속하고 소의 울음을 묘사한 것이며 임금을 상징하는 음이며, 상은 오행 중에 금에 속하고, 양의 소리를 묘사한 것이며 신하를 상징하는 음이며, 각은 오행 중에 목에 속하고 닭의 소리를 묘사한 것이며 백성을 상징하는 것이며, 치는 오행 가운데 화에 속하고 돼지의 소리를 묘사한 것이며 일을 상징하는 것이며, 우는 오행 가운데 수에 속하고 말의 소리를 묘사한 것이며 물건을 상징한다. 오행이 서로 유기적 관계를 통해 사물을 구성하듯 오성이 모든 소리의 기본이 되는 것이며, 그것은 사람과 사물간의 조화를 이루는 기본음이라는 것이다. 조화를 통해서 좋은 세상은 물론이려니와 음악도 생성되는 것으로 이해한다.[21]

이렇듯 음계는 음의 질서이기도 하려니와 인간과 인간사이의 위계질서와 상응하여 조화를 이루어야 한다고 보았다. 그러므로 음악의 조화는 다름 아닌 사람과 사람사이의 신분간의 조화와 질서를 상징하기도 했던 것이다. 그리고 자연의 조화까지도 상징하는 것임을 알 수 있다. 봄에도 서늘한 분위기를 만들 수 있고, 여름에도 차가운 기운을 만들 수 있으며, 가을에 따뜻한 분위기를 만들 수 있고 겨울에도 뜨거운 분위기를 만들 수 있는 것이 음악의 힘이라고 할 수 있다.

---

21) 이혜구 역주, 『악학궤범』, pp.64-66. 국립국악원, 2000.

제례악 특히 종묘나 문묘의 국가적 제례는 음악과 무용도 중요하지만 그 예속에 깃들어 있는 구현코자 하는 의미가 위계질서였고 그 추구하는 바가 음악과 무용 등의 악으로 표현되어 인간심성속의 '악(樂)'을 느끼도록 했다고 볼 수 있다. 그러므로 악은 예술행위일 뿐 아니라 인간심성속의 고상한 감정을 복원하는 행위이기도 했다고 볼 수 있다.

2. 선인과 충신에 대한 경의

그러나 제례악의 가장 중요한 목적은 문묘에서는 공자이하 유교성현에 대한 추모이고, 종묘에서는 조선왕조의 역대 왕과 충신에 대한 추모인 것이므로, 그 목적은 선인과 충신에 대한 경의이고 그 음악과 무용의 내용은 그런 문과 무의 덕을 기리는 것은 앞서 말한 바와 같다.

『악학궤범』에 의하면, 악기의 상징성은 그 재료의 성격과 부응하여 다양하다. 이를 간추려 말해보자면, 종은 견강(堅剛)을 뜻한다. 유교의례에서 이 종의 소리가 뜻하는 것은 주로 역대 왕들과 신하들이 국방에 힘쓴 무업을 기리는 뜻이 강하다고 보겠다. 경쇠가 뜻하는 것은 무엇일까? 경쇠소리는 맑다. 그러므로 변별(辨別)을 명백하게 한다. 변별을 명백하게 하니 절의를 위해 죽을 수 있다. 종소리와 마찬가지로 편경소리가 뜻하는 것도 역시 무업을 기리는 뜻이다. 금슬(琴瑟)이란 무엇인가? 이 소리는 슬픈 것이다. 슬퍼해서 염결(廉潔)한 기운을 세우고 염결함으로 해서 뜻을 세운다. 현악기가 내는 소리는 염결한 신하의 덕을 찬양하는 소리라고 할 수 있을 것이다.

현악기와 더불어 관악기 역시 신하의 덕을 찬양한다. 주로 대를 사

용하여 제작한 피리(竹)의 소리는 퍼진다(濫). 퍼지므로 백성을 포용
하면 대중을 모으게 된다. 군자는 간(竽), 생(笙), 통소[簫], 관(管)의 소
리를 들으면 곧 많은 사람을 모아서 이를 기르는 어진 신하를 생각한
다는 것이다. 북소리[敲鼙]는 시끄럽다. 시끄러우면 인심을 충동할 수
있고. 그리하여 그 무리를 진발(進發)시킬 수 있다. 그러므로 북의 소
리 또한 장수의 공을 찬양하는 의미를 가진다.22)

일무의 내용도 문무와 무무로 문무의 덕을 이룬 왕과 신하를 찬양
하는 의미를 가지고 있다. 그러기에 문무(文舞)를 출 때는 약과 적을
양손에 들고 추는데 약은 왼손에 들고 적은 오른손에 들고 춘다. 무
무(武舞)에서 간(干)은 인을 상징하는 것으로 살리는 것을 좋아하고
척(戚)은 의(義)가 과감하게 결단하는 것을 상징한다. 무용은 일종의
예술행위이지만 거기서 멈추는 것이 아니라 몸가짐과 무구동작을 통
해 제사의 대상에 대한 경건하고 공경한 마음을 표현하고 있다. 그리
고 음악과도 불가분의 관계에서 연행되는 것이다. 이것은 본질상 악
의 표현이며 살아 있는 인간이 의례의 대상인 신을 기쁘게 하기위해
공양의 하나인 것이다.

3. 음양조화의 상징

유교의례에서는 궁상각치우의 오성을 악기를 통해 표현하고 있는
데, 우선 악기를 만드는 소재는 8개이며 거기서 나는 소리를 8음이라
고 한다. 그것은 금속[金], 돌[石], 흙[土], 가죽[革], 실[絲], 나무[木], 박

[匏] 그리고 대나무[竹]이다. 팔일무의 8과 마찬가지로 자연의 소재를 8개로 분류한 것이라고 할 수 있다.

먼저 가죽[革]으로 제작한 북소리는 위엄과 웅장함을 묘사하는 것이다. 금속[金]으로 만든 종은 멀리 나아감을 묘사하며, 돌[石]로 만든 경쇠는 청렴과 분별을 묘사하며, 대나무[竹]로 만든 우(竽), 생(笙), 관(管), 약(籥)은 각각 정제, 조화, 격렬, 높음을 묘사하며, 흙[土]으로 만든 훈(塤)과 지(篪)는 성대함과 넓음을 상징하며, 실[絲]로 만든 슬(瑟)과 금(琴)은 각각 편안함. 우아함과 예쁘고 아름다움을 묘사한다. 이러한 악기들은 음악과 무용이라는 예술장르를 통해 인간의 지닐 수 있는 지극히 고상하고 아름다운 감정을 이끌어낼 수 있는 힘을 가진 것이며 조화로운 것이다.

> "북의 소리는 위엄 있고 웅장하며, 종의 소리는 나아가고 이름이며, 경쇠의 소리는 맑고 밝으며, 우(竽)와 생(笙)의 소리는 정제하고 어울리며, 관(管)과 약(籥)의 소리는 격렬하고 높으며, 훈(塤)과 지(篪)의 소리는 성대하고 넓으며, 슬(瑟)의 소리는 편안하고 우아하며, 금(琴)의 소리는 부드럽고 매끄러우며, 가(歌)의 소리는 청순하고 아름다우며, 무(舞)의 동작은 天道와 어울리며, 북은 악의 임금이다. 그러므로 북은 하늘을 닮았고, 종은 땅과 닮았으며, 경쇠는 흐르는 물과 닮았다. 우(竽), 관(管), 약(籥)은 별과 해와 달을 닮았으며, 도(鞉), 축(柷), 부(拊), 공(控), 갈(楬)은 만물과 닮았다."23)

또한 악기는 연주뿐만 아니라 악기배치도 음양조화에 중요한 일이었다. 제례악에서는 금슬에 맞추는 현악기 중심의 가(歌)가 중심이 되어 당상악(堂上樂)으로 배치하고 당하악(堂下樂)은 기타의 악기로 로

---

23) 『記言』 卷31, 29, 「經說」, ‘樂通’, ‘鼓大麗, 鐘統實, 磬廉判, 竽笙簫和, 管籥發猛, 塤篪翁博, 瑟易良, 琴婦好, 歌淸盡, 舞天道兼, 鼓其樂之君耶, 故鼓似天, 鐘似水, 竽管籥似星辰日月, 鞉柷拊控楬似萬物.’ 금장태, 앞의 책, pp.122-123.

구분하여 악기를 배치하는데 이 당상악을 등가(登歌)24)라고 하고 당
하악을 헌가(軒架)25)라고 연주의 위치를 달리했다.

> "삼방(三方)에서 각각 편종(編鐘) 3개와 편경(編磬) 3개를 설치한다.
> 동방의 편종은 북쪽에서 시작되는데 편경이 사이마다 끼이고 동향
> 하게 되며, 서방의 편경은 북쪽에서 시작되는데 편종이 사이마다
> 끼이고 서향하게 되며, 북방의 편경은 동쪽에서 시작되는데 편종이
> 사이마다 끼이고 북향하게 된다. 노고(路鼓) 3개를 설치하되, 1개는
> 북가(北架)의 북쪽에 있어 한복판에 있고, 1개는 동북 모퉁이에 있
> 고, 1개는 서북 모퉁이에 있다… 축(柷)과 어(敔)를 북가(北架)의 안
> 에 설치하되, 축(柷)은 동쪽에 있고, 어(敔)는 서쪽에 있으며, 관(管)
> 10개가 축과 어의 남쪽에 있어 한 줄이 되며, 다음은 약(籥) 10개가
> 한 줄이 되며, 다음은 화(和) 3개와 생(笙) 7개가 한 줄이 되며… 다
> 음은 우(竽), 그다음은 소(簫), 그다음은 적(篴), 그다음은 지(篪), 그
> 다음은 부(缶), 그다음은 훈(塤)이 각기 1개가 각각 한 줄이 되며,
> 모두 북향하게 된다."26)

이는 세종대왕 당시 144곡 가운데 6곡이 문묘제례악으로 오늘날도
사용되고 있음을 알 수 있다.27) 이러한 세종의 제례악 정비의 하나는
특징은 황종궁의 기본 선율유형을 청성(淸聲)을 없애고 중성(中聲) 일
생의 중화지악(中和之樂)을 이루었으며,28) 천지인의 대상에 두루 활용
하도록 제작되었다.29) 이것은 음악연주에 있어서 그 정신이 조화의

---

24) 『세종실록』 128권, 오례, 종묘, 헌가, 등가, 무.
  등가에 대한 설명: 가종(歌鐘) 1개는 동쪽에 있고, 가경(歌磬) 1개는 서쪽에 있으며, 슬(瑟) 6개와 금(琴)
  6개가 한 줄이 되어 종(鐘)과 경(磬)의 남쪽에 있되, 슬(瑟)은 동쪽에 있고, 금(琴)은 서쪽에 있으며, 가(歌)
  는 두 줄로서 각기 12인데, 슬과 금의 남쪽에 있으며 모두 북향하게 된다.

25) 『세종실록』 128권, 오례, 종묘, 헌가, 등가, 무.

26) 『세종실록』 128권, 오례, 종묘, 헌가, 등가, 무, 헌가에 대한 설명.

27) 정화순, 「조선조 세종대 문묘제례악에 대한 추고」, 『온지논총』 21집, p.339. 현행의 문묘제례악으로 영신
  과 등가 및 헌가가 사용되고 있는 '황종궁', '고선궁', '중려궁', '이칙궁', '남려궁'과 송신에 사용되는 '송
  신 황종궁'이 세종 때 정비된 것이라고 함.

28) 정화순, 위의 논문, p.342.

의의를 강조한 것이다.

이처럼 악기의 배치는 함부로 된 것이 아니라 악기 자체가 음양을 상징하고 그 음양의 조화에 맞게, 그리고 구체적으로 팔방에 맞추어 배치했다. 팔풍이란 모든 방향의 상징인 팔방의 풍류인 것이다. 의례에서의 악의 의미는 이처럼 자연과 자연의 조화, 자연과 인간의 조화를 상징하는 것이다.

악은 단순히 음악일 뿐 아니라 인간의 심성에서 우러나온 아름다움을 악기나 노래나 춤으로 표현하는 예술행위이며 이는 신성한 존재에 대한 봉헌행위이기도 한 것이다. 그러므로 이러한 의례를 통해 신성과 인간성의 조화를 이루려고 했다. 음악은 이처럼 음악의 조화를 통해 심성의 조화까지도 모색하는 것으로 예를 보완하는 것이다.

Ⅴ. 예악을 통한 감성의 회복

유교제례는 예만으로 성립하지 않고 이러한 예의 마음을 표현한 악이 있어야 하는 것이다. 전통사회의 유교의례는 이처럼 악(樂)을 통해 숭고한 대상을 추모하는 것이 목적이요, 부수적으로는 그런 행위를 통해 인간의 심성을 바로 하려는 목적이 있었다고 볼 수 있다. 다시 말해서 인간과 신성한 존재 나아가서 인간과 인간끼리의 소통과 화합을 모색하는 것이 악(樂)의 본질이었다.

유교에서 예와 악은 상호보완적인 관계이며 서로 분리해서 생각할

---

29) 정화순, 위의 논문, p.350.

수 없을 정도로 밀접한 관련을 가지고 있다. 악(樂)이란 단지 음악과 무용만이 아닌 광범위한 예술의 범주에 속하며, 가장 중요한 기능은 조화라고 할 수 있다. 특히 음악은 인간의 감정에 호소하여 긴장을 풀어주고 화해를 도모하는 주된 역할을 담당하였으므로 예와 함께 중시되는 것이다.

> "대저 예악은 악기를 통해 실행하여 성음(聲音)을 내고 예를 종묘 사직의 제사에 적용하여 산천의 귀신을 섬기는 것은 인민과 함께 하는 것이다."30)

악은 음악과 노래와 무용으로 곧 예술로서 종묘제례와 문묘제례 등의 유교제례에서 중요한 역할을 하기 때문이다. 종묘나 문묘의 의 례에는 음악과 무용을 사용하며 이 의례에 참여하는 사람들은 이러 한 예술적 행위를 통해 숭고함과 경건함을 몸으로 느끼면서 모든 사 람들이 그 숭고한 감정을 공유할 수 있게 제도화되었던 것이다.

중국에서 도입되기는 했지만 오늘날까지도 원형을 잘 보전되어 우 리나라의 종묘제례와 문묘제례는 음악과 무용이 없으면 성립되지 않 는다. 이러한 장엄한 의례는 예술행위를 통해 예악이 서로 통하고 있 는 것이다. 문묘나 종묘 등 유교제례에서는 제사대상에 대한 경건함을 표현하는 악(樂)이 곁들어져야 그 의례는 제대로 이루어지는 것이다.

유교제례는 음악과 무용 등의 예술을 통해 연행되는 다시 말해서 감성에 호소하여 유교가 추구하는 중화의 가치를 전달하고 있음을 알 수 있다. 유교의례의 예술성을 표현하는 악(樂)은 사유하고 생각하

---

30) 『禮記』, 「樂記」, '若夫禮樂之施於金石, 越於聲音, 用於宗廟社稷, 事乎山川鬼神, 則此所與民同也.'

는 것이 아니라 그 고상함과 우아함을 시청각을 통해 감성으로 느끼고 그러한 심성으로 제례에 임하는 것이야말로 예를 예답게 할 수 있었다고 하겠다.

제례에 쓰이는 악으로의 예술행위는 후일에는 순수한 음악의 장르로 독립하기도 했지만 원래의 의의는 음악적 질서, 곧 악(樂)을 통한 위계질서의 확립에 그 의의가 있었고, 제사대상에 대해 즐거움을 드리는 봉헌행위였으며, 이를 통한 인간심성의 고상함을 복원하는 일이기도 했다.

유교의례에서의 술

Ⅰ. 술이란 무엇인가?

오늘날 술은 소위 '음주가무(飮酒歌舞)'나 '주색잡기(酒色雜技)'라는 용어에서처럼 다소 부정적으로 쓰인다. 알코올중독자는 거의 마약중독자처럼 취급되어 술로 인한 개인의 타락도 심상치 않다. 술은 대중적이고 예로부터 오늘에 이르기까지 국가의 중요한 세수(稅收)이기도 하다.

술을 탐닉하다가는 방종하고 덕을 잃기 쉽다. 예나 지금이나 술이 경계의 대상이 된 것이 사실이다. 서경에서는 "하늘이 위엄을 내리시어 우리 백성들이 크게 혼란하여 덕을 잃음이 술의 행해짐 아님이 없으며, 작은 나라와 큰 나라가 망함이 또한 술의 허물이 아님이 없다."[1]고 경계하는 글이 있다. 폭군으로 유명한 걸주(桀紂)는 주지육림(酒池肉林)을 만들어 음란하고 방종하여 나라를 망하게 했다는 것이 이 상서의 교훈이기도 했다. 그들의 악행은 '상제를 섬기지 아니하여 향기로운 덕으로 하늘에 이름이 없고, 크게 백성들이 원망하여 오직 여러

---

1) 『書經集傳』, 「酒誥」 3장. '天降威 我民 用大亂喪德 亦罔非酒 惟行 越小大邦用喪 亦罔非酒 惟辜.'

가지 술주정을 하여 비린내 나고 더러운 덕이 상천에 알려졌다.'2)고 하
면서 나라가 망한 것은 왕이 술에 취해 덕을 잃은 탓으로 이는 하늘이
아니라 그들 스스로 자초한 일이라고 경계하고 있다.

혈기왕성한 젊은이들의 음주도 방종할 수 있는 소지가 많은 것으
로 역시 경계의 대상이 되었다. 젊은이들은 혈기가 아직 정해지지 못
해서 술에 방종하여 덕을 잃기 쉬우므로 이들을 술에 항상 마시는 것
이 아니라 제사 때에만 마시도록 가르쳤다.3)

여기에서 비로소 술이 제사의식에 사용되는 긍정적인 면이 드러난
다. 사람을 홀리는 마약과 같은 존재에서 반전하여 제사의 음식으로
의의를 갖게 되는 것이다. 술은 인생의 중요한 통과의례나 손님접대
에 빠짐없이 등장하는 신성한 의의를 가진 음식이기도 하다.

술은 신명(神明)을 받들고, 손님을 대접하고 노인을 봉양하려는 것
이므로, 제사로 인해서 마실 때는 헌수(獻酬)를 절차로 삼고, 활을 쏨
으로 인해서 마실 때에는 읍하고 사양하는 것을 예로 삼았다. 향음주
례(鄕飮酒禮)의 절차는 친목과 존경을 가르치는 것이요, 양노(養老)의
예는 치덕(齒德)을 높이는 것이다.4)

이처럼 술은 이중적 면이 있기 때문에 부정적인 면만을 부각해서
술을 무조건 금할 수는 없으며, 오히려 일상의 음식은 아니지만 특별

---

2) 『書經集傳』, 「酒誥」 11장, '用安逸而喪其威儀 史記受爲酒池肉林 使男女 裸而相逐 其威儀之喪如此 此民
所以無不痛傷其心 悼國之將亡也 而受方且荒怠 益厚于酒 不思自息其逸 力行無度 其心疾狠 雖殺身而不畏
也 辜在商邑 雖滅國而不憂也 弗事上帝 無馨香之德以格天 大惟民怨 惟羣酗腥穢之德 以聞于上 故上天降
喪于殷 無有眷愛之意者 亦惟受縱逸故也 天豈虐殷 惟殷人酗酒 自速其辜爾 曰民者 猶曰先民 君臣.'

3) 『書經集傳』, 「酒誥」 3장, '小子 少子之稱 以其血氣未定 尤易縱酒喪德 故文王 專誥敎之… 毋常於酒 其
飮 惟於祭祀之時 然亦必以德將之 無至於醉也.'

4) 이경찬, 『한국인의 주도』, 자유문고, 1993, p.109.

한 날 술을 마실 수 있도록 한 것인데, 그 특별함이란 부모를 모시는 것 혹 노인을 봉양하는 것과 제사를 올리는 일에는 술을 허용하고 또 술을 사용했다.

부모가 기쁨을 드리기 위해 술을 마실 수 있으며, 노인을 봉양하기 위해 술을 마실 수 있으며, 궤사(饋祀)를 올리기 위해 술을 마실 수 있는 것이다. 본래는 술 마시는 것을 금하고 끊고자 하는 존재였는데, 이제 도리어 그 술을 마실 수 있는 단서를 열어준 것이다. 이것은 금지하지 않는 금지함이니, 성인(聖人)의 가르침이 급박하지 않아 백성들이 따를 수 있는 것은 이러한 부정적인 것 속에서 긍정적 면을 보기 때문이다. 효도로 봉양하고 궤사(饋祀)하는 것은 모두 그 선량한 마음에서 나온 것으로 이런 명분과 동기는 덕을 이룰 수 있는 선비가 될 수 있으니 술의 탐닉을 걱정하지 않아도 된다.[5]

이처럼 술이라는 것은 양면성이 있어서 잘못 사용하면 탈을 내지만 조상과 부모에게 효도하고 노인을 봉양하고 제사에 올리는 일을 통해 술이 사용되는 것이므로 그런 의식에 사용하고 나서 술을 마시는 것은 술의 폐해를 벗어날 수 있음을 말한다.

우리나라의 역사에서도 나라에서 금주령을 내린 경우가 있는데, 주요한 이유는 술의 재료가 되는 곡식을 허비하기 때문에, 대개는 흉년이 들 경우에 해당된다. 조선조 세종 때 금주령을 반대하는 상소에 『가어(家語)』를 인용하면서 자공(子貢)이 사제(蜡祭)를 구경하고 공자와 나눈 대화를 소개하고 있다. 여기에서 유교에서 술이 차지하는 의

---

5) 『書經集傳』, 「酒誥」 7장. '按上文 父母慶則可飮酒 克羞耈則可飮酒 羞饋祀則可飮酒 本欲禁絶其飮 今乃反開其端者 不禁之禁也 聖人之敎 不迫而民從者此也 孝養羞耈饋祀 皆因其良心之發 而利導之 人果能盡此三者 且爲成德之士矣 而何憂其湎酒也哉.'

의를 짐작할 수 있다.6)

> 공자: "사(賜)야, 즐거우냐." 하니.
> 자공: "온 나라 사람이 다 미친 것 같습니다. 저는 그 즐거움을 알
> 지 못하나이다."
> 공자: "백날을 수고하다가 하루 즐기는 것이니, 하루의 혜택은 너
> 의 알 바가 아니다. 버티기만 하고서 풀지 아니하는 것은 문무(文
> 武)도 못하며, 풀기만 하고 버티지 않는 것도 문무가 하지 않는 것
> 이다. 한번 버티고 한번 푸는 것은 문무의 도(道)이다."

공자에 의하면 사람은 경건하고 엄숙하게 사는 것이 원칙이기는
하지만 백날을 수고한 사람이 하루 긴장을 풀고 술 마시는 것은 허물
이 아님을 이야기했던 것이다. 옛 사람은 머물 때는 향연(饗宴)하는 의
식이 있고, 떠나가면 전송하는 예(禮)가 있었고 거기에는 당연히 술이
갖추어졌다. 이것은 술 마시기를 숭상하려는 것이 아니라 그 목적은
인정을 후하게 하고 풍속을 도탑게 하는 예절이라고 파악하고 있다.
  유교의 사상이나 유교의례에서 술에 관해 본격적으로 논의한 선행
연구는 아직 없다. 아마도 술에 대한 부정적 선입관이 앞서기 때문이
리라. 그러나 술의 다른 의미는 분명 의례에서 상당한 위치를 차지하
기 때문에 유교의례 속에는 술이 갖는 의의를 살피는 작업이 필요하
다. 단순한 음료로서의 술이 아니라 의례에서의 술7)이 갖는 의의를

---

6) 『조선왕조실록』, 세종 101 세종 25년 9월 21일(임신), 맞이하고 전송하는 것을 금지하되 풍년이 들면 금하
   지 아니하여 풍속을 후하게 하다.

7) 전통적으로 의례에 쓰이는 술은 다섯 가지가 있었다. 첫째는 범제(泛齊)로 가장 맛이 없는 처음 생긴 앙금
   으로 만든 술이다. 둘째는 예제(醴齊)로 단술이다. 셋째는 앙제(盎齊)로 푸른 빛깔의 술이다. 넷째는 제제(緹
   齊)로 붉은빛의 술이다. 다섯째는 침제(沈齊)로 맑은 술이다.(『周禮』 卷2, '辨五齊之名 一曰泛齊 二曰醴齊
   三曰盎齊 四曰緹齊 五曰沈齊') 이것을 우리나라의 전통주와 비교하자면 범제(泛齊)는 동동주에 속하며 예
   제(醴齊)는 감주에 앙제(盎齊)는 탁주, 제제(緹齊)는 홍주 그리고 침제(沈齊)는 청주에 속한다는 의견도 있다
   (윤숙경, 「향교와 서원의 제례에 따른 제수에 관한 연구」, 『한국식생활문화학회지』 13집, 1998, p.244).
   이 다섯 가지 술은 색깔이 탁한 것은 맛이 없고 맑을수록 격이 높은 술이다. 현재 한국의 전통주는 탁주,

살펴보려는 것이 이 글의 주요한 목표이다.

술은 단순한 식품이고 음식이면서 인간을 타락시킬 수 있을 정도의 마력을 가짐과 동시에 손님과 신령에게 대접하는 신성한 의미를 가지고 있다. 유교의례 가운데도 중요한 위치를 차지하는 술을 마시는 구체적인 의례로 '향음주례'가 있으며, '향사례' 역시 술을 귀중한 매체로 사용한다. 거의 모든 유교의례에 술이 준비되고 있다. 술은 과용하면 마약과 같이 인간을 타락시킬 수 있는 것인데도 불구하고 왜 유교의례에서는 술을 신성한 것으로 사용하였으며 그 의의는 무엇인가.

Ⅱ. 술을 대접하는 의례 「향음주례」

향음주례는 주기적으로 행한 것은 아니고, 향교의 큰 공역이 마무리되면 관장이 향촌의 유림들을 초치하여 향음주례를 베풀고 있다. 원래 향음주례는 향교뿐만 아니라 향사당이나 관아에서도 베풀었으나, 조선후기에는 주로 향교에서 행해졌다. 향촌의 선비, 유생들이 학교, 서원 등에 모여 학덕과 연륜이 높은 이를 주빈으로 모시고 술을 마시며 잔치를 하는 향촌의례의 하나이고, 어진 이를 존중하고 노인을 봉양하는 데 뜻을 둔다. 그러나 고례에 적혀 있는 절차대로는 행해지지 않은 것으로 보인다.

향음주례에 대한 또 다른 기록인 『의례』 '향음주' 조에 의하면 향

청주(약주), 소주가 주를 이루는데 막걸리인 탁주가 가장 오랜 역사를 가졌으며, 이 막걸리의 찌꺼기를 제거하여 청주(약주)를 제주하고 이어서 증류주인 소주가 만들어졌다(淸水武紀, 배상면 편역, 『朝鮮酒造史』, 규장각, 1996, p.29).

음주란 향대부가 나라 안의 어진 사람을 대접하는 것으로, 향음주례를 가르쳐야 어른을 존중하고(尊長) 노인을 봉양하는(養老) 것을 알게 되며, 효제(孝悌)의 행실도 실행할 수 있는 것이고 귀천의 분수도 밝혀지며, 주석(酒席)에서는 화락하지만 지나침이 없게 되어, 자기 몸을 바르게 하여 국가를 편안하게 하기에 족하게 된다고 한다. 고례에서 적시하고 있는 향음주례의 목적은 우리나라에서도 그대로 통용되고 있음은 물론이다.

우리나라의 향음주례는 명나라의 제도를 따랐으며, 세종이 집현전에 상정(詳定)하도록 명하여 성종 5년(1474)에야 편찬을 완성했던『국조오례의(國朝五禮儀)』와 더불어 소개되고 있다. 그에 의하면 해마다 맹동(孟冬)의 길진(吉辰)을 택하여 한성부와 도, 주, 부, 군, 현에서 행하였으며 주인(소재지의 官司)이 유덕한 연장자 및 호행자를 택하여 학당에 주탁(酒卓)을 마련하고 서민까지도 자리를 달리하여 참석시켰다. 주인과 손님 사이에 절도 있게 술잔을 헌수하여 연장자를 존중하고 유덕자를 높이며 예법과 사양의 풍속을 일으키도록 하였다.

우리나라에서 행해진 가장 기본적인 향음주례의 차례는 다음과 같다.[8]
① 해마다 10월에 주(州), 현(縣)에서 길일을 택하여 주인(지방관)이 주빈(연세가 높고 덕이 높은 사람)을 청한다.
② 행사 당일에 주인이 주빈을 향교문 밖에서 맞이하는데, 주빈이 예절을 갖추어 들어오면 손님이 따라 들어와 마루 위로 오른다.
③ 주빈이 두 번 절하면 주인이 답하여 절하고, 여러 손님이 다 같

---

8)『國朝五禮儀』卷4,「鄕飮酒義」

이 예를 행하며 자리에 앉는다.

④ 풍악을 울리고 주인이 주빈에게 술을 올리면, 주빈이 주인에게 답하여 잔을 올려 5회의 잔 돌림을 한 뒤에,9) 손님과 주인이 함께 일어선다.

⑤ 사정(司正)10)이 말하기를, '국가를 추앙하고 옛 풍습으로 이끌고 예교를 숭상하여 이제 향음을 거행하니 이는 오직 음식만을 위한 것이 아니다'라고 한다. 또 '우리 노소(老少)는 서로 권면하여 나라에는 충성하고, 어버이에게는 효도하고, 가정에서는 화목하고, 향리에서는 잘 어울리고, 서로 일깨우고 가르쳐 잘못이 있거나 게으름 펴서 삶을 욕되게 하는 일이 없도록 할 것'이라 한다.

⑥ 자리에 앉은 사람들이 모두 재배하고 처음과 같이 손님이 내려서 나가며, 여러 손님들이 나간다.11) 주인은 평소의 예처럼 문 밖에서 전송한다.

향음주의 예는 장유(長幼)의 서(序)를 밝히는 것으로 다름 아닌 예절교육이다. 그러기 때문에 이 향음주례도 일을 전폐하고 하는 것이 아니라 오전에 조정의 일을 보고, 저녁에 집안일을 그만둠이 없이 낮 시간에 하는 것이다. 밤을 새며 1차, 2차를 가는 음주문화와는 전혀

---

9) 『禮記』 卷29, 「鄕飮酒義」 第45, "賓酬主人, 主人酬介, 介酬衆賓, 少長以齒, 終於沃洗者 焉知其能弟長而無遺矣. 降說屨升坐 修爵無數, 飮酒之節 朝不廢朝 莫不廢夕. 손님은 주인에게 수작하며, 주인은 介에게 수작하며, 介는 여러 손님에게 수작하며, 젊은이와 어른은 나이로 따지며, 옥세자에 이르러 마치니, 잘 어른을 우애하는 데 남음이 없음을 알기 때문이다. 내려가서 신을 벗고 올라가서 앉으니, 잔을 돌린 일이 무수하다. 음주의 절차에 아침에는 조정의 정사를 폐하지 않고 저녁에는 집의 일을 폐하지 않는다."

10) 『禮記』 卷29, 「鄕飮酒義」 第45, "乃立司正. 예를 알 만한 사람을 택하여 사정을 삼는다. 焉知其能和樂而不流也. 그가 잘 화락하여 그 절도를 잃는 자가 없을 것을 알기 때문이다."

11) 『禮記』 卷29, 「鄕飮酒義」 第45, "賓出: 손님이 나가면, 主人拜送: 주인이 절하여 보내고, 節文終遂: 예절이 끝나니, 焉知其能安燕而不亂也: 그 능히 잔치를 편안히 하고 문란하지 않은 것을 알겠다."

다른 격식인 것이다.

> "옛 둑을 소용이 없다하여 헐어버리는 자는 반드시 수패(水敗)가
> 있고 옛 예(禮)를 소용이 없다 하여 버리는 자는 반드시 난(亂)의
> 환(患)이 있는 것이다. 향음주의 예가 폐해지면 장유(長幼)의 질서
> 가 없어져 다투고 싸우는 옥사(獄事)가 많아질 것이다."12)

『예기』에서 기록하는 향음주례의 예는 술을 마시기 전에 그리고
마신 후에 늘 절하는 격식을 갖고 있어서 갈증 난 자가 물을 마시듯
마시는 것이 아니다. "주인이 상문(庠門) 즉 교문의 밖에서 빈을 절하
여 맞아 들어와 세 번 서로 읍을 한 뒤에 계(階)에 이르고 세 번 서로
사양하다가 오르는 것이니 이는 존경과 겸양을 극진히 하는 것이요,
손을 씻고 술잔을 든 것은 깨끗이 함이요, 이르러왔음에 절을 하고
잔을 보내고 절을 하고 잔을 모두 마심은 공경을 극진히 하는 바다.
존중하고 겸양하고 깨끗이 하고 공경함은 군자의 서로 접하는 바다.
군자가 존중하고 겸양하면 다투지 아니하고 깨끗이 하고 공경하면
태만하지 아니하나니, 태만하지 않고 다투지 아니하면 투쟁하고 우김
질함을 멀리하여 포학함과 난의 화가 없게 된다. 이래서 군자는 화
(禍)에서 면하는 것이다."13)

존경과 겸양의 덕을 술을 통해 기르는 것이다. 겸양의 미덕을 길러
다투지 않게 하고 공경심을 길러 태만하지 않게 하여 세상을 화목하
게 살아가는 미덕을 기르는 것이 오히려 큰 목적이 있다. 오로지 술

---

12) 『禮記』 卷23, 「經解」 第26.
13) 『禮記』 卷29, 「鄕飮酒義」 第45.

을 마시기 위한 것이 아니라 인간관계를 존경과 화합으로 이끌기 위해 술을 대접하는 것이다. 그러므로 격식과 절차가 있는 것이다.

향음주례는 젊은 사람이 노인을 봉양해야 할 의리가 있음을 밝히는 예법으로 천하의 청년은 자기 부모처자뿐 아니라 천하의 노인을 봉양해야 할 인간의리가 있음으로 적당한 때에 노인을 한 자리에 초청하여 술과 고기를 대접하였다. 사람을 대접함에는 반드시 존경하는 마음씨가 있어야 하므로 예절을 갖추게 되어 있었다. 또한 활을 쏘는 의식인 향사의(鄕射儀)에서도 음주는 수반되었다.

> "경(卿) 대부(大夫) 사(士)가 활을 쏠 때에는 반드시 먼저 향음주(鄕飮酒)의 예를 행하였다. 그래서 연례(燕禮)란 것은 군신의 의를 밝히는 것이고, 향음주의 예는 장유(長幼)의 서(序)를 밝히는 것이다. 공자가 말씀하시기를 군자가 다투는 바가 없지만 반드시 활 쏘는 데서는 다툰다. 그러나 읍하고 사양하고 올라가서 쏘고 내려와서 이긴 자가 진 자에게 술을 부어줘 마시게 하니 그 다툼이 군자다우니라. 시(詩)에 하였기를 저 과녁을 쏘아 맞혀서 너에게 술잔을 부어주기를 바란다했으니, 기(祈)는 구함이다. 맞히기를 구하여 술잔을 사양하려는 것이다. 술이란 늙은이를 양(養)하는 것이니, 술잔을 사양함을 양(養)을 사양하는 것이다."14)

이러한 향사의(鄕射儀)에서도 주인이 술을 권하는 의례가 매우 중요한 것이며 손님은 술맛을 칭찬하며, 주인에게 또한 술을 권하는 형식을 갖추는데 술을 마시기 전에 제사하는 의례15)를 하는 것으로 보아 일종의 음복을 하는 형식이다.

인간사회는 늘 경쟁이 따르고 더구나 현대사회는 다른 사람의 승

---

14) 『禮記』 卷30, 「射義」

15) 『儀禮』, 「鄕射禮」 第5, '執爵 逐祭酒 興 席末碎酒降席 坐奠酌 拜 告旨… 主人 坐祭 逐飮… 坐祭 立飮.'

리는 나의 패배가 되는 시스템이 갖추어져서 진정 다른 이를 소중히 하고 배려하기가 점차 쉽지 않다. 그러나 유교의 의례에서는 인간관계는 늘 배려가 필요하며, 설사 경쟁을 하더라도 겸양과 공경의 미덕을 잃을 정도의 경쟁은 덕을 상실할 수 있다. 활쏘기를 하고 나서 승자가 패자에게 술을 권한다는 것은 배려와 공경의 마음을 술을 권하면서 배우게 했던 뜻이 있다.

Ⅲ. 제사에서의 술

유교의 제례는 절차에 있어서 반드시 초헌, 아헌, 종헌 등 삼헌(三獻)으로 술로 의식이 거행되게 하였고, 만일 술이 없으면 제사를 지낼 수 없게 하였다. 뿐만 아니라 강신을 할 때도 술을 따라 모사기에 붓는 것으로 제사를 시작했으며, 제례의 절차가 끝나면 음복(飮福)을 한다. 여기에서 음복은 제사를 지낸 다음 복을 탄다는 뜻으로 제물을 나누어 먹는 일이지만, 사실은 술을 마시는 것이 중요했다.

> '제사(祭祀)에만 이 술을 쓸 것이니, 하늘이 명(命)을 내리시어 우리 백성들에게 처음 술을 만들게 하신 것은 오직 큰 제사에 쓰게 하려 하신 것이다'고 하셨다.16)

유교의 제사뿐만 아니라 우리나라의 민속에서 땅에 술을 붓는 '고시레'는 오랜 풍속이다. 제사의례 가운데, 마시기 전에 반드시 먼저

---

16) 『書經集傳』, 「酒誥」, '曰祀玆酒 惟天 降命 肇我民 惟元祀.'

뇌주(酹酒)하는 습속이 형성되었다. 이 하나의 습속이 지금 아직도 몽고족이나 묘족(苗族)등 민족 가운데 남아 있다.

금주령으로 인해 제사 때 술을 쓰지 않은 것에 대해 영조 때의 상소문은 심각하다.

> "신이 듣건대, 술을 빚는 것이 나라의 큰 금법이 되어 태묘(太廟)에 술을 쓰지 않는 지경에까지 이르렀다고 하니, 이는 아마도 예에 크게 어긋나는 것인 듯합니다. 『시경』에 이르기를, '저 구수한 향기여.'라고 하였고, 『서경』에는 이르기를, '제사에만 이 술을 쓰라.'고 하였으니, 흠향하는 도리는 오로지 울창주(鬱鬯酒)를 따라서 강신(降神)하는 데에 있는 것입니다. 그리고 신주(神州)를 바라보니 백년 동안 육침(陸沈)하여 술 향기가 날 곳이 없으니, 저 양양(洋洋)하게 척강(陟降)하는 혼령도 또한 반드시 동토(東土)를 돌아보아 단소(壇所)에 강림할 것입니다. 더욱이 이제 시향(時享)이 멀지 아니한데 번국(藩國)에서 금한다 하여 막중한 제사에 쓰지 않는다면 아주 예의가 아닙니다. 신은 사사로이 술을 빚어서 회음(會飲)하는 것은 엄격히 금하고 향사(享祀)에만 쓴다면 진실로 마땅함을 얻을 것이라고 생각합니다."17)

이처럼 술은 유교의례에서 신성한 존재이기도 하다. 술을 단지 마시는 음료나 상품으로 간주했던 일본인들이 향교의 석전제의 술을 밀주로 간주했다가 크게 비난을 받은 사건이 일제강점기에 있었다. 전라도의 보성향교에서 석전제를 위해 술을 담은 것을 가지고 일본세무서원이 주세령 위반으로 봉인하자 유림에서 크게 저항하고 그 세무원을 감금한 이른바 '제주(祭酒) 사건'18)은 법 이전의 제주를 밀주로 간주함

---

17) 『조선왕조실록』, 영조 101 영조 39년 3월 3일(경신), 송명흠이 제사에 술을 쓸 것을 청하다.

18) 1921년 8월 일제(日帝)가 향교의 문묘대제에 쓸 제주를 주세령 위반이라 해서 사용하지 못하도록 봉인을 하려고 하자 향교의 유림들이 일본인 세무 관리를 묶어 화형을 시키려고 했다. 이에 놀란 군수와 경찰서장이 향교에 와 사정하여 이들을 구출한 후에는 관련된 유림들을 구속하고 갖은 고문을 자행했지만, 보성 유림들은 이에 굴하지 않고 전국의 향교에 통문을 돌려 투쟁을 주도하는 한편, 구속된 유림들도 의연함을

으로써 성현에 대한 신성모독으로 간주되었음을 알 수 있다.

제사음식의 진설은 음양사상에 입각해서 홍동백서(紅東白西)나 건좌습우(乾左濕右) 혹은 남좌여우(男左女右) 등의 위치를 지정한다. 그런데 술은 음양의 어느 쪽에도 속하지 않고 한 가운데 있고, 술의 성향은 물도 아니고 그렇다고 해서 불도 아닌 음양이 이미 조화되어 있는 음식이다. 그러므로 인간과 신령이 가장 가까이 소통할 수 있는 음식으로 취급된다고 하겠다.

「상례」에서도 영우에 조석천작(朝夕薦酌)하여 영혼이 시들지 않게 하고 조문객도 헌작(獻爵)하여 영결을 고하며 조위(弔慰)하였는데 술이 주 음식이 되게 하였다. 상가에서 조문객들에게 술을 대접하거나 밤샘을 하면서 술을 마시는 풍속도 여전하다.

Ⅳ. 화합의 의미로서의 술

관례는 성인의식인데 남자 20세, 여자 15세가 되면 육체와 정신이 성숙해지므로 관례를 거행하여 성인의 의관을 갖추어 입히고 자를 지어 어른으로 높이면서 성인의 책무를 지니게 하였다. 손님이 맑은 술을 한 잔 주면서 천지신명께 성인의 첫발을 축복하고 이어 마시게 하여 술을 마실 수 있는 자격이 있음을 인정하였다.

술을 이처럼 성인 이상의 음식으로 취급한 것은 그 지각이 스스로 이치를 깨달을 수 있고 그 의식의 본심을 지킬 수 있고, 그 기력이 행

잃지 않아 총독부를 굴복시켰으며 1923년 6월에 구속자의 석방과 향교 대제용 제주만큼은 마음대로 담글 수 있게 한 사건(http://taebaeksanmaek.com/html/posung.html 참조할 것).

실을 세울 수 있는 사람이 바로 성인임을 뜻한 것이었다. 요컨대 성인 중에서도 그러한 사람만이 술을 마실 수 있다는 의미를 부여한 것이었다. 그러므로 술을 대접받는다는 건 곧 인격적 존경의 뜻이 된다.

혼례는 완전한 성인 남녀가 결합하여 하나의 가정을 이루기 위한 예절로서 인생의 성공도 실패도 모두 이것에서 기인하는 것이므로 부부의 의리를 맺는 예식을 거행할 때 집례는 술을 들어 신랑 신부로 하여금 별님에게 앞날의 행복을 빌고 마시게 하여 혼례를 힘차게 격려하였다.

고대 신라나 고구려에서는 혼례가 형성되는 조건으로 술이 필수적인 역할을 했는데 이는 술이 신인융합을 위한 일체화의 매체로서 뿐만 아니라 남녀융합 일체화의 매체로서도 신비한 주력을 부린 것으로 이해되었기 때문일 것이다. 술은 혼속(婚俗) 가운데서도 중요한 작용을 하였다. 약혼이나 혼례 등의 절차(程序)로 모두 예의 활동에 일관된 것이며 이러한 활동은 그 자체가 바로 환락을 표현한 것이며, 술은 적극적 역할로 작용한다.

신랑 신부가 교환하여 마시는 술이 '합환주(合歡酒)'라고 한다. 설사 술을 못하는 경우라도 반드시 합환주는 받아다가 입술을 적셔야 한다고 한다. 이는 민속상 이성을 만난 즐거움과 백년가약을 다짐하는 뜻을 가지게 하는 예절이다.

장가가는 아들에게 아버지는 술을 따라 준다. "아버지가 친히 자식에게 술을 부어주며 명하여 신부를 맞으러 가게 하니 이것은 남자가 여자에게 예를 먼저 베푸는 것이다."19) 여기에서 술은 성인이 되었음

---

19) 『禮記』 卷29, 「昏義」 第44, '父親醮子而命之迎, 男先於女也.'

을 인정하는 것이기도 하고 신성한 혼인의 중요성을 높이는 것을 상 징한다.

결혼의례 가운데 신랑 신부가 거행을 요하는 것이 '합근례(合巹禮)' 이다. 박[匏瓜] 하나를 둘로 나누어서, 다시 실(線)로 서로 연결하여, 신랑 신부가 각각 그 하나를 잡고, 서로 술을 마시는 것이며, 부부로 서 마음이 서로 연결되어 백년해로를 기약하는 것이다.

> "신부가 오면, 신랑이 신부에게 읍하고 들어오게 하고 안주를 함께
> 먹고 합근(조롱박을 나눈 잔) 잔에 술을 따라 마시니 몸을 합하고
> 존비를 함께하여 친하고자 하는 까닭이다.20)

시집온 신부에게 시부모는 폐백을 받은 다음날, '아침에 시부 시모 가 함께 며느리를 대접해주되 술 한 잔을 부어주는 예로써 하고'21)라 고 하니 술이야말로 대사에 있어서 필수불가결의 신성한 매체임을 알 수 있다. 제사에서뿐만 아니라, 중요한 손님이 왔을 때 맛있는 음 식과 술을 대접하는 것은 당연한 예의이다. 조선시대에 중국 황제의 칙사가 오면 왕은 격식과 절차에 따라 정사와 부사들에게 술을 대접 했다. 그것은 서로 권하고 맹목적으로 술을 마시는 것이 아니라 항상 『시경』과 같은 고전의 좋은 말을 인용하여 덕담을 나누고 그리고 한 잔을 주고받을 때도 읍하고 절하여 술이 취하는 일이 없었다. 그러므 로 술을 향락을 위해서 마신다기보다는 서로의 덕을 높이고 서로 사 양하는 절차를 통해 우의를 다졌던 것이다.

나라의 잔치뿐 아니라 집안잔치에서도 술은 중요한 매체가 되었다.

---

20) 『禮記』 卷29, 「昏義」 第44, '婦至, 胥揖婦以入, 共牢而食, 合巹而酳, 所以合體, 同尊卑, 以親之也.'
21) 『禮記』 卷29, 「昏義」 第44, '舅姑共饗婦, 以一獻之禮 奠酬.'

가장에게 술을 올리고 절하는 것이 보편적 잔치의 핵심에 있는 예법이고, 술을 올릴 때는 복을 받고 가정의 화목을 기원했고 가장이 마신 후 두루 술잔을 돌리게 하였다.22) 술은 그 명분은 옛 어른에 대한 추모와 봉헌에 있지만 실질은 살아 있는 이들의 화합을 도모했던 것이다.

V. 소통과 대접을 위한 술

유교의례에서의 술은 단지 향락을 위해서 마시는 것이 아니라 인간관계에서 정성과 공경의 예의를 돈독히 하는 신성한 매체였음을 알 수 있다. 오늘날 이런 술의 의례적 의미는 점차 상실되고 술의 부정적 상징만이 부각되고 있음은 쓸쓸한 일이다. 의례를 통해 인간관계에서 겸양과 존중의 마음을 훈련하는 절차들이 사라지게 된 공동체에서 지나치게 서로 치열한 경쟁이 이루어지는 것은 오로지 물질적 가치를 숭앙하는 염치불구(廉恥不拘)의 문화로 가게 할 수 있는 것이다.

공자의 음주습관에 대해 논어에서는 '술의 양은 헤아릴 수 없으나 어지러운 데 이르지 않았다.'23)고 묘사하고 있다. 술의 양은 사람마다 다르기 때문에 특정의 주량을 적시하지 않았으나 적어도 선비다운 예절은 아무리 술을 마시더라도 결코 위의를 잃는 상태로 가지 않는다는 뜻을 말하고 있다.

적어도 유교의례에서는 나를 위한 술자리는 없다. 술을 마시는 의

---

22) 『朱子家禮』, 「司馬氏居家雜儀」, '長者擧笏跪斟酒 祝曰 伏願某官 備膺五福 保族宜家 …家長命侍子 徧酢諸卑幼.'

23) 『論語』, 「鄕黨」, '唯酒無量不及亂.'

례인 「향음주례」에서는 연장자에게 술을 바치는 의례로 항상 절을
하면서 술을 권하도록 하여 자연히 음주의 예절을 배우도록 했다. 유
교의 제사에서 술이 없는 제사는 상상할 수 없다. 규모가 큰 향교의
석전제이건 종묘사직의 의례이건 술을 올리는 것이 그 제사의 핵심
적 봉헌이다. 그리고 그 제사의 모든 절차의 마무리는 제사에 참여한
사람들의 음복이라는 것도 술의 의의를 상징해 주고 있다.

어른이 되는 관례나 혼례에 술은 빠짐없이 등장하고 있으며, 어른
다운 상징으로 술을 마시는 초례를 실시했으며, 남녀의 혼례를 상징
하는 음주를 합환주로 명하고 그 나누는 잔을 하나를 둘로 나눈 잔을
만들어 합근례(合졸禮)라고 이름할 정도였다. 사랑의 맹세를 천지신
명에게 술을 올리고 그리고 그 술을 나누어 마심으로 거행했다는 것
을 말한다. 중요한 손님이 오면 마치 조상에게 제사의례를 술로 올리
듯 손님을 대접하는 것이 또한 술이라는 점에서 술은 인간과 신령뿐
만 아니라 인간의 인간을 화합시키는 매체였다.

이와 같이 술은 서로 다른 성향을 조화시킬 수 있는 곧 남녀노소
그리고 이승과 저승을 이어줄 수도 있는 음양조화의 소통을 상징하
는 음식이라고 할 수 있을 것이다. 유교의례에서 술은 항상 상대를
배려하는 데서 존재했으며 그것은 죽은 자를 위한 제사뿐만 아니라
살아 있는 인간에 대한 공경의 발로로 쓰이는 것이 본연의 고아(高雅)
한 목적이었음을 알 수 있다.

잘 죽음(Well dying)에 대한 유교적 관점

I. 유종(有終)의 아름다움

유교에서는 다른 종교와 달리 죽음이나 사후의 세계에 대해서 별로 거론하지 않는다. 잘 살면 그 사는 이치 속에 잘 죽은 이치도 있다는 것이 공자의 기본정신이기 때문이다. 그러나 많은 이들이 불치의 병이나 죽음 앞에서 당황하고 평상심을 잃는 경우가 많으므로 죽음에 대해 유교는 어떻게 보는가를 면밀히 검토할 필요가 있다고 생각한다. 이 분야에 대한 선행연구는 유흔우(2005)가 종교적인 면에서 유교의 죽음관의 의미를 깊이 있게 조명했고, 유권종(2004)은 상례에서의 유교적 죽음의 기호를 읽어내려 시도한 의미 있는 논문을 발표했다.[1]

죽음을 잘 맞아들여야 한다고 주장하는 '웰 다잉(well dying)'을 연구하는 한 학자는 이렇게 말했다.

---

[1] 유흔우, 「유교 종교성 논쟁의 기초: 죽음관과 신비체험」, 『동서비교문학저널』 12호, 2005.
유권종, 「유교의 상례와 죽음의 의미」, 『철학탐구』, 중앙대 중앙철학연구소, 2004.

"예전에는 집에서 죽음을 맞이하였지만, 얼마 전부터 병원에서 죽음을 맞는 일이 증가하게 되었다. 얼마 전까지만 해도 50대, 60대에 자연사를 했을 사람들이 암, 당뇨병, 뇌졸중, 치매 등의 병을 지니고서 의료기계에 둘러싸인 채 여러 가지 튜브를 몸에 꽂고 있는 모습을 자주 목격하게 된다. 갑자기 위급한 상황이 닥치면, 머지않아 죽을 것을 알면서도 작별인사를 할 겨를도 없이 심장마사지 등 응급조치를 취하기 위해 가족들은 병실 밖으로 쫓겨나게 된다."2)

중년들의 경우는 말할 나위도 없이 거의 죽은 것이나 다름없는 사람에게도 무수하게 약을 투여하고 주사바늘을 찌르고 전기충격을 가한다. 그리고 죽어가는 순간의 심전도, 혈액속의 산소량, 뇌의 움직임 등이 면밀하게 기록된다. 이런 상황은 평화롭기보다는 매우 부정적이고 공포적인 임종상황이라고 할 수 있을 것이다. 이런 상황에서 인생을 정리하고 죽음을 받아들인다는 것은 매우 어려울 듯하다. 오늘날 불교나 그리스도교 등의 지도자들이 죽음을 받아들이고 일종의 '아름다운 마무리'를 하는 데서 대중들에게 적지 않은 감동을 주고 있는데 사실 과거 선비들이 바로 그런 태도로 인생을 마무리했다.

퇴계(退溪) 선생이 70세에 서거할 때의 상황을 살펴보자, 선생은 자신의 몸에 이상이 있고 머지않아 죽음이 올 것을 인식했다. 아들을 불러 빌려온 서책을 주인들에게 돌려보내도록 하고 집사람들이 기도를 하지 못하도록 당부했다. 다음날은 조카에게 유언을 기록하도록 했다. 거기에는 국장을 사양해야 하며, 비석을 크게 세우지 말고 돌에 새길 명문은 '퇴도만은진성이공지묘(退陶晚隱眞城李公之墓)'라고 간단히 쓸 것이며 뒷면의 내용도 간략하게 가례에 따라 향리와 조상의 내력과 지행(志行)과 출처(出處)만을 새기도록 부탁했다. 그는 사실이 아

---

2) 오진탁, 「웰빙시대에 왜 웰다잉을 말하는가」, 『불교평론』 겨울, 2005, p.15.

닌 장황한 사실들을 과장되게 적어서 후세에 웃음거리가 되지 않도록 경계한 것이다.3)

　세상을 떠나는 날 아침에도 '매화분에 물을 주어라'고 명하고 밤이 되자 누웠던 자리를 정돈하게 한 뒤에 마치 잠을 자듯 편히 운명했다. 허심평기(虛心平氣)의 마음가짐과 몸가짐이 흐트러짐이 없었다.

Ⅱ. 유교에서의 죽음

　공자께서 죽음에 대해 많은 말을 하지 않은 것은 잘 알려진 사실이다. 자로(子路)가 죽음이 무엇인지 물었을 때 '삶도 모르는데 어찌 죽음을 알겠는가' 하면서 대답하지 않았다. 또 귀신에 대해서도 '사람을 모르는데 어찌 귀신을 알겠는가'4)라고 대답하여 공자의 관심은 천국이나 극락 혹은 지옥이나 귀신이 아님을 알게 한다.

> "그래서 자공이 쉴 곳이 없습니까? 라고 묻자, 공자가 말하기를 묘를 바라보면 언덕 같기도 하고 산마루 같기도 하고, 솥을 엎어놓은 것 같기도 하다. 이것을 보면 쉴 곳을 알게 된다. 자공이 말하기를 '크다. 죽음의 일이여! 군자도 쉬고, 소인도 쉬는구나.'"5)

　인간의 도리를 다하다 보면 쉴 겨를이 없다는 것은 공자다운 발상

---

3) 『退溪全書』, 「年普」 권2, p.22. 70세, 十二月 '丙申' '命子弟錄還他人書籍 戒勿遺失 時子寯爲奉化縣監 命呈辭狀于監司禁家人祈禱… '丁酉' 命兄子寯書遺戒 一令辭禮葬 二勿用碑石 只以小石 書其前面云退陶晩隱 眞城李公之墓 其後略敍鄕史世系志行出處如家禮… 張皇無實之事 以取笑於後世. '辛丑' 朝令侍人灌盆梅.'

4) 『論語』, 「先進」, '季路問事鬼神 子曰 未能事人 焉能事鬼 敢問死 曰未知生 焉知死.'

5) 『荀子』, 「大略」 '然則賜無息者乎 孔子曰望其壙皐如也 嵮如也 鬲如也 此則知所息矣', '子貢曰 大哉死乎 君子息焉 小人休焉.'

이지만, 다행히 마지막 쉴 곳이 마련되어 있다는 암시에 자공은 군자
도 쉬고 소인도 함께 쉴 수 있는 마무리가 죽음이라고 깨닫고 있는
대목이다. 그러나 이것은 죽음을 미화하는 것은 아니다. 그가 죽음과
귀신 등에 관한 일은 적극적으로 말하지 않는 이유는 죽음 이후의 세
계를 부정해버리면 죽은 자를 추모하지 않을 것이고, 죽음 이후를 지
나치게 긍정하면 이 세상의 삶의 의의를 무상한 것으로 볼 가능성이
있기 때문에 공자는 침묵하고 싶었던 것이 아닐까.

> 자공이 공자에게 죽음 이후의 세계에 대해서 물었다.
> 자공: "죽은 사람이 세상의 일을 알 수 있습니까?"
> 공자: "만약 죽은 사람이 (세상의 일을) 알 수 있다고 말한다면 효
> 자의 현손들이 삶을 버리고 죽음에 매달릴까 두렵고, (세상의 일을)
> 알지 못한다고 말한다면 불효한 자손들이 죽은 사람을 묻지도 않
> 고 아무렇게나 처리하지 않을까 두렵다. 죽은 사람이 세상의 일을
> 알 수 있는가 없는가는 그대가 죽은 후에 자연히 알게 될 것이다.
> 그때 가서 알아도 늦지 않다."6)

조금은 유머러스한 결론이지만, 공자는 저세상에 대해 확실한 대
답을 피하고 있는 것이고, 죽은 후에 알아도 결코 늦지 않다고 응답
하고 있다.

그런데 공자는 안회(顔回)의 죽음에 눈물을 흘렸고,7) 병으로 죽어
가는 제자에 대해서도 슬픔을 감추지 않았다. 말하자면 인생의 마무
리로서의 죽음을 인식하고 애도했던 것이다. 죽음은 기쁜 것이 아니
라 슬픈 것이며, 결코 축복이 아니다. 일반인뿐 아니라 성인 공자에게

---

6) 『孔子家語』 권2, 「致思」, '子貢問於孔子曰 死者 有知乎 將無知乎 子曰吾欲言死之有知將恐孝子順孫 妨
　生以送死 吾欲言死之無知將恐不孝之子 棄事親 而不葬賜 不欲知死者 有知與無知 非今之急 後自知之.'
7) 『論語』, 「先進」, '顔淵死 子曰 噫 天喪予 天喪予. 顔淵死 子哭之慟.'

서도 인간의 죽음은 극복하기 어려운 하나의 재난이며 일종의 비상 사태였던 것이다.

1. 목숨보다 중요한 도(道)

공자는 '아침에 도를 들으면 저녁에 죽어도 좋다'8)고 했다. 인생의 중대한 목표는 학문을 하는 것이고 도를 알아 실천하는 것이므로 이렇게 말한 것이다. 얼마나 오래 사느냐가 중요한 것이 아니라 어떻게 사느냐가 보다 중요한 과제였음을 알 수 있다.

우암 송시열(1607~1689) 선생이 83세의 나이로 사약을 받게 되었을 때 노학자는 제자 권상하(權尙夏, 1641~1721)에게 이렇게 말하고 있다.

> "나는 언제나 '조문석사(朝聞夕死)'라는 말로 스스로에게 기약했는데 올해 80인데도 마침내 도를 듣지 못한 것이 나이 한이다. 그러나 이제 사는 것이 죽는 것보다 못하다. 나는 미소를 머금고 묻힐 것이다."9)

'아침에 도를 죽으면 저녁에 죽어도 좋다'는 공자 말씀을 평생 새기고 그 경지에 이르기를 기약했지만 죽음에 이른 시점까지도 그 경지에 이르지 못함을 한탄하는 노학자이지만, 그렇다고 해서 당황하거나 누굴 원망하는 태도는 없다. 그에게서는 죽음의 공포는 없다.

하직하는 그 순간 스승과 제자는 예법에 맞는 상례절차를 상의하는데, 우암은 『주자가례(朱子家禮)』와 김장생의 『상례비요(喪禮備要』

---

8)『論語』,「里人」, '朝聞道 夕死可矣' 또「泰伯」에서 '篤信好學 守死善道'도 같은 맥락.

9)『宋子大全』附錄 권11, 年普 先生 83歲 權公尙夏執手曰 吾常以朝聞夕死自期 今年八十 終無所聞而死是 吾恨也 此時生不如死 吾則含笑入地

를 참고하라고 지시하고 있다.

유교의 가르침은 생사(生死)는 천명(天命)에 달려 있다고 굳게 믿음으로써 삶에 있어서나 죽음에 임해서나 순천명(順天命)하는 자세를 취했다. 만약 천명을 벗어나 불로장생을 꿈꾼다는 것은 올바른 도가 아니다. 생사는 인간의 욕망으로 좌우하는 것이 아니라 하늘에 맡기는 태도야말로 순천명(順天命)의 자세다. 목숨보다 중요한 도란 천명을 깨닫는 것이 아닐까? 공자는 하늘에 대해 이야기를 하되 자신의 욕망을 이야기하지 않았다.

> "하늘을 원망하지 않고, 인간을 탓하지 않으며, 인간의 도리(道理)를 실천하고 하늘의 이치에 도달하고자 하니 나를 알아주는 이는 하늘일 것이다."10)

> "일찍 죽을지 오래 살지를 의심하지 않고 몸을 닦아서 천명을 기다리는 것이 命을 세우는 방법이다."11)

유교의 삶과 죽음에 대한 태도는 어떻게 하면 오래 살 것인가는 아니다. 어떻게 도리에 어긋나지 않고 진실하게 살 것인가가 문제의 핵심이다. 인간이 물욕이나 지나친 명예에 어둡지 않고 오로지 천리와 천명에 충실하다면 비록 빨리 죽는다 해도 괘념할 것이 없다는 것을 읽어낼 수 있다.

---

10) 『論語』, 「憲問」, ‘不怨天 不尤人 下學上達 知我者 其天乎.’
11) 『孟子』, 「盡心」 상, ‘夭壽不貳 修身以俟之 所以立命也.’

2. 구차한 삶보다 가치 있는 의(義)

공자의 도를 소중히 하는 생각은 삶에 있어서 살신성인(殺身成仁)과 같은 맥락으로 이어진다. '뜻있는 선비와 어진 사람은 삶을 구하느라 인(仁)을 해치지 않으며, 오히려 몸을 희생해서라도 인을 이룬다'[12]고 한다. 인간이기를 포기하고 욕망대로 살아가면서 오로지 육체적 생명만을 연장하는 것은 공자의 정신이 아니다. 맹자는 이의 연장선상에서 '사생취의(捨生取義)'를 이야기한다.[13]

> "생선도 내가 원하는 바요, 곰 발바닥도 내가 원하는 바이지만, 이 두 가지를 겸하여 얻을 수 없을진대 생선을 버리고 곰 발바닥을 취하겠다. 삶도 내가 원하는 바요, 의도 내가 원하는 바이지만, 이 두 가지를 겸하여 얻을 수 없을진댄 삶을 버리고 의(義)를 취하겠다."[14]

이런 가치관은 유교적 삶에 투철했던 한국의 선비들에게 쉽지 않게 찾아볼 수 있다. 임진왜란과 같은 누란의 국가적 위기에 목숨 걸고 싸운 의사들은 이런 정신으로 기꺼이 목숨을 바치기도 했다.

> "오늘은 다만 한 번의 죽음이 있을 뿐이다. 죽고 사는 것과 나아가고 물러남에 오로지 '의(義)' 자에 부끄럼이 없이 할 것이다."[15]

일제강점을 맞이하여 우리나라가 유린되고 있을 때 이에 저항한

---

12) 『論語』, 「衛靈公」, '子曰 志士仁人 無求生以害仁 有殺身以成仁.'

13) 『孟子』, 「告子」상, '生亦我所欲 所欲有甚於生者 故不爲求得 不爲苟得也 死亦我所惡 所惡 有甚於死者 故患有所不辟也'도 같은 맥락.

14) 『孟子』, 「告子」 상, '孟子曰魚 我所欲也 熊掌亦我所欲也 二者不可得兼 舍於而取熊掌者也 生亦我所欲也 義亦我所欲也 二者不可得兼 舍生而取義者也.'

15) 趙憲(1544-1592)의 『重峯集』, 「附錄」권1, 年普 先生 49歲 '今日只有一死 死生進退 無媿義字.'

위정척사(衛正斥邪)의 선비들도 비장한 각오로 의리정신을 밝히고 기꺼이 자신을 희생하고자 했다.

　　"성현들도 죽음을 면하지 못하였으니 죽음이 사람의 병이 될 수 없는 것이요, 천하 만고에 악을 저지르고도 사람 된 자가 있던가. 그러므로 선(善)을 하면 비록 죽더라도 산 것과 같고 악(惡)을 하면 비록 살더라도 죽은 것과 같은 것이다."16)

　　"나는 70세 이후에 병이 있어도 약을 먹지 않았다. 대개 늙고 병들어 죽는 것은 평상의 일이다."17)

　　같은 생각을 가진 선비 최익현(崔益鉉 1833-1906)은 일제강점에 저항하여 대마도에서 80 노구에 단식을 감행하면서 목숨을 잃었고, 매천 황현(黃玹, 1855~1910)은 절명시를 남기고 음독자살했고, 의당(毅堂) 박세화(朴世和, 1834~1910)는 '예의조선(禮儀朝鮮)'이란 글을 남기고 23일간의 단식으로 저항하고 죽었다. 그는 단식 5일째 되는 날 죽음에 대한 그의 견해를 피력한다.

　　"일 백세(百世)의 먼 시간의 간격이 있다고 해도 서로 통하는 것이 마음이다. 내가 비록 죽더라도 기(氣)는 반드시 남아 있어 서로 응할 것이며 마음이 있으면 반드시 서로 통할 것이다. 생사가 다르다고 어찌 한스러움이 있겠는가."18)

　　사람이 죽더라도 마음으로 기(氣)가 서로 감응할 수 있다고 보았다.

---

16) 李恒老(1792-1868)의 『雅言』 권6, 「忠信」, '聖賢亦未免死 死不足以爲人之病也 天下萬古 有爲惡而得爲人者乎 故爲善則雖死如生 爲惡則雖生如死.'

17) 奇正鎭(1798-1879)의 『蘆沙集』 부록, 연보, 행장, p.70. '吾七十以後有病不服藥 蓋老病死常事耳.'

18) 금장태, 고광식, 『유학근백년』, 박영사, p.125.

산 자와 산 자뿐만 아니라 죽은 자와 산 자가 서로 감응하고 감통할 수 있다. 그러므로 마땅히 구차한 삶보다는 의로운 죽음을 택할 수 있었던 것이다.

이런 선비들의 의리정신에서는 죽음에 대한 슬픔과 허무 좌절과 같은 것은 찾기 어렵다. 오히려 개인을 초월한 영원한 진리에 대한 헌신 같은 도를 추구하는 치열한 정신을 느끼게 해서 감동을 준다. 아름답고 착하게 사는 삶은 죽은 뒤에도 세상에 향기를 남기지만, 그렇지 못한 경우는 죽더라도 그 냄새가 사라지지 않는다고 생각했던 것이다.

3. 인생의 마무리[有終]로서의 죽음, 고종명(考終命)

한국의 유교선비들이 보여준 비장한 죽음의 한 모습에서 어렵지 않게 유교의 죽음관을 찾을 수 있지만, 한편으로는 평범한 사람들이 감히 따라 할 수 없는 것이라고도 할 것이다.

사실 유교에서는 머리털 하나까지도[19] 부모의 유체이니만큼 이를 손상하지 않고 나이 들어 세상을 떠날 때까지 건강하게 살다가 자연으로 돌아가는 것을 효도이자 행복의 하나로 생각했던 것이 사실이다.

도와 의를 위해 목숨을 건 선비들의 일화는 국가에 닥친 재난에 의한 비상시의 일이지만, 평시의 개인의 죽음은 자살과 같은 극단적인 행위는 바람직한 것이 아니었다. 행복한 죽음은 나이 들어 자연스럽게 세상을 떠나는 것이다.

---

19) 『孝經』, ‘汝身體髮膚 受之父母 不敢毀傷 孝之始也.’

‘사(死)’라는 명칭은 소인의 죽음을 말하는 것이고,[20] ‘종(終)[21]’이라는 것은 군자의 마무리를 말하는 것이다. 인간은 정해진 시간이 없지만 언젠가는 마무리를 맞이하지 않으면 안 된다. 그래서 죽음을 맞이하는 것을 임종(臨終)이라고 이름하고 있다. 인간이 누리는 오복 중의 마지막이 다름 아닌 정명(正命)을 이루고 마무리하는 고종명(考終命)으로 나이 들어 장수를 누린 다음 깨끗한 생을 마감하는 것이다.[22]

육신은 부모의 몸에서 생긴 것으로 사유(私有)가 아닌 조상과 부모의 유체이기도 한 것이다. ‘몸이란 부모라는 나무에서 자란 가지다. 감히 불경스럽게 다스릴 수 없으니 부모를 상하게 하는 것’[23]이라고 했다. 그러므로 세상의 끝까지 부모에게 받은 몸을 훼손시키지 않고 떠나는 것이 인간의 도리이다. 이런 차원에서 소위 안락사나 자살은 가정적으로 불효가 될 수 있을 뿐만 아니라 행복한 인생의 마무리인 고종명(考終命)이 될 수 없음을 알 수 있다.

Ⅲ. 천명을 따름

오늘날 의학의 발달은 인간의 생명을 연장시키고 있다. 그러나 인간이 이상 언젠가는 인생의 마무리를 하지 않으면 안 된다. 죽음을 준비하지 않고 당할 때는 인간은 슬퍼하고 당황하고 평상심을 잃게 된다.

---

20) 『禮記』, 「檀弓」 상, ‘君子曰終 小人曰死.’

21) 물론 死라는 生과 상대의 개념이고 終은 始의 상대개념이다. 예컨대 ‘死者生之終也 始則必有終矣’(『孔子家語』 권6, 「本命解」)

22) 『書經』, 「洪範」, ‘五福 一曰壽 二曰富 三曰康寧 四曰攸好德 五曰考終命.’

23) 『小學』, 「敬身」

유교에서 보는 죽음은 우선 죽음에 대한 의식보다는 삶에 충실하자는 것임을 알 수 있다. 천국이나 극락과 같은 저세상이 중요한 것이 아니고 '지금 여기'의 삶이 가장 소중한 것이고 죽은 뒤에 죽음을 알아도 늦지 않다는 것이다.

유교에서는 삶을 중요시하지만 그냥 사는 것이 아니라 도(道)와 의(義)를 추구하는 삶을 높은 가치로 보았다. 그것은 때로는 목숨보다도 더 고귀한 것이며, 희생할 만한 가치가 있는 것으로 유교선비들의 삶에서 찾을 수 있는 죽음관이다. 부모로부터 받은 생명을 존중하고 수명을 다하고 늙어서 죽는 것을 고종명(考終命)의 행복으로 보고 있다. 여기서는 자신의 주어진 운명, 곧 죽음 자연의 질서와 천명으로 보고 따르는 것을 마땅한 것으로 본다.

이렇듯 유교의 가르침에서는 죽음을 당하지 않고 맞이할 수 있는 많은 지혜가 있다. 그것이 바로 도(道)를 닦는 것이며, 의(義)를 실천하는 것이며, 인생의 아름다운 마무리를 받아들이는 것이다. 자기중심의 욕망과 과소비의 삶이 아닌 천명을 따르고 인간의 도리를 지키는 삶 속에는 자연히 웰 빙은 물론 웰 다잉의 준비가 함축되어 있는 것이다.

유교의례와 생명윤리

Ⅰ. 지구화시대의 유교와 생명존중 정신

세계는 점점 지구촌으로 좁혀지고 있고, 특정한 한 문화권에 국한
되거나 특정 종교의 가치가 아닌 지구적, 보편적 윤리를 모색하고 있
다. 이런 시점에서 유교적 의례를 가지고 접근한다는 것은 다소 부적
절한 발상이 되지 않을까 염려되지만, 본 연구의 목표는 유교의 호교
적 변론에 있지 않고, 오늘날 인류에게 제기된 여러 가지 생명윤리의
문제들에 있어서 유교의 근본정신이 인간의 생명을 중시한다는 대전
제 하에 그러한 근거를 경전 속에서 찾고, 그 생명의 규정이 비단 인
간만이 아니라 생태계의 생명체에도 적용되는 지를 파악하고자 한다.
이렇게 함으로써 한국의 유교의례에서 나타난 생명에 대한 관점이
무엇인가를 살펴보고, 거기에서 지구윤리적 보편가치를 재조명해보
고자 하는 것이다.

생명윤리(Bioethics)는 1970년 미국의 생물학자이자 암 연구가인 포
터(Van Rensselaer Potter)가 최초로 사용하였는데, 그는 인류의 생존
을 포함함 지구환경의 위기에 어떻게 대처하느냐 하는 문제를 포함

한 생명 일반에 관계되는 윤리학적인 문제 설정에서 출발했다.[1] 현재는 최초의 의도와는 달리 의료에 있어서의 윤리문제로 한정된 느낌을 주지만, 애초에는 '지구환경윤리'의 일종으로의 생명윤리를 다루었던 것이다. 포터가 사용했던 생명윤리는 지구환경의 위기를 극복하여 인류가 살아남기 위한 과학의 의미였음을 상기할 필요가 있다.

Ⅱ. 유교와 유교의례

유교는 인(仁)을 근본정신으로 하는 공자의 가르침에서 출발하지만, 점차 국가통치의 이데올로기적 기능을 하게 된다. 다시 말해서 천인합일(天人合一)의 원리는 인간사회에서 봉건적 종법(宗法) 질서의 원리로 응용되는데 이때 천(天)을 대변하는 자가 중국의 황제가 되고, 황제는 그의 권력의 근원으로의 천(天)에 의례를 거행하며, 제후국은 종묘(宗廟)와 사직(社稷)에 의례를 거행하고 그리고 서민들은 그들의 조상에 의례를 거행하는 일대 예치(禮治)의 시스템을 확립하게 된다.

유교에 있어서 의례는 사실 유교를 구성하는 핵심적 요소다. 의례의 근원이 되는 '마땅함(宜)'이란 바로 유교의 근본원리인 천리(天理)에 근거하는 것이며, 의례의 형식이 되는 절(節)은 이 천리를 인간 몸의 형식으로 구현한 것으로 중요한 의미를 갖는다.[2] 또한 의례는 개인이 혼자서 행하는 것만이 아니라, 사회구성원들이 공통적으로 행하는 것이기 때문에, 의례를 통해서 사람들은 다시 공동체의 정신을 유

---

1) 강손근, 「생명윤리학의 성립과 그 역사적 배경」, 『대동철학』 15집, 2001, p.135.
2) 금장태, 『유교의 사상과 의례』, 서울: 예문서원, p.205.

지하고 회복하기도 하였다.3) 공동체의 공유인 만큼, 의례의 형식과 절차는 공동체의 변화에 따라 변할 수 있는 것으로 볼 수 있다. 오랜 세월 우리 한국의 전통사회에서 수행된 유교의례 속에는 바로 공동체의 성원들이 추구했던 삶의 원리가 배어 있는 것은 당연하다고 할 것이다.

1. 국가의례

유교의례의 전통적인 분류체제로 제사 대상을 크게 천(天), 지(地), 인(人)으로 분류할 수 있다. 최고의 존재는 천(天)으로 중국의 황제만이 천단(天壇)에서 하늘에 제사를 올릴 수 있었다. 물론 일반인도 하늘과 별을 비롯하여 하늘에서 일어난다고 생각한 바람, 구름, 비 등을 천신(天神)으로 하여 숭앙할 수 있지만, 종법적 질서 하에서는 황제만이 천(天)에 대한 공식적 의례를 거행할 수 있었다. 제후국의 국왕은 땅과 산천 등을 지지(地祇)로 하여 의례를 거행하고 일반인은 자신의 조상들인 인귀(人鬼)를 의례의 대상으로 했다.

조선왕조 때의 우리나라의 유교적 국가의례는 토지신과 곡식신을 모시는 제사직의(祭社稷儀), 선왕의 신위를 모시는 향종묘의(享宗廟儀)가 중심에 있었고, 그밖에 풍운뢰우와 산천 및 성황을 모시는 사풍운뢰우(祀風雲雷雨), 성황의(城隍儀), 사영성의(祀靈星儀), 제악해독의(祭岳海瀆儀), 향선농의(享先農儀), 향선잠의(享先蠶儀) 등이 있었다.

서울의 백악산 아래 경복궁을 중심으로 좌우에 종묘와 사직이 있

---

3) 이은선, 「유교적 몸의 修行과 페미니즘」, 『유교와 페미니즘』, 한국유교학회, 서울: 철학과 현실, p.127.

으며, 성균관에 문묘가 있다. 조선시대에는 국가를 상징하는 사직과 왕조의 정통성을 나타내는 종묘는 그리고 유교의례인 문묘가 최고의 지위를 차지하고 있었던 유교의 국가의례라고 할 수 있다.

2. 가례(家禮)

국가의례는 천(天)과 종묘사직(宗廟社稷) 등이 대상이 되지만, 가정에서의 유교적 의례는 관혼상제(冠婚喪祭)라고 할 수 있다. 이것은 통과의례로 관례는 성인의례이고 혼례는 결혼의례이며 상례는 죽음의 의례이고 제례는 추도의례이다. 동서고금을 막론하고 인간사회의 어느 곳에서나 있는 의례이며, 그 의례 속에는 인간과 그 사회의 가치관이 내포되어 있다. 그래서 역사가 바뀌면 의례도 변모하는 것이며, 지금도 계속변화의 과정 속에 있다.

유교의례는 국가의례이건 가례이건 유교만의 가치관이 담긴 것은 아니다. 유교의례는 『주자가례』 등에 의해 정착화하려고 노력했지만 조선중기 때까지도 미흡했고, 그전에 형성되었던 민간신앙과 불교적 의례와 혼용되어왔다.

그러나 조선후기에는 점차 예학(禮學)이 발달하면서 제례와 상례 등이 단순한 개인의 선택이 아닌 사회규범으로 공동체 통합의 의례로 강조되었다. 중종 때까지 정착화하지 못한 가례(家禮)들이 점차 사대부를 중심으로 수행되었고, 서민들은 그런 의례를 거부할 수 없었다. 그럼에도 여전히 의례는 순수한 유교의례만은 아니었다. 그 이유는 유교는 종교적인 초월신이나 저승의 개념이 불분명하기 때문에 부지불식간에 기존의 의례를 차용하지 않으면 안 되었던 것이기는 하지만, 기본바탕의 가치관은 유교에 바탕을 두어 온 것이므로 유교 의례라고 지칭하는 것이다.

그동안 우리나라에서는 조선시대 예송 등으로 점철된 의례논쟁으로 인해 유교의례를 낡은 가치체계나 봉건적 이데올로기가 함의된 것으로 간주하고 이에 대한 연구도 소홀했다. 유교적 의례와 절차 속에 무엇이 있는가를 해석하려는 노력이 부족했으며, 그 의의가 간과되고 무시되어 왔다.

Ⅲ. 유교의례에서 본 생명관

1. 인간중심의 생명관

동서고금을 막론하고 무고한 인명을 살해하는 것은 전쟁일 것이다. 유교는 원칙적으로 전쟁을 인명에 대한 막대한 재앙으로 경고하고, 생명을 죽이는 것은 우주적 원리에 배반하는 것이라고 하는 입장이다.

> "군대를 일으킨다면 반드시 하늘의 재앙이 있을 것이다. 전쟁이 일
> 어난다면 할 수 없이 이것을 막겠지만 전쟁이 일어나지 않는 이상
> 스스로 시작해서는 안 된다. 천지인(天地人)의 도는 생육(生育)을 위
> 주로 한다. 전쟁은 만물의 생육을 방지하고 이것을 죽인다. 이것은
> 천지인의 대도에 어긋나는 것이다. 하늘의 재앙을 받는 것도 마땅
> 하다. 그렇기 때문에 군사를 일으켜서 하늘의 도리를 변하는 일이
> 없어야 하고 땅의 도리를 끊는 일이 없어야 하며 사람의 기강을 어
> 지럽히는 일이 없어야 한다."4)

---

4)『예기』,「月令」, '稱兵必天殃 兵戎不起 不可從我始 毋變天之道 毋絕地之理 毋亂人之紀 故毋儀 先於父訓

　원시유교의 핵심은 인(仁)이고 이 인은 인간성이자 인간애이며, 인간에게만 국한된 가치가 아니라 동물을 비롯한 여타의 생태환경에 대해서도 적용할 수 있는 생명존중의 가르침이다. 이러한 인(仁)의 실현은 가족으로부터 시작되어 인류에 이르는 것이기 때문에 유교에서는 가족의 가치를 그 어떤 가치보다 우선적으로 본다. 나라고 하는 개인보다는 가족공동체 속의 구성원으로의 '우리'가 고려되어야 할 대상이다. 물론 여기에서 인(仁)이 가족에만 머무는 것이 아니라 결국 '수신제가(修身齊家)'를 바탕으로 '치국평천하(治國平天下)'로 나아가는 지구윤리적 차원임은 물론이다.

　그러나 최고의 이상이 평천하 곧 인류라고 하는 차원이라고 할지라도, 가정을 바탕으로 하지 않으면 안 되기 때문에 한 가정의 출발이 되는 결혼의 의례를 중시했다. 여기에서 결혼적령기가 될 때 관례와 혼례의 의례가 있다. 관례와 혼례는 성인으로 가정을 가지게 하려는 통과의례인데, 결혼의 목적 가운데 가장 큰 목적은 출산이다. 출산은 생명의 탄생을 말하고, 적법한 절차를 통한 인명의 탄생은 가족공동체에 있어서는 생명의 영속을 의미했다.

　이혼을 고려하지 않는 것을 원칙으로 했지만, 아이를 출산하지 못하는 아내는 결혼의 목적을 달성하지 못했기 때문에 이혼의 대상이 될 수 있었다. 여기에서 가문을 잇는 사람은 남자이기 때문에 여성차별이 있었던 것을 부인할 수 없고, 오늘날까지도 한국인의 낙태의 원인 가운데 태아가 딸일 경우 임신중절을 시도하는 경우가 있다. 그러나 유교의 입장은 출산을 제한하기 위한 낙태는 살인과 같은 것으로

慈敎 嚴於義方.'

그 원인을 아들선호사상, 혹은 유교의 탓으로 돌리는 것은 무리다.5)

혼례의 가장 중요한 목적을 출산에 두고 있다는 것은, 한 개인의 생명이 단지 자신의 것이 아니라 조상대대로 면면히 이어온 공동체의 생명체로서 의의를 가진다. 자신의 조상은 바로 자신의 생명의 원천으로 귀중한 의례의 대상이 된다. 자신의 생명을 이어주었고 자신은 후손으로 번성해가는 생명의 연속선상에 있는 것이다. 조상은 생명의 뿌리로서 소중하게 받들어지는 것이 마땅하다. 그러므로 제례에 있어서 조상의 존중은 바로 자기 생명에 대한 경외이며 존중인 것이다.

유교에 있어서 인간이 생명을 가치 있고 긍정할 만한 것으로 여긴다는 증거는, 그 생명을 자신에게 부여해준 부모와 조상에게 감사하는 것에서 쉽게 찾을 수 있다.6) 바로 그런 감사의 의례가 제사인 것이다. 생명의 근원인 조상에 대한 제례는 유교의례에서 핵심적인 것이다.

2. 음식과 희생으로의 동물

유교의 인은 모든 생명 존재에 미치기보다는 인간을 중심으로 하는 경향이 뚜렷하다. 우선은 제사의례의 희생이 그 점을 잘 보여준다.

---

5) 김영진의 「유전공학과 도덕적 문제」, 『생명의료윤리』(구영모 편), 서울: 동녘, 1999, pp.166-167. 그러나 유교의 입장은 태아를 인명으로 간주하고 있고, 이미 태아도 교육의 대상으로 삼기 때문에 태교로부터 인간교육은 시작된다. "아버지는 하늘이고, 어머니는 땅이다. 하늘 곧 아버지는 정기를 베풀고 땅 곧 어머니는 몸을 낳는데, 자녀의 골기 곧 뼈대는 아버지를 닮고, 성기(性氣) 곧 성품은 어머니를 닮는다. 옛날에 현명한 여자는 임신하였을 때 태교하는 방도를 반드시 삼갔다. 그러므로 어머니의 용의는 아버지의 훈계보다 먼저이고, 어머니의 인자한 가르침은 아버지의 올바른 교훈보다 엄격하였다"(『女四書』, 「女範」, ‘父天母地 天施地生 骨氣像父 性氣像母 上古賢明之女 有娠 胎敎之方 必愼’), 이처럼 남자의 정기와 여자의 몸으로 인명이 탄생하고, 그 탄생은 아직은 세상에 나오지 않은 태아도 해당되는 것이다.

6) 배종호, 「유교의 死生觀」, 『공자 사상과 현대』, 思社硏, 1990, 여기서 성선설이 성립되며, 복을 비는 기도와는 차원이 다르다고 함.

> "자공이 새 달을 고하는데 희생으로 바치는 양을 없애려 하자, 공자
> 말씀하시기를, 자야, 너는 그 양를 아끼는가. 나는 그 예를 아낀다."7)

유교의례에서는 음식을 공양하는 것을 중시하는데, 제례에서 올리는 고기는 하늘을 상징하는 날개 달린 고기, 땅에서 사는 고기 그리고 물에서 사는 고기를 올려야 비로소 좋은 공양물이 된다. 석전제나 사직제에서는 혈제라고 하여 익히지 않은 날고기를 공양한다. 이런 점에서 볼 때, 유교의 생명관은 우선 인간의 생명을 가장 가치 있는 것으로 보고 동식물은 그 자체로 보다는 인간을 위해 존재하는 것으로 보는 경향이 있다.

> "마구간이 불탔거늘 공자께서 조정에서 물러 나오셔서 물으시기를,
> '사람이 상했느냐' 하시고 말에 대해서는 묻지 않으셨다."8)

이런 인용문은 공자의 생명존중의 관심이 동물에까지 미치지 않는 것을 말한다. 속으로는 말의 안위에 대해 걱정을 했는지의 여부는 알 수 없지만 말의 생명에 대해서는 표현하지 않고 있다. 마구간에 불이 났으면 응당 말의 생명도 물어야 할 터인데 말에 대해서 묻지 않았다는 것은 동물을 결코 인간과 동렬에 두지 않는 것을 암시하고 있다. 그러나 유교의례에서 보자면 유교의 생명은 주로 우선은 인명에 해당하는 것이지, 동물에게까지는 해당되는 것은 아니다.

유교의례에서는 음식을 공양하는 것을 중시하는데, 제례에서 올리는 고기는 하늘을 상징하는 날개 달린 고기(羽), 땅에서 사는 고기(毛)

---

7) 『논어』, 「팔일」, '子貢欲去告朔之餼羊 子曰 賜也 爾愛其羊 我愛其禮.'
8) 『논어』, 「향당」, '廏焚 子退朝曰 傷人乎 不問馬.'

그리고 물에서 사는 고기[鱗]를 올려야 비로써 제사의 격식에 맞는다. 제수의 음식으로 반드시 있어야 할 음식은 제주가 바라보는 첫째 줄에는 과일이, 다음 줄에는 좌포우혜(左脯右醯)로 왼쪽에 말린 고기인 포가 있어야 하고, 오른쪽에는 육장이 있어야 한다. 셋째 줄에는 탕인데, 역시 깃 달린 고기, 털 달린 고기, 비늘달린 고기의 탕이 있어야 한다. 넷째 줄의 음식은 적과 전으로 역시 세 가지 우모린(羽毛鱗)이 재료가 되어야 한다. 여기에서 주로 쓰이는 동물은 깃 달린 동물로는 닭, 털 달린 동물로는 소나 돼지, 비늘 달린 생선이 쓰인다. 가례에서는 모두 익힌 고기를 사용하지만, 국가의례라고 볼 수 있는 석전제(釋奠祭)에서는 제사 하루 전에 제사에 쓰일 살아 있는 동물을 살펴본다. 그 동물이 세 번을 돌고 아홉 번을 돌아본 뒤 희생으로 사용한다.

　석전의 제수로 쓰이는 동물로 생고기로 쓰이는 것은 시성(豕腥)으로 돼지이며, 양성(羊腥)으로 염소로 익히지 않으며 이것은 도마[俎]에 담는다. 대나무 제기[籩]에 담는 것은 녹포(鹿脯)로 사슴고기를 말린 것이지만, 지금은 소고기 말린 것을 사용한다. 나무 제기[豆]에 올리는 익힌 고기는 돼지(醓醢)와 사슴(鹿醢, 지금은 쇠고기로 만듦), 토끼(兎醢) 그리고 조기(魚醢)로 만든 국물이다.9)

　이처럼 석전제나 사직제에서는 혈제라고 하여 익히지 않은 날고기를 사용한다. 이런 점에서 볼 때 유교의 생명을 중시하기는 하지만 동물의 경우는 인간을 위한 것으로 보는 경향을 알 수 있다. 동물은 인간의 존엄과 감히 함께 비교할 수 없는 존재이고 도덕적 존재가 아닌 열등한 생명으로 취급하고 있다.

---

9) 『광주향교지』 건, 광주: 광주향교, pp.89-110. 진설도와 홀기를 참조할 것.

"오직 욕심을 따른다면 인도(人道)가 폐하여 금수(禽獸)에 들어갈
것이요, 도(道)로써 욕심을 제재하면 천명(天命)을 따를 수 있다."10)

유교의례에서는 이처럼 인간생명의 존엄함에 중점을 두고 인간과
동물의 생명에 있어서 확연한 차이를 둔다.

3. 생명에 대한 경외 -동물을 배려하는 경우-

유교에서는 금수(禽獸)에 대해 부정적인 말을 많이 하지만, 측은지
심(惻隱之心)은 인간에만 적용하는 것이 아니라 금수(禽獸)에게도 적
용하는 것이다. 짐승에 대해서도 측은한 마음으로 대하는 것이 도덕
적 인간의 자세이다.

비록 동물들이 일상생활의 음식으로 먹고, 또한 의례에서 희생과
공양물로 쓰이기도 하지만, 이에 대한 살생이나 남획을 무한정 허용
하는 것은 아니다. 봄 제사의 희생에 임신한 동물이나 암컷을 쓰지
않는 것은 이런 배려이다.

"시(時)는 새끼를 배는 때를 이르니, 맹춘(孟春)에 희생은 암컷을 쓰
지 말라."11)

맹자는 도덕정치를 설명하면서, 불쌍히 여기는 마음 혹은 차마하
지 못하는 마음이야말로 인간의 양심으로 바로 그러한 인(仁)에 바탕
을 둔 정치를 요청하면서 희생에 끌려가는 동물을 불쌍히 여기는 마

---

10) 『詩經集傳』 권3, 「鄘風相風」, '則人道廢 而入於禽獸矣 以道制則能順命.'
11) 『맹자집주』, 「양혜왕장구상」, '謂孕字之時 如孟春犧牲毋容牝之類也.'

음에 대해 칭찬한다.

> "왕께서 이를 보시고 '소가 어디로 가는가?' 하고 물으시자, 대답하기를 '장차 종(鍾)의 틈을 바르는 데 쓰려고 해서입니다'라고 하였습니다. 왕께서 '놓아주어라. 내가 그 두려워 벌벌 떨며 죄 없이 사지(死地)로 나아감을 차마 볼 수 없다'고 하시니. 대답하기를 '그렇다면 흔종(釁鍾)을 폐지하오리까?', '어찌 폐지할 수 있겠는가? 양(羊)으로 바꾸어 쓰라'고 하셨다."12)

희생으로 쓰이는 동물을 보고 측은한 마음을 일으키는 것이 인간의 떳떳한 인정이다. 소를 양으로 바꾼다고 해서 희생을 폐지하는 것은 아니지만, 그러한 측은지심 혹은 '불인인지심(不忍人之心)13)으로 정치를 하는 것이 도덕정치의 근본이라고 설명하는 맹자의 가르침에서는 동물에 대한 배려를 엿볼 수 있다.

그 밖에도 동물에 대한 배려는 수없이 많은 사례를 들 수 있다. 물고기를 먹고 새들을 먹고 동물을 음식으로 사용하지만, 그렇다고 해서 남획을 하는 것은 생명에 대한 경외의 마음에서 볼 때 꺼림칙한 것으로 여겼다.

> "옛날에 그물을 반드시 네 치의 눈을 써서 고기가 한 자에 차지 못하면 팔 수 없고, 사람들이 먹을 수 없었다. 그리하여 산림(山林)과 천택(川澤)을 백성과 함께 이용하되 금지함이 있어서 초목(草木)이 잎이 떨어진 뒤에야 자귀와 도끼를 가지고 산림(山林)에 들어가게 하였다. 이것은 모두 정치하는 초기에 법제가 아직 미비하였으므로 우선 천지자연의 이(利)를 위하여 절제(撙節)하고 애양(愛養)한다."14)

---

12) 위의 책, '王見之 曰 牛何之 對曰 將以釁鍾. 王曰 舍之 吾不忍其轂觫若無罪而就死地 對曰然則廢釁鍾 與 曰 何可廢也 以羊易之 不識 有諸.'

13) 『맹자집주』, 「공손추상」, '人皆有不忍人之心, 先王有不忍人之心 斯有不忍人之政矣.'

동물들도 살고자 하는 마음은 사람과 같다. 그러나 사람은 생존하기 위해 동물을 부리고 혹은 음식으로 사용하지만, 그것은 어쩔 수 없는 것이지 생명을 경시하는 것은 결코 아니다.

"군자는 금수(禽獸)에 대해서 산 것을 보고 차마 그 죽는 것을 보지 못하며, 죽으면서 애처롭게 울부짖는 소리를 듣고는 차마 그 고기를 먹지 못합니다. 이 때문에 군자는 푸줏간을 멀리하는 것입니다."15) "군자는 도살장(屠殺場)이나 요리장(料理場)을 멀리하여 모든 살아 있는 동물을 몸소 죽이지 않는다."16)

고기를 어쩔 수 없이 음식으로 먹기는 하지만, 동물을 죽이는 행위는 어진 인간에게는 괴로운 일이 되는 것이고 피해야 할 일로 인식하고 있다.

"무사(無事)하면서도 사냥하지 않는 것을 불경(不敬)하다고 말하고 사냥하는데 예를 지키지 않는 것은 하늘이 낸 생물을 학대한다고 한다. 사냥할 때 천자는 사면(四面)을 둘러싸지 않으며, 제후는 짐승의 떼를 덮치지 않는다."17)
"곤충이 아직도 칩거(蟄居)하지 않을 때는 풀을 태워서 사냥하지 않고 새끼를 밴 것을 죽이지 않으며 갓난 것을 죽이지 않고 소굴을 뒤집어엎어 전멸시키지 않는다."18)
"오곡(五穀)의 제철이 아닌 것과 과실의 익지 않은 것, 벌채하기에 적당하지 않은 때에 잡은 금수어별(禽獸魚鼈)을 시장에서 팔아선 안 된다."19)

---

14) 『맹자집주』, 「양혜왕장구」, '古者 網罟 必用四寸之目 魚不滿尺 市不得食 山林川澤 與民共之 而有厲禁 草木零落然後 斧斤入焉 此皆爲治之初 法制未備 且因天地自然之利而撙節愛養之事也.'

15) 위의 책, '君子之於禽獸也 見其生 不忍見其死 聞其聲 不忍食其肉 是以 君子遠庖廚也.'

16) 『小學』, 「敬身」, '君子 遠庖廚 凡有血氣之類 弗身踐也.'

17) 『예기』, 「王制」, '無事而不田 曰不敬 田不以禮 曰暴天物 天子不合圍 諸侯不掩群.'

18) 위의 책, '昆蟲未蟄 不以火田 不麛 不卵 不殺胎 不殀夭 不覆巢.'

19) 위의 책, '五穀不時 果實未熟 不粥於市 木不中伐 不粥於市 禽獸魚鼈 不中殺 不粥於市.'

이런 내용들은 비록 동물이나 여타의 생명체들을 인간이 일상생활이나 의례에서조차도 활용하지만, 이러한 활용이 다른 생명에 대한 살생을 찬미하는 것은 아니다. 풀과 나무는 동물의 먹이가 되지 않을 수 없다. 풀과 나무를 먹지 않는다면 동물은 생존할 수 없다. 사람은 풀과 동물을 먹이로 삼지 않을 수 없다. 풀과 동물이 음식이 되지 않는다면 사람이 생존할 수 없기 때문이다. 가족은 내가 부양해야 하는 식구이기 때문에 이웃보다도 먼저 배려하지 않을 수 없다. 이러한 차별은 어쩔 수 없는 것이다.

> "공자께서 낚시질로는 물고기를 잡으셨지마는 그물로는 잡지 않으셨으며 줄 단 화살로 날으는 새를 잡으셨지마는 잠자고 있는 새를 쏘지는 않으셨다."[20]

인간과 동물의 차별성이 유교를 인간중심으로 자연파괴적 논리가 될 수는 없는 것이다. 유교는 나의 가족을 사랑하는 그 마음으로 바로 이웃을 사랑하는 것이기 때문이다. 현실은 차별이 있지만 유교의 이상은 차별을 넘어서 인류에 미치는 것이다. 만약에 차별에만 머물고 만다면 그것은 인(仁)이 아닌 것이다. 인간과 동물의 차별은 있지만 그것이 곧 동물을 학대하는 것이 아니라는 이야기이다. 나의 가족과 이웃이 차별은 있지만 그것이 곧 이웃을 학대하는 것은 아니다. 인간을 위해서 동물을 음식으로 삼는 것을 인간중심의 논리로 삼을 수 없다. 동물을 음식으로 어쩔 수 없이 사용하는 것이지만, 생명에 대하여 신중할 것을 요청하고 있어서 인간의 생명과는 같지 않더라

---

20) 『논어』, 「술이」 '子釣而不網 弋不射宿.'

도 모든 생명은 인(仁)의 대상이 되는 것이다.

4. 몸의 존중 −상례를 중심으로−

인간이 태어나서 죽음을 맞이할 때 나타나는 생명관은 상례의 경우에 찾아 볼 수 있는데, 가장 중요한 것은 조상으로부터 이어받은 생명으로 먼저 육신의 귀중함을 잘 보여준다.

> "증자가 병이 들어 제자를 불러 말하기를 이불을 들추어 내 손발을 보아라. 시경에 몹시 두려워하고 삼감이 깊은 못에 임한 것 같으며 얇은 얼음을 디딘 것 같다 하니 이제야 내가 불효를 면했음을 알았도다."[21]

죽음의 순간에 자기가 유지해온 몸이 온전히 유지된 것에 대해 안심하는 증자의 마음이야말로 유교의 생명관을 잘 드러내고 있다. 육신은 부모의 몸에서 생긴 것으로 마치 나무에 가지가 있는 것과 같은 것으로 본다. 감히 조심해야 될 대상인 것이다. 자기 몸을 조심하지 못하여 훼손하는 것은 자기의 부모를 상해하는 것이 되고, 자기의 부모를 상해하면 이것은 자기의 근본을 상해하는 것이 되는 것으로 생각한다.[22] 비록 시신이라 할지라도 살아 있는 생명과 마찬가지로 죄를 물은 경우 관속의 시신을 꺼내 다시 베는 '부관참시(剖棺斬屍)'의 형벌의 경우를 들 수 있을 것이다.[23]

---

21) 위의 책, 「泰伯」, '曾子有疾 召門弟子曰 啓予足 啓予手 詩云 戰戰兢兢 如臨深淵 如履薄永 而今而後 吾 知免夫 小子.'
22) 『小學』, 「敬身」, '孔子曰 君子 無不敬也 敬身 爲大 身也者 親之枝也 敢不敬與. 不能敬其身 是傷其親 傷其親 是傷其本 傷其本 枝從而亡.'
23) 금장태, 위의 책, 무오사화 때의 김종직의 경우를 예로 들고 있다. p.47.

생명과 죽음에 대한 차이를 유교의례 속에서 찾아보자면, 우선은 죽었다고 해서 인간의 유대관계가 단절되어 버린 것은 아니다. 인간의 생명은 물리적으로는 사라지지만 그 혼백은 물리적 죽음과 달리 살아남은 자와 교류할 수 있다는 믿음이 제례로 표현되는 것이다. 제사란 돌아가신 조상과 자손과의 교감이라고 할 수 있는데, 이미 죽은 자가 육신을 회복할 수 없지만 그 혼백(魂魄)이 돌아와 제사에 흠향한다는 것이 전통적인 생각이다. 여기서 혼백(魂魄)이란 인간의 정신인데, 사람이 죽으면 혼(魂)은 하늘로 올라가고 백(魄)은 땅으로 내려간다고 보고 있다.

> "혼기(魂氣)가 하늘로 돌아가고, 형백(形魄)이 땅으로 돌아가는 것이 죽음이다. 사람이 죽으면 열기는 위로 올라가니 혼(魂)이 올라간다고 하고, 하체가 점점 차가워지니 백(魄)이 내려간다고 하는 것이다."24)

사람의 죽음은 이 기(氣)가 흩어져 돌아가 버리지만 그러나 흩어져 없어져 버리는 것은 아니다. 그러므로 제사는 감응(感應)의 이치가 있다. 조상들이 오랜 세월이 되어 멀어져서 기(氣)의 유무(有無)를 알 수 없지만, 제사를 받드는 것은 그들의 기(氣)를 이은 자손들이다. 말하자면 하나의 기(氣)의 흐름이 있다. 이것이 생명의 근원으로의 조상과 후손 사이의 감통(感通)의 이치가 있는 까닭이다.

이처럼 인간의 생명이 죽음에 이르러도 혼백이 남으며, 특히 조상으로부터 받은 신체와 뼈에 백(魄)이 남기 때문에 그 백이 곧 뼈가 남은 산소에 대한 성묘는 중요한 의례인 것이다. 죽은 자의 유체도 소

---

24) 『朱子語類』 卷三, 「鬼神」

중한데, 살아 있는 사람의 몸의 소중함이란 재언을 필요로 하지 않는 것이다.

Ⅳ. 유교의례에서 본 생명윤리

1. 임신중절, 자살, 안락사의 해석

오늘날 생명윤리에서 논란이 되고 있는 배아가 인간인가 하는 문제는 과거에는 없었던 논쟁으로 배아도 태아의 범주로 간주했으리라는 것을 추정할 수 있을 뿐이다. 그렇다면 태아는 인간인가? 이에 대한 유교의 응답은 '그렇다. 태아도 인간이다'라는 점이다. 임신중절을 반대하는 유교의 입장은 우선 태교(胎敎)의 사상일 것이다. 유교에서는 태아를 인간으로 보고 있다. 그러므로 태아를 죽이는 것은 살인이 되는 것이다. 근래에 임신중절의 원인이 유교의 남아선호현상 때문이라고 하여 가부장적 남성위주의 문화를 비난하는 이들이 있다. 그러나 이러한 해석은 유교의 본질과는 무관한 것이다. 유교의 근본정신은 인(仁)이며, 인(仁)이란 인간과 인간의 자애로운 유대관계다. 만약 임신중절을 허용한다면 그것은 상도(常道)가 아닌 권도(權道)로 '물에 빠진 형수를 구하기 위해 형수의 손을 어쩔 수 없이 잡는 것'을 허용하는 비상시의 행위에 한정될 것이다. 이런 점에서 유교적 입장에서 볼 때, 우리 사회의 임신중절 등의 생명경시는 윤리적 문제로 반성을 요한다.

태아는 죽여도 상관없는 존재가 아니라 인간의 생명으로 존중되어야 한다. 한국인의 높은 낙태율은 1960년대 이후 싹튼 경제중심논리에서 기인한 것이다. 이것은 한국의 전통일 수 없으며, 유교본래의 인간존중사상에 반하는 것이다.

다음으로는 유교적 세계관은 천명론이라는 것이다. 생명과 죽음의 문제도 인간의 의지가 아닌 천명(天命)의 영역인 것으로 여기에 억지로 개입하는 것은 자신의 운명에 순응하지 못한 태도로 부정적이다. 안락사와 자살의 경우도 운명에 대한 저항으로 해석될 것이다.

> "죽고 사는 것은 운명에 달려 있고, 부귀는 하늘에 달려 있다."25)
> 시어머니가 아이를 안고 개울가에 나와 앉아서 아이를 씻기고 있
> 다가 시어머니가 그만 실수하여 아이를 물에 떨어뜨려서 죽었다.
> 효부는 말하기를, "사람은 타고난 수명이 있습니다. 아이의 생명은
> 곧 오늘에서 다한 것이오니 어머니가 죽게 한 것이 아닙니다."26)

아이의 죽음에 대해 그것을 운명으로 받아들이는 대목에서 유교적 생명관을 잘 읽을 수 있다. 인간의 태어남과 결혼, 그리고 죽음을 운명으로 받아들이는 세계관은 모든 유교의례에서 볼 수 있는 것이다.

유교의 입장이 숙명론이라고는 볼 수 없지만, 인간이 할일을 다하지만 천명을 기다린다는 것은 오직 인간의 의지로 모든 것을 좌지우지한다는 것도 또한 아니다.27) 유교의 윤리관은 '천인합일(天人合一)'이며, '존천리알인욕(存天理遏人欲)'의 철학이다. 이것은 천명론이며 달관(達觀)의 철학으로 하늘의 법칙에 순응하는 자세이다. 임신중절,

---

25) 『논어』, 「안연」, '死生有命 富貴在天.'

26) 『賢婦列傳』, '高松孝婦 姑抱其兒 出坐川邊 洗兒 姑失手 兒落水死… 孝婦曰 人生有命 兒之命 是盡於今日 非姑死之也.'

27) 이런 점에 대해 馮寓는 바로 운명과 인간의 사이의 조화를 유교의 중용으로 해석한다. 馮寓 저, 김갑수 역 『천인관계론』, 서울: 신지서원, 1993, p.138.

안락사 혹은 자살은 이러한 천명(天命)과 천리(天理)를 거스르는 인욕(人欲)의 행위에 속한다고 하겠다.

2. 뇌사, 장기이식에 관한 문제

우선 뇌사란 유교적 가치관으로는 성립될 수 없다. 죽은 시신도 혼백이 깃든 소중한 생명의 연장선에서 보는데, 뇌사상태에서 호흡을 하고 장기가 운동한다면 이는 결코 죽은 존재일 수 없다. 유체는 자손들의 귀의의 대상이 되고 성묘의 대상으로 중시된다. 죽은 뼈도 존중의 대상이 되는데, 하물며 살아 있는 생명의 훼손이란 불효이며 받아들일 수 없는 비윤리적 행위로 보는 것이다.

죽음에 대한 의례를 보면 뇌사란 성립되지 않는다. 인간의 마지막은 숨이 끊어지는 그 순간까지도 존엄하며, 심지어 숨이 끊어진 유체도 존중과 귀의의 대상으로 그대로 남는 것이다.

이런 차원에서 보자면 장기이식은 막대한 불효로 간주할 수 있을 것이다. 그러나 이 점에서는 유교의 인(仁)의 사상이 장기이식을 허용할 수 있다고 주장하기도 한다. '신체와 털과 피부는 부모에게 받은 것이어서 감히 손상하지 않는 것이 효도의 시작(身體髮膚 受之父母 不敢毁傷 孝之始也)'이라는 구절로만 장기이식의 행위를 보는 것은 문제가 있다는 것이다.

> "공자는 '지사(志士)와 인인(仁人)은 삶을 구하는 것으로 인(仁)을 해치지 아니하며, 몸을 죽여서 인(仁)을 성취시킨다."28)

---

28) 『논어』, 「위령공」, '志士仁人 無求生而害仁 有殺身而成仁.'

인(仁)은 바로 '애인(愛人)'과 '살신성인(殺身成仁)'에 있다고 볼 수 있으므로, 오히려 자신의 장기를 타인에게 증여해서 타인의 생명을 온전하게 유지토록 해주는 것이 인(仁)을 몸으로써 실천하는 도리라고 이해하고 싶다는 주장이다.29) 이 이론은 자살의 경우도 때에 따라서는 살신성인(殺身成仁)으로 수용될 여지가 있다.

그럼에도 유교의례 속에 드러난 생명관은 몸을 자기 자신의 몸으로 보지 않고 면면히 이어져 내려온 공동체의 공유로 보고, 유체일지라도 그 신체를 신성시한다는 점에서 뇌사나 장기이식을 수용하기 어렵다. 원칙적으로 신체(장기)를 기증한다는 발상자체는 권리의 남용인 것이다. 하물며 이를 매매의 대상으로 삼을 수 없는 것으로 해석된다.

3. 생명복제의 문제

1997년 영국의 로슬린 연구소에서 복제 양 돌리가 탄생한 이래로, 생명복제기술은 질병을 치료할 수 있는 새로운 기술이면서, 동시에 무정자등의 이유로 자녀를 갖이 못한 사람들에게 생명을 줄 수 있는 첨단기술로 혹은 인류의 재난을 줄 수 있는 기술로 논란이 되고 있다. 면면한 자손의 번성을 희망하는 유교적 관점에서 정상적인 부부 사이의 생명복제기술의 적용은 유교적 가치관과 일치한다는 주장도 있다.30) 불임부부에게 새 생명을 주는 의료기술에 대한 긍정적인 응답

---

29) 金世仁, 「의료기술의 발달과 유학의 역할」, 『21세기 미래사회와 유학의 역할』, 충남대학교 유학연구소.

30) 최재목, 위의 논문, p.344. 심지어 정상적인 부부라도 우수한 유전자를 갖춘 2세를 '주문생산'하는 상황도 긍정할 것이라고 전망함. 김병환, 「유가는 인간 복제를 반대하는가」, pp.283-294. 인간복제의 필요성과 정당성을 주장함. 김병환, 「생명공학과 인간복제: 유학의 응답」에서도 생명의 탄생을 돕는 복제기술은 긍

이라고 할 수 있다.

그러나 지금의 난치병 치료를 위한 배아복제 등을 활용한 줄기세포연구, 혹은 과학자들은 불가능한 것으로 여기지만 복제인간의 탄생은 그야말로 언젠가는 실현될 기술로 현실속의 쟁점으로 부각되었다. 여기서 쟁점이 되는 부분은 배아(수정 후 14일 이전)의 지위에 관한 문제 등 세간의 뜨거운 관심사항이다.[31]

우선은 이러한 생명공학이 윤리적으로 큰 문제가 되지 않을 수 있다는 차원에서 실마리를 풀자면 수정란과 배아와 태아 등이 인간으로 형성되는 과정이라고 할지라도, 역시 생명의 중요성에 있어서는 차별이 있다는 점일 것이다. 풀의 생명이 중요하지만 어쩔 수 없이 동물의 먹이가 되고 동물의 생명이 중요하지만 어쩔 수 없이 인간의 음식이 되는 것과 마찬가지로 배아의 인간으로의 가능성이 경시되어서는 안 되지만 그러나 살아 있는 인간과는 분명 차별이 있다는 점을 들지 않을 수 없을 것이다.

문제는 이러한 복제기술이 생명복제로 이어질 것이라는 점을 논의할 때는 보다 복잡한 윤리적 문제에 봉착하게 된다.[32] 만약 주문생산에 의한 복제인간의 탄생을 가정해서 평가하자면 복제인간의 탄생은 하나의 재난이라고 해야 할 것이다.

유교의례의 혼례의 정신으로 볼 때, 정상적인 남성과 여성의 합법적인 결혼이 아닌 방식으로 태어난 생명에 대해서는 정통이 아닌 차

정적으로 묘사함.

31) 문제가 되는 것은 배아복제는 난자 공급처로서 여성의 몸을 상품으로 만든다는 점, 생명을 도구화한다는 점 등이다. 또한 배아도 인간의 생명인가 아닌가라는 점이 심각한 논란을 불러일으킨다.

32) 진교훈, 「생명조작과 인간복제에 대한 철학적 고찰」, 『과학사상』 22호, 1997, pp.85-86. ① 수정란에서 시작되는 인간생명체 파괴와 생명경시, ② 성교에 의해 이루어지는 인간의 상호의존성 파괴, ③ 인간개체의 유일회성과 대처불가능성의 파괴, ④ 인간사회의 근간인 결혼제도와 가정제도 와해 등.

별이 있었다. 역사적으로 보자면, 유교의례에서는 정통을 중시하고 존중하며, 격식과 절차에 의하지 않는 가계나 왕실의 계승에 대해 준엄한 논쟁이 있었다. 조선 후기 예송에서 보여주는 장자와 서자사이의 복제논쟁은 국가윤리와 기강확립차원에서 당파간의 치열한 정통논쟁이 있었던 것도 바로 이런 정통성의 차원이었던 것이다.

전통사회에서는 적법한 혼례를 통하지 않는 결합에 의해 태어난 자녀에 대해서는 신분적 불이익을 주었다. 왜냐하면 모든 사회질서와 공공의 안녕은 건전한 가족관계로부터 출발하기 때문이다.

적법한 의례를 치르지 않는 인간은 언제나 미성숙한 인간으로 취급받도록 구조화된 것이 유교의례이다. 혼례의 절차 없이 이루어지는 남녀의 결합은 신분적으로 승인되지 못했다. 하물며 남녀의 자연적인 결합이 아닌 인위적인 생명복제는 모든 인(仁)의 바탕이 되는 가족관계를 저해함으로써 사회를 어지럽힐 수 있는 재난으로 규정할 수 있을 것이다.

한국의 전통사회에서는 결혼을 하여야 비로소 성인(成人)으로 인정을 받았다. 만약 그렇지 않다면 성인이 되는 통과의례를 치루지 않음으로써 영원히 미성숙한 인간으로 취급을 받았던 것이다.

물론 오늘날 한국사회는 유교적 남녀유별이 영향력을 가지고 있지 않으며, 심지어는 자유롭게 성에 대해 논의하며, 심지어는 동성애자들도 당당히 자신의 주장을 펼치는 사회가 된 사회를 고려하지 않을 수 없는 다원주의 사회가 되었다.

전통적 유교의 혼례는 사회의 근간이 되는 가정을 가장 중요한 인륜의 근거로 삼으며, 그러한 가족제도를 유지하기 위해 혼례를 중시했다. 적법한 결혼절차가 없거나 남녀의 결합에 의하지 않은 경우, 동물의 경우는 허용될 수 있지만, 이것이 인간의 생명복제로 이어질 경우는 가족체계의 붕괴로 이어질 것이며 동물과 인간의 생명이 구별이 없는, 곧 인간존엄의 중대한 도전으로 받아들여질 수 있다.

생명복제는 난치병 치료로 제한적으로 활용할 수 있지만, 인간복제로서는 곤란하다는 것이 유교의례 속에서 찾을 수 있는 정신이라고 하겠다.

V. 인의 적용이 생명윤리

생명윤리는 인간의 존엄성에 바탕을 둔 지구윤리의 하나이며, 오늘날 과학의 눈부신 발전에 따라 첨예한 논의의 과정 중에 있는 분야라고 할 것이다. 유교는 선진시대 이래로 동아시아인의 가치관을 형성해 왔으며, 비록 오늘날 그 외형적 형식은 많은 변화가 있을지언정 동아시아인의 사유방식의 기층 속에 자리 잡고 있다. 더구나 유교의 입장은 지구윤리의 기조인 황금률(Golden rule)에 충실한 인(仁)을 근본사상으로 하고 있으며, 동시에 고정된 가치관이 아닌 무엇이 항상 마땅한 가를 성찰하는 중용 또는 시중(時中)의 정신을 바탕으로 하기 때문에 다양한 해석의 가능성을 담지하고 있다.

역사적으로 유교는 예치주의를 정치이념과 사회질서의 근본으로 하였으며 특히 가족을 교화의 단위로 여겨왔다. 각각의 가족이 안정될 때 사회는 안정된다고 생각하였다. 사회의 기본단위이며 경제 집단인 가족은 조상숭배를 행하는 종교집단이기도 하였다. 조상숭배를 통하여 가족은 정신적 단결을 도모하고 심리적 안정을 추구하였던 것이다. 이라한 가족적 요구와 가족을 교화의 단위로 하는 사회적 요구가 가례(家禮)를 중시하게 하였다. 관혼상제를 포함하는 가례는 유교의 실천논리였다.

이러한 유교적 가치관으로 볼 때 오늘날 제기된 지구적 환경위기의 하나로 볼 수 있는 생명윤리의 논쟁에 대한 유교의 입장은 어느 정도 정리될 수 있다. 오랜 세월동안 생활 속에서 의례로 내재되어 있던 유교의 입장은 다음과 같은 것이다.

임신중절이나 안락사 혹은 자살은 천명을 거스르는 행위로 인간의 존엄에 대한 침해이다. 뇌사는 인정되지 않는다. 유교의 상례에 의하면 인간은 죽은 후에도 살아 있는 생명과 마찬가지로 존경의 대상이 된다.

장기이식은 살신성인의 인의 실천으로 해석될 수 가능성도 있지만, 신체를 소중히 하는 차원에서는 천명에 대한 위배이며 개인의 신체를 조상과는 무관한 실존적 개인주의의 산물로 본다.

생명복제의 경우는 수정란, 배아, 태아를 과정을 통해서 인간의 생명으로 발전한다고 하더라도 배아와 인간을 동격으로 볼 수는 없을 것이다. 그러나 인간복제로 이어질 경우 적법한 절차를 걸치지 않은 것으로 또한 혼인과 가정의 존엄을 붕괴시킬 가능성이 있고, 인간과 동물의 차별을 없애버림으로써 인간의 존엄을 저하시키는 부정적인 면으로 해석할 수 있다.

과학의 발전은 새로운 인간의 질병을 극복하는 놀라운 혜택을 제공할 것으로 기대하고 있다. 그러나 개개인의 장수와 생명에 대해 유익할지라도, 유교의 사상이나 의례에 나타난 바로는 낙태, 안락사, 뇌사, 자살, 혹은 생명복제의 쟁점들은 천리에 부응하기 보다는 인욕의 차원에 쏠림으로써 개별적 생명을 연장하게 할지는 모르지만, 보편적 생명의 신성함을 침해할 가능성이 있기 때문에 난치병 치료 등으로 제한적으로 허용되지 않으면 인간의 존엄에 해를 줄 수 있다고 평가된다.

유교의례에서 본 환경윤리

Ⅰ. 유교의례와 환경의 관계

21세기를 맞이하면서 인류는 지구의 역사상 일찍이 없었던 환경위기에 직면하고 있다. 공룡시대 이후로 엄청난 대량멸종시대를 지구의 생명체들은 다시 맞고 있다. 데자르뎅[1])에 의하면, 매일 백 종 이상이 멸종되고 있으며 이러한 추세는 앞으로 수십 년 안에 두세 배 증가할 것이라고 예측한다. 대기와 물 그리고 땅 등 지구생명체의 토대가 위험할 정도로 오염되고 파괴되고 있는데도 개발의 논리는 우리 삶의 언저리에 기승을 부리고 수많은 환경재난에 대한 경고를 간과하고 있는 것이 오늘의 실정이다.

현재의 인류가 누리는 개발과 그 혜택에 집착한 나머지, 보이지 않는 미래 세대들을 해롭게 할 유독 물질은 한 나라의 국경을 넘어 전 세계에 걸쳐서 거듭 축적되고 있으며, 삼림과 습지, 산과 초지 등이 지금도개발이라는 미명으로 파괴되거나 혹은 아스팔트로 덮여지고,

---

1) 데자르뎅, 김명식 역, 『환경윤리』, 자작나무, p.216.

갯벌은 간척되는 등 자연과 생태계는 쉼 없이 위협받고 있다. 그리고 이러한 결과는 미래세대가 아닌 바로 오늘의 우리들에게 이미 기후와 대기는 물론 오존층의 파괴와 온실효과 등으로 인해 환경이상을 일으키고 있는 것이 또한 사실이다.

환경윤리는 자연보호, 자연보존, 토양－해양－대기의 오염, 인구문제, 생물과 그 서식지 보존 등 인간을 둘러싸고 있는, 글자 그대로 '환경'을 문제 삼는 윤리다. 이는 '생명계 윤리'가 아니라, 환경 파괴에 직면한 인류가 보다 쾌적한 삶을 유지하기 위하여, '환경친화적인 규범을 설정하고, 그 가능성과 타당성을 탐구하는 윤리학의 한 분야'라고 할 수 있다. 이를 위해 '기왕의 규범윤리학의 이론과 원칙을 확대하여 동물보호, 자연보호, 환경보호의 원칙을 세우고, 나아가서 올바른 환경윤리적 의사결정을 위한 환경윤리교육의 이론적 토대를 만들어 가는 윤리학의 새로운 연구 영역'으로 정의할 수 있을 것이다.[2]

환경윤리는 20세기 중반 이후 인류가 직면한 환경문제에 대한 윤리적 반성이 싹트면서 출현하였다. 환경문제를 윤리적 시각으로 바라보는 일은 종래의 윤리학이 그 관심의 초점을 인간에게만 둔 것과는 달리, 인간을 둘러싸고 있는 환경에 중심을 두고 있는 특징이 있다. 이러한 환경문제는 한 개인에 의해 발생했다가 보다는 인간중심주의적 자연관과 세계관에 기초한 오늘날의 과학기술문명, 자본주의에 바탕한 대량생산과 대량 소비체계, 불평등한 국제관계 등 여러 요인이 하나로 얽혀 생겨난 문제이기 때문에 종래의 개인윤리와는 다르다.

환경윤리는 오늘날 개발과 파괴를 주도한 서구적 자연관과 세계관

---

2) 구승회, 『생태철학과 환경윤리』, 동국대학교 출판부, p.243.

의 비판 그리고 환경파괴를 유도하는 대량생산 등의 시스템에 대한 반성이 모색되는 것이며, 인간과 자연이 조화롭게 공존하는 새로운 대안을 요구한다. 그리고 이러한 대안의 하나로 서구사상과는 다른 입장에 서있는 동양사상이 주목받고 있으며, 당연히 유교에서 본 환경윤리가 무엇인지는 연구의 대상이 될 수 있는 것이다.

유교는 다른 종교와는 달리 대체적으로 신이나 자연을 중심문제로 삼지 않고 인간을 중심문제로 삼는다. 오늘날 생태학적 입장에서 보자면 인간중심의 가르침으로 환경생태윤리의 입장과는 일정한 거리가 있음도 사실일 것이다. 그럼에도, 유교는 서구에서처럼 인간과 자연을 철저히 이원화시키는 방식이 아니고, 천인합일(天人合一)의 입장을 견지하는 것이 시종일관한 입장이므로, 이점에서 비교적 환경윤리의 근거를 찾을 수 있는 실마리가 있는 셈이다.

상식적으로 말하자면, 중국을 위시한 유교문화권이 사계절이 분명한 전통적인 농업사회였기 때문에 언제나 자연의 질서에 순응하지 않을 수 없었고, 하늘과 자연의 질서는 엄정하기 때문에 거기에서 불변의 도덕성을 유추해낼 수 있었다. 유교문화권에서의 자연의 질서는 인간보다도 오히려 신뢰할 수 있는 어떤 천명(天命)과 같은 영원성을 가진 것으로 취급되었다. 그러므로 유교의 입장은 인간중심이기는 하지만, 그 인간의 삶에 대한 원리는 하늘이나 자연의 원리로부터 도출해 내는 친환경적 관계였다고 말할 수 있다.

유교의 인(仁)이란 문자적 의미로는 사람사이의 유대관계이지만, 실상 인간과의 관계만이 아닌 자연과 환경 혹은 물질세계에 대해서까지 확대 적용되었다는 점은 유교가 환경윤리와 무관하지 않는 것임을 단적으로 말해주는 것이다.

임어당(林語堂)3)은 인(仁)을 'human', 'humane', 'humanitarian'에 해당한다고 하고, 'humanity'로 해서 사람과 관련된 인(仁)으로 해석한데 비해, 토마스 베리4)는 인(仁)을 'love', 'benevolence', 'affection' 등으로 번역하고, '인(仁)'은 감정적－도덕적인 용어일 뿐만 아니라 우주와 지구 그 자체의 구조 안에서 지배적인 친밀성과 동정의 특성을 발견할 수 있다고 보았다.5)

'불인(不仁)'이라는 용어는 한의학에서 마비 증세를 말한다. 신체와 마음의 조화를 잃은 상태가 '불인(不仁)'이라고 하는 말이야말로, 유교의 인(仁)이 사람과 사람의 유대관계에 머무는 것이 아니라 사람과 자연의 유대관계에 확대될 수 있는 논거가 될 수 있을 것이다. 환경의 위기란 다름 아닌 자연과 인간의 관계가 조화를 잃은 것에서 출발했기 때문이다.

Ⅱ. 천인합일의 원리

혼례에 있어서 초례는 전통혼례의 결혼식이 신부 집에서 행했던 친영(親迎)을 초례 혹은 대례(大禮)라고 했다. 초례청이나 초례상이라고 하는 용어를 보면 결혼식 자체가 하나의 초례행사임을 알 수 있게 한다. 술을 주고받는 의미도 알고 보면 천지신명에게 그들의 행복을 비는 종교적 성격을 함축하고 있는 것이다.

---

3) 林語堂 저, 閔丙山 역, 『孔子의 思想』, 현암사, p.33.
4) The Dream of the Earth, (San Francisco: Sierra Club Books, 1988) p.20.
5) 김세정, 『양명학 인간과 자연의 한몸짜기』, 문경출판사, p.243.

관례와 마찬가지로 혼례도 초례가 중요한 의례임을 확인할 수 있다. 인생의 새 출발을 경건한 의례인 초례상 앞에서 술을 사용하는 것은 서로가 술을 교환하는 의미보다는 천지신명에게 인생의 첫출발을 축원하는 종교적 의례인 것이다.

초예는 기본적으로 원시사회의 이러한 하늘과 천체에 대한 경외심(敬畏心)에서 출발했는데, 이러한 천체에 대한 숭배가운데 가장 두드러진 것이 별들인데 오성(五星)과 열수(列宿)인데, 별하늘의 현상으로 가시적인 존재이기 때문에 초례의 대상이 되었으리라 본다. 형이상학적인 존재보다는 눈에 보이는 경이로운 존재야말로 숭배와 경외의 감정을 불러일으키는 일차적인 대상이 될 수 있기 때문이다.

초례의 대상은 오성열수와 천지신명이지만 그 가운데서도 천(天)이 중요하다. 이 경우 천(天)은 상제의 개념이며 그의 거주공간은 바로 오성(五星)과 열수(列宿)의 의미 속에 있다. 왜냐하면 하늘에 거주하는 존재는 당연히 하늘의 별에서 산다는 상상력을 발휘할 수 있기 때문이다. 그 상제의 거처는 다름 아닌 하늘의 별 안에 존재하는 것인데 이러한 장소를 자미궁(紫微宮)이라고 했다. 오늘날 북경의 고궁이름이 자금성(紫禁城)이라는 명칭은 지상에 있어서의 상제인 임금의 거처를 뜻하는 것도 이와 관련된 것이다.[6]

북두칠성 등 북신(北辰)에 대한 상징성은 공자에 의해서도 표현되고 있다.[7] 특히 도교나 불교에서는 북두칠성은 신화(神化)하여, 북두진군(北斗眞君) 혹은 북두성군(北斗星君)이라고 불리게 되고 혹은 칠성

---

6) 馬書田, 『中國道敎諸神』, 團結出版社, 1995, 據 『後漢書』 卷48, 記載: "天有紫微宮, 是上帝之所居也." 後人多以紫微垣比喻帝居, 故称禁中爲 "紫禁", 至今人們還称明淸北京皇宮爲 "紫禁城".

7) 『論語』, 「爲政」, '子曰, 爲政以德 譬如北辰 居其所 而衆星共之.'

님으로 신격화되기도 했다. 북두칠성은 산사람과 죽은 사람의 공(功)과 과(過) 그리고 선과 악을 조사하는 존재라고 생각했다. 북두는 중앙에 거주하여 사방을 순유(巡游)하고 세상의 생사와 축복을 관장한다. 그래서 사람들은 백가지 사악한 것을 없애고 흉한 기운을 없애는 염원으로 북두에 기원하고 예배했다. 그리고 그로부터 팔난(八難)을 극복하고 장생불노하기 위해 초례했던 것이다.

민간의 관례나 혼례 때의 초례의 기원은 수(壽), 복(福)의 기원이 대종을 이룬다. 그래서 그러한 기원문을 검토할 필요도 없이 개인적 기복이 그 의례 가운데 깔려 있음을 볼 수 있다. 현존하는 자료를 통해 초례에서 무엇을 기원하였는가를 살펴보면 크게 국가적 기원과 개인적 기원으로 분리할 수 있다. 때로 초례는 무당이 주재하기도 했다.8) 초례를 통해서 무엇을 기원했는가에 대한 자료는 민간의 경우에는 특별한 자료가 없고, 국가적 행사의 축원문인 초례청사(醮禮靑詞)를 통해 파악할 수 있다.

> "엎드려 바라건대, 음양이 순조로워 겨울에 잘못되어 하복(夏伏)의 재앙이 없게 하고,"9)
> "우러러 성근 별을 바라보오니 모두 붙들어 도와주시는 은혜를 드리우소서. 음양이 화하고 풍우가 제때에 오도록 하시고 우악하게 하시여 인민이 양육되고 전쟁이 쉬게 하여 앞으로 즐겁고 앞으로 편안하게 되어, 모든 복이 모두 이르러서 사방에 뉘우침이 없게 하여 주시기 바라나이다."10)

---

8) 초례는 유교의례라기보다는 샤머니즘적 의례로 國巫도 있었고, 星宿廳도 존재했다.
최종성, The Polarization Between the Confucian and Shamanic Culture in the latter half of Chosun Dynasty, 『종교연구』 34집, 2004.

9) 『東文選』 卷115, 靑詞, '冬至太一靑詞. 李奎報 伏望陰陽常順 無冬愆夏伏之災.'

10) 『東文選』 卷115, 「昭格殿 行祈雨兼星變祈禳 醮禮三獻靑」, '瞻仰烈宿 咸垂扶佑之私 致令陰陽和而風雨時 旣渥 人民育而弓矢戢 將樂將安 諸福畢來 四方無侮.'

이러한 기원을 통해서 살필 수 있는 것은 사계절이 조화하고, 전쟁의 근심이 없고 농사는 풍년이 들게 하고 질병 없기를 기원하는 것인데, 그 가운데서도 음양이 순조로워 사계절이 모두 그 계절답기를 기원하는 것이야말로 농업사회에서 하늘에 비는 중요한 기원내용임을 알 수 있다.

기상이변은 그 자체가 재난이었다. 여름에 춥다거나 겨울에 덥다거나 하는 것은 하나의 재난이며 이변이었다는 것을 볼 때 오늘날의 이상기온 등은 천인합일(天人合一)의 질서를 경시하는 인간의 오만을 상징하는 것이다.

유교의 모든 도덕적 원리는 천인합일(天人合一)에서 근원한다. 물론 순자와 같은 유학자는 천인분리(天人分離)의 관점을 가졌지만 그것은 유교의 정통이 아니었다. 문제는 이러한 천(天)이 초례의 대상에서처럼 인격적 초월적으로 묘사되지 않고 다분히 이법(理法)의 상징으로의 천(天)이라는 점이 유교의 천(天)이다.

'나는 말이 없고자 한다. 하늘이 무엇을 말하는가? 그러면서도 사시(四時)는 순행(順行)하고 백물(百物)은 생겨난다.'11)라고 한 것이 공자의 태도이다. 그리고 천명(天命)을 대인(大人)과 성인(聖人)을 경외하는 것은 당연했다.12) 따라서 순수한 유교의례에서는 천(天)을 인격화하여 종교적인 섬김의 대상으로 삼지는 않지만, 관례나 혼례에서는 천지신명 혹은 천(天)을 향해 초례를 했으며, 상례에서는 칠성판 등의 의례를 통해 하늘에 명복을 기원했던 것은 자연스런 것이다.

이처럼, 관례나 혼례 혹은 왕실에서 거행된 초례를 공식적으로 행

---

11) 『論語』, 「陽貨」, '子曰 天何言哉 四時行焉 百物生焉 天何言哉.'
12) 『論語』, 「季氏」, '孔子曰 君子有三畏 畏天命 畏大人 畏聖人 畏聖人之言.'

하고 가례에서 행했던 것은, 그것은 인간이 자연의 질서를 관장하는 천(天)에 대한 경외의 표현한 의례임을 알 수 있다.

Ⅲ. 정화의 원리

선조에 대한 제사는 혼백과 귀신을 청하는 일이기 때문에 평소와 다른 재계(齋戒)가 필요했다. 이 재계를 정화(淨化)라고 달리 표현해도 좋다. 재계에서 재(齋)란 마음을 깨끗이 한다는 뜻이고 계(戒)란 우환을 방지함이라고 간단히 정리한다면 자기와 인연 있는 혼백과의 만남을 위한 하나의 준비단계라고 할 것이다.

귀신은 보려고 해도 보이지 않고 그 소리를 들으려 해도 들리지 않는다. 그러나 재계하고 밝고 깨끗이 하고 단정히 옷 입고 공경과 정성으로 생각한다면 좌우에 존재하는 듯한 경지가 되니 비로소 경건한 제사를 할 수 있다는 의미다.

1. 환경의 정화

율곡 이이는 정화를 말하는 재계에 대해서 산재(散齋)와 치재(致齋)로 나누고 다음과 같이 설명하고 있다.

> "시제(時祭)면 산재(散齋)를 4일간 하고 치재(致齋)를 3일간 하며, 기제(忌祭)면 산재(散齋) 2일간 하고 치재(致齋)를 하루하고 참례(參禮)면 곧 재숙(齊宿)을 하룻밤 한다. 산재(散齋)라는 것은 초상에 조문하지 않고 문병하지 않으며 냄새나는 채소를 먹지 않고 술을 취하

도록 마시지 않는다. 흉하고 더러운 일에는 모두 가지 않는다.(만약 길에서 돌연히 흉하고 더러운 것을 보게 될 경우도 피하여 보지 말아야 한다) 또 치재(致齋)란 것은 음악을 듣지 않고, 출입하지 않으며, 오로지 마음으로 제사지낼 분을 생각하고, 그가 즐기며 좋아하던 것을 생각하는 것이다. 이렇게 한 후에 제사를 지내야 그 얼굴이 보이는 듯하고, 그 음성이 들리는 듯하다. 정성이 지극해야만 신이 흠향하는 것이다.”13)

1) 음식물을 깨끗하게 함

청결은 재계의 중요한 내용 중의 하나다. 적극적으로는 청결이고 소극적으로는 부정을 타지 않아야 한다. 재계의 방법가운데 하나가 음식을 삼가는 것이다. 특히 술과 고기 그리고 냄새나는 음식을 삼갔다. 이것은 재계뿐만 아니라 동양의 종교나 민속에서는 탁한 음식으로 장생에 도움이 되지 않는 음식이기도 하다. 특히 이러한 음식은 정신을 혼탁하게 한다고 보았다. 제사를 앞두고는 평소의 음식이 비록 술과 고기, 훈채라 하더라도 이를 삼갔다. 그래서 이를 ‘변식(變食)’이라고 한다.

또한 음식을 삼가는 것은 기운을 혼탁하게 하지 않게 할뿐만 아니라 비린 음식 등을 금하여 내장을 비워 정신을 맑게 하는 뜻도 있다. 제례에 참여하는 사람이 술과 고기 훈채 등을 삼가는 동시에, 제사에 올릴 음식은 지극히 청결해야 했다. 제사를 지내기 전에 그 음식을 먼저 먹거나, 개나 고양이나 쥐 등에 의해 더럽히는 일이 없도록 조심했다. 만약에 제사음식에 머리카락과 같은 것이 있다면 이는 귀신이 흠향할 수 없다고 생각했던 것이다.

---

13) 이율곡, 『擊蒙要訣』, 「祭禮」

2) 몸을 깨끗이 함

목욕이야말로 중요한 재계로 지금도 '목욕재계'하는 것이 무언가 경건성을 상징하는 뜻으로 남아 있음을 알 수 있다. 가정의 제례뿐만 아니라 전통적인 부락제에서는 특히 제사를 주관하는 사람의 청결을 요구했다. 청결하지 못한 것은 다시 말해서 '부정을 탄' 사람으로 주관자가 될 수 없었다. 그래서 "당산제에 임해서는 항상 몸을 정결히 하기 위해 목욕을 해야 한다. 또 제물을 살 때와 만들 때도 값을 깎거나 맛을 보는 일은 용납되지 않는다. 또 정월 14일 밤에 모시는 당산제 전에 각 가정에서 자기 조상께 올리는 제상을 차려서는 안 된다. 또 가장 어려운 일로서는 제물을 만들 때나 그전에라도 화주가 목욕을 할 때는 반드시 찬물로 목욕을 해야 한다는 것이다. 또 하나는 제물은 반드시 일정한 깨끗한 물만을 사용해야 한다."14) 현재까지도 존속하는 별신굿이나 부락제에서도 제사를 주관하는 사람의 청결의 정도는 매우 중요시된다.

3) 청결한 환경

몸과 옷, 음식을 깨끗이 함은 물론 주변을 청소하는 일도 중요하다. 제삿날은 혼령이 와서 집의 구석구석까지를 두루 둘러보고 간다고 한다. 그 때문에 며칠 전부터 온 집안 대청소를 하고 심지어 우물까지도 품어내 청결히 하는 집이 있으니 그 바람에 집 안이 깨끗해져서 좋은 이로움이 있었다.

민속에서도 부락제 같은 경우 마을 입구, 당산, 우물, 화주 집 등에

---

14) 『광주민속지』, 광주직할시.

금줄을 치고 금토를 깔아버리면 누구나 마음대로 그것이 설정해 놓은 내부를 출입할 수 없도록 했다. 집안이나 마을이 청결하지 않으면 곧 부정하면 재계가 잘 이루어지지 않았다고 할 수 있다. 이처럼 재계란 평소와는 달리 음식을 삼가고, 옷을 단정히 입고, 청소를 하는 등 정결(淸潔)을 유지하는 데 큰 의미를 두었다.

2. 심성의 정화

1) 근신(勤愼)

재계를 할 때에는 남을 조상(弔喪)하지 않고 불요불급한 출입을 삼가며, 혹 외출을 하였다 하더라도 더러운 일에 참여하지 않는다. 남과 싸우거나 다투지 말고 무엇이든 먼저 양보하여 트집을 피하며 만약 행패를 만나더라도 재계 중임을 들어 무조건 용서를 빌어야 했다. 그래서 옛적에 그런 근신하는 효자를 행패하고 때리는 자가 있으면 마을에서 몰매를 맞는 수가 있었다.

요약하자면 이런 근신이란 추모의 정을 갖기 위한 것이다. 평소의 오락이나 유희, 사업 등 세속적 이해에 몰두해 있다면 결코 제사지낼 마음의 준비가 되어 있지 않은 것이라고 할 것이다. 이는 마음의 정화를 필요로 했다는 것이리라.

2) 정성의 마음

"제사지내는 데는 그 정성을 다하고 조심하며, 그 믿음을 다하여 믿으며, 그 공경을 다하여 공경하며, 그 예를 다하고 잘못하지 않는다. 나가고 물러가는데 반드시 공경하여, 친히 명령을 듣고 혹 그것을 행하는 것처럼 한다. 섰을 때는 공경하여 몸을 굽히고 그 나갈 때는 공경하여 화락(和樂)하게 하고, 그 음식을 올릴 때에는 공경하여 화락(和樂)하게 하고, 그 음식을 올릴 때에는 공경하여 흠향하기를 바란다. 물러가서 섰을 때에는 장차 명령을 받으려고 하는 것과 같고, 이미 제물을 물리고 나면 공경하고 정숙한 빛을 얼굴에서 없애지 않는다. 이것이 효자의 제사이다. 섰을 때 몸을 굽히지 않으면 고루한 것이요, 앞으로 나갈 때 얼굴을 화락(和樂)하게 하지 않으면 소원한 것이요, 음식을 올리면서 흠향하기를 바라지 않으면 사랑하지 않는 것이요, 물러가 서서 명령을 받는 것처럼 하지 않으면 거만한 것이요, 이미 제물을 물리고 물러나서 공경하고 정숙한 빛이 없으면 근본을 잃는 것이다. 이렇게 제사를 지내면 잘못인 것이다. 깊이 사랑하는 자는 반드시 화기(和氣)가 있고, 화기가 있는 자는 반드시 부드러운 빛이 있고, 부드러운 빛이 있는 자는 반드시 온순한 용모가 있다. 효자는 마치 옥을 잡은 것과 같고, 가득찬 그릇을 받든 것과 같이, 통통촉촉(洞洞屬屬, 마음을 온전히 함) 정성을 다하여 마치 이기지 못하는 것처럼 하고, 장차 잃는 것처럼 한다. 엄하고 위엄이 있고, 엄연히 엄숙한 것은 부모를 섬기는 도리일 뿐만 아니라 성인의 도리인 것이다."15)

제례에 있어서 이러한 근신의 태도는 제사를 진행할 때의 공경스런 태도로 이어진다. 형식에 있어서만이 아니라 마음가짐이 공경과 정성이 깃들어야 한다는 의미다.

재계의 목적은 어떤 형식을 그럴듯하게 꾸미는 것이라기보다는 그 내면을 순일하게 하기 위해 먼저 외면의 행동을 삼갔던 것이라고 생

---

15) 『禮記』, 「祭統」

각할 수 있다. 그 외면을 한결같이 간추리지 않으면 내면을 수양할 수 없을 것이다. 평소의 행동을 재계 때만큼은 조용하게 하되 마음에 두지 않으면 그 자세가 되지 않을 것이다. 행동하되 반성하지 않으면 다른 일들에 얽매어 근신하지 못할 것이다.

결국은 제례의 원리는 환경과 마음을 깨끗이 하는 일이며, 이러한 태도가 조상에 대한 추모에 적의한 자세였을 뿐만 아니라 도덕적 삶의 자세였던 점으로 미루어 짐작할 수 있다. 오늘날 환경의 위기란 결국은 인간심성의 과욕으로 인해 발생하는 것이라고 전제하자면, 유교의례 속에는 인간이 자연의 질서를 존중하고 그것을 정화시켜야 할 뿐만 아니라 무엇보다도 제례를 준비하는 목욕재계와 같은 심성의 정결과 단정함이 필요한 것이다.

오늘날 깨끗이 한다는 것은 반드시 환경에 유익한 것만은 아니다. 예컨대, 자동차를 세차하면 그로 인해 수질이 오염되고, 세탁과 청소도 역시 생활하수의 원천이 될 수 있으므로, 한편에서의 정화가 다른 쪽의 오염으로 연결될 수 있다.

제례에서의 정화의 본질은 모두 마음의 정결함을 도모하기 위한 방법이다. 아무리 몸과 옷과 집안이 깨끗해졌다고 하더라도 마음의 경건성과 정결함이 결여되어 있다면, 진정으로 정화된 것은 아니라고 할 것이다. 마찬가지로 현대의 주변 환경이 정화되고 미화되었다고 하더라도 이기심과 과욕으로 불신과 부패가 만연한다면 결코 그 사회를 아름답다고 말하기 어려울 것이다.

3. 유교의례에서의 유별(有別)과 조화의 원리

유교는 인간과 자연의 조화, 그리고 인간과 인간의 조화를 강조하지만, 인간과 자연이 평등하다거나 인간끼리 평등하다고는 보지 않는다. 오히려 인간과 금수(禽獸)는 차별성이 있으며 인간이 존엄한 존재임에 비해 금수는 열등한 존재로 보고 있다. 인간과 인간의 관계도 임금과 남편 혹은 어른이 우위에 있고, 신하와 아내 그리고 어린이는 하위에 있는 것을 자연스런 질서로 보고 있다고 봄이 옳을 것이다.

문제는 이러한 '별(別)'이 대립과 갈등관계가 아니라 상호 조화를 이루고 자신의 신분이나 직분에 대해 잘 이해할 때 서로 조화할 수 있으며 좋은 삶을 이룰 수 있다고 보는 것이다. 그래서 '別'은 상대를 폄하하고 무시하는 차별로 오해될 수 있기 때문에 '유별(有別)'이라고 이름하는 것이 적절한 것이다. 이러한 원리가 바로 음양이라는 패러다임이 함축한 조화의 원리라고 할 수 있다.

1) 유별(有別)의 원리

결혼식은 전안례를 통해서 백년가약을 맹세하고 나서 신랑과 신부가 맞절을 하는데 전통혼례의 교배례는 식은 부부관계가 평등한 것이 아니라 부창부수(夫唱婦隨)의 체계로 남성의 권위를 강조하는 데 특징이 있다.

결혼식의 자리도 신랑의 위치는 동쪽이고 신부의 위치는 서쪽이 되도록 했던 것은 음양의 원리에 의한 것이고, 신부 집에서 치르는 혼례의 대례는 양이 가고 음이 오는(양왕음래, 陽往陰來) 것, 우주의 질서에 합당하다는 의미를 함축하고 있다.

의례에서 신부가 먼저 절을 하고 나서 신랑이 답례하는 형식을 취한다는 구체적인 형식은 남녀의 유별(有別)을 잘 나타낸다. 이는 부부가 무차별적으로 평등한 관계라기보다는 '남녀유별(男女有別)'의 틀에 입각하고 있음을 알 수 있다. 남녀유별의 질서가 부부유의(夫婦有義)하고, 이를 바탕으로 부자유친(父子有親)하며, 부자유친을 바탕으로 군신유정(君臣有正)을 할 수 있다. 그러므로 교배례에 나타난 혼례의식은 가장의 권위에서 출발하지만 그것이 국가적 가장(왕)에까지 미치는 유별(有別)을 드러내는 예의 체계임을 알 수 있다.

문제는 이른바 '남존여비(男尊女卑)'에 대한 존비(尊卑)의 문제일 것이다. 많은 사람들이 유교를 비판할 때 신하와 부모와 남성이 존(尊)이 되고, 신하와 자식과 여성들이 비(卑)가 됨으로써 언제나 존(尊)을 위해 비(卑)의 희생을 강요하였다고 말하곤 한다. 이것이 곧 봉건윤리이므로 가부장적 권위주의가 청산되지 않고는 인권과 민주화가 이루어지지 않을 것처럼 말하고, 여성해방론의 입장에서는 이런 남존여비를 바탕으로 한 부부유별은 전근대적인 불평등의 가정으로 비판의 대상이 되어왔다.

혼례에서는 음양의 이론을 남녀관계에 적용하자면 남자는 양이고 여자는 음이기 때문에 서로 천지가 조화되듯 남녀관계는 서로의 직분을 다해야 조화를 이루는 것을 표현하고 있다. 음양은 서로의 직분이 뒤바뀌면 상처를 줄 수 있다고 본다.16) 그리고 여성의 직분이란 임

---

16) 『周易傳義』, 「坤」[傳] '陰從陽者也 然盛極則抗而爭… 旣敵矣 必皆傷.'
『周易 王弼註』, 王弼, 임채우 역, 도서출판 길, 1999, p.103.
「小畜」 '上九 旣雨旣處 尙德載 婦貞礪, 月幾望 君子征凶' 註
'지어미가 지아비를 억제하고 신하가 임금을 제어함은, 비록 바른 일이더라도 위태함에 가까우므로 '婦貞厲'라고 하였다. … 음이 양에 비기면 반드시 정벌을 당하게 되나니 비록 군자라 하더라도 이렇게 행동하면 반드시 흉하게 되므로 '君子征凶'이라 하였다'(婦制其夫, 臣制其君, 雖貞近危, 故曰 '婦貞厲'也… 陰疑於陽 必見戰伐 雖復君子 以征必凶 故曰'君子征凶')고 해석하는 것도 소위 '男尊女卑'적 사고의 일단

금에 대한 신하의 위치처럼 혹은 하늘에 대한 땅의 위치처럼 남편에 대한 아내의 위치는 집안의 일과 내조(內助)에 충실한 것이라고 한다.[17]

오늘날 남녀평등의 실현을 이상으로 하는 점에서 음양과 존비 개념은 여전히 논쟁의 영역으로 남아 있다. 지금의 현실은 양성평등(兩性平等)의 가치는 결혼과 가정 그리고 출산의 가치보다 더욱 소중한 것으로 평가되는 듯하며, 이런 바탕 위에서 이혼율은 계속 증가하며 자유로운 혼외정사 등으로 인해 수많은 가정의 위기를 맞이하고 있다. 남녀유별의 윤리는 자유로운 혼외정사와는 대립각을 이루는 유교적 가치라고 할 것이다. 그리고 유별(有別)은 어느 한쪽의 희생을 강요하는 것이 아니라, 서로 다른 직분과 역할 그리고 분수를 인정하는 상호적인 것이지 일방의 희생을 강요하는 원리로 해석되어서는 안 될 것이다.

상례의 경우, 상복은 유교적 별애(別愛)를 잘 표현하고 있다. 부모 가운데서도 아버지를 중시하고, 상의 경중도 부계 중심이라고 할 수 있다. 부계가족 위주로 5단계의 복식을 나누고 있다. 여기에서 외조부모는 방계재종의 상복, 그리고 처부모는 방계삼종의 복식에 준한다.

우리는 유교의례에서 나타난 이러한 유별(有別)을 통해 인간관계가 무차별적 평등관계가 아님을 안다. 인간과 자연, 인간과 인간이 서로 유별(有別)이 있다는 데는 이의가 없는 것이다. 다만 이런 차이 곧 유별(有別)이 차별로 고착되는 것이 아니라는 점을 인식해야 한다. 나의 가족과 다른 가족을 구별하기 때문에 나의 부모에게 우선 효도하지만, 그것이 거기서 머무르고 만다면 다른 아버지에 대한 존중으로 승

으로 볼 수 있다.

17) 『周易傳義』, 「坤」 '陰雖有美 含之 以從王事 弗敢成也 地道也 妻道也 臣道也 地道 无成而代有終也.'

화되지 못한다. 나의 부모와 나의 자녀를 사랑하는 그 마음으로 이웃
집 부모와 이웃집 자녀를 사랑할 수 있다는 점이야말로 인(仁)이 가
족에 머물지 않고 국가와 천하로 확대되는 기본인 것이다. 곧 그 차
이와 구별 때문에 분리되고 대립되는 것이 아니라 그 사실을 바탕으
로 조화를 추구해야 한다는 것이 중요한 것이다.

2) 조화의 원리

혼례에 있어서 교배례 후에 합근례는 하나의 박을 둘로 갈라 만든
표주박으로 신랑 신부가 술을 교환하여 마심으로써 음양의 합일을
다지는 의례로서 대개 첫 잔과 둘째 잔은 마시고 셋째 잔은 교환한다.

상례의 경우에도 죽음은 영원한 단절이 아니라 죽어서도 음인 조
상과 양인 후손이 화합하는 통과의례의 한 절차이다. 또한 묘지를 쓸
때 풍수지리적 원리에 의거하여 바람과 물, 곧 음과 양이 상생하는
곳을 명당으로 삼았다.

제례의 경우 제사상에는 양(陽)인 밥, 음(陰)인 국 그리고 중성인 술
을 놓고, 제수를 오행의 법도에 따라 차린다. 제주가 바라보는 제사상
의 첫줄에는 과일류를 놓되 음양오행의 법도에 따라 홍동백서(紅東白
西) 또는 조율시이(棗栗柿梨)라 하여 서편부터 대추, 밤, 감, 배 등의
순으로 진설하며 양수인 홀수로 놓는다. 둘째 줄에는 짝수로 놓되 좌
포우혜(左脯右醯)라 하여 왼쪽에 포, 오른쪽에 식혜를 올리며 짝수로
놓는다. 셋째 줄은 홀수인 탕 줄이며, 넷째 줄은 짝수의 적과 전 줄로
어동육서(魚東肉西) 혹은 동두서미(東頭西尾)라 해서 어류는 동쪽에 육
류는 서쪽에도 놓고, 생선의 머리는 동쪽, 꼬리는 서쪽을 향하도록 놓
아 음양의 조화를 모색한다.

제사상에서 가장 중요한 음식은 아마도 제주(祭酒)라고 할 수 있을 것이다. 술이야말로 음계의 조상과 양계의 후손이 하나로 만날 수 있는 화합의 상징적인 음식이요, 음과 양이 조화를 이룰 수 있는 중성의 음식이다.18)

여기에서 생각해봐야 할 것이, 음양이란 서양의 이원론적 논리와는 달리 '둘이면서 하나이고 하나면서 둘'인 상보적 관계라는 것이다. 그 음양의 차별은 절대적으로 고착화된 차별이 아닌 것이다. 음양의 개념 자체가 고착되고 결정적인 차이가 아니라 언제나 상대적이라는 점을 잊어서는 안 된다. 다시 말해서 어머니는 아버지에 대해서 음이지만, 아들에 대해서는 양인 것이며, 나는 부모나 선배에 대해서는 음이지만 자식이나 후배들에게는 양으로 변화하는 가변적인 개념인 것이다.

오늘날 환경과 생태의 위기는 환경과 인간을 분리시키는데서 출발하고 있다. 그것은 마치 유교의례에서의 유별(有別)의 원리처럼 보인다. 그러나 유교의례에서 보이는 유별이란 음양의 차별이기는 하지만 이 음양의 원리는 둘로 분리하고 존비를 겨루는 차별이 아니라, 조화의 전제조건으로의 유별(有別)에 더 큰 의미가 있는 것이다.

왜냐하면 남녀는 결코 적대적인 관계일 수 없으며, 다른 인간관계도 마찬가지다. 죽은 자와 산 자가 분리되어 있지 않으며, 생리적으로 죽었어도 그 혼백은 영원히 교류하며 생명의 영속을 기린다. 이처럼 유교의례 속에 나타난 음양 조화의 원리는 모든 유교사상의 중심점이다. 이것은 인(仁)이란 두 사람간의 조화로운 인간관계에 바탕을 두면서, 동시에 우리를 둘러싼 자연과 환경에도 적용되는 시종일관된

---

18) 김의숙, 『한국민속제의와 음양오행』, 집문당, pp.82-83.

조화의 원리인 것이다.

이런 조화는 당연히 자연과 인간의 조화를 파괴하는 욕망의 입장을 반대하는 것이다. 맹자의 말을 인용하자면 다음과 같다.

> "옛날에 그물을 반드시 네 치의 눈을 써서 고기가 한 자에 차지 못하면 팔 수 없고, 사람들이 먹을 수 없었다. 그리하여 산림과 바다와 호수를 백성과 함께 이용하되 금지함이 있었다. 초목이 잎이 떨어진 뒤에야 자귀와 도끼를 가지고 산림에 들어가게 하였다. 이것은 모두 정치하는 초기에 법제가 아직 미비하였던 때였지만, 우선 천지자연의 이익으로 인해서 절제(撙節)하고 애양(愛養)하는 일이다."[19]

Ⅳ. 상생 공존의 정신

오늘날 미증유의 환경위기를 맞이하면서 많은 사람들은 자연과 인간을 이분법으로 나누고 자연을 단지 개발의 대상으로 보는 그동안의 사유방법에 대해 자성이 필요함을 인식하고 있다.

유교의 사상은 인(仁)을 본질로 하는 데, 이 인(仁)은 단순히 인간과 인간의 조화만을 모색하는 것이 아니라 자연과 환경으로까지 그 인(仁)을 확대할 수 있다. 말하자면 인간과 환경의 조화를 달리 천인합일(天人合一)의 정신으로 말할 수 있으며, 이러한 천인합일을 잘 표현하고 있는 것이 전통 관례와 혼례 속의 초례라는 의례이다. 이는 단순히 가례일 뿐만 아니라 왕실과 국가에서 거행하는 오랜 국가적 의례이기도 했다.

---

19) 『孟子集註』, 「梁惠王章句」, '古者 網罟 必用四寸之目 魚不滿尺 市不得食 山林川澤 與民共之 而有厲禁 草木零落然後 斧斤入焉 此皆爲治之初 法制未備 且因天地自然之利而撙節愛養之事也.'

초례는 본시 천지신명에게 술을 올리는 의례다. 하늘과 땅 그리고 숲과 강이 모두 천지신명이 깃든 신령스런 공간이 될 수 있지만, 가장 중요한 초례의 대상은 오성(五星)과 열수(列宿)의 별하늘이었다. 유교의례에서는 이러한 민간신앙적인 요소가 있는 초례를 그대로 수용하여 의례의 격식과 절차 속에 편입시킴으로써 자연에 대한 경외를 표현하였다. 이런 자연에 대한 경외감은 미신이라기보다는, 하늘과 자연의 질서대로 인간의 삶도 일치시켜야 한다는 유교적 천인합일(天人合一)과 일치하는 것이다. 그리고 이것은 인간중심이 아닌 자연과 인간의 조화를 모색하는 원리인 것이다.[20]

유교의례 가운데 특히 제례에서 보이는, 재계는 주변 환경을 정화하고 인간의 심성을 정화함으로써 신령스런 존재와의 교류를 모색하는 방식이다. 인간존재는 비록 생물학적으로는 죽음이 있지만, 정신적으로는 영원히 유대관계를 가질 수 있다고 보는 제례가 가능하기 위해서는 목욕재계, 의관정제(衣冠整齊)는 물론이려니와 제사의 음식이나 주변을 정화하는 재계를 필요로 했고, 가장 중요한 제사준비는 마음을 근신하고 정성을 다하는 것이었다. 사실, 오늘의 심각한 환경문제 가운데 하나는 환경의 오염이다. 하늘에서의 대기오염, 땅에서의 토질오염, 강과 바다에서의 수질오염 등이야말로 인간의 생명을 위협하는 환경재난인 것이다. 이런 재난은 인간사회의 과도한 욕망과 소비에서 근원한 것이라고 볼 수 있다. 제례에 나타난 정화의 원리는

---

20) 유교는 천인합일이 아닌 '天人分離'를 주장한 순자를 이단시했으며, 순자의 후학들은 유가가 아닌 法家가 되어, 仁政을 상실했다. 인간의 도덕성을 함양함이 없이 오직 법에 의지한 통치방식은 그 생명력이 짧았다. 자연의 전체를 표현하는 것은 天(천), 天地(천지), 만물 등이 있다. 이 가운데 天은 자연이라는 개념을 대표하는 용어라고 할 수 있다. 더욱이 자연과 인간의 관계를 설정할 경우 天의 개념은 자연을 포섭할 수 있다고 볼 수 있다.

깨끗한 물과 깨끗한 음식물을 제사의 대상에게 올리고 깨끗한 주변 환경과 마음의 청정까지를 요구한다. 이런 정화의 원리란 과잉생산과 과잉소비의 시대에 인간의 절제를 강조하는 환경윤리적 원리를 제공할 수 있는 것이다.

유교의례 가운데 유별(有別)의 원리는 자연과 환경을 배제하고 오로지 인간만을 높은 가치로 여긴다거나 남성중심, 관료중심 혹은 연장자중심의 봉건적 논리로 오해되고 있다. 그러나 역으로 인간과 금수(禽獸)가 평등하다고 한다면 이 또한 인간의 존엄의 근거를 제거해 버리는 것이다. 인간이 인간일 수 있는 것은 금수와 다른 이성적 사고를 할 수 있다는 점을 간과할 수 없는 것이다. 혼례의 경우, 남존여비적 불평등한 신분으로 해석할 수 있는 소지가 있다. 그러나 존비(尊卑)라는 자체가 상대적인 것이지 절대적인 것은 아니다. 예컨대 나는 부모님에게는 비(卑)지만 자식들에게는 존(尊)이기 때문에 절대적으로 존(尊)이거나 비(卑)일 수 없다. 음양의 원리나 남녀의 관계 혹은 인간과 인간의 관계에 있어서 유별(有別)을 상정한다. 그러나 그 유별(有別)은 반드시 나쁜 것이 아니라 아름다울 수 있는 것이다.

유별(有別)을 아름답게 하는 원리가 바로 조화의 원리다. 혼례의 합근례는 하나의 조롱박을 둘로 나누어 청실홍실로 이어 술을 나누어 마신다. 둘이지만 하나가 되고자 하는 의례인 것이다. 제례에서는 남좌여우(男左女右)라 하거나 홍동백서(紅東白西)라고 하는 등 일종의 음양의 조화를 말하는 용어들이 등장한다. 그것은 서로 다른 음양과 동서가 조화를 이루는 음식과 위치의 선정이다. 음식도 '우모린(羽毛鱗)'이라고 하여 하늘과 땅 그리고 바다에서 나오는 것을 고루 배치한다. 그것은 서로 다른 것이 어울리는 조화의 원리인 것이다.

환경윤리 혹은 생태윤리라고 하는 일련의 새로운 윤리학은 자연과 환경을 소외시키고 오직 인간만을 생각하는 가치관에서 나온 것이다. 그것은 인간과 인간의 관계에서 타인을 소외시키고 오직 자신만의 이익을 위하는 이기주의와 같은 맥락에서 문제가 있다. 유교의례에 나타난 음양과 남녀의 차별은 그러한 자기중심을 벗어나, 둘이면서 하나 되는 곧 '이이일(二而一)' 혹은 '불이(不二)'의 조화의 원리라고 할 수 있다. 이런 관점이야말로 끝없는 인간의 욕망과 소비로 피폐해 가는 착취의 대상으로의 자연과 환경을 지킬 수 있는 상생(相生)과 조화의 환경윤리의 논거가 될 수 있다는 것이다.

유교의례에서 표현된 천인합일, 정화, 유별과 조화의 원칙을 확대한다면, 천(天)을 경외하고 공경하는 천인합일의 원리로 자연을 경외하고 파괴하지 않는 원칙을 확립할 수 있을 것이며, 심성을 정화함으로써 물질적 욕망을 제어하고 지족(知足)하는 도덕적 원칙을 수립할 수 있을 것이며, 환경과 인간이 유별(有別)이기는 하지만 서로 유기적으로 상생 공존하는 조화의 원리를 찾을 수 있을 것이다.

이희재 ─────────────────────────────

　동국대학교(문학사)
　고려대학교(교육학석사)
　원광대학교 철학과(문학석사, 철학박사)

　한국공자학회 회장 역임
　중국 복단(復旦)대학교 방문교수(2011)
　현) 광주대학교 인문사회대 교수
　　　국제유학연합회(北京) 이사

　『한국의 전통의례』
　『동양문화론』
　『박세당-탈주자학적 실학의 선구자』

한국의 禮와 윤리

초 판 인 쇄 | 2012년 4월 2일
초 판 발 행 | 2012년 4월 2일

지 은 이 | 이희재
펴 낸 이 | 채종준
펴 낸 곳 | 한국학술정보㈜
주　　소 | 경기도 파주시 문발동 파주출판문화정보산업단지 513-5
전　　화 | 031) 908-3181(대표)
팩　　스 | 031) 908-3189
홈 페 이 지 | http://ebook.kstudy.com
E-mail | 출판사업부　publish@kstudy.com
등　　록 | 제일산-115호(2000. 6. 19)

ISBN　　978-89-268-3215-8 93380 (Paper Book)
　　　　978-89-268-3216-5 98380 (e-Book)

내일을여는지식 ■ 은 시대와 시대의 지식을 이어 갑니다.